U0921299

民族团结进步丛书

·民族团结进步丛书·

热血丹心八桂情

——讲好『广西故事』民族团结进步征文获奖作品选

◎讲好『广西故事』民族团结进步征文工作小组 编

广西民族出版社
Gvangjsih Minzcuz Cuzbanjse

图书在版编目(CIP)数据

热血丹心八桂情：讲好“广西故事”民族团结进步征文获奖作品选/讲好“广西故事”民族团结进步征文工作小组编. —南宁：广西民族出版社，2018.11
（民族团结进步丛书）
ISBN 978-7-5363-7241-2

Ⅰ. ①热… Ⅱ. ①讲… Ⅲ. ①民族团结—广西—学习参考资料 Ⅳ. ①D633

中国版本图书馆CIP数据核字（2018）第246317号

民族团结进步丛书

热血丹心八桂情

——讲好“广西故事”民族团结进步征文获奖作品选

讲好“广西故事”民族团结进步征文工作小组　编

出版策划：石朝雄
审稿总监：徐　美
印制总监：曾喜田
装帧总监：张文昕
统　　筹：罗桂鸾　吴柏强　陶安宁
责任编辑：吴柏强　卢芳芳
责任校对：郑季銮
封面设计：张文昕
版式设计：张文昕　何世春
责任印制：蓝　锋
出版发行：广西民族出版社
地址：广西南宁市青秀区桂春路3号　邮编：530028
电话：0771-5523216　传真：0771-5523225
电子邮箱：bws@gxmzbook.com
印　　刷：广西社会福利印刷厂
经　　销：全国新华书店
规　　格：787毫米×1092毫米　1/16
印　　张：16.75
字　　数：380千
版　　次：2018年11月第1版
印　　次：2018年11月第1次印刷
书　　号：ISBN 978-7-5363-7241-2
定　　价：80.00元

总序

◎ 梁庭望

为庆祝广西壮族自治区成立60周年，广西民族出版社出版了“民族团结进步丛书”。该套丛书包括《老报纸见证：广西壮族自治区成立》《热血丹心八桂情——讲好“广西故事”民族团结进步征文获奖作品选》《广西文化符号》《壮族文化概览》《中国壮医学》《广西世居民族服饰文化》《今朝望乡处——壮族作家汉壮双语散文选》等力作。该套丛书档次高迈，内容广博，微观入微，特色突出，主题鲜明，是奉献给大庆节日的“文化大餐”！

作为献给重大节日的礼品，广西民族出版社为整套丛书进行了高屋建瓴的设计，贯穿正确的历史观、民族观、国家观和文化观，从历史和现实的高度俯视广西。在展示悠久历史中的广西各族人民的优秀文化传统的同时，充分展示中国共产党民族政策的正确与伟大，赞颂自治区成立60周年的成就，高扬爱国主义旗帜，给人以振奋之感。在《热血丹心八桂情——讲好“广西故事”民族团结进步征文获奖作品选》里，征文工作小组和出版社别出心裁，通过各行各业中涌现出来的一个个真实生动感人的故事，展现了广西各族人民在党的领导下，同心同德，共同建设家园的奋斗历程。

内容广博是丛书的一大特点。丛书从历史纵向的角度来阐明壮族文化的发展脉络，全面阐明壮族文化的结构。特别是用最能代表广西形象的115个文化符号，从神话、地理、历史、民族、人物、文化、遗产、风物和工业九大方面，全面展示了广西壮族、汉族、瑶族、苗族、侗族、仫佬族、毛南族、回族、京族、彝族、水族、仡佬族等12个世居民族的物质文化和精神文化，反映了广西各族人民在漫长的历史进程中开辟岭南和南海的艰辛和成就，体现了广西的文化软实力。只要提到其中任何一个，就会让人联想到广西这片热土。

该套丛书在把握宏观展示的同时，做到探索精细入微。如《中国壮医学》较全面地总结了壮医药的理论与临床实践经验，对壮医的诊断技术、治疗原则和预防学等方面都做出了阐述，同时介绍了常用壮药的学名、别名、性能、主治病症、用法等内容。《广西世居民族服饰文化》将广西世居民族服饰置于广义的文化视野下进行整体研究，采用民族学、艺术学、历史学、考古学、文化学、美学、宗教学等多学科交叉的综合理论来研究广西世居民族服饰文化现象，对服饰与广西世居民族地区的生态环境、社会历史、经济发展水平、政治制度、宗教信仰、审美观念、民族风俗等文化事象的相互关系进行深入浅出的阐述，使人们能够超越以往文化研究的局限，站在全新的高度，用更广阔的视野来了解广西世居民族服饰文化，从而对这些服饰文化有更深刻、更全面的认识。

“民族团结进步丛书”的另一个特点是特色突出，无论是宏观或微观展示，都具有地域性、融合性和民族性的特点。广西是民族地区，民族结构和历史演化都很有特点，它既处于我国西南到东南的交叉路口，又处于我国中原到东南亚的十字路口，传统文化的结构中吸收了各方文化的元素，使得广西的传统文化色彩多元。虽然多元文化和核心文化交融，但其核心文化始终保持地方传统。例如：在反映壮族是发明水稻人工移栽技术的民族之一的同时，用“补粮”添寿仪式将稻米视为生命的代码；花山岩画是稻作文化的符号；广西各族人民联手开辟南海上的丝绸之路；刘三姐，壮族的“歌仙”；瓦氏夫人，明代英勇抗倭的女将……这些都是广西特有的，并对中华文化做出了贡献！

在阐述这么多文化符号时，丛书保持了民族团结进步的鲜明主题，有很强的历史感和现实感。一是展现了广西各族人民守望相助、手足相亲、团结友爱、互帮互助、共同发展的民族情怀。60年来，广西各民族团结和谐，共同进步，社会稳定，成为全国民族团结进步的模范区。二是用一个个生动的实例，充分讲述了各民族携手共同建设自己家园的生动事迹，并以60年来广西的成就，唱响共产党好、社会主义好、改革开放好、伟大祖国好、各族人民好的庆典主旋律。三是图文并茂地将广西各民族的文化特点、文化价值生动地展示出来，激励读者从中发现广西社会发展的历史轨迹，了解广西各民族艰苦奋斗开拓美好家园的历程，传承历史，开拓未来，在实现中国梦的伟大进程中高歌猛进！

“民族团结进步丛书”的面世，必将对广西更加深入地贯彻党的十九大精神产生激励作用，促进广西各民族团结、互助、友爱，促进各民族联手加速广西壮族自治区的社会发展，重振海上丝绸之路，为“一带一路”做出贡献！

2018年10月1日

目录

前言

为隆重庆祝广西壮族自治区成立60周年，生动体现广西各族人民砥砺奋进的光辉历程和团结拼搏的精神风貌，全面展示自治区成立以来的发展巨变，激励八桂儿女不忘初心，携手拥抱新时代，阔步迈上新征程，广西壮族自治区成立60周年庆祝活动筹备委员会办公室特别策划了广西壮族自治区成立60周年讲好“广西故事”民族团结进步征文活动。

此次征文活动，得到了社会大众的大力支持。经专家严格评选出的作品，立意新颖，主题突出，真实生动，很好地展示了广西壮族自治区成立60年来，特别是改革开放以来，在党的民族区域自治政策的光辉照耀下，广西各族人民始终高举中国特色社会主义伟大旗帜，紧密团结在以习近平同志为核心的党中央周围，努力进取，奋力拼搏的精神及广西各民族团结进步的伟大力量，唱响了国家好、民族好、社会主义好和共产党好的时代发展主旋律。

作品结集出版，对于进一步增强各族干部群众不忘初心、牢记使命，坚定不移走中国特色解决民族问题的正确道路的意识，扎实推进富民兴桂，助力广西乡村振兴战略的实施，谱写新时代广西发展新篇章，推动实现中华民族伟大复兴的中国梦，具有十分重要的意义。

编者

2018年10月

六万里路云和月　二十八载家国情

◎　徐仁海

十万大山南麓是一片热带雨林，这里遍地是高山、密林、深沟、悬崖、溪流，不仅有灌木丛、竹林、藤蔓，甚至还有毒虫、蛇蝎、山蚂蟥……这是广西防城港市陆地边境线上峒中镇长达24.5公里地段的自然环境。

国防民兵哨所，就建在峒中镇的制高点——海拔670多米的尖峰岭上，哨所因而得名“尖峰岭国防民兵哨所”。

哨所民兵除了用肉眼或望远镜观察目所能及的边情，还要在24.5公里的边境线上巡逻，每周往返一次，每次往返49公里——这仅仅是直线距离，实际行程远远不止这个数。

陆兰军——尖峰岭哨所所长，带领国防民兵巡逻队，在这条边境线上行走了28个春秋。28年，算算，一个人的脚步，超过6万公里，相当于绕地球1.25圈。人生有多少岁月，可用脚步丈量多少个6万公里？而今，52岁的陆兰军，依然坚守在尖峰岭国防民兵哨所，依然用那双伤痕累累的脚，反复丈量着24.5公里的边境线……

巍巍尖峰岭，高高尖峰岭哨所，我曾经的震撼，我曾经的热血沸腾，我曾经的激情迸发，我曾经的创作冲动……我又来了。

20世纪90年代末，我第一次上尖峰岭。那时，我刚完成别的采访任务，是峒中地税所的所长开着三菱吉普车带我上的尖峰岭哨所。路上全是沙石，坡陡弯急，时雨时晴，且越往高处雾越大。除了战壕、碉堡、哨位、哨兵，还有几间水泥平房。那一天，我与陆兰军所长第一次相遇；那一天，我与一位瘦高个哨兵肩并肩合影，我们俩都微笑着。雾，漫漫升腾，在树梢上弥漫，很快又丝丝缕缕从我们的身上脸上飘过，湿湿的，凉凉的。那时候上尖峰岭哨所的作家极少。年轻的哨兵与一个作家合影就觉得十分荣幸，而我也很高兴。陆兰军在一旁静静地看着，微笑着，很纯朴的样子……然而，当我走进薄雾漫涌的民兵宿舍，将手伸进叠得方方正正的军用棉被时，湿冷的触觉使我的心一下子抽紧……要下山了，与陆兰军握别时，我的脸是紧绷着的，而陆兰军的脸始终都是微笑着的。他在雾中朝我挥手的一瞬间，我的心被震撼了。从尖峰岭回来，我写了篇小散文《雾中的挥手》。

第二次上尖峰岭是在2000年，我随防城区文联组织的采风团前往哨所，在哨所与陆兰军第二次相遇。这次，我萌生了写报告文学的念头。第三次上尖峰岭与陆兰军相见已是2005年，我当时正收集军事方面的素材。想写关于他的报告文学依然初心不改，可惜一直没有成文。然而，在心灵深处，我时不时向遥远的尖峰岭，向遥远的陆兰军鞠躬致歉。

我欠尖峰岭，欠尖峰岭国防民兵哨所，欠所长陆兰军一篇报告文学。

2018年盛夏，我重上尖峰岭，第四次与陆兰军相见。

这次，我是专门为写他的报告文学来的。

他高兴，我更兴奋，是一种释怀后的兴奋。

他的头发居然全白了，背居然有点驼了。只是，身板依然保持军人特有的挺拔，眼睛依然如侦察兵一样炯炯有神。所长的气质没有变，军人的素质没有变!

陆兰军骨子里就崇尚“兵”，血脉中就流动着“兵”的血液。

陆兰军出生在尖峰岭脚下的尚义村。家门口不远处是一座似狮似虎的大山。翻过这座山，是一条满河床都是鹅卵石的时宽时窄蜿蜒的河流。河的此岸是中国，河的彼岸是越南。

生于斯长于斯的陆兰军，自幼便耳濡目染许多边境线上的爱国故事，故事里有硝烟战火，有鲜血和生命。他的祖爷爷是抗法名将刘永福的黑旗军的军官，曾带兵抗击法国侵略者；父亲是尚义村的民兵营副营长，在1979年那场保家卫国的战火硝烟中成为支前模范并在随后的边境对敌斗争中多次受到表彰。

设立尖峰岭国防民兵哨所时，陆兰军的父亲陆之芳因为在当地威信高，又有丰富的边境军事斗争经验，被任命为首任所长。

1982年，50岁的陆之芳，在无数次的边境巡逻中落下的风湿病愈加严重，最终不能履职。而此时，陆兰军的二哥陆兰廷刚好从军营退伍，他毅然接过父亲的钢枪，成为第二任所长。而同是这一年，因门牙不合格失去入伍资格的陆兰军在峒中镇围胆国防民兵哨所当了一名哨兵。1996年，陆兰军成为继父兄之后尖峰岭哨所的第三任所长。

“那一年的那一天，我真的是终生难忘。父亲的表情庄重、严肃，在泥砖瓦房的厅堂当着我和二哥的面说：‘我很想亲自将你送到哨所上，但我实在是爬不了那么长的坡了。只能在家里对你说，哨所我和你哥守了17年，边境线也行了17年，守边的责任担了17年，从未有过闪失，真的做到了问心无愧。今天，你当这个所长，更要知道肩上的责任重大。边情无小事。为父希望你忠于职守，同样做到问心无愧。’”父亲语重心长的话语，让陆兰军刻骨铭心。

这一天，兄弟俩没有走大道上哨所，而是选择屋后的山间小道。兄弟俩理解父亲的心情，都想让父亲送一送儿子。

“阿爸，你送送我们吧，我们走小道上哨所。”兄弟俩异口同声地说。

父亲那布满岁月沧桑的脸上立即绽放出一种带着深深父爱的欣慰的笑容，他很自豪地说："好。"

父子三人，朝着尖峰岭行进。

父亲特意不用拐杖，慢慢地抬着双腿，一步一步地走出大门，率先朝山脚走去。兄弟俩一前一后，放慢脚步，跟着父亲。泥路上留下三行或深或浅的足印……到了上山的路口，父亲站住了，脸上依然挂着出门时的笑容，慢慢抬起有些颤抖的右手，往山上指着："这岭多高呀，你们自己上吧。"

兄弟俩与父亲擦身而过，加快了脚步，顺着弯弯曲曲的崎岖山道，向山顶迈步。兄弟俩几次回望父亲，父亲的手依然高高地抬着，指向高高的尖峰岭……

在哨所，陆兰军从二哥陆兰廷的手上接过钢枪，接过望远镜，接过防务图时，二哥只说了一句话："记住父亲的话。"

兄弟俩相互凝望良久，皆向对方深深地点了一下头。目送着二哥慢慢远去的背影，陆兰军的双眼蓦然一热，泪水一下子便模糊了眼睛……

为国，责任在肩；为家，兄弟情深！

边情无小事。陆兰军懂得肩上的责任，那是一名国防民兵所长的责任。

26座界碑，分布在24.5公里长的边境线上。尖峰哨巡逻道从东往西，将界碑一座座串起来。深山密林中，原先是没有路的，路是哨兵们用巡逻的双脚，一趟一趟踏成的。而这条路，却不是一般意义上的路。这条路——只有当兵的人能走，国防民兵也是兵。

陆兰军是兵，一名国防民兵。

山深似海。

春，乍暖还寒的时候，浓雾夹杂着细雨。路湿石滑，羊肠小道两旁的灌木丛将雾中的雨、雨中的雾往脸上，往眼睛里，往军用雨衣里挤。满脸满眼的水，鞋里也是水，甚至身上也是水。但，巡逻的脚步没有停下。夏，弯腰穿过藤蔓，涉水踏过沟涧。蛇从脚旁遁迹，山蚂蟥扒在手上、脖子上、额头上、耳根处享用着哨兵的鲜血。甚至顶着狂风暴雨，耳边除了风声、雨声、雷鸣声，还有山洪的轰隆声和泥石流的嘶叫声，但巡逻的身影依然若隐若现地前行。秋，烈日当空，悬崖边、峭壁上，风吹草低，攀上去，爬下来，手脚并用，汗流浃背，口干舌燥，但每一座界碑旁的每一双眼睛里都是满满的欣慰、满满的爱、满满的坚强。冬，天寒地冻，遮天蔽日的乔木下，落叶与枯枝覆盖着路面。踩下去，或是一个坑，或是一洼水，或是青苔布满的石头；踏上去，看似干硬的表皮却包裹着湿滑。摔倒、绊倒，甚至仰面朝天跌倒，哨兵们都得重新站起来，抹抹伤口，擦掉血迹，整理装备，互相搀扶，始终没有掉队……这些"特写镜头"，不是电影，不是电视，而是现实中陆兰军所长和他的哨兵一年四季巡逻路上的真实写照。每周一次，每月4次，每年48次往返的真实写照。

在尖峰岭哨所，身穿夏天便装的陆兰军与我相对而坐。我看见他短裤管下的双腿和脚，布满了或深或浅、或大或小的白色的疤痕、黑色的疤痕、紫色的疤痕。我表情一下子变得凝重。这是和平岁月里一名国防民兵身上的伤痕啊！陆兰军平静地对我说，这些疤痕有蛇咬的，有蜈蚣咬的，有山蚂蟥咬的，有野蜂蜇的，有山蚊子叮的，还有跌伤、摔伤、石尖割伤、树枝划伤的。这些疤痕，在尖峰岭哨所当过哨兵的，或多或少都会有。

给我说这些的时候，陆兰军很平静，只是说到后面这句时，表情一下子变得凝重了许多。而正是他这种平静中的凝重，让我感受到了他内心深处的坚强与执着，点燃了我要深入了解他的激情。

1982年，陆兰军的父亲陆之芳刚过50岁，却因经常在雨天里整夜巡逻，落下严重的风湿病，只能将所长一职交给陆兰军刚退伍的二哥陆兰廷。14年后，陆兰廷调离尖峰岭哨所，已在围胆哨所当哨兵和所长6年的陆兰军又接任尖峰岭哨所所长，至今已有28年。

人生有多少个28年？陆兰军将青春，将年富力强的28个春秋义无反顾、无怨无悔地交付给哨所，交付给24.5公里的边境线，交付给那26座神圣不可侵犯的界碑。

“每次巡逻，我们都必须到点到位，每次都要围着每一座界碑查看，看有没有异常。而每次站在界碑旁，抚摸着庄严的界碑，我的心都会有一种特别的亲情特别的爱特别的依恋。每每这时候，巡逻的苦和累，就会烟消云散，这是心里话。”陆兰军纯朴的表情里多了一份庄重，语气充满着真诚。

是啊，有爱就有动力，有爱就有后劲，有爱就有责任，有爱就有坚持。

正是陆兰军对祖国神圣的界碑深怀着真挚的爱、炽热的爱、执着的爱，才有了如此执着的坚守！28年，弹指一挥间，然而，被誉为“有血有肉的界碑”的陆兰军所长的28年却有太多让人震撼、让人激越、让人动容、让人敬佩、让人鞠躬致意的故事。

近几年来，国防尖峰岭哨所妥善处置大小边情20多起，其中多起得到上级的表彰。所长陆兰军带领他的哨兵们，在边境线上筑起了一座座有血有肉的移不走毁不掉的“界碑”。

领土领土，寸土寸金，寸土不让，是当兵的职责。国防民兵也是兵！

“强大的祖国，支撑着我们国防民兵坚挺的脊梁。几十年的边境巡逻，这一点我体会最深。”陆兰军深情地仰望着哨所那面迎风招展的五星红旗，那种自豪感油然而生。

是啊，鲜艳的五星红旗，感召着多少忠诚卫士前赴后继，无私奉献他们的青春热血，甚至生命！而陆兰军只是这万千忠诚坚守边境线的其中一员。

28年的忠诚坚守，6万里路云和月，凝聚着陆兰军怎样的家国情怀？我用文字，试图解读。

高高的尖峰岭脚下，就是陆兰军的家。家与哨所的直线距离1000米左右，走山道，30分钟，骑摩托车也就10多分钟。然而，28年里，陆兰军在家里住的时间还不到3年。

“作为儿子，作为丈夫，作为父亲，我怎能不想家？我怎能对家无牵无挂？我又不是冷血动物。但我很少回家，每次回家，我就对哨所产生更大的牵挂，真的是牵肠挂肚，觉都睡不踏实啊。想想，当哨兵，负的是当班的责；作为所长，负的是24小时的责，一年365天的责啊。”陆兰军很直爽地说，眼睛里满满的既是想国又是想家的“铁血柔情”。

这不是豪言壮语，也与英雄气概没多少关系，是职责所在，忠诚所系。在与陆兰军的对视中，我从他眼睛里可以读出他的情怀。

确实，陆兰军也想家，想父母，想妻子，想女儿，想儿子。这是一种责任感和朴实情结交织而成的情愫。

父亲因为风湿病痛缠身，步行艰难，平常很少走到屋外。每次回到家，陆兰军总要扶着父亲，慢慢往屋后走，到上尖峰岭的路口，让父亲感受一会尖峰岭的味道，让父亲看几眼尖峰岭上的树林和隐藏于绿树中的哨所，追忆他曾经激情燃烧的岁月。哨所是看不见的，然而陆兰军知道此时此刻以立正姿势向山上行注目礼的父亲，心里分明是在一遍一遍地抚摸哨所上他曾经留下的足迹和汗渍。父亲病重的那段日子，陆兰军好不容易挤出零零碎碎的时间陪护父亲，但每次都被虚弱中带着刚强的父亲劝说回哨所："我这病好不了啦，你有心记挂，我知道，但哨所比我重要，你的心应该在山上，做事要善始善终。我和你哥对哨所都做到了，你可千万别给我们丢脸。"几次回家陪护父亲，时间加起来不到一天。陆兰军深感愧疚。父亲病危那天，大哥打电话叫陆兰军立即下山。然而，当陆兰军骑着摩托车赶到家时，父亲已经闭上了双眼。陆兰军瘦削的脸上满是泪水，他庄重地抱起父亲，端端正正地将父亲安放在大厅的棺材里。痛苦的泪虽然无声，但陆兰军的心里却在一遍一遍深情地呼唤着父亲……这既是自己的父亲，也是尖峰哨的首任所长啊!

妻子邓贵兰，比陆兰军小 12 岁。这名瑶族女子 18 岁时与陆兰军谈恋爱，后来嫁给陆兰军。在三次因陆兰军有战备任务推迟婚礼后的 1998 年农历六月初一，他们举行了婚礼，有情人终成眷属!

没有彩礼，新房是不足 20 平方米的一间泥砖瓦房。在这间简陋得难以想象的房间里，邓贵兰就这样成为人妻，但她心甘情愿。正是因为这种心甘情愿，让身材瘦小的她日后承受了太多沉重的生活负担。自己的责任田自己学种，犁地、耕田、播种、插秧，她居然仅用一年的时间便掌握了耕作技巧，把责任田打理得该绿的时节绿油油，该金黄的时候金灿灿。

采访中，陆兰军不止一次叫我多写他妻子，给她一点精神鼓励。他的语气是真诚的。

深入了解邓贵兰后，我真的觉得她是个文学作品的"角儿"。

女儿一岁的那年夏天，雨特别多。一个风大雨大的深夜，雨借风威打得屋顶的瓦片啪啪作响，雨水钻进瓦缝，滴滴答答地落在蚊帐顶，落在被子上，落在床上，落在脸上。母女俩蜷缩在床角，无助地颤抖着。同样是一个夏天的雨夜，两岁的女儿突然全身不停地冒冷汗，小手滚烫、小脚滚烫、额头滚烫。邓贵兰急匆匆将女儿抱到村卫生所，医生一量体温，超过 40 度。医生不敢用药，催促邓贵兰赶紧把孩子送到镇卫生院。

心急如焚的邓贵兰立即拨通陆兰军的电话。

电话的另一头，是陆兰军情急意切的颤音："你先送孩子去医院，这样的天气，哨兵大部分都是新招来不久的，我怎么能离开哨所呢。明天天一亮，我立即下山。"

屋里屋外，只有风声、雨声、雷鸣声……

邓贵兰的心猛地抽了一下，泪水忽地涌满双眼。她望望屋外黑漆漆的夜幕，又望望半睡半醒的女儿，轻轻地咬了一下嘴唇，便赶紧穿上雨衣，将女儿紧紧地抱在怀里，打着手电筒往镇卫生院赶。泥泞路更兼一洼一洼的雨水，邓贵兰深一脚浅一脚地在风雨中艰难前行。第二天天刚亮，一身汗水赶回来的陆兰军，一只手万分疼惜地轻轻抚摸着已经退烧的女儿粉嘟嘟的脸，另一只手愧疚地紧紧握住妻子的手，垂下头，他的双眼满是泪水。

每天清晨，草丛挂满露水。邓贵兰穿着解放鞋的脚，踏着草丛穿行于一棵棵高大的松树间。每棵松树下，她都要停10多分钟，弯腰弓背，用力将弯刀割在树干上，刀痕处就会有一行灰白色的松脂渗出，慢慢汇成细流，又慢慢或滴或流入一个小塑料碗。她一棵接一棵地割。两三天后，她又一个人踏着清晨的露水，一棵一棵树地查看那些塑料碗，将或多或少的松脂倒进塑料桶里，积少成多，再挑回家里。瘦小的身体在树林中更显得瘦小。这个瘦小的身影，总是独自一人在林中穿行，日复一日，月复一月，年复一年。除了割松脂挑松脂，她还要剥玉桂，背玉桂，背柴火。

这天，我在尖峰岭脚下的一间占地60多平方米的三层楼房大门外见到邓贵兰。

还未到10点钟，邓贵兰刚从山上下来，在家门前与我相遇。她全身湿透，薄薄的夏装使她原本就单薄的身材显得更加瘦小，一双即将褪掉原有绿色的解放鞋和一双泛黄的白线手套，那汗湿湿的刘海还挂着树叶碎片，这是一个“山味”十足的劳动妇女。

陪同的峒中镇人武部部长温荣镜给我们相互做了介绍。

或许是因为陆兰军的名声在外，邓贵兰见多了媒体人，她并不怕生，笑呵呵地边给我们搬凳子边说：“你们先坐，待我洗洗这一身臭汗，换件干净衣服再泡茶给你们，真是不好意思。”语毕，她便敏捷地闪身进屋。

陆兰军还在哨所，温部长给他打电话，叫他回来。这时候，陆兰军的老母亲慢慢挪着沉重的脚步靠近我们，又慢慢地举起无力的手指向尖峰岭，又指指屋内，嘴唇翕动几下后，吞吞吐吐地颤着喉音说：“阿十……总是在……山上，都是，都……是十嫂煮给，给我吃……饭……”陆兰军排行第十，满头白发的老母亲，患有中度老年痴呆症，只记得儿子的乳名阿十。

温部长告诉我，陆兰军的母亲耳背，又患了老年痴呆症。我走近她，给这位白发苍苍的老人行了个深情的注目礼。

这时候，邓贵兰从屋里端来茶水给我们。

看着已经没有倦意的邓贵兰，我笑着问她：“刚才看你很累的样子，现在精神焕发，转眼就像换了个人似的。”

“我还年轻，休息一下，洗个澡，又精神啰。其实，剥玉桂、割松脂、摘八角，还有砍山，这都不算累，最累的是挑或者背那些东西回来，百把斤重，爬坡过坳，下坡过沟，真的累死人了。讲累，实在累，但日子也就这样一天天过去了。老陆经常不在家，我一个人支撑着，人家说我像个女汉子，这是别无选择，嫁汉随汉，老陆又不是去吃喝玩乐，他也累，我理解。家，都是夫妻一起累出来的呀。”邓贵兰快言快语，极随意地对我说。受过那么多的苦与累，既无豪言壮语，也不怨天尤人，甚至不皱眉头，真让人敬佩！说话间，陆兰军的摩托车吱的一声停在家门前。

邓贵兰给丈夫端了杯茶水后，靠近丈夫并排坐下，很认真地准备接受我的采访。这时候，邓贵兰小声地对丈夫说今天割松脂被野蜂蜇了两口，一口在手臂一口在额头，都红肿了。说话的口气和表情，撒娇似的。陆兰军当即起身到屋里拿来风油精，很细心地给妻子涂抹。

采访结束的时候，邓贵兰柔声地问丈夫："女儿高考，是你去陪还是我去陪呀?"

"我走不开，还是你去吧。"陆兰军深情地望着远方，轻声作答。他知道，他的肩上，还要扛着钢枪，扛着国防哨所上那面五星红旗啊。

远方，在近 200 公里外的城区，是夫妻俩最牵挂的即将高考的女儿。

高考结束的当天下午，我见到了陆兰军的女儿陆莹莹。这是一个很阳光的女孩。

她不怕生也不怯场。我叫她谈谈她爸爸。

她不假思索，脱口而出赞扬她爸爸："我爸爸是世界上最好的爸爸。"看着陆莹莹甜甜的笑容，满眼满脸充满对父亲的思念和敬爱，我不禁想起 2012 年 6 月陆兰军情景报告会时电视镜头中 13 岁的陆莹莹：

"我今年 13 岁了。印象中，逢年过节，爸爸几乎没有在家陪我们吃过团圆饭，没在大年初一给我们发压岁钱，没和我们一起放烟花。每次爸爸巡逻路过家门口时，年幼的弟弟发现后总是会冲出来，拼命地抱着他的腿，拉着他的摩托车架，哭着喊着：'爸爸，爸爸，我要爸爸!'这时候我心里比弟弟还难受。爸爸，你知道吗，我也很想像弟弟一样，紧紧地拉着你，不让你走啊。2009 年有一段时间，家里的经济很困难，妈妈要去广东打工挣钱，我们成了留守儿童。年幼的弟弟晚上哭喊着要妈妈，我只能像妈妈那样给他唱歌，哄他睡觉，可是弟弟睡着以后，我却忍不住伤心无助地哭了。此时此刻的我多想打电话叫爸爸回家啊。每当我想到爸爸，总是先想到他的背影。因为在我的印象中，爸爸总是来去匆匆，留给我们的几乎都是他走出家门时的背影。爸爸经常为了哨所的事顾不上我们的家。记得有一次，刮很大的风，妈妈着急地给爸爸打电话，说让爸爸赶紧回来帮忙抢收松脂，可爸爸说他正在训练，回不来。看着妈妈一个人孤独无助地在大风中干活的样子，我忍不住流泪了。当时，我心里是有点怪爸爸的，家里不富裕，妈妈整天在山里劳动，风里来，雨里去，一刀一刀割松脂，手掌都起血泡了，才得那么一点拿去换钱，撑起这个家。爸爸，这个时候，你怎么能不回来啊!"

那情那景，还有那时候陆莹莹情真意切的讲述，曾让多少观众眼睛湿润甚至热泪盈眶啊!

"现在，我最最想见到的就是我爸爸。"陆莹莹甜甜的声音，把我从那一个个慢镜头中呼唤回来。面前的陆莹莹，挽着妈妈的手，说起爸爸，饱含深情。

此时，陆莹莹知道，爸爸在那座很高的山上，那面很鲜艳的五星红旗下，那个很坚固的哨所站岗放哨。

这时候的陆兰军，确实在哨所。

雨季来了，台风季也跟着来了。哨所的监控设备、哨位的观察设施、库房的防风防漏措施，都要逐一检查、维护、加固。陆兰军不敢有丝毫的大意，他带领哨兵们头顶烈日，逐一进行检查。

对于哨所的安全，陆兰军从来不敢放松警惕，因为有过一次刻骨铭心的险情，就更让他的思想不敢有一丝一毫的松懈。

那是2008年9月26日，台风“黑格比”横扫十万大山。尖峰岭上的风助雨势，雨借风威，铺天盖地而来。陆兰军担心老旧的营房有险情，便命令大家迅速转移到安全地点。午后，风依然狂，雨依然猛。突然一声沉闷的巨响从后山传来，营房后山山体滑坡，一块约两吨重的巨石滚落下来，营房顷刻间倒塌，所幸大家提早转移躲过一劫。惊魂未定的陆兰军突然“啊”地大叫一声，声出步起，毫不犹豫地冲向武器库。山体滑坡导致大量泥石压向武器库，摇摇欲坠的铁门支撑着垮塌下来的天花板，只露出一条勉强可钻进一个人的缝隙。陆兰军一个箭步跃到门缝里，弯腰侧身钻进去。紧跟其后的副所长韦胜才来不及拉住陆兰军，便大喊：“老陆，危险啊!”

陆兰军头也不回，嘶喊着：“枪是兵的命根子!”

在风声雨声和哨兵们的呼唤声中，陆兰军和韦胜才合力将枪支弹药全部安全抢运出来。

台风过后，市政府修缮哨所的工程立即启动。

上哨所的盘山路弯多坡陡，车辆无法将建材运上山，只能靠人工搬运。承建商要求市政府增加7万元搬运费，不然只能停工。陆兰军看在眼里急在心上，他一咬牙，认认真真地对承建商说：“哨所的建设耽搁不得，你尽快开工，建材我们民兵包搬运，不要你掏一分钱。”说到做到，百十斤重一包的水泥沙石，陆兰军和哨兵们每人一次一包。6个月后，哨所修缮一新，营房更加坚固，还增建了情况观察室、会议室，功能更加完备。

满心欢喜的陆兰军深情地望着旧貌换新颜的哨所，欣慰地笑了，这笑如阳光般灿烂。

更让陆兰军和哨兵们欢欣鼓舞的是，2012年7月，防城港市军地领导决定重建尖峰岭哨所。次年夏天，通往尖峰岭哨所的水泥路建成，现代化的营房、图书室、球艺室、荣誉室、健身房、灯光球场、晾衣场也跟着建成。整个哨所，已是焕然一新。

陆兰军心潮澎湃地望着崭新的哨所，蓦然间，心花怒放的他面对飘扬的国旗猛地张开双臂，大声高呼：“祖国万岁!”话音未落，热泪已经涌出双眼。

大悲或大喜，都会让有泪不轻弹的男人落泪的啊!

曾经的艰苦岁月，留给陆兰军这个壮族硬汉的感触太深刻，留给他的感慨太多太多。

十万大山属亚热带地区，尖峰岭哨所一年中超过一半的时间云雾缭绕，时雨时晴，洗过的衣服要晾六七天才勉强能穿在身上。被、席伸手一摸，湿得可拧出水滴。简易平房里冬冷夏热，而且，这冷是湿气很重的冷，这热也是湿气很重的热。在哨所住上三五年的哨兵，几乎都会患上风湿病。陆兰军担任所长的第二年一个数九寒冬的傍晚，已在尖峰岭上当了5年哨兵的李建国拖着患了严重风湿病的腿一瘸一拐地走近陆兰军说：“所长，我实在适应不了哨所的工作了，遇着阴雨天，我站都站不起来。”李建国的语气中充满着不舍与无奈。望着李建国下山的背影，陆兰军深深地鞠了一躬。这一瞬间，陆兰军决定自力更生，创造条件逐步改善哨所的生活。

自己动手，丰衣足食。哨兵们在陆兰军的带领下，充分利用放哨巡逻的短暂的休息时间，参加哨所的义务劳动。

开荒种菜，养鸡养鸭，植树造林，辛勤的汗水终于换来了收获——大家在哨所周围零零星星地开垦出一亩多菜园，一年四季都有绿油油的应时蔬菜让哨所自给自足；每年饲养的几百只鸡鸭和逐年成材的松树、杉树，成为改善哨所生活条件和设施的重要经济来源。

每当阳光初照尖峰岭又或者夕阳西下在山野间留下柔和的霞光时，陆兰军看着哨兵们种下的一片即将成材的松树，心里便甜滋滋地盘算着这一笔收入该解决哨所多少困难和问题。

谈到哨所的义务劳动，陆兰军用一种慈父般的语气说："我苦点累点都能承受能坚持，但我心疼哨兵们，特别是那些年轻的哨兵，我真的很过意不去。别说大山外的世界有多精彩，就是尖峰岭下的峒中镇，那也是充满诱惑的啊。要让哨兵们安心在哨所，必须逐步改善哨所的工作环境。"

有家的温暖，才能让人有家的归属感。

陆兰军是一心一意把哨所当成自己的家。

那年，为了解决哨所的用水用电难题，陆兰军拿出自己好不容易才积攒下的600元钱，买来了发电机、水泥、电线等，带领全体哨兵投工投劳，建起了小型发电站和蓄水池。当时，哨兵每个月的工资才170元啊。

亏么？亏！但陆兰军心甘情愿。

青龙岭与尖峰岭遥遥相望。青龙岭上立着一块界碑。上青龙岭的路，是巡逻途中一段十分难走的路。特别是那段600米的路段陡峭而潮湿，且石头上长满青苔，曾经就有边防部队的军犬走完这600米的路段后，便当场累死。陆兰军和哨兵们走完这600米的路，要花近两个小时！其实说走，实际是爬，手脚并用地爬。上山时，或蹲或跪或蹭，手或攀或撑或双肘并用；下山时，一不小心，滑溜溜的青苔就会让你两脚朝天或干脆让你旱地"漂流"顺山势而下。亚热带丛林的雨季说来就来。巡逻道，基本上是狭窄、弯曲、崎岖的山路。雨季，有些路段被雨水冲下的淤泥、沙石、枯枝烂叶覆盖得若隐若现，而一旁，要么是山沟，要么是断壁，让人望而却步。这天，几名新招的哨兵，颤着双腿不想向前走。陆兰军镇定自若地对哨兵们说："要当国防哨兵，这样的艰险、这样的苦累，都是必须承受的。不要怕，大家跟我来，学着我的样子，胆大心细就好。古话讲得好，路在自己的脚下。"

这段路，陆兰军已经爬行过无数次了，路况熟，心里有底。在这样的夏日雨季，陆兰军依然带着哨兵冒着雨巡逻。他率先往山上爬行，还时不时侧身回头提示紧紧跟进的哨兵。突然，就在他侧身时，一脚踏在一块被雨水冲刷得松动的石块上，连人带枪滚落陡坡10多米。路，越走越艰危；雨，越下越大。一行人正涉水蹚过河沟时，隐隐约约传来了山洪由小变大的闷响。如果被山洪阻隔，就会耽误当天的巡逻。陆兰军果断地指挥大家迅速过河。当队伍最后面的陆兰军前脚刚迈上河岸，洪水就哗啦啦吼叫着随他的后脚滚涌而至。

好险！

从一块界碑到另一块界碑，必须从岩壁上攀爬而下。岩壁高 15 米，倾斜角接近 90 度。岩壁东侧有个天然小水塘，水满则溢，形成一处小瀑布，飞溅的水花随风飘扬，溅落到岩壁上，碧绿的附石植物和暗绿色的青苔遍布岩壁。岩壁的侧下方，是积水潭，大家都叫它“龙潭”。潭水不深，清澈见底。陆兰军和巡逻的民兵，都体验过深入龙潭的惊魂一刻。

那是一个冬天，和往常一样，巡逻至此的陆兰军带头小心翼翼地从岩壁上爬下，却不料一只山鸡突然从一处茂密的灌木丛中飞出，惊慌中掠过陆兰军的身旁。就是这瞬间的分心，使陆兰军一脚踩空，滑落入水潭里。冬天的潭水，寒冷刺骨，陆兰军全身湿透地爬上来时，手脚被冻得发抖。

蚂蟥峪，听这名字就让人心里发怵，走过一次都会终生难忘。但陆兰军和哨兵们，每月要经过 8 次！

有一块界碑近旁的巡逻道，途经蚂蟥峪。

蚂蟥峪是一片低洼地带，没有流水没有积水，但杂草丛下的地表，常年潮湿，是深山里最适合山蚂蟥聚居繁衍的自然环境，因而得名。偏偏巡逻道要从这里穿过。每次过往，哨兵们都会受到袭扰。被成年山蚂蟥叮咬过的伤口，一个月都结不了痂，洗澡时经水一冲洗，伤口就会渗出鲜红的血。更让人恐惧的是那些小山蚂蟥，吸盘细，叮咬时感觉不到疼，待到它吸饱了喝足了，胀鼓鼓的身体会自然跌落；如若叮咬时刚好遇着大点的静脉，噬血成性的小山蚂蟥会一头钻入血管尽情享用那滚烫滚烫的鲜血。陆兰军就有过被小山蚂蟥钻进血管，自己硬生生将小山蚂蟥扯出来的经历。而被毒蛇和蜈蚣咬伤，陆兰军也都经历过。2007 年的盛夏，天气湿热，巡逻路上，陆兰军的腿被躲在草丛中的毒蛇咬了一口。他立即砍下树枝忍着剧疼又是刮又是刺又是挤，排出毒液后，又用急救包里的纱布将伤腿箍紧。赶回家中时，伤腿肿得连裤管都卷不起，懂治蛇伤的父亲急忙采摘草药给陆兰军敷上。2009 年的夏天，陆兰军同样在巡逻路上，被蜈蚣咬伤，幸亏自己有经验，敏捷地用手捏住蜈蚣的尾部，没让它尾部的毒刺将毒液注入伤口，不然后果不堪设想。

苦吗？累吗？艰险吗？说不，那就不是真心话。但这样的苦，这样的累，这样的艰险，陆兰军都能承受，都能坚持，而且都是心甘情愿的。

凭什么？凭对哨所、界碑那份无法割舍的永远充满激情的爱！凭自己当初最纯真、最坚决的选择——当一辈子国防民兵！永远不改初心！

这不仅仅是陆兰军最初的誓言，这是他历经 28 载的践行，一刻也不忘初心的践行。这样的践行，怎么能不让人一咏三叹呢？

初心不改，誓言无声啊。

“这段边境线我不守，人家就得来守。我都守了几十年了，都习惯这里的生活了。人生，总有让自己怎么也割舍不了的东西，真是舍不得呀。”平凡的人说着平凡的话。平凡的陆兰军说这句话时，那表情、神态，是平凡人不加修饰的坚强和执着。

平凡的陆兰军也有不平凡的时候。

他那双在边境巡逻道上走过 6 万公里的大脚板，曾经 4 次走进人民大会堂；他那扛过

28 年钢枪的瘦削的肩膀，曾并排紧靠中央首长的身旁；他那双粗糙的手，曾被党的两任总书记握过。他并不帅气却坚毅的脸和并不健美却挺拔的身躯，在中央电视台、省市电视台的屏幕上多次亮相。他不善言辞，却在自治区党委礼堂的讲台上，讲述自己爱国戍边的执着与坚持，倾诉自己的家国情怀。他的故事，深深地震撼了无数颗心。

这一天，是 2012 年 10 月 22 日，由广西壮族自治区党委副书记危朝安主持的“自治区党委、广西军区党委联合召开授予陆兰军同志荣誉称号大会暨先进事迹主题情景报告会”在自治区党委礼堂召开。

掌声、鲜花，一起奉献给了这位国防民兵。

这一天，时任自治区人民政府主席马飚宣读了《广西壮族自治区人民政府、广西军区关于授予陆兰军同志“爱国戍边楷模”称号的命令》。

这一天，自治区人民政府主席马飚、广西军区司令员龙义和给陆兰军颁发证书和奖牌。

这一天，广西壮族自治区党委决定，在全区各级党组织和广大党员干部群众中广泛深入开展向陆兰军同志学习活动。

这一天，对于一个平凡人来说，是多么光荣啊！

而这一天之前，陆兰军曾经连续 5 年被防城区政府、区人武部评为“优秀哨员”；2003 年、2007 年被防城区人武部评为“优秀哨长”；2010 年被防城港市评为“劳动模范”；2012 年被评为广西“创先争优十大先锋人物”和全国“百名优秀共产党员”。

而这一天之后，陆兰军又相继获得 2012 年“全国争优创先十大先锋人物”、2013 年“全国道德模范”、2014 年“边海防戍边英模”等称号。这些，都是崇高而响亮的称号！

获得这么多的荣誉，平凡吗？肯定不平凡。然而，荣誉背后的陆兰军，却又确确实实是一个平凡人。因为，从本质上说，陆兰军只是一个国防民兵。

这一夜，我留宿尖峰岭哨所。夜深人静的时候，我独自一人站在营房外，一边感受着尖峰岭的孤寂，感受着边境的宁静，一边凝视着哨位上专注地站岗放哨的年轻哨兵的身影，禁不住轻轻地用心叩问尖峰岭：28 年的坚守啊，这需要怎样的意志和怎样的毅力？这之中有多少家国情怀可以用多少如诗如歌的言语去咏唱啊！

这一天清晨，我满怀敬意地与陆兰军握别。

万千朝霞洒满和平安宁的群山，洒满五星红旗高高飘扬的尖峰岭。霞光中，全副武装的陆兰军，精神抖擞地带着一队哨兵踏上巡逻道，走向他们平平凡凡的一天里的山山水水。

我肃然而立，久久地注视着渐行渐远的那一队巡逻的国防民兵的绿色背影。蓦然间，我想：许多荣誉都是平凡人造就的，许多奇迹都是由平凡人创造的。

致敬，尖峰岭！致敬，那一队国防民兵的绿色背影！

用生命筑起瑶山交通的明天

——追记贵阳至南宁高速铁路都安段征地拆迁指挥部办公室主任韦瑞柏

◎ 覃宗华 韦桂宁

17 年来，他和都安交通运输局团队一直奋战在广西都安瑶族自治县瑶山的交通事业上。他参建的多条四级道路、河池至都安高速公路相继通车，贵阳至南宁高速铁路的建设如火如荼。今天，当都安瑶山交通四通八达、日新月异之时，他却累倒在这片他深深热爱的热土上……

——题记

3 月的广西都安瑶山，春雨如约而至，淅淅沥沥。

2017 年 3 月 10 日，贵阳至南宁高速铁路都安段征地拆迁指挥部办公室主任韦瑞柏同志因心脏病突发去世，年仅 59 岁。春雨淅沥，像诀别，像眷恋，更像哀惋。翠屏山低头，澄江呜咽。纷飞泪雨中，同事们哽咽地说他是让工作给累死的——

3 月 5 日，他加班撰写《澄江双线特大桥工作汇报》，材料翔实，文图并茂；3 月 6 日上午，他和蓝如帅县长到自治区发展改革委汇报高铁施工进展情况，下午加班修改费用测算资料；3 月 7 日，他去河池市发展改革委召开高铁相关会议，下午回来加班撰写《中铁航空港建设集团贵南高铁项目经理部工作进展情况汇报》；“三八”妇女节赶资料，晚上 7 点多钟才回到家，未能给辛劳的妻子半天假期；3 月 9 日整理《高铁征地拆迁包干费审查材料》，当天加班到晚上 11 点多；3 月 10 日早上 6 点，他和韦天照、陆柳艳、黄若京等 4 位同志到南宁开会，下午 3 点 30 分直接回到办公室加班。晚上 8 点，韦瑞柏拖着疲惫的身体踏进家门，谁知，刚躺到沙发上，他就感到一阵莫名的胸闷，几分钟后冒冷汗，脸色苍白，呼吸急促困难。他爱人见状急忙拨打 120。虽然医务人员奋力抢救，但最终没能挽救韦瑞柏年仅 59 岁的生命……而那份《高铁征地拆迁包干费审查材料》成为他最后撰写的工作材料，也成了他的“遗书”。

贵南高铁见证赤子情怀

2016年12月29日，艳阳高照，贵阳至南宁高速铁路开工现场会在都安瑶族自治县举行。千万年来沉睡的都安瑶山将迎来高铁时代！时年58岁的韦瑞柏从副局长岗位退下来后，因从事交通建设多年，经验丰富，被任命为贵南高铁都安段建设指挥部办公室主任。

“贵南高铁开工建设是广西和贵州人民的一件大喜事，也是两省区经济社会发展的大好事，对进一步完善西南地区铁路网络布局，加快西南地区与珠三角、北部湾地区的经济合作与人文交流，促进沿线少数民族、贫困地区的脱贫致富和经济发展具有十分重要的意义。贵南高铁承载着贵州和广西两省区人民的希望和梦想!”“贵阳至南宁高速铁路是国家《中长期铁路网规划》中‘八纵八横’高速铁路主通道包头至海口通道的重要组成路段。项目建成后，贵阳至南宁的铁路旅行时间将由现在的5小时25分缩短至2小时内，将为广西、贵州两省区以及我国西南、西北地区经济社会发展注入强劲动力!”时任贵州省委常委、副省长慕德贵，广西壮族自治区人民政府副主席陈刚在开工大典上的讲话掷地有声。从那天起，责任像一颗种子根植在韦瑞柏的心里。

测算征地拆迁费用。三个多月以来，韦主任起早贪黑，与同志们认真按照测算复核的职责、标准、原则和要求，切实做好征地拆迁安置经费包干测算和复核工作。经测算复核，贵南高铁项目（都安段）全线长72公里，途经三只羊、板岭、永安、大兴、高岭、澄江、龙湾7个乡镇、15个村和2个社区；需征地2097.6亩，涉及房屋拆迁605户，面积219162平方米。征地拆迁安置补偿费用测算总额为110300.5万元，其中红线内征地拆迁安置费用96047.88万元，红线外征地拆迁安置费用14252.62万元。

勇挑重担，征地拆迁。韦瑞柏未雨绸缪，先是成立4个征地拆迁工作组，制定征地拆迁具体工作方案，然后及时与广西飞航测绘科技有限公司签订测量合同，推进边桩放样和挖征地红线左右边沟。同时，重点研究部署澄江双线特大桥重点地段征地事宜，开展红线征地宣传、重点地段征地丈量。截至目前，项目已完成临时用地49.8447亩。其中拌和站和钢筋场用地28.76亩，1号临时便道完成9.222亩，2号便道完成10.8287亩，3号便道完成1.034亩。

当好排头兵，开赴战场。澄江双线特大桥全长15.508公里，途经塘仑村、高岭社区、六里等6个村，是该段高铁线路的标志性工程。截至2月8日，项目部主要管理人员、施工队伍、机械设备已经进场完毕，完成拌和站场坪回填片石13500平方米，占总场坪面积18000平方米的75%；混凝土拌和机主机已设立完成，粉灌基础和配料仓基础已施工完成；粉灌机已加工焊接完成7个……韦主任率领团队全力以赴，配合中标单位——中铁航空港集团进驻都安，拉开高铁建设突击战序幕。

此外，上传下达文件，编写材料，上河池下南宁，加班加点已成为家常便饭，韦主任像一个不停旋转的陀螺，无怨无悔。一组组翔实的数据、一份份切合实际的报告，见证了韦主任心系贵南高铁的赤子情怀。

村级道路丈量责任担当

1957 年 7 月，韦瑞柏同志出生在都安瑶族自治县地苏乡赞字村一个贫穷的农家，乡亲们在羊肠小道上穿行和艰苦劳作生活的情景深深刺痛他的心。1978 年 12 月，他加入中国共产党。1984 年，他从部队复员后，经过多个武装部门的历练，养成了吃得苦耐得劳、办事雷厉风行的作风；2000 年 8 月，他调至都安瑶族自治县交通运输局担任副局长，从此与农村交通事业结下了不解之缘，村级道路建设、养护一线、抢险现场都留下他深深的足迹。

2004 年，韦瑞柏牵头扩建塘江至马呈四级路，里程为 8 公里。其中东关屯至马呈路段全为石山，每天需要在坚硬如铁的石头上爆破。合建村东关屯壮族村民李瑞生住房紧挨在建公路，即弄怀坡脚下。时年，他养殖 16 头肉猪，价值近 2 万元。几次开山炸石，飞石不仅砸烂李瑞生的猪圈，还砸伤了肉猪。施工队员多次交涉，李瑞生均以各种理由拒绝搬迁，建设遇到重重阻力。“修通了这条路等于养殖更多会生崽的母猪，源源不断生下猪崽，乡亲们的钱袋子就鼓起来了。你不要做历史的罪人……”“他平易近人，讲道理接近农民朋友，还一起帮助我维修猪圈，我真服了他。”李瑞生回忆当年韦副局长的教育课，不禁唏嘘。一公里、两公里……希望不断伸向甘湾村大山深处。2006 年，这条村级公路全线贯通，彻底改变了该村的落后面貌。路通财富来，乡亲们开始从事桑蚕、瑶鸡、肉猪、牛羊特色养殖，一步一步走向致富路。

2001 年水南二级公路开工建设时，为了保证车辆畅通，临时改线。进入夏季，天空像会变脸，说下雨就下雨。7 月的一天，狂风大作，暴雨倾盆。暴雨造成下坳至丁洞公路 K3＋500 米处公路严重塌方，道路两头车辆排成了长龙。韦副局长接到救灾电话，火速赶往事故地点，组织抢险突击队，打通交通生命线。2002 年夏季的一晚 10 时许，县交通运输局接到紧急报告，称五竹乡弄林 K6＋000 处路基塌方。韦副局长一边飞速赶往事发地，一边电话通知，并组织道班工人、附近村民、施工机械队抢险。当时月黑风高，情急之下，韦副局长一行启动小车，用小车灯光照明施工。雨幕中，抢险团队任凭雨水和汗水搅和在一起，全力以赴，虽人困马乏，但一直抢修到次日凌晨 4 点多钟，终于修通了水毁公路。

安全重于一切，公路养护关系着公路的使用寿命。韦副局长把交通行业安全管理提升到突出位置，始终把行业安全生产放在首位，牢固树立安全发展理念，坚持用新理念、新思路、新举措推进交通工作，在管理上下功夫，见实效，不断为交通发展增添动力，注入活力。他还多方筹资加强农村公路安保设施建设，大部分隐患路段增加了防撞墙、防护墩、警示标志等设施，全县农村公路行车安全系数大幅提高。2016 年 11 月 8 日，交通运输部副部长戴东昌到都安调研农村道路建设情况，对此给予了高度的评价。

河都高速诉说奉献执着

河池至都安高速公路是国家高速公路网规划兰州至海口高速公路和国道主干线重庆至

湛江高速公路的重要组成部分，也是广西高速公路网规划“六纵七横八支线”中南丹至东兴高速公路的重要路段，是联系桂西北与桂南经济区重要的干线公路。项目于2010年11月18日开工建设，于2014年9月26日建成通车，主线全长92.32公里。该高速公路的通车，翻开了河池都安交通安全通畅新篇章，加快了河池市社会经济的发展步伐。

如今，河都高速公路像一条巨龙横亘在崇山峻岭之间，每天车水马龙，似乎在诉说着韦瑞柏点滴的奉献和执着。2010年，韦瑞柏被抽调到河都高速指挥部都安建设分指挥部，任办公室主任。

征地拆迁被誉为“天下第一难”事。韦主任与同事们同心协力，战高温，斗酷暑，走村串户宣传政策、法律法规，用真诚融化被征拆户的抵触坚冰。当年完成改沟、改路，增设生产生活用地及配电房、高位水池用地433亩，补鉴定红线外房屋156户，为推进河都高速公路建设营造了和谐的社会环境。

“你们开山炸石，强烈震动到鱼塘，养殖的鱼全部受到高度惊吓不长个，养殖的旱鸭连胆也被震裂死了!”2011年9月，地苏乡百益村下江屯瑶族居民韦家旺连续多天到百益标段阻止施工。他多次上访、报警，要求施工队赔偿鱼塘损失10万元，双方剑拔弩张，工程被迫停工。“旱鸭死亡存在很多原因，不要因为个人蝇头微利阻碍国家重点工程建设。”韦主任和梁光兴、陆岸及村委干部李矿一行从工程的重要意义，从法律角度多次做韦家旺的思想工作。同时根据实际，向上级汇报，争取获得2万元赔偿金，采取爆破时用树枝杂草掩盖炮眼等措施，抢时间抓进度，把农户损失降到最低，双方终于化干戈为玉帛。

为了顺利推进工程建设，河都高速公路建设都安段需要迁出坟墓2831座，让先人“让地”。2009年开工当年，韦主任一行兑付1315座迁移坟墓补偿款，占任务的62.35%。其中遇到一件比较麻烦的事：百益村江响屯瑶族村民韦忠平死活不让迁其父亲坟墓。原来他的父亲韦善柏85岁仙逝，按农村风俗习惯要等到5年后才能“捡金”移迁。想到“嘟嘟”工作的推土机将被这处坟墓挡住，韦主任急得嘴角长出了水泡。他反复找韦忠平耐心劝说，并自掏腰包500元作为“香火费”，为新坟另择福址。韦忠平被他的诚心打动，答应与施工队积极配合，牺牲个人利益，服从河都高速公路建设大局。

河都高速公路征地拆迁工作量大，涉及面广，战线长，环境复杂，时间紧迫，引发的各类矛盾纠纷盘根错节。韦主任坚持以人为本，走群众路线，就像一位魔术师，总能找到破解难题的金钥匙。3月18日，笔者在翻看韦主任的遗物时，看到几十本日记本，里面记录的大部分是调解内容、调解方案、调解体会，有十七八万字。这些调解攻略串联起来像一串亮丽的珍珠，闪烁着艺术的光辉。

据不完全统计，2009—2014年，他化解堵路事件300次，处理各类大小矛盾纠纷500多起，接待群众来信来访1000多人次；督促施工单位恢复水系路系240多处，恢复被施工便道损坏的砂土路近30条；协调业主投资118万元修缮高岭互通工程，与广西交通科学研究院解决永安高速互通项目；组织鉴定部门对沿线爆破震区内的1500多间房屋进行鉴定，督促各标段理赔400多户；全面核查各标段使用的临时用地面积共1200多亩，让1000亩用地复垦。

“哪里有危险，哪里就出现韦主任的身影。”司机黄若京回忆道。2011 年 8 月 8 日 12 时许，河池至都安高速公路谢家峒隧道施工时发生塌方，有 2 名民工被困隧道内。灾情就是命令，作为相关安全部门的负责人，韦主任火速赶往现场。他住在工棚里，连续在荒郊野岭睡了三晚，参与河池市副市长韦国文、都安瑶族自治县副县长覃忠雄指挥的施救大爱行动。他实施科学方案，争分夺秒抢救受困人员，耐心地做好家属的安抚工作。

悲凉之家呼唤永远眷恋

韦瑞柏一心扑在工作上，他对家人有太多的愧疚。其爱人陆金连说，她原在药材公司上班，2006 年下岗，可是韦瑞柏从不向组织伸手，安置爱人再就业。多年来从交通运输局手中领走工程的老板成百上千，可是韦瑞柏从未向任何人诉苦，或安置爱人到任何工地打工。

2014 年 9 月，韦瑞柏 85 岁高龄的母亲住进都安人民医院。12 日，医院下了病危通知书，建议家属将老人带回老家等待“升仙”。可偏偏这个节骨眼上，河都高速公路通车在即。韦瑞柏分身无术，只好让侄儿韦勇在街上雇车辆送老母亲回家。21 日，老人与世长辞，韦瑞柏也未能见上亲爱的母亲最后一面。9 月 24 日，河都高速公路举行通车仪式，韦瑞柏忙于做前期准备以及完善永安和高岭两个互通工程的后续修建。直到 25 日，工作稍微放松，韦瑞柏才火速赶往老家，长跪于母亲灵堂前任由泪水滂沱。

“爸爸从来没有帮我买过新衣裳，也没有陪我度过一个生日。不久前，我还开玩笑问爸爸：‘我是不是你亲生的?’”女儿韦曼泪眼婆娑，心中充满了委屈，“不过，今天陪同你们看到爸爸厚重的日记本，我理解了。爸爸热爱交通事业胜过他的生命……”女儿韦曼今天读懂了爸爸，她仿佛一夜间长大了许多。

“从事征地拆迁工作，手中的尺和笔，一分一寸、一笔一画都是国家和人民的钱和财，无论是有人请客说情，还是威逼利诱，都经得起工作实践的考验。”韦瑞柏在一篇“两学一做”心得体会中写道。这是他人生真实的写照。

韦瑞柏有个侄儿韦勇在老家务农。1996 年，韦勇购买了一辆方拖（小四轮拖拉机）。由于货运市场竞争激烈，他非常希望身居要职的叔叔能为他拉些交通建设的零星活。韦瑞柏始终廉洁自律，不给亲属开任何后门，至今侄儿从未在他管理的交通建设项目上拉过一车石料。韦瑞柏的哥哥几次气呼呼地直问：“你是不是我亲弟弟啊?”“正是因为我是你的亲弟弟，我才这么做啊。对不起哥哥啦。”韦瑞柏任县交通运输局副局长多年，也目睹老家的行路之难，可是直到 2017 年才通过村里的一事一议，铺设硬化百卢屯级道路。

立下愚公志，天堑变通途。截至 2016 年底，都安瑶族自治县拥有公路总里程达 1734.892 公里。其中，高速公路 82.2 公里，国道 77.4 公里，省道 162.346 公里，农村公路总里程达 1412.946 公里。2015 年底，都安在河池市第一个率先实现县境内 248 个村“村村通水泥公路”的目标。走进都安，四通八达的农村公路如玉带一般连接着城镇和乡村，农用车、货车满载着农民的收获和喜悦，在便捷畅达的通村通乡公路上来往穿梭……这是全县各族人民共同努力的结果，也凝聚着韦瑞柏大量的心血和汗水。

韦瑞柏，2004 年荣获河池市交通系统“两个文明”建设先进个人，2009 年被河池市委、市人民政府评为“河池市大石山区都安、大化两县基础设施建设大会战先进个人”“河池市优秀转业干部”，2011 年以来多次被评为县级“优秀共产党员”“先进党务工作者”。

韦瑞柏太累了。他走了，抛下挚爱的妻子、尚未成熟的女儿永远地走了，走得那样匆匆，那样令人深深地痛惜……春雨蒙蒙，那一定是他的泪水，那一定是他对家庭，对事业，对瑶山大地永远的眷恋……韦瑞柏同志，你安息吧，翠屏山会记住你的音容，澄江水会留下你的笑貌，你的名字将铭刻在都安人民心灵的丰碑上！

韦瑞柏用责任诠释了一名共产党员无私的情怀，奏响了一曲可歌可泣的人生赞歌。他用生命筑起了瑶山交通的明天！

“小芳”自法国来

——记在融水大苗山接力助学20年的法国友人方芳

◎ 龙 涛

2018年10月10日，广西融水苗族自治县急剧降温天气进入第二天，气温创下半年以来新低。在大苗山深处的拱洞中学，淅淅沥沥的小雨带来了更多冷意，但孩子们心里却是暖烘烘的——来自法国的施静怡和她的中国助手贾利新，正向他们发放新一学期的“中国色彩助学金”。

拱洞中学学生来自拱洞乡和大年乡，这个学期共有240名学生，他们大多是留守儿童。这一天，上初一和初二的孩子们每人领到200元，上初三的孩子们每人领到300元。

此前，施静怡和贾利新还前往大年乡中心校以及林浪、吉格、龙江和高僚等村小学，按每人100元的标准给孩子们发放了新学期助学金。而贫困家庭及其孩子，也不时得到施静怡带来的温暖。

像这样援助贫困学生及其家庭的故事，在融水苗族自治县大年乡已经上演了20年。

援助活动的最初发起人，是来自法国的方芳，人们叫她“小芳”。

关于这个“小芳”，有太多的感人故事。

应邀当翻译

“小芳”的中文名叫方芳，原名叫Francoise Grenot-wang。很小的时候，方芳就对中国这个美丽的东方大国有着浓厚的兴趣。中学毕业后，方芳进入巴黎第七大学中文系就读，并获得硕士学位，随后进入巴黎一个旅行社当导游。1989年以后，方芳开始带团来中国。从此，这个法国女人每年都有半年多的时间在中国度过。在那些日子里，“从北方到南方，从东部到西部，我几乎走遍了中国的重点旅游景区”，中国少数民族特别是南方少数民族独特的生活习俗、文化风情像磁石一样吸引了她。每到一地，她都走村串户去了解、记录当地的风土人情，拍摄大量照片。随着了解的不断深入，方芳越来越热爱中国，起了“方芳”这个中文名字。由于对中国少数民族风情的痴迷，方芳对中国的了解与日俱增。在法国朋友的眼里，她无疑是一个出色的中国少数民族专家。在他们的鼓励下，方芳组织建立了一个专门从事中国色彩研究的小协会——中国色彩协会，并不定期出版《中国色彩》杂志，和朋友们一同研究中国，研究中国少数民族。

就在这时，一次偶然的机会，中国广西大苗山走进了方芳的心间，从而改变了她日后的生活和工作。国际上有个有名的无国界医生组织，这是一个对缺医少药的贫困地区进行救死扶伤的人道主义卫生组织，曾于1999年获得诺贝尔和平奖。1996年，这个组织的法国部到广西融水开展工作，在大苗山深处的大年、拱洞等乡设立医疗点，对那里的人们进行人道主义援助。1997年春天的一天，正在桂林当导游的方芳无意中遇到这个组织的成员马赛尔先生。此时，方芳已在桂林定居一年时间了，并因故和丈夫离了婚。异国相逢“老乡”，方芳有说不出的高兴，成了他们的朋友和得力的翻译。从他们那里，方芳知道了神奇的大苗山，知道了地图上找不到的“大年”这个名字，也得到了担任该组织汉语翻译的邀请。

从此，神奇而美丽的大苗山成了方芳的神往之地。

这一年夏天的一天，方芳背上行囊独自一人从桂林出发，乘班车来到远离桂林300多公里的大年。下了车，被山路蒙了一身灰尘的方芳疲惫至极，但眼前美丽的景致立刻让她把疲惫抛到了九霄云外：这是一片不大的谷地，四面都是绿得发黑的高山，一条小河沿着山谷缓缓流向远方，吊脚木楼就散布在小河两岸的山坡上。正是傍晚时分，山寨是那样的美丽而宁静，薄薄的雾霭开始从河谷里升起来，寨子里传出农家舂米的声音，晚归牛群铃铛的声音随一阵凉爽的山风从山那边飘过来，一种说不出的舒适感和幸福感顿时涌满了方芳整个身心——方芳觉得这就是她一辈子所寻求的地方！她觉得她终于找到了梦里的世外桃源。于是，方芳立即回到桂林，辞掉了导游工作，带上行李再次来到大年，担任了无国界医生组织法国部的汉语翻译。

“浪漫的碎片”

青山绿水，蓝天白云；走寨吹笙，赶坡踩堂。苗家山寨的一切都让人心醉，从大都市的喧嚣中走出来的方芳无不为之动容，她爱上了这个一见钟情的地方。方芳恨不得把一切都摄进她的镜头，恨不得把一切都写进她的日记。只要没有工作任务，她总是雇请当地人为她翻译山寨的苗语或侗语，并在他们的热心引导下，跋山涉水进入苗家侗寨了解情况。方芳是带着法国的浪漫来到这里的，但很快她就发现了一些“浪漫的碎片”：或是风日晴和的早晨，或是雨后清新的午后，总看到一些10多岁的女孩或在山坡上牧牛砍柴，或在小溪边放鸭看鹅。她们有的背着一个比自身大几倍的背篓，有的披一件小小的蓑衣，一个个机械地重复着还不应该做的劳动。看到此情此景，方芳心里就像爬了一只虫子一样不是滋味。有一次，在木业村通往乡政府的路上，迎面走来一个正在挑粪下地的女孩。女孩脚一滑，就重重地摔在地上，粪撒了一地。女孩不过十二三岁，累得红红的脸蛋上尽是豆大的汗滴。正是做梦年纪的女孩，怎能承载这么大的重担？方芳又是一阵揪心的痛，忙问："怎么不去读书?"

小女孩耷拉着脸，声音小得几乎听不到："早就不读了。"

方芳又问："为什么不读?"

小女孩的声音更小了："家里没钱。"

方芳再问："你想不想读书?"

女孩迟疑了一会，才哽咽说道："想也是白想。"说话间，女孩眼里早已涌满了泪水。

方芳感到鼻子一阵发酸……

由于当地群众的文化素质普遍不高，方芳在大年接触得最多的就是当地的老师。通过他们，方芳了解到大苗山还较为落后的教育状况。其中，林浪村林姑苗寨女老师贾明珍关于女童入学难的介绍更是令她刻骨铭心。大苗山深处高寒山区，人烟稀少，由于环境和历史因素，这里的山民们的思想观念极为落后，加上家庭极度贫困，大多有"狗不耕田，女不读书"的传统陋习，重男轻女的思想十分严重。因此，聪明伶俐的女娃从小就被束缚在小小的木楼里绣花、织布，或牧牛、放鸭，直到成为人妻人母。这样，苗山深处一些学校只有两三个女生，多的也只是五六个，个别教学点是清一色的男生。为改变这种状况，县里从1988年采取政府投入和社会捐助结合的办法筹集资金，采取免费、寄宿等办法大力发展女童教育，解决了一大批女童入学问题，使全县女童入学率和巩固率大幅度提高。但是，融水是国家级贫困县，那时候人们的经济还十分困难，女童入学难问题在大苗山深处依然较为突出。贾明珍还告诉方芳，因为山区群众生活贫困，就是入学的学生也常常交不起费用，老师们常常要用工资抵作办公费。许多女生读了一二年级就再也上不起学了。

热爱这里，就应该更彻底地融入它。"我决定为这片土地上的人们做点什么。"方芳想。

心里的疼痛

在大年工作了几个月后，方芳因故离开大年，到北京一家外文媒体法文部工作。而这时候，大苗山深处已在方芳的心里烙下了深深的印记，失学女童成了她心中永远的痛。那些可爱而又可怜的女孩一次又一次走进她的梦中，一双双渴求读书的眼睛直盯着她看……一次，一位在香港定居的法国朋友告诉方芳，他正在从事救助失学儿童的工作，几年里已在广西三江侗族自治县同乐乡扶助了600多个学生。"自己这些年来也有一些积蓄，我为什么不可以这样做呢?"受此启发，方芳一下就来了灵感，她决定尽自己的能力帮助苗山深处的失学女童。

1998年夏日里的一天下午，天气十分闷热。脚穿解放鞋，腰扎一个黑色腰包的方芳，突然出现在大年乡教委办公室门口，开门见山对主任韦玉成说："我有一个想法，想到这里来资助失学和濒临失学的女童上学。"正在埋头工作的韦玉成紧紧握住方芳的手，连声说：

"太感谢你了。"方芳简单介绍了朋友在三江扶助失学女童的事，要求教委办公室派一个向导带她下去了解情况。这时，主管教育工作的乡党委副书记梁学应来到教委办公室。现在已在县里任职的梁学应回忆说："了解到这个情况后，我高兴得连声道谢说'我们一定配合你'。之后，我亲自带方芳到派出所办理了暂住手续。"

第二天早上，方芳在乡里同志的带领下，往远离乡政府十三四公里、山路崎岖的林浪村林姑屯出发。方芳在大年无国界卫生组织当翻译时，曾在村小学女教师贾明珍家里住过一夜，方芳打算再次和贾老师谈谈，看看怎样解决女童入学问题。六月天，娃仔脸，山里的天说变就变，刚刚还是风和日丽，半路却突然下起了大雨。方芳和随行同志都没带雨具，俩人只好躲在一棵大树下。雨越下越大，随行的同志怕有什么闪失，便说："雨太大了，路又滑，我们还是回去吧。"可是，方芳却坚持说："一定要去，我要去看看贾老师。"结果，雨还没完全停下，方芳就急着赶路了。

中午时分，方芳终于来到了目的地。这个寨子曾于几年前失火，乡政府为此做了大量的解困工作，但因为种种原因，许多人家还未能建起新住房。方芳走进其中一户农家，正在吃饭的主家连忙起座让客人吃饭，早已饿得头重脚轻的方芳便不客气地坐下来准备吃饭。这时她才发现，这家人连饭碗都没有配齐，家长用的唯一的碗也是缺角的！家长洗了这唯一的碗，盛上饭恭恭敬敬递给方芳。见到这种情形，方芳眼圈一热，眼泪就再也止不住了……方芳一边吃，一边和家长聊了起来，问了家庭情况，问了孩子情况之后，又问："我给你钱，你送不送孩子读书?""当然送!"家长眼里闪过一道亮光，感激地说。接着，方芳为孩子照了相，记下了名字。

时任大年乡中心校长，现任乡人大主席的梁正辉回忆说："那一天，方芳离开林姑屯后又来到高僚小学。""高僚小学全校只有五六个女生，全村共有 26 个适龄女童徘徊在校门外。"韦新华校长知道方芳的来意后，喜出望外地把这些女童一一找到学校来，方芳为她们一一照了相，记下了名字、年龄、所读年级和家长姓名……此后的一个多星期里，"方芳在大年乡干部的陪同下，还走访了牙腊、响堂、高马等 10 多个村完小和教学点，带走了全乡 132 个失学或濒临失学女童的档案"，但带来了大苗山深处的女童们走进学堂接受教育的新希望。

情系大苗山

这一年的秋季学期开学不久，正是桂北水稻收获的季节，方芳忙碌的身影再次出现在大年的山寨。这一次，和方芳一同来的还有她的三四个法国朋友。此前，暑假快结束的时候，方芳从北京给大年乡教委办公室寄来了 1.1 万元人民币。方芳这一次的目的，一是了解扶助款是不是落实到位，二是深入村屯了解情况，确定新的扶助对象。此时，全乡 132 个和方芳见了面、照了相的失学女童全部入了学。方芳所到之处，受到了贵宾般的待遇，"人们争先拉她到家里打油茶，重新入学的孩子更是把她团团围住"。她们不知道该怎样感谢这个法国女人，就把所有学到的新歌为方芳唱了一遍又一遍，唱得在场的大人们满眼噙泪……

此后，方芳隔三岔五地与大年乡教委办公室联系，带上法国人来到大年，让他们在领略到大苗山少数民族独特的风土人情的同时，感受大苗山教育的落后，知道这里有一群人需要外界的帮助，从而让更多的朋友和她一道从事援助行动。而她自己，对大苗山的感情与日俱增，每一个关于大苗山的消息都会牵动她的神经。

1999 年春节期间，与大年乡相邻的良寨乡苗坪村发生火灾，全村数十间民房和学校化为灰烬。苗坪苗寨也是方芳所访问过的众多苗寨之一，她知道了这个消息后，顿时心急如焚。她放下手头的工作，赶紧组织了几个法国朋友来到大年，又马不停蹄地走了五六个小时的山路来到苗坪了解情况。灾后的苗坪四处断壁残垣，学校只剩下了几块石头……本来就不富裕的村民们陷入了雪上加霜的境地，许多孩子面临失学。所见所闻，莫不令人心寒。方芳当即决定资助全校 103 个学生入学，并帮助苗坪盖一所新学校。

此时，大年乡高马村小学把一个情况也反馈给方芳：村校舍不但窄小阴暗，而且年久失修，岌岌可危。村里从 1998 年春天就筹集资金建校，但终因经费不足，校舍搭起了架子后，就停了工。高马村小学校长说："如果建不起新校舍，春天风大雨多，学校随时都会发生危险。"

了解到这些情况后，方芳回到北京就忙开了。她又是打电话，又是发传真，把这两所学校的情况向她所认识的朋友介绍。这样，连同她自己的捐助，方芳共筹集到 2 万多元人民币，立即分成两份寄到苗坪和高马，使这两所学校及时建起了新学校和新校舍。随着对大苗山贫困山寨的深入了解，方芳发现大年许多学校的校舍是危房，如不及时修缮，那些重新圆了读书梦的孩子又将面临失学。为此，方芳在资助失学儿童入学的同时，加快了筹集资金建校的步伐。大年中学女生长期住在木皮搭建的危房里，方芳通过在法国的哥哥，得到法国苏伊士（Suez）公司基金会捐助 20.4 万元。随后，她获得比利时朋友 Foundafion 夫妇捐助 17 万元，又通过其他办法筹到 3 万元。2003 年，她用这些善款资助大年中学建起了女生宿舍楼，解决了全校女生的住宿问题。在方芳的努力下，一栋栋教学楼及宿舍拔地而起。

从资助第一批女童入学开始，方芳每年都要在苗山深处的苗家侗寨忙碌半年以上，或了解女童及其家庭情况，或把入学费用送到学校，或督促建校……大苗山山高路险，方芳试了好几种鞋子，最后专用解放鞋。大年乡政府驻地一村民告诉记者："她每年要走烂四五双解放鞋!"方芳去买鞋的时候，经常一次就买好几双，鞋店老板伍尚仁经常给她批发价。

最富有的人

方芳并不富有，她专事失学儿童救助工作后，唯一的经济来源只有法国一间房子的房租。为了让更多人了解和帮助苗山孩子，她省吃俭用，每天的伙食省了又省，原来只抽 3 元多一包的香烟，后来干脆戒了。而她一个人的力量毕竟有限。于是，"中国色彩协会"1999 年度在法国登记注册时，方芳在"宗旨"一栏上，慎重地把"研究中国南方少数民族民俗风情"改成了"资助中国南方少数民族孩子上学"。接着，她又在法国申请注册了网页，把大苗山失学女童的资料和照片全部放到网上。此后的几年里，"中国色彩协会"在法国巴黎、里昂、波尔多等10多个大城市相继设立了分支机构。方芳每年圣诞节期间回国一次，专门利用周末时间，到各个城市巡回演讲，向法国人介绍大苗山的风景风情和女童入学困难的情况，然后组织法国人到大年来实地了解。热心的朋友就这样了解了苗山，从而进一步了解到这里有一群急需人们帮助的孩子。几乎每一个月，她都要从桂林接几个法国人到大苗山，让他们认识大苗山，了解大苗山，帮助大苗山的失学女童。

日子一天一天地过去，方芳被越来越多的人所知，她的行为深深感动了大家。数年来，越来越多的以法国人为主的人加入她扶助苗山失学儿童的行列。生活在北京的法国人丹妮就是其中之一。一次，丹妮在天津工作的丈夫在回北京的路上不幸出车祸身亡。法国有个习惯，一个人去世后，其朋友和生前工作的公司会给其亲人一笔钱和鲜花，以示哀悼。丹妮说："我和先生都热爱中国，这笔钱我不要了，给方芳带到大苗山去吧。"这样，她托方芳把16000多元带到了大年。用这笔款，方芳除了在林姑屯小学建了一幢新教室，还资助了6个中学生、8个小学生。不少法国朋友从方芳那里了解到苗山后，每年6月按时把学生的学习费用直接寄到山村，并告诉学生，如果他们考上了乡里的中学甚至县里的中学，他们还会继续资助。一些人还发动自己的家人和朋友共同援助大苗山的孩子，把现款、少儿读物、衣物寄到苗山深处。

数年时间过去了，方芳觉得自己成了大苗山最富有的人。她学会了苗话、侗话，基本上能用少数民族语言和当地群众对话。山民们早已把方芳看成了他们中的一员。她每到一个学校，孩子们都不由自主地向她簇拥而来，并用苗语深情地唱起自编的《方芳歌》："我们这里很穷啊，没想到方芳会来帮助我们哪。我们都很想念她……"她离开山寨的时候，乡亲们送糯米饭，送红蛋，有时东西多得挑都挑不动。2000年春季学期，良寨苗坪小学建成，乡亲们请她到寨上喝酒庆贺，好客的村民把方芳灌了个酩酊大醉。后来，乡亲们背她走了2里多山路，送她到河边，看到她上了船才依依不舍地离开。如此淳朴的民风，如此厚道的乡亲，方芳自然不愿离开这里，她有一个想法：在大年盖一座木楼。乡政府知道了她这个想法后，马上为她征了一块地。知道方芳要起房子，附近村寨数百名村民纷纷赶来帮忙，挖地基，锯杉树板，抬木柱子，做泥瓦片，连许多小朋友也为能给方芳搬一块瓦而高兴……

2001年2月，方芳的木楼竣工，大家闻讯纷纷前来庆贺，又是跳芦笙踩堂舞，又是唱苗歌、侗歌。纯朴的山民们不知道用什么语言才能表达他们的感激之情，只好把无尽的感激和深深的祝愿化作阵阵笙歌，深情地传递给这个在大苗山深处定居的法国女人……那一天，方芳特别妩媚漂亮，笑容也特别灿烂，她知道自己找到了一种幸福，找到梦中的生命之所。

年复一年，方芳的事迹逐渐传播开来，她也得到了方方面面的肯定。2003年10月，柳州市人民政府向她颁发了"柳州市荣誉市民"证书。2004年2月，柳州市人民政府赠送她一辆"五菱之光"汽车，这是柳州市第一次赠送汽车给个人。然而，不幸的是，2008年12月，因火灾，方芳在融水的家中不幸离开了人世。

爱心大接力

正当很多人认为方芳的助学活动也将随着她的离去而"沉睡"时，29岁的法国姑娘玛琳来到大年乡，继续着方芳未竟的事业。

2009年，毕业于法国一所大学中文系的玛琳，被方芳的事迹深深感动，她自告奋勇前来中国，接下方芳助学的接力棒。来到融水大年乡，玛琳很快就融入了苗族的生活，她喜欢穿解放鞋和苗布裤子，喜欢吃当地的苗菜。除每年回一次法国过圣诞节，不时到北京、上海、香港等地筹集资金，玛琳大多数时间都行走在大苗山深处的山道上，在广西和贵州的苗家侗寨走访，确认贫困学生，并及时把来自异国的资金和物品送到贫困学生手中。

近年来，国家实行“两免一补”及“营养餐”后，“中国色彩协会”在解决当地九年义务教育阶段贫困学生的课外读物费用的同时，还用大批资金扶助高中、中专和大学阶段的贫困生。

在大苗山，玛琳一待就是3年。2012年11月，28岁的瑞士人梁定远从法国来到大苗山接替玛琳。在一年半的时间里，梁定远和他的团队除了完成确认贫困学生、安排助学金发放等工作，还建起了一批球场和宿舍，向一些学校捐赠课桌椅。他非常喜欢大苗山，在大苗山交了很多朋友。梁定远2014年6月离任。对此，他难过地说：“即使离开，这里的一草一木，也将永远留在我的脑海!”他的继任者是34岁的法国姑娘诺亚，接着是法国姑娘雷娜。

从2017年开始，法国人施静怡来到了大苗山，接过了助学接力棒……

方芳尽管已经离去，但这份来自大洋彼岸的爱心仍在大苗山继续着。据统计，20多年来，通过“中国色彩协会”的努力，共有以法国为主的45个国家和地区的4000多人，以及一些公司和基金会加入助学行列，募集到资金3000多万元，累计扶助了广西融水、三江和贵州从江3个县10多个乡镇190多个村屯的8600多名贫困生入学，并建起了80多幢教学楼和宿舍。

2014年3月27日，国家主席习近平在中法建交50周年纪念大会讲话中，高度肯定了倾力支持中国失学儿童上学的法国公益友人方芳，并引用法国谚语“一点又一点，小鸟筑成巢”指出，中法友谊是两国人民辛勤耕耘的结果。而在同一时刻，在距法国万里之遥的广西柳州市融水苗族自治县大苗山，方芳的继任者们正在开展一场“筑巢”爱心接力……

法国谚语“一点又一点，小鸟筑成巢”在大苗山得到了最好的诠释。

富海军魂

◎ 梁晓阳

一

北流市北流镇中灵村的富海，是一个令人浮想联翩的地方。

向北看，是通往南梧高速公路的北流引道，是日夜繁忙的车流。向南看，是两年前获得“国家园林城市”，一年前获得“国家卫生城市”称号的北流市区，是一年一度举办国际陶瓷博览会的贸易城，是这座城市正在争创广西特色旅游名县的核心区，那里有勾漏洞，有会仙河，有铜石岭。向西看，是拔地而起一柱擎天的独秀峰。向东远眺，是苍翠连绵的金枝山，山上有面向两广、在桂东南传播力首屈一指的北流电视台和北流电台发射塔。山下，还有一座村人顶礼膜拜的金枝公主庙。相传古时北方战乱，一个小国名叫金枝的公主逃难至此，见村子山色明媚，钟灵毓秀，民风淳朴，村民好客热情，遂暂居于此。金枝公主天性善良，在村里为众多村民看管小孩，并教习诗书，让村民安心劳作。她还作诗《钟灵歌》，赞美这片美丽的土地，打算在此定居，可惜因水土不服，一年后染病去世。村民感到十分痛惜，安葬了金枝公主，并建庙纪念。尔后每逢正月廿一，村民都要组织盛大的游行纪念活动，杀鸡宰鸭，到庙里供奉金枝公主，并将村名改为“中灵”。一年一度的纪念活动，流传到了今天。

这就是中灵，一个地理位置优越，文化底蕴深厚，充满活力和令人期待的村庄。

这也是富海，一个退伍兵群体开创的水产品专业合作社的所在地。

2016 年 5 月 19 日，作为玉林市双拥文化采风团的一员，我和 20 多个团员来到中灵村独秀组的富海养殖基地。当时雨霁初晴，阳光灿烂，田野上升腾起一阵阵暖烘烘的雾气，采风团团员们陆续下车，踩着泥泞的小路来到房前参观。

“军魂”两个闪烁着红光的大字张贴在办公平房的门额上，中间镶嵌着一枚军徽。门的右侧贴着上联“回乡创业显军人本色”，左侧贴着下联“为家乡建设圆中国梦”。两联字字闪光醒目，上方各印着一枚军徽。

一个穿着军营体能训练服、肤色黝黑、身材精瘦的汉子在门前喊口令：“集合!”马上就有二十几个汉子噼噼啪啪赶过来列队，清一色的深绿色T恤、黑色中裤，脚下也是清一色的拖鞋。

我突然觉得无比新奇，忍不住看起来。

听到口令：“立正，向左看齐，向前看。报数!”顿时，军队中战士集合的一幕出现在我们面前。

“这是军队吗？你们还是兵?”有人带着不解问道。

“是的，我们每天都这样点名、出工，类似于军事化管理。”喊口令的汉子回答。

这时候，玉林市双拥办主任苏侃文为我做介绍：“这就是富海水产品专业合作社的法定代表人，总经理罗华。”

我正在好奇的时候，听到了他的另一声口令：“跨立!”然后他开始为我们介绍合作社的产品。

于是我知道了他们的产品：泥鳅、鲟龙鱼、田螺、甲鱼，还有生态蔬菜。据说，这些都是从面前这些棋盘状分布的立体养殖场生产出来的产品。

我站在鱼塘边，清风徐来，水波粼粼。塘塍上是刚长起来的百香果、豆角，上面都搭了竹做的架子，时令瓜果盘架而上，像水面上升起的一个个葡萄架，水乡田园风光呈现在眼前。

汉子们在一一展示自己的成果：我看到水箱里活蹦乱跳的泥鳅都有两根手指粗细；捞起一片片竹席，我看到了比童年记忆中还大得多的田螺；在孵化池，我还看到了数不胜数的泥鳅鱼花。

最引人注目的还是那些有两根手指粗细的泥鳅，乌黑健硕，在水箱里翻滚欢舞。我们看到了朝气，看到了激情，看到了力量。

这些泥鳅，多像眼前这群退伍兵啊！我看着黝黑的罗华和他的战友们，竟然这样联想。

我再回过头来仔细观察罗华——瘦削的身材、憨厚的形象、朴实的话语、谦虚的态度，一点也不像个有勃勃创业雄心的人。但是稍微仔细一端详，明亮的目光、灵活的头脑、直爽干练的性格，又可见昔日军旅生活的历练。

二

5月22日上午，参加玉林市双拥采风活动结束后的第三天，我虚掩着门正在单位办公室看作者来稿，突然听到“咚咚咚”的敲门声，一个声音问：“可以进来吗?”我抬头，一下子就看到了罗华瘦削而黝黑的脸，他身边还有两位小伙子。三人都穿着绿色T恤黑色中裤，脚上穿的还是拖鞋。我十分惊讶，赶紧说：“进来吧，你们怎么来了?”罗华用手掌抹了一把额头上的汗水，然后擦在身上，站着说：“我们去党史办要点书看，看到文联的牌子，就想起了你，想进来看看。”我这才看到，一位小伙子双手环抱着一摞堆到了他脖子的书。我让他把书先放在我办公室的茶几上，然后叫他们坐下，递过一筒纸巾。

罗华继续擦着汗说：“来党史办的廖主任那里要了点书，平时在办公室闲时可以看看。”

我顿时感兴趣，翻看了他们拿到的书，有《北流党史资料》《李明瑞之歌》《周恩来和他的事业》等。我霎时感到有些好笑，这些书，别说他们，就是我这个常年与书打交道的所谓“文化人”，要真正看下来也会很困难。

“我们看得下去。”罗华说，“看这些东西觉得心里很充实。可能是我们刚开始创业，需要一种精神力量。”

这话不假，共产党人的传奇故事和铮铮铁骨，历来对干事创业者极有鼓动力。他能有这些认识，证明他是一个内心坚强的人。我顿时对他刮目相看。

来自海南的黎族青年李伟林和来自江西的苗族青年罗新云，是罗华的战友，他们拿起《北流文艺》翻看起来。我说：“这是消遣的书。”罗新云说：“消遣好，里面有许多贴近实际的文章，我也喜欢看，比如慈善征文，很励志的啊!”

我笑了，问了罗新云，竟然才 26 岁，还没结婚，有些腼腆，脸上还有青春痘。可以看得出，他对生活充满了纯朴的感情。有时候，干事业就需要这种单纯，太多的名利心，患得患失，会让人瞻前顾后。

我问罗新云：“你来北流，家里人支持吗?”他说：“刚开始犹豫，怕我年轻背井离乡，又离开了军队，在外面无依无靠。现在跟罗哥做事，我很自信!”

罗华说：“我们一直是最亲密的战友，有福同享，有困难共同解决。”

我给他们拿了一摞书，有新出刊的《北流文艺》，有北流作者的作品集。他们拿起来，一脸欢喜。

罗华说：“这下子够我们看好长时间了。”

我忍不住笑着说：“这都是消遣的书，可以打发老婆或者女朋友不在身边的时间。”

“那就够了。”茂名来的李伟林回答也很幽默。

“你结婚了?”我问李伟林。

“结啦，老婆在老家，我一个月回去一次。”

“那真的要多带点书，要不日子难熬哩。”

大家都笑起来。

“到我们那里吃餐饭吧，我们再聊聊。”罗华发出了邀请，另外两个也附和。我从他们的目光里看到了诚恳和热望。

“行!”面对这些农村出来走进兵营，又从兵营出来回到农村的小伙子，我痛快地答应了。

罗华看了看他的手表：“哟，快 11 点了，我们还要去人社局办事，先走了。”

我送他们出门，他们穿着拖鞋啪啪地走，连连回头招手：“一定来啊，在我们那儿一起吃餐农家饭，我们有许多话要对你说。”

我看着他们汗津津的背影，突然想起了自己苦难的童年和求学求职的青年时代。

三

作为回访，我是在第五天之后的下午才到达他们的富海农庄的。同去的还有五天前一同采风的本市作家陈予启，他是中灵村人。

从城区走高速引道 5 公里后，就向左拐进中灵村。我驾驶着车子走在通往富海的水泥路上。路才 3 米宽，两边就是碧绿的田野，常有转弯，不时有摩托车迎面驶来，驾驶时要分外小心。转到第三个弯，一辆摩托车迎面过来，车上的身影穿着绿色 T 恤黑色中裤，很熟悉。我开着车窗，一瞬间，摩托车过去了，车手按了一下喇叭。看样子那就是罗华吧。我也按了一下喇叭，刹了一下车，他却出去很远了，回望了一下，却没有停。我只好继续前行。

果然，一到富海农庄，迎上来的李伟林、罗新云除了说“欢迎”，还笑着说：“罗华家里有事出去，一会儿就回来，他已经跟我们说你们马上就到。”

办公室里的另一位小伙马上打电话，我听见他说：“华哥吗，梁主席他们来了……”然后就是热情地泡茶，大家边喝边聊。

我正想从侧面了解一下他们眼里的罗华。

“华哥是个闲不下来的人。”李伟林说，“说他闲不下来，不是说他分分秒秒都干活，而是说他除了干活，心里还想事，还喜欢看书，看哲学书。”

在这帮退伍兵中，李伟林是一个能说会道的“外交家”，难怪那天罗华到文联带着他。

“我最认同华哥常说的一句话：要干就干最好。在我们这里，高质量、高标准、严要求的军事化作风成了富海的立家之本。为开拓市场，协调好各地客户，华哥经常在外奔波，有时一个月不在家。为能充分体现军人风采，华哥为此煞费苦心，从办公房的设计到建设，他都亲自参与，务求一种营地的氛围，突出军人的气质，展现军人的风格。”李伟林侃侃而谈。

正在说着，一辆摩托车戛然停在门口。罗华回来了。

作为富海的领航人，罗华是土生土长的中灵人，80 后，2000 年入伍，成为广州军区二炮某部的一名战士，后来成为军士长。他带过的兵有 4 人成为副团级以上干部，20 多人成为副营级以上干部，他也多次获得荣誉证书。2008 年 12 月，他光荣退伍。迄今，这些成为干部的老下级还常与他保持联系。

回忆这段经历，罗华感到很自豪，他说：“脱掉军装还是兵，勇往直前无怨悔。”8 年的军旅生涯增加了他人生的厚度，富海的创办，更多地体现了他不懈进取的精神。

“我今天能够将水产品养殖专业合作社发展起来，离不开部队的锻炼，离不开部队的培养。”他说。

作为中灵村出来的作家，陈予启自然通过左邻右舍了解过罗华的情况。他在旁边插话说，军人出身的罗华骨子里有一股闯劲，在退伍之前，他就想好了要在家乡自主创业。退伍后，他应聘到北流卫校当了学生科长，每月工资 2000 多块，也算稳定，本想就此安于职守，娶妻生子过日子。意料不到的是，卫校开始改制了，要办高中，工勤人员全部分流，他本就是应聘来的，散伙了，他只能自谋职业。

他又回到了生他养他的中灵，身份变成了老百姓，心态也回归到一个农民的位置。农民也要过日子啊，但是光靠种地似乎闹不出什么名堂来。他想经商，先是摆地摊，又种过菜，养过甲鱼，都只是小打小闹，算不上成功。但他有一股牛劲和钻劲，知道在环境负荷加大的时代，养殖生态水产品是一个对路的发展方向，于是决定静下心来做水产品养殖，在这方面走出一条路子来。

他决定拜师学艺，和侄子罗富一起带着礼物，找了周边几个镇养殖泥鳅颇有成果的师傅，可是人家给出的条件是学费 15 万元，少一分都免谈。

家境本就一般的罗华和罗富为难了，就算对家境殷实的人而言，拿出 15 万元去学养泥鳅，恐怕也得掂量掂量。

“我们自己研究、摸索吧。自小在河里泥里玩，又不是没见过泥鳅，我就不相信弄不出个所以然来！”罗华的倔劲来了。为查找泥鳅的养殖良法，罗华常常秉灯夜读，翻看了很多养殖方面的书籍；为提高成活率，他不惜奔波劳累，到诸多著名养殖场请教。

没有鱼种，几个人去河沟里捕，通常只捕到几两，有时一斤多，不够就去市场买，但买的要有半肚子的鱼蛋。两三个人在一间平房里鼓捣着，孵化的知识有从书上看来的，也有从别人那里学个一知半解得来的。控制水质，给鱼分类，配催产剂，打针，10 秒内完成人工授精，控温，每一个过程都是细节，每一个细节都是关键。耐心、细致、坚忍，这是孵化鱼苗需要的品质。前后经过半年，他们基本掌握了孵化技术。

但也有失败的时候。有一次，由于水质控制不好，孵化出的 100 多万苗鱼花全都死了，几天几夜的工夫就白费了。村里有人说起了冷言冷语：“什么不好干？偏偏给泥鳅人工授精，那活是你们干的吗?”“当了几年兵，有了单位不好好干，回来玩泥鳅，恐怕被泥鳅玩了吧!”

罗华的母亲心疼儿子没日没夜地苦干，但连他自己的父亲也抱着怀疑的态度，而此时罗华已经向三个大哥和姐姐借了 10 万元。

心烦的时候，他一个人跑到对面的金枝山，急切地想体验一下登高望远的感觉。6 月的金枝山偶有凉风，但更多的是燥热，被太阳晒醒的土地散发着一股腥气，让离开村子多年在军营里生活的罗华有点不习惯。但他顾不上这些了，像一个被关在牛栏里许久的牯牛，见山就跑，见路就奔。

在金枝公主庙前，他作了个揖，说：“金枝公主奶奶，我知道你是善良的神，我只是想创一番自己的事业，我不能放弃!”他掉头回了村里，一头钻进孵化室。

他们又从控制水质做起，没日没夜。“有时做着，守候着，在孵化池边就睡着了，做梦都是泥鳅在游动!”瘦小伶仃的罗富回忆当年，感慨万分。

半年后，他和罗富成功孵化出了万尾攒动的鱼花，总数量有 200 万，周边的养殖户一抢而光，他们掘得了创业的第一桶金。

他把成功的喜悦告诉了远在广州的首长和全国各地的战友。

很快，海南的黎族青年李伟林来了，江西的苗族青年罗新云来了，湖北的土家族青年罗满来了……他们见到罗华后“啪”地敬了一个军礼，激动地说：“华哥，我们来向你报到!”

来了就一起创业吧！在军队的大熔炉里经过了锤炼，个个都是金刚。罗华开始给他们安排工作：罗云飞负责日常，李伟林负责跑项目，罗富、罗新云负责孵化……

他们决定注册一家微型企业。

善于思考的罗华为企业起了一个充满泥土气息的名字——罗屋绿色丰源科技饲养场，罗华就是法定代表人。不久，他们又注册了海城水产品养殖场。

他和村民谈价钱，租下了独秀组附近35亩地作为养殖场的试验田。

创业之初，他们资金有限，一切从简，住房都是平房，战友们五六个人住一间房，就像当年的兵营。

有一段插曲，是玉林市双拥办主任苏侃文在一次电话中告诉我的：2011年，他代表双拥办到中灵村看望这些集体创业的退伍兵。目睹他们简陋的办公室，见多了退伍军人艰难创业的他，在转身回去时，不禁流下了热泪。

在罗华的记忆中，自2009年他开始创业以来，玉林市双拥办，北流市武装部、人力资源保障局、人社局、工商局、民政局，北流镇党委和政府等各级各部门陆续带来了慰问关心，也带来了政策扶持。北流市人社局还把罗华的企业扶持成为北流市再就业培训点。

罗华的心也随着各级各部门的关心而激动地跳跃着，他开始将发展的眼光放得更长远。

那天他从基地出发，又走了一趟对面的金枝山。在高高的发射塔下徘徊，仰望直指天空的塔尖，他觉得成立一个专业合作社的时机已经到来了。

“我们是军人出身，军人就要有大海一般的胸襟，要有大海一般的创业志向，要有志当存高远的豪迈。对，就叫富海，富比大海!”罗华的心头一阵颤动，灵感勃发。

从金枝山回来，就有了今天的富海水产品专业合作社。

四

“军旅生活对你们的创业影响太大了。”那天，我和他们几个人走在泥鳅田螺立体养殖种植水塘边的时候，这样感叹。

“我们有30多个退伍军人，他们个个都精明干练，责任心强，有着很强的工作能力和适应能力，很多人曾经在军营里多次获得先进表彰和荣誉称号。”罗华说。

这话不假，在门外的宣传专栏上，我就看到了一张张影印的荣誉证书，其中以罗华的居多。我想，对这些年轻的退伍军人而言，军旅生涯虽然只有短短的几年，但却让脱下军装的他们永生难忘。而光荣的经历为富海的发展壮大奠定了坚实的基础。

“你今天看到的只是我们十来个人，还有很多人在其他乡镇。有的是乡镇养殖场的技术员，在乡下蹲点做技术指导，他们本身家就在那个乡镇。”罗华介绍。

这其实也是一种因地制宜、因人制宜的管理方法。

从中灵村到民乐镇民乐村，大约要走20分钟，我看到村口挂着一块蓝底白字的牌子：景洋养殖场。来之前罗华告诉我，这个场子的负责人叫许伟华，也是一名退伍兵，前年到富海参观，看到泥鳅鱼苗也来了兴趣，花了两个多月来学习，回去后即开挖 1 亩鱼池养了泥鳅，当年赚了 2 万多元。民乐是鱼米之乡，适合推广养殖，许伟华有打算，罗华也支持，许伟华便成了富海在民乐镇的技术员。这个同样被晒得黑黝黝的汉子，今年将鱼苗养殖场扩大到了 5 亩。我去的那天，他正在地里与工人忙着硬化鱼塘。他简单地擦了擦手，指着周边的田野对我说："还有 5 亩已经租赁下来。已经联系罗华，准备办一个农庄，列入富海的旗下。"

从 2009 年富海扬名开始，短短一年时间，依托富海技术创办的养殖场已经分布北流全市 22 个镇共 500 多亩，今年更是扩展到了广西的贵港、梧州、桂林、河池、百色、崇左等地。如今，富海的水产品营销建设已全面展开，水产品产量、销量正节节攀升，富海每月供应泥鳅鱼花 1000 万尾、寸鱼苗 300 万尾，市场供不应求，孵化的工作量很大。

成绩是一种激励，更让罗华和他的战友们增强了信心。

正是这些普通而又平凡的退伍战士，白手起家，历经 7 年的顽强拼搏，不懈奋斗，建立了一个闻名两广的"水产品养殖王国"——富海水产品专业合作社，谱写出一曲曲创业之歌、奋斗之歌、奉献之歌。

历经了 7 个春华秋实，罗华和他的战友们秉承"地道经商，厚道做人"的优良传统，把握"以品质赢市场，以诚信赢天下"的经营理念，用汗水和心血浇灌他们创业的种子，使水产品养殖深深植根于军人的情感土壤中。如今，富海已发展成为有 60 名员工的微型企业，其中本科学历 12 人，大专学历 8 人，职业技能高级师 8 人，技术员 19 人。在这 60 人中，光是退役军人就有 33 人，其中少数民族 15 人，军人的特质和底蕴深深地蕴藏其中。合作社主要以研发推广泥鳅、田螺、鲟龙鱼和甲鱼等紧俏水产品的孵化、培育技术为目标，为合作农户提供水产品产前、产中、产后服务，再收购农户产品远销至港澳台等地。现自有孵化、培育基地 35 亩，辐射两广合作农户基地 626 亩，安排农户 126 户 300 多人就业，实现自身产值 200 多万元，带动合作农户年创产值 1000 多万元。

富海，在玉林市内外甚至两广都获得了良好的声誉，展现出更加美好的发展前景。

下午 6 点多，他们邀请我们留下吃晚饭。"放心，工作餐，用来招待你们的都是些绿色蔬菜。"罗华说。

司务长罗世生带着炊事员罗全和电商经理陈业树穿行于塘边的豆角架下，陈业树拿着篮子。"摘些嫩嫩的豆角叶尝尝。"陈业树在那边喊。他们熟练地采着，不时发出一阵笑声。饭桌摆在办公室前的空地上，那里有两株窗格子大的黄花梨树和一株手腕粗的龙眼树。"龙眼树是我 8 年前退伍时种的，黄花梨树是我 3 年前种的。"罗华走近我说。黄花梨树已结出长长的豆子，龙眼树也结出了纽扣大的果子。我说："龙眼树见证了你们的创业，现在也跟着你们快要有产出了。"大家都笑起来。

罗华说："我们每天晚上都在树下做体能训练，有做俯卧撑的，有在檐下做引体向上的，还有打拳的。大家都是满身大汗，树与我们互相见证成长。"

司务长的晚饭做得就是快，半个小时，芦花鸡炒好了，鸡汤上来了，碧绿的豆角叶和空心菜也端上来了，《我是一个兵》的音乐也赶巧响了起来。水塘边的晚餐就是香，我听到了泥鳅和鲟龙鱼跳跃的声音——那是它们在向我们表示问候。

罗华坚持和我喝一杯啤酒："梁哥，我们不叫你主席了，就叫梁哥，这个可以吧?"

我一口喝了大半杯，说："我都叫你华哥了，客气什么呀？来到你这个富海军营里，受到你罗家军的感染了，军歌嘹亮呀!"

我问起罗华战友说他喜欢看哲学书的事："看外国的，还是中国古代的?"

"看的几乎都是毛泽东思想。"他笑着说。仿佛是为了解除我的疑惑，他又补充说："毛泽东思想讲辩证法，讲星星之火可以燎原，我喜欢这些，我还要学着做，我也要'农村包围城市'。"

接着他进一步解释所谓的"农村包围城市"："就是以中灵富海养殖场为中心，重点养殖泥鳅、鲟龙鱼、甲鱼、田螺，将养殖场发展到各乡镇，供应全国各地。然后，这些水产品成为城市的消费品。从中灵辐射，在各地乡村发展，在城市消费。"

很朴实、很直观的毛泽东思想的活学活用。

饭后端着凳子坐在水塘边看鱼，泥鳅哧溜哧溜地钻出水面逗我们。

天上是一弯下弦月，流云边星星闪烁，田野的凉风轻抚我们的脸庞。

我问罗华："此刻，你有什么感想?"他凝视着涟漪圈圈的水面，那里也有一弯晃动的月亮和几点闪烁的星火。过了一会儿，他说："我有一种沉甸甸的责任感，一种必须干好的使命感……"

五

从军队的大熔炉走出来的汉子都带着军人的气质，连走路都虎虎生风。富海这些年轻的创业者，除了大部分是本地人，还有来自广西其他市、县以及湖南、江西、广东、湖北等省的战友，尤以两广居多。这里多种语言交汇，有各式各样不同的习俗，但他们有一个共同的特质——都是退伍兵!

他们真正做到了有饭同吃，有衣同穿，有酒同喝，有房同睡。

军营里顽强吃苦的作风，可以产生一种向心力。

去年年初才来到富海的陈业树，是百色壮族青年，2014 年退伍，对计算机操作很在行。家里人希望他去找一份体面的工作，再不济也去广东打工，认为总比在这个村子里玩泥鳅田螺强。他初来富海也是抱着一种先做做再说的态度，没想到，他一干就决定不走了。我问他原因，他说："初来的一两个月，我看到这些战友在烈日下坚持劳动，一个个晒得像泥鳅一般黑，我就想，这不正是我在部队里学到的坚忍顽强吗？我不走了，我要跟他们干下去。"他很快就建立起了富海的海城泥鳅养殖电商平台，在阿里巴巴、淘宝均有批发零售，目前网上的客户已遍及两广，甚至拓展到了全国各地，而销售额仅仅三个月就超过了 200 万元。

在野外训练出来的生存能力，使他们把在创业之初遇到的问题轻轻化于无形。几年前，来这里搞养殖的小伙子们面对出行必遇上的当地村民，交流沟通不畅，如今他们都会听本地话了，还能与养殖户和村民交流甚欢，和谐共处。30来个朝夕相处的退伍兵相互之间也有了直抒胸臆的情愫，无论是急于倾诉的幸福，还是需要同情的不幸，都能让亲切的声音，如中灵村的溪水淙淙流淌，流进你的心，流进我的心，寻找到相互间的共鸣点。

7年来，中灵村的山岭和村道上纵横交错的绿化带，从他们的头顶投下浓荫，在他们的脚下盛开鲜花。村道平坦、宽阔、幽静、芬芳，稍微抬头环顾四周，便会愉悦地看到一首首诗和一幅幅画卷：浓荫簇拥着一栋栋小洋楼，鲜花环绕着路边的亭阁。

7年来，村里的大人小孩都熟悉了这些兵，他们喜欢在茶余饭后到这个特殊的营地里看看，聊聊天，小孩在鱼塘边观鱼嬉戏；而这些退伍兵呢，他们喜欢聆听村小学的教室内天真稚气的琅琅书声。为了强身健体，并促进与地方民众的交流，他们组建了篮球队，罗华任队长。在村里的球场上，甚至在市区的各单位球场上，常常活跃着他们穿红着蓝的矫健身影。5个月前，他们捧回了北流市就业杯篮球邀请赛组织奖。

那天，村支书罗世全也来了，他说："我们非常认可这些新老退伍兵在家乡农业生产中付出的辛勤劳动，他们为村里的经济建设和社会发展做出了贡献，起到了表率作用。"在他带领下，村委会干部热切地关注着这帮退伍兵，对富海向农民租地、建设办公房方面给予大力支持，做好思想宣传工作，赢得了村民的理解。

如今，走进富海，放眼望去，一片接一片的方块水塘中，莲叶接天，在蓝天之下蔚然壮观；富海的平房里飞逸着短促有力的歌声："我是一个兵，来自老百姓……"

他们的餐厅在办公室旁边，每逢客来，小地坪角落的水龙头就会哗哗地流出清冽的井水，旁边是一篮篮一筐筐的蔬菜鱼肉——他们在为追求野外生活的城里人准备生态饭菜。

水泥地前有精巧的盆栽——不难看出，富海的罗华带领他的兄弟们，在执着地追求着理想，精心地装饰着生活。

军营就要有军营的形象，晚上的站岗放哨是必须坚持的，有门岗，有夜巡。罗华给大家分了班，每班三人，上夜和下夜，交接准时。

"夜茫茫，望星空，我在寻找那一颗星……"巡逻的人走在虫鸣唧唧鱼儿跳跃的水塘边，一起轻轻地唱，既唱出他们的理想，也唱出了他们的情思。

富海合作社成功了，而且前景看好，一些地方势力也追踪而至，他们妄图通过"收保护费""入干股"等无理方式分一杯羹。罗华他们先是讲道理，讲法律，让对方哑口无言，其次是展示出退伍兵的凛然正气和团结一致的战斗精神，对方只好灰溜溜地走掉。

罗华认为，未来在激烈的市场竞争下，优胜劣汰将更为残酷，富海合作社要在这种环境下求生存、争发展，就必须始终以诚信为本，不断创新，才能使企业充满生机活力，增加自我发展的优势。他经常在例会上要求他的兄弟们把诚信作为富海发展的核心，把培育诚信精神作为富海强大的主体内容，要求全体员工尤其是退伍军人在任何时候都必须牢记"诚信"二字，把"诚信"贯穿到养殖、销售等各个环节中去，倾力实现"军中无戏言"的庄严承诺。

六

6月初的一个早晨，我再次来到富海，依然是带着一捆书，还带了两个大西瓜。想不到的是，他们见了书，争先恐后地抢着看起来。罗华说："梁哥，送西瓜你就客气了，送书可以让我们接近健康的生活，这个可以多多益善。"

这句话让我这个读书人相当受用。其实我知道，正因为爱看书，罗华这个有着8年军旅生涯的退伍兵，才能感悟出许多人生和创业的道理，讲起话来才头头是道。

"我们正在共同书写一段历史，虽然它不是一场刀光剑影的战争，但同样是要流血流汗的，同样是要付出代价和牺牲的。"喝茶之际，罗华对我，也是对他们的伙伴们这样说。

是啊，朝夕闻号声这样的战斗动员已经很多年没有了，富海这些小伙子们为建设自己的美好家园，他们的激情仿佛当年的战斗训练……

现今，这群富海人站在村子中央，遥望自己的家园，就会有种跃跃欲飞的感觉。那是因为今天的中灵村，兵哥哥们的富海愿景，在纵横交错的大框架下，犹如一只展翅飞翔的巨鸟，呈现的是腾飞的姿态。

他们在这个村子里，依靠科技的力量、坚忍的军人作风和摸索感悟出来的市场运作方法，让许多不可思议的事情变成了现实。现在，这个富海愿景已经真真实实地呈现在我们的面前——你看，那水塘、荷花、蔬菜、绿树，就在眼前；空气是清新的，景色是迷人的；那绵延数里的路两旁，全是花香鸟语的绿化带，错落有序的花草树木像艺术品一样布局得十分合理，人在其中走，犹如画中行。

"我们有一个目标，今年将孵化、培育示范基地扩大到50亩。下一步将加大发展泥鳅、田螺、鲟龙鱼、甲鱼的养殖力度，并增加草莓种植项目，力争发展农户基地超过1500亩，将富海建设成为乡村生态文化休闲旅游景点。还有一个新的项目，已有更多的退伍兵表态，要合股筹资五六百万元，在独秀石峰下办起一个模拟军营，全面参照军事化管理，办成一个少年夏令营的拓展版。那时，我们的富海将成为名副其实的'富海'，是对财富的追求与对现代视野的向往……"喜欢毛泽东思想的罗华站在办公房门口，自信地对我说。

真是心诚福至。在我们说话之际，一家公司的办公室主任带着几个人来了，他们要在富海的农庄举办盛大的野餐，参加者超过50人。

战友们兴奋得呼啦啦地站起来，仿佛稍息后迎来的又一次紧急集合。罗华开始点兵吩咐工作。富海的基地上，全都是年轻而热诚的目光。

我说："你们就是驻扎在中灵的一支别动队，举手投足都可以看到军人的影子。"

仿佛是给我一种解答，罗华这样概括他们这群战友："本色不改是军装，终生不悔是军旅，生死之交是军人，永远不变是军魂！"

聆听着这铿锵有力的言语，看着这群黝黑干练的年轻人，望着眼前这片充满希望的田野，我有理由相信，富海，将在军魂的引领下，碧波万顷，千帆起航！

科技界扶贫的榜样——曾馥平

◎　覃快乐

而立之年，他受单位的委派，到国家级贫困县环江毛南族自治县从事科技扶贫工作。从此，他离开了繁华的都市长沙，离开年轻貌美贤惠的妻子，离开活泼聪慧可爱3岁的女儿。这一“扶”，眨眼间就24个春秋。当年血气方刚、风华正茂的小伙子，已越天命之年，霜花始染双鬓。24年来，他很少有机会跟家人团聚，每年都在环江工作300天以上。虽然又苦又累，但当他看到经自己和同事们百折不挠的奋斗，数以万计的贫困农民过上了美好的生活，心里就感到甜丝丝的。他就是中共环江县委常委、环江县人民政府科技副县长、中国科学院亚热带农业生态研究所科技管理与规划处处长、二级研究员，获“全国优秀共产党员”“全国十大扶贫标兵”“广西十大先锋人物”称号的曾馥平。

闯出一条科技精准扶贫路

1993年12月至1994年6月，29岁的曾馥平赴广西贺州市昭平县完成了科技扶贫与农业综合开发规划后，于1994年7月风尘仆仆来到桂西北河池市环江毛南族自治县，从事科技扶贫工作。初来乍到，他首先想到的是调查研究。环江毛南族自治县是国家级贫困县，他请县扶贫办的同志带他去最边远最贫穷的村走一走，看一看到底老百姓贫困到什么程度。县领导得知他要马上下乡，便劝道：“你刚到环江，先休息几天再工作吧。”他笑着说：“我年轻，身体好，请领导放心。”他到环江，行李还没整好就马不停蹄下乡了。那天，他们一大早就出发，沿途尘埃滚滚。经过几个小时的颠簸，车子开到了木论乡顶吉村。车只能开到村委，要到调研的峒吉屯，就得靠双腿。他们沿着崎岖的羊肠小道翻越了五座山，一个多小时后才到屯里。映入曾馥平眼帘的是破旧的矮房，一些四面透风的茅草屋摇摇欲坠，30多户人家零零星星分散在大山之麓。屯里只有一个“天池”。所谓“天池”，就是蓄积雨水的池子。虽然池子里有很多小虫在蠕动，但村民们吃喝也只能依赖它。屯里几乎没有耕地，只能在石缝间挖出一块种上玉米，一年四季都喝玉米粥。每户几乎每年都缺 3 个多月的粮，连喝粥也没有保障。曾馥平耳闻目睹，心都寒了。他想起自己的家乡湖北省天门市，地处江汉平原，一马平川，肥田沃地一眼望不到边，可谓“鱼米之乡”。而峒吉屯与之相比，真是天壤之别。新中国成立 45 年了，改革开放也已 10 多年了，想不到中国还有这么重度贫困的地方。尤其是和屯里谭大叔的一席对话，更触动了他的心。他问谭大叔：“您向往美好生活吗?”大叔笑盈盈地答道：“向往啊，哪有不向往的?”“您向往什么样的美好生活?”大叔说：“每天能喝上没有虫子的水，一天能吃上一顿大米饭。”曾馥平哽咽道：“大叔您放心，我是共产党员，是国家派来环江扶贫的。我答应您，一定实现您对美好生活的理想!”

到环江才几个月，曾馥平跑遍了全县最穷的几个乡上百个村屯，发现有些地方环境极其恶劣，不适合人类生存。通过调研，他认为要让这些地方的农民摆脱贫困，最佳的措施是异地安置。曾馥平的这个想法，与自治区领导的意图不谋而合。当时，广西的异地搬迁扶贫才刚刚起步，为积累异地搬迁扶贫经验，他积极牵线搭桥，促成中科院亚热带农业生态研究所、广西科技厅、广西扶贫办、环江县委、环江县政府共同协作，在距离环江县城 3 公里的思恩镇肯福一带建立了一个 4000 多亩的科技扶贫示范区，曾馥平为示范区项目负责人。示范区虽然离县城不远，但都是荒山野岭，荆棘遍地，没有人烟。为了合理规划和开发，他带领团队白天头顶烈日翻山越岭，跋山涉水，实地勘查，晚上加班整理和分析白天所收集的信息资料。1995 年 9 月的一天，曾馥平和一位同事进入山地考察，在丛林中钻了几个小时迷路了，好不容易爬上一个山坳，筋疲力尽的曾馥平脚一滑，不幸摔了下去，不能动弹。那位同事也很疲惫，但没有通信工具，无法与外界取得联系，怎么办? 心里着急啊! 没想到村民们也在到处寻找他们，直到晚上 7 点多钟，终于在山上找到了他们，发现俩人已经伤痕累累，严重虚脱。村民迅速把曾馥平背下山，及时送到医院。经检查后发现他尾椎撕裂，建议立即住院治疗。但他认为示范区的考察正处于关键时刻，不能耽搁，坚决不同意住院。第二天，他带着伤痛继续工作，一干就是一个多月。由于没有得到及时治疗，受伤的尾椎留下了后遗症，经常出现阵痛。

经过两年的谋划和筹备，环江毛南族自治县的上南、下南、木论、龙岩 4 个乡大石山区的 97 户贫困户 513 名移民，于 1996 年 9 月 3 日在曾馥平和示范区同事的带领下，浩浩荡荡地进入肯福示范区，开始艰苦创业。现在想起来，曾馥平还觉得不可思议。当时，移民们每家只带着一个蛇皮袋、一口铁锅、一把锄头进场，根本没有考虑到住宿和吃饭问题。如何在这荆棘密布、灌木丛生的荒山野岭安排移民们的一日三餐，在哪里遮风避雨，许许多多料想不到的问题涌现出来，让曾馥平措手不及。民以食为天，没有饭吃，哪有力量开垦? 首先要解决吃饭问题。他及时把移民分为 5 个组，以组为单位办自助食堂，解决吃饭问题。同时，他身体力行，与移民们一起分地、挖土、舂墙、盖房。头一个月，简易房还没盖好，所有人都露宿荒野。曾馥平及其同事与移民们都仰望着星空入眠。很快，吃、住问题解决了，但曾馥平仍夜不能寐，辗转反侧：如何让移民们留得住，并让他们过上一年比一年好的日子，这才是建立示范区要解决好的根本问题。当时，广西有些移民区出现了生态退化，使移民再度陷入环境恶化与贫穷的境况，导致移民纷纷回迁。为避免类似情况在肯福示范区发生，曾馥平在大量调研的基础上，大胆提出“科研机构＋公司＋基地＋产业”模式，组建科环扶贫开发有限责任公司，将土地分配到户，实行分户承包经营，为农户提供种苗、化肥、地膜等农用物资，全部以贷款的方式运行，不搞无偿救济式扶贫。中科院负责对示范区水果、甘蔗、畜禽、蔬菜等四大支柱产业进行科技开发，科环扶贫开发有限责任公司负责示范区基本建设及经营、开发管理，从土地开垦到种苗供应、技术培训、农产品销售等，提供产前、产中、产后一条龙服务。实践证明，这条科技精准扶贫路走对了。不到两年时间，示范区人均纯收入达到1220元，实现了解决温饱的目标，移民们再也不用担心喝到有虫的水，也不再谈每天能吃一顿大米饭的愿望。2017年，示范区人均纯收入达到9664元，远远高于环江和河池市的平均水平。至2018年，示范区内的移民没有一户回迁，所有移民都住上了宽敞明亮的楼房，家用电器齐全。有的移民买了小汽车，把孩子送到城里读书。环江县城再往北延伸，示范区已与县城连成一体，移民们以极大的热情融入城镇，城镇则以宽广的胸怀包容他们。

到2018年，示范区面积由4000亩扩大至5800亩，培训移民8400人次，每个移民掌握两至三门技术。与此同时，曾馥平和同事们对环江移民产生的原因及其对社会、经济、环境的影响进行了研究，提出适度的移民环境容量与合理的安置模式，使环江实现了生态重建与农民脱贫致富的双重目标，带来了“生态扶贫”的新理念，为环江、河池市乃至全区对缺乏生存条件的人口实施异地扶贫搬迁提供了科学依据和良好借鉴。1997年10月，联合国教科文组织专家罗贝尔博士考察肯福示范区时，认为示范区不仅是一个奇迹，而且还为发展中国家实施环境移民提供了宝贵的经验与启示。同时，肯福示范区的成效也得到了中央以及各界的肯定。党和国家领导人，国务院扶贫办、国家民委、财政部、国家林业局、国家环保总局、科技部等有关领导以及日本、澳大利亚、新西兰的专家，先后到示范区参观、考察，并给予高度评价。1998年，曾馥平被科技部评为“全国十大科技扶贫标兵”，同年任科技副县长。至2018年，环江已成功接收外地移民8万多人，本县异地安置2万多人，是全国最大的生态移民安置县。因此，广西喀斯特地区环境移民模式与“大别山之路”和“太行山之路”，被科技部并列为我国科技扶贫的典型范例。

让石漠山变金山银山

异地安置的贫困农民只占贫困人口的少数，而仍在原地的大部分村民怎样摆脱贫困呢？曾馥平在调研中发现，越穷的地方，村民的文化素质越低；文化素质越低，思想越保守。许多大石山区仍然保留刀耕火种等落后的生产方式——先放火烧山，然后播种。常常是植被没了，山洪就把土地冲走了，留下的是连片怪石嶙峋的石漠山，不见一点绿。恶性循环，不穷才怪呢。下南乡古周村石漠化最为严重，2000年以前，全村9个自然屯，居住着100多户，人均不到5分耕地，年人均收入803元。曾馥平雄心勃勃，要在这个村探索治理石漠化和科技脱贫相结合的新路子，建设具有示范作用的石漠化治理和石山生态重建试验区。2001年，他带专家、教授去村里采土样，观测气候变化。他们一起挤住在村委会办公室里，吃的是玉米红薯粥，喝的是地头水，每次少则住一个星期，多则一个月。他们经过分析研究，描绘了一幅因地制宜发展农业的宏伟蓝图，即“山上种树，山下种果，地种牧草（后来增加种中草药），树下养鸡，周边绿化，栏中养牛”的立体生态农业发展模式。蓝图绘出了，这是使古周村旧貌变新颜的蓝图，是实实在在能使村民们摆脱贫困走上致富之路的蓝图。曾馥平满怀信心地找到村支部书记谭凤章，请他通知各户来一名代表开会，向大家公布“蓝图”。谭凤章挨家挨户上门发动村民到村部开会。然而，谭凤章嘴巴说得起了泡，大多数村民却无动于衷，闭门抵触。开会的时间过了一个多小时，本来应该参加会议的 80 人，结果才来了两三个人。对此，曾馥平的心都冷了，犹如被人从头上泼下一大盆冰水。

然而，曾馥平没有灰心。过了一段时间，他和同事用农用车拉了一车桂牧 1 号优质牧草苗到古周村，放在大榕树下，无偿分给村民，号召大家种草养牛。可等了老半天，没有一个村民主动来要。结果，一位老人觉得好奇，在树下若有所思转来转去，勉强拿了一小把回去。村支书为了配合工作，也取了一些拿去种，其他的没有人要都烂掉了。这事又给曾馥平一个沉重的打击，他感觉要改变村民落后守旧的思想太难了。不过，他没有气馁，决心一定要想方设法做通村民的思想工作。过了很长一段时间后，曾馥平再度来到古周村。这次他从县城买来猪肉，带上几壶米酒，和乡里的几位干部一起到村里。他请村支书跟村民说，这次不是来开会的，是请大家喝酒，聊聊天，一家来一个代表。村民们就怕开会，就怕要他们改变祖祖辈辈传承下来的耕种方式，他们不相信种草种果种树不种玉米能有饭吃。听说不开会，各户代表都按时到场。每人喝了几杯后，个个红光满面。平时少言寡语的人，也开始健谈起来。趁大家高兴畅所欲言之际，曾馥平请那位抱了一把草回去种的老人发言。老人提高了嗓门，大声说：“那天曾副县长带了很多草苗来，我抱了一把回去种，草长得又快又青翠，牛很喜欢吃。才养了 4 个月，我把一头牛卖了，赚了 800 多块钱。”村支书放下酒杯接着说：“以前我们家一年种两三亩玉米，收入不到 1000 元，去年我家种草围栏养牛，就在牛栏附近割草喂牛，一个人就能养 6 头牛，一头至少卖得 2000 元，共收入 12000 多元，比种玉米收入多 10 倍。就拿 2000 元来买大米，足够吃一年。”村民们想不到，种草养牛有这么大的好处。曾馥平感觉时机已到，便发言了。村民们都放下碗筷、酒杯，竖起耳朵听。他便把他的计划详细说了。村民们听他说得在理，有的就说：“看你是个真心想为农民办事的，我们按照你说的试试吧。”

第二年，曾馥平和同事们在县城附近的水田里撒了两亩多的牧草种子，等长出高苗后，全部拉到古周村。这一次拉去的牧草苗，比上次多得多，同样放在大榕树下。村民们和上次不一样了，一棵都不留，全部抢光拿去种。种草圈养菜牛的新的农业发展模式，让古周村民尝到了甜头。此后，石漠化治理和石山生态重建试验区建设一帆风顺。到 2011 年，古周村家家户户都建起了一排排牛栏，牛全部圈养，不让牛出栏上山踩坏果树和草药。养牛最多的农户养了 20 多头牛，养牛超过 5 头的农户都买了切草机。试验区农民人均收入由 2000 年的 803 元提高到 8000 多元。曾馥平还积极向县政府申请，争取修通了进村的水泥路，并发动群众兴建了地头水柜、沼气池等，还种植了500多亩生态林，实现了“山上种树，山下种果，地种牧草，树下养鸡，周边绿化，栏中养牛”的立体生态农业发展模式目标。一花引来百花香，古周村的成功，起到了示范作用。下南乡的下塘村、上南乡的民权村以及全县石漠化严重的村都学习、推广、实施“古周村模式”，脚踏实地开展石漠山的综合治理，让石漠山变成金山银山。至2017年底，环江全县范围再也看不到连片光秃秃的石山了。2018年8月中旬，曾馥平和同事们回访下南乡古周、下塘两村。车在盘山公路上慢悠悠地转了一个多小时，眼前的景色令人心旷神怡：昔日裸露的石头犹如害羞的少女不让人见面，都躲到茂密的树林和如茵的牧草后面去了。高耸入云的杉木，在微风穿过的时候，传出悠扬又使人振奋的旋律。曾馥平望着这一切，心潮澎湃，热血沸腾。他和同事以及村民们10多年来的艰苦奋斗终于有了今天的成果，令人欣慰呀！8月15日中午，他们来到下塘村香洞屯。曾馥平一下车，很多村民就认出他来了，跑过去和曾馥平一边握手一边说：“曾恩人来了，你可好久没到香洞了。”有位老人，一见面就向他敬礼说：“没有曾恩人就没有我们今天的幸福生活。”曾馥平急忙打断老人的话说：“是党和国家给大家幸福生活，我只不过听党的话，帮助大家做了一点应该做的事。”村民谭维作拉着曾馥平，带他去山上看自己的10亩草药园。曾馥平一行跟着去了，只见一小块一小块山地里整整齐齐排列着用三根小竹竿绑成的支架，1米多高的草药山豆根被支架支撑着，果实饱满。曾馥平赞扬他护理得很好，对老谭说：“这10亩草药，丰收了每年收入有几万吧?”老谭回答说：“6到8万应该没问题。可这不算什么，我还养有20多头牛，10多头山猪，种了30多亩杉树，还有……”还没等老谭说完，曾馥平就竖起拇指，又拍拍他肩膀笑着说：“再过几年，你就是百万富翁了。”老谭笑得合不拢嘴。

金点子多——科研与科技扶贫相结合

曾馥平1994年来到环江时，是助理研究员。他在环江从事科技扶贫工作的同时，不忘挤出时间钻研本行——农业生态研究，白天忙于扶贫工作，晚上加班写论文。由于科研成绩显著，1999年，他被中科院评为副研究员。2000年“肯福模式”成功推广后，中科院领导给予高度评价，要求以“肯福模式”为基点，考虑在广西建立一个喀斯特农业生态试验站，探索区域可持续扶贫模式、生态环境效应与长效机制。得到这个信息，曾馥平如获至宝。他一心想把这个站建在环江，一方面以这个平台开展更深层次的生态科学研究，一方面通过这个平台的科研项目，为环江的扶贫攻坚带来新的发展机会。他主动向所里和环江有关领导建议，建设环江喀斯特农业生态试验站。该建议很快得到各方的大力支持，但站点对地形地貌要求很高，在哪里建站非常考究。站点必须有山有水、有坡有坎、有平地也要有洼槽等，具有良好的区域代表性。环江各乡镇争先恐后推荐站点。经过筛选，曾馥平先后到下南乡、水源镇的几个村实地考察，发现这些点都不符合建试验站的条件。跑了几个月，一无所获，他被晒得像个黑人。功夫不负有心人，2000年5月的一天，他和县科委的同事终于在大才乡同进村木连屯附近找到了适合建站的地点。回到县城后，曾馥平连夜加班写选址报告，并向研究所提出了6条建议。所领导高度重视他的建议，很快组织了几批专家到实地进行考察论证。环江县政府无偿划出2000亩科研用地，还拨出150万元的资金支持。2000年11月，中科院环江喀斯特生态试验站得以批准建设，曾馥平被任命为常务副站长。2001年开始筹建时，曾馥平和同事们连续3个多月，每天背着军用水壶，带着包子、馒头，从木连屯爬行四五十分钟才到达试验站。那时正值三伏，天气炎热，植物疯长，他们只能往草丛、荆棘里钻，不管晴天或雨天，从早到晚全身都湿透了。自己扛设备，自己勾图，自己竖杆拉电线、拉地下光缆时，肩上的皮都磨破了。经过几年的建设，试验站通了公路，3500平方米的综合办公大楼和实验室拔地而起，住房、办公室、会议室、食堂及娱乐场所、科研设备一应俱全。试验站以农业生态系统定位观测研究为基础，重在探索喀斯特地区生态系统演替过程，揭示其退化机制，建立退化系统人为调控技术体系与模式。2005年，试验站被列入国家野外研究台站，2006年升格为我国首家国家级喀斯特农业生态系统观测研究站。这是西南喀斯特区域唯一的国家野外研究试验台站。

曾馥平科技扶贫的先进事迹经《人民日报》、新华社、中央电视台等多家主流媒体报道后，相关专业的很多在校本科生、硕士生、博士生立誓以曾馥平为榜样，纷纷要求到山区从事农业生态研究。目前，环江喀斯特农业生态试验站拥有科研骨干38名，研究员8名，在读博士、硕士研究生60余名，已毕业博士、硕士共60余人。建站以来，科研项目达90余项，在国内外发表学术论文300多篇，获得专利60多项。曾馥平先后在国内外学术刊物上发表学术论文80多篇，出版专著（含合著）5部，荣获中科院科技进步二等奖一项，中科院科技促进发展一等奖两项，国土资源部科技进步一等奖一项，中国水土保持学会科技进步一等奖一项，广西科技进步奖二等奖两项。

环江的领导和同事们都说曾馥平点子多，脑子含金量高，其实他是想方设法并使出浑身解数，全心全意为环江的扶贫事业服务。2008年，曾馥平精心编制可行性、建设性强的石漠化治理规划和方案，向中央和地方政府有关部门申请立项，仅国家石漠化治理示范县项目的立项，就争取到国家的第一期支持经费3000万元，第二期资金达5亿元。2013年前已完成第一期项目，第二期项目正在实施中。2009年，他又争取到“西南岩溶山区综合治理集成与试验示范”项目在环江实施。针对环江山坡面积多、地质松散、水土流失严重等问题，他多次与自治区水利厅交流沟通，2009年，成功将环江毛南族自治县列为自治区水土保持治理重点县，落实第一期项目资金5000万元。目前，项目已进入第二期，项目资金每年2500万元左右。2010年，他又为环江争取到环境保护部农田重金属污染治理项目环江河流域重金属污染综合治理示范工程项目资金2650万元。另外，他通过生态站，为环江争取到龙岩乡野马河治理项目，项目总投资375万元。该项目早已竣工，野马河两岸的百姓无水害之忧，安居乐业。2012年以来，曾馥平共争取到国家级、省级等生态系统项目60多项，经费共计2955万元。同时，还积极争取了一批国家科技项目在广西示范实施，项目资金共计3921万元。此外，他还申请到50多项国家自然科学项目基金2000万元、广西惠民计划项目资金230万元，投入环江和广西其他有关区域。这些项目的实施，使项目区的生态产业、扶贫产业得到了发展和提升，农民收入显著提高，生态环境得到改善，森林覆盖率提高18.7%，植被覆盖率提高26.3%，土地侵蚀减少14.6%，地表径流减少8.2%。实施农村新能源沼气池建设后，农民人均薪炭林砍伐减少78.9%，森林生产增加24.6%，由此减少土地侵蚀23.8%，减少地表径流13.4%，取得了显著的生态经济效益。

男儿有泪不轻弹

科技扶贫、科学研究、撰写论文，24年过去，弹指一挥间。俗话说，男儿有泪不轻弹，只是未到伤心处。在这段漫长的岁月里，曾馥平这位意志坚强的湖北男子汉大丈夫，也曾掉过四次眼泪。

1998年8月的一天，曾馥平和同事去上南乡民权村下闷屯做本体调查。因为那里不通公路，他们开车绕道金城江区六甲镇过去，把车停下后，买了一些肉菜和小笼包，以便下午充饥。从六甲镇往下闷屯，他们走了3个多小时。在这里，他们要走访一家贫困户，户主名叫韦玉亮。热情的村民打赤脚为他们引路，转了几个弯，才看到一间低矮破旧的小瓦房。小瓦房门口有一个木板阶梯，阶梯下面是猪圈，但里面空荡荡的。猪圈上层垫一层木板，木板上是人住的地方。老韦大约50岁，皮肤黝黑，个子矮小，一身满是补丁的衣裤。曾馥平一行向他介绍了来意，他热情地把他们领进家里。曾馥平环顾屋内，四周一件像样的家具都没有。老韦匆忙为他们找来布满灰尘的小凳。在了解老韦家里的日常生活情况时，他们始终没有看到煮饭的锅。同行的一位环江干部悄悄打量房间，在堂屋正中的一个床铺底下，发现了一口黑乎乎的铁锅，拿出来一看，是一锅玉米糊，上面还落有蜘蛛网和灰尘。原来主人家知道来的客人是专家和领导，不想让他们知道自己吃这些东西。曾馥平看了感到心酸，就对同事们说："毛南老乡生活不容易啊！我们吃这一锅玉米糊，让老韦一家吃我们带来的饭、肉菜和小笼包吧。"于是，曾馥平和几位同事一人拿一个黑乎乎的瓦碗，吃着难咽的玉米糊，老韦一家则津津有味地吃炒肉和小笼包。老韦的母亲已经70多岁了，一边吃着肉馅小笼包，一边流着泪说："儿子啊，我活了大半辈子，第一次吃上这么好吃的东西。"听了老人这句话，曾馥平思绪万千。他想，这位老人正好与自己的母亲同龄，母亲生活无忧无虑，从不缺鸡鸭鱼肉。母亲过的是小康生活呀，而这位老人吃上小笼包就觉得这东西是天底下最好吃的食物了。他凝神望着这位朴实的老人，流着眼泪对她说："老人家，这次我们来就是想办法让你们富起来，让您天天吃上小笼包。"

2004年10月的一天，曾馥平利用休假时间赶回长沙与妻子、女儿团聚。中午一进门，妻子虽然微笑相迎，但脸色和往常大不一样。曾馥平见势不妙，便询问是不是最近又犯病了，让她赶紧去医院做检查。妻子直截了当说："女儿出事了。""出什么事？怎么不给我打个电话？""她不敢去学校了，现在躲在房间呢。同学讽刺、嘲笑她没有爸爸。从幼儿园、小学到中学，你都没有参加过家长会，她的同学和老师都没见过你呢。"曾馥平如梦初醒。对呀，这10年来，自己没日没夜搞调研、做规划、跑项目、争资金、带学生，丢下女儿给妻子一个人带。作为父亲，他确实问心有愧，女儿逃课是自己造成的，要向女儿道个歉。他轻轻敲了女儿的房门。许久，门开了，女儿一头扑到曾馥平的怀里，“呜呜”地失声大哭。哭了一阵子，她哽咽说：“爸爸，我不够坚强，我错了。”“茜茜没有错，是爸爸对不起茜茜。”曾馥平一边帮女儿擦着眼泪一边安慰她。第二天，曾馥平带着女儿到学校，跟班主任讲自己的工作和家庭情况，班主任听了非常感动。后来，班主任在班上说：“曾渝茜有一个英雄爸爸。她爸爸在广西边远山区从事一项很有意义的工作，这项工作让许许多多光秃秃的石山披上绿装，让很多人摆脱了贫困，过上了幸福的生活。她爸爸叫曾馥平，是全国十大科技扶贫标兵。”顿时，班上响起了热烈的掌声。从此，同学们对曾渝茜刮目相看了，再也没有人讥笑她没有爸爸。

曾馥平的妻子叫唐妩玲，在长沙市一家银行工作。曾馥平每当谈到他妻子时，总是眉飞色舞，夸奖她是个贤妻良母，是贤内助。他也知道，20 多年了，妻子太不容易了——她个子矮小，身体虚弱，既当妈又当爹，要自己买菜煮饭，下水道堵了自己找人修，灯坏了自己更换。20 世纪 90 年代，还没有送气上门服务，最艰难的是每月换一次煤气。由于长期劳累，妻子不堪重负，患了腰椎间盘突出、心率异常等疾病。

2005 年的一天，唐妩玲到医院检查，发现患了急性肾结石，需要做激光手术。刚好她的母亲从黑龙江过来，就陪她到医院并代表家属签字。手术结束后唐妩玲回到病房，医护人员想找个帮忙抱她上床的人都没有，连声问她：“你的家属呢？你丈夫跑哪儿去了？”唐妩玲没有回答，但眼泪已经控制不住了，医务人员便没再问。病愈出院后不久，她母亲才给女婿打电话。曾馥平接到岳母电话后，立即给妻子打电话，说这么大的手术怎么不告诉他一声，他可以请假回去陪护几天。妻子说：“你扶贫工作那么忙，不想打扰你。1996 年我们去看的那个村，叫顶吉村吧，老百姓生活好点没有？”妻子刚出院，关心的不是自己的病而是环江的贫困村民，如此伟大的妻子，让曾馥平落下了幸福的热泪。他想起来了，那是 9 年前的事。1996 年 8 月，妻子和 5 岁的女儿来环江。当时妻子看到所里几位和曾馥平下来扶贫的同事都回去了，她是来动员他回去的。可是，在丈夫带她去大石山区目睹村民们的衣食住行后，她不但不动员他回长沙，还鼓励他继续干下去，要帮山里的村民摆脱贫困，过上好日子。他十分高兴地对妻子说，经过近 10 年的扶贫攻坚，顶吉村老百姓的生活改善了很多，再没有人穿打补丁的衣服，大部分人住上了宽敞明亮的楼房。妻子听了也很高兴，说：“我这点病算不了什么，你就安心工作吧，不用回来，有我妈照顾呢。”

2011 年 8 月，曾馥平 80 岁的母亲患了心肌梗死，在天门市第一人民医院住院治疗了一个多月，而医院的院长燕来清是曾馥平小学到高中的同班同学，他竟没有向曾馥平透露一点消息。院长见他的母亲病情稳定了，才于 9 月底告诉曾馥平。他一听电话就对这位老同学发火：“这么大的事，你怎么不跟我说？要是有个三长两短怎么办？”老同学解释说：“是你母亲不让我告诉你的，她老人家怕耽误你的工作。”曾馥平听他这么一说，火气渐渐消了。此刻，他更想念母亲，感觉母亲胸怀太宽广，太理解自己了。于是，他决定利用国庆长假回去陪母亲几天。可他到医院见到母亲时，老人却再三催促他回环江：“我现在没事了，这里有你妹妹照顾，快回去工作吧。”听母亲这么一说，他竟忍不住像小孩一样痛哭流涕，一边哭一边说：“对不起妈妈，你住院那么久，我都没有给你端一杯水，儿子不孝。”母亲拉着他的手说：“平儿，怎么能说不孝呢？你在长沙时，两三个月回一趟家，给我和你爸爸买衣服和保健品。你到环江工作，每年春节回来又带了很多土特产。平儿，你孝顺，而且还大孝呢。你让环江那么多老人摆脱贫困过上好生活，这不是大孝吗？”在母亲的耐心劝导和催促下，曾馥平只陪了母亲一天就赶回环江工作了。

到2017年底，环江仍有建档贫困户12740户，贫困人口44840人。曾馥平说，只要环江还有一个人没有脱贫，他就继续干下去。

陶叶廷：真情无悔，生命因你而精彩

◎ 于小尘

他，毫无余地地拒绝她，用最残酷的话赶她走。

她，义无反顾，无论他的话有多么锋利，哪怕被扎得撕心裂肺，她只有一个念头：留下来，嫁给他，照顾他，爱他。

结婚那天，他问她："我脖子以下全部瘫痪，照顾不了你，给不了你幸福，而且还会拖累你。嫁给我，你真的不后悔?"

她回答："你照顾不了我，我就照顾你。从今以后，我就是你的双手和双脚。你的拖累，就是我此生最大的幸福。我爱你，不嫁给你，我才会后悔。"

电波牵线，她找到了心中的英雄

她叫陶叶廷。

19 年前，陶叶廷是一个 22 岁的姑娘，和许多女孩儿一样，陶叶廷对美好的爱情充满了浪漫的憧憬。她的父亲曾是一名军人，军人的正义和勇敢在她心里深深地扎下了根。所以，她喜欢军人，崇敬英雄，希望自己也能像妈妈一样，将来嫁给一名军人。

那是 1999 年很平常的一个夜里，在柳州钢铁（集团）公司工作的陶叶廷睡不着，就打开了收音机，一个男人低沉而落寞的声音在她的耳边响起："我叫冯乃立，是一名边防武警，一直战斗在祖国的边防一线。1996 年在一次执行公务时，因车祸摔下百米悬崖，造成高位截瘫，落下一等残疾。我原本是一个生龙活虎的战士，可现在连生活都不能自理，这么多年一直都是妹妹在照顾我，我连累了她，我觉得非常对不起妹妹。"

这短短的几句话，在年轻的陶叶廷心里泛起了层层涟漪。他的话，颠覆了她对英雄的印象。在她的心里，英雄总是被鲜花簇拥着，被掌声包围着，但是他的声音里，怎么有浓得化不开的忧愁和苦闷呢？霎时间，她的内心柔软起来，忍不住想安慰他。

于是，陶叶廷就给冯乃立写了一封信，她在信里说："你不要难过，虽然你受伤了，但你是英雄，社会上很多人都在关心你，如果你需要，我也会帮助你的。生活是那么美好，希望你坚强起来，战胜自己。"

当时陶叶廷在信里并没有留地址和联系方式。冯乃立收到信不久后，就又打了一次电话到电台，让主持人代他谢谢那个叫陶叶廷的女孩儿，谢谢她的信和关心，请她放心，他一定会坚强起来。

但是那次陶叶廷并没有听到，是她的一个朋友转告她的。

2000年陶叶廷有一次休假，她忽然想起了那个受伤的边防武警，想知道他现在好不好，他的生活是不是有所改变，是不是有更多的人去关心他……于是，她萌发了去那坡平孟镇看看他的想法。

在那个偏僻的边陲小镇，陶叶廷终于见到了冯乃立。

第一次见面，陶叶廷便觉得冯乃立似曾相识，仿佛很久以前，他就出现在她的生命里了，颇有一见钟情的感觉。

在她留在平孟的几天里，冯乃立的战友们向她讲述了冯乃立的一个又一个英雄事迹。

冯乃立1992年9月入伍，1996年1月的一天，冯乃立收缴了两支枪，他需要护送那两支枪入库。当时边防派出所条件简陋，连一部车子都没有，冯乃立只好乘坐班车前往大队。因为山路崎岖陡峭，班车翻到了悬崖下面，当救援人员把昏迷中的冯乃立从血泊里救起来的时候，他的双手还紧紧地保护着那两支枪。

这次车祸，他的颈椎受损，导致高位截瘫。

战友们告诉陶叶廷，冯乃立虽然家里很穷，但是很有志气。有一次他一个人在哨卡执勤，有一辆走私货车开过来，被他拦住，司机想用重金贿赂他，让他放行，但是他斩钉截铁地拒绝了，并将犯罪分子绳之以法。

还有一次，他们接到线报，有一个毒贩准备携带一批枪支入境。

经过部署后，几名边防武警分别在几个枪贩可能经过的地方设伏，当时冯乃立的埋伏点是一个悬崖边。当毒贩出现在冯乃立的视线里时，他愣住了，毒贩足足有1.8米以上的身高，身材非常健硕。冯乃立当时很瘦，身高只有1.72米。巨大的身高差异让毒贩肆无忌惮，但是冯乃立没有丝毫畏惧，他大声喊道："放下武器，不许动！中国边防武警。"

毒贩四下看了一眼，发现只有冯乃立一个人，自认为有身高优势，所以根本就没有停下脚步。冯乃立直接冲到毒贩面前，和毒贩扭打起来，两人翻滚在悬崖边上，等战友们冲过来时，冯乃立已经将毒贩制伏。战友们发现，他们一直在距离悬崖不到1米的地方扭打，而且毒贩所携带的两个竹筐里还有很多手雷。战友们不禁惊出了一身冷汗。

……

冯乃立的故事，像一股股清流，流进了陶叶廷的心里，泛起了一圈圈涟漪，冯乃立的英雄形象，在她年轻的心里，变得更加生动和高大了。

我的出生，就是为了遇见他

休假结束，陶叶廷不得不返回单位上班。但是，冯乃立的一瞥一笑，像抹不去的闪电一样，如影随形，在她心里画出一道道亮色。陶叶廷认为，冯乃立就是她心里盼了 20 多年的英雄，她的出生，就是为了和他相遇。

经过再三考虑，陶叶廷终于下定决心，再次来到了那个偏僻的小镇。这一次，陶叶廷是辞掉工作专门来照顾冯乃立的，她想照顾他一辈子。

她愿意把一生的爱和柔情，都倾注在这个最可爱的人身上。

冯乃立得知了陶叶廷的想法后，想都没想就拒绝了。他赶她走，用最难听的话刺激她，但是无论冯乃立说什么，陶叶廷都一声不吭，不生气，不还嘴，也不离开。

其实冯乃立是从心里喜欢这个姑娘的，从她给他写第一封信开始就喜欢了。见到陶叶廷后，他对这个美丽善良的女孩更是忘不掉。但是他深知自己不但无法给她幸福，而且会成为她一辈子的累赘，所以他必须拒绝，哪怕让她伤心难过。

所以，冯乃立差不多每天都不给她好脸色看，他把世上最难听最能伤透人心的话都用在了陶叶廷身上，但是骂完了又心痛，心痛得失声痛哭。

时间久了，该用的办法都用了，陶叶廷仍然不肯离开，每天悉心地照顾他，耐心地喂他吃喝，给他按摩，帮他拉撒，从未有过一丝的懈怠。冯乃立拿她没办法了，他实在不能再继续伤害这个他深爱的女孩儿，哪怕是善意的。这两颗原本就爱着的心，终于靠在了一起。

这时候的陶叶廷，不得不和父母摊牌。这件事她一直瞒着家里，她的父母那么疼爱她，不可能同意女儿嫁给一个高位截瘫、生活不能自理的人，所以之前她什么都没说。

但是领证结婚这样的大事，她必须告知父母，因为她需要父母的支持和祝福。

父母知道后，都流泪了。

陶叶廷看到，父母房间的灯，整整亮了一夜。

第二天，父亲红着眼睛把陶叶廷叫到跟前，对她说："你要考虑清楚，结婚不是儿戏。"

陶叶廷说："我已经考虑好了，我爱他，我会照顾他一辈子的。"

"你既然决定嫁给他，我们尊重你的选择，但是，你要对自己的选择负责，对这位小伙子负责，对将来你们要组成的这个家庭负责，不能后悔，不许离婚。"

陶叶廷使劲地点头，她没想到父母会答应。但是，父母是如何走过心里的千山万水，她是无法知道的。

2001 年 3 月 12 日，在平盂简陋的宿舍里，他一身戎装，她一袭白裙，两人举行了简单的婚礼，没有钻戒，没有婚纱，只有两颗深深相爱的心。

就这样，陶叶廷在父母和部队边防武警的祝福下，和冯乃立携手走进了婚姻的殿堂。

其实，冯乃立心里也是纠结的。他对她说："我脖子以下全部瘫痪，照顾不了你，给不了你幸福，而且还会拖累你。嫁给我，你真的不后悔？"

陶叶廷回答："你照顾不了我，我就照顾你。从今以后，我就是你的双手和双脚。你的拖累，就是我此生最大的幸福。我爱你，不嫁给你，我才会后悔。"

这看似朴素且真挚的回答，却包含了她所有的爱和柔情，更是她一辈子的承诺。

她用爱，点燃他生命的希望

自 2001 年结婚到现在，陶叶廷与冯乃立在一起已经整整 18 年了。18 年来，在照顾冯乃立的 6000 多个日日夜夜里，陶叶廷遇到了重重困难，吃尽了常人所不能想象的苦头，但她却从不言苦。

在一般的家庭，夫妻婚后的日子是一起上下班，一起做饭，共同把小日子过得红红火火。而在这个特殊的家庭里，因为丈夫高位截瘫，必须进行按摩康复，否则肌肉极有可能萎缩。陶叶廷就专门去学习按摩技能，然后每天坚持为冯乃立做按摩，每次按摩都在 3 个小时以上，每次都累得腰酸背痛、大汗淋漓。陶叶廷数十年如一日的每天长时间按摩，导致她的手指骨节突出，伸展困难，而且不时伴着疼痛，可她却从未觉得自己苦；由于不能运动，冯乃立的肠胃一直不好，经常出现功能紊乱，需要依靠药物助便，排一次便往往需要两三个小时，甚至是五六个小时也不足为奇。生理功能的紊乱导致冯乃立总是心情焦躁不安，有时他无法控制情绪，还会对陶叶廷发脾气。陶叶廷只好自己躲在卫生间里偷偷地哭。等他发完脾气，陶叶廷抹干眼泪，仍是一脸微笑地继续照料冯乃立。

陶叶廷常想：我是他的爱人，他不在我面前发脾气，又能在谁面前发呢？还好有我在。如果碰到一个脾气不好，或者一个不够爱他的人，他满腔的难过和痛苦又能对谁说呢？每次想到这里，她都为自己选择留在冯乃立身边感到欣慰。

在陶叶廷的关心和照顾下，冯乃立与病魔斗争的勇气和信心一天比一天增强，在千百次的"摸爬滚打"中，有几次在陶叶廷的协助下，冯乃立竟在床边站了起来，而且独自站立了 1 分钟之久。除了爱，还有什么能让医疗办法都不能治愈的高位截瘫病人重新站起来呢？那短短的 1 分钟，是陶叶廷数年如一日的悉心照顾，是她不言苦不说难的倾心付出。

在陶叶廷和支队的帮助、鼓励下，冯乃立渐渐走出了生活阴影，对未来重新有了期待。

"不能奔走在边境线上缉枪扫毒，我还可以拿起笔为部队做贡献。"陶叶廷的体贴与善良，坚定着冯乃立与伤残抗争的信心。身体逐渐好转的冯乃立主动承担所在部队的新闻宣传工作。2002 年 3 月，广西边防总队为冯乃立配置一台电脑，他开始认真钻研新闻写作技巧，自学新闻写作课程，并通过与战友面对面聊天，QQ、微信聊天，以及电话采访等方式，不断挖掘新闻线索，然后用并不灵活的双手，一下一下地敲击键盘，编写新闻稿件。十几年来，冯乃立所采写的新闻稿件已有 1000 多篇被各级新闻媒体采用，他个人也多次被部队评为"优秀新闻报道员"。

日子，在艰难中过得闪闪发亮

陶叶廷所面对的困难远远超过她的想象，但是她却用这份爱，一次次地将困难化解。

2003年，平孟山洪，冲毁路面，家里的水都到了膝盖，他们不得不搬到二楼去住。二楼没有床，只好用两条长凳搭上木板，才勉强能睡下。水退了以后，一楼地面留下了很厚的淤泥。对于患病的冯乃立来说，睡木板实在是不舒服，他想尽快搬下一楼。

当时因为洪水把水管冲坏了，家里一直处于停水状态，要把地面清理干净，陶叶廷需要到500米以外的山涧提泉水回来一点点冲洗。

那时候邻居们都在忙着清理家园，干警们也都下乡去了。没有援手，没有支持，陶叶廷每天挑着满满的两桶水无数次地往返于500米以外的山涧和家，一干就是好几天。她的脚每天都泡在污泥里，都泡烂了，又肿又痛。当她挑着满满的水蹒跚地行走在山路上时，那种孤立无援的感觉让她难受得想哭，但是她没有停下来，也没有一句怨言。

冯乃立一直感恩善良的妻子为他所付出的一切，所以他尽可能地为她做一些力所能及的事情。每次陶叶廷腰背不舒服时，他都用他那双非常不灵活的双手，为她擦药，一下一下地给她按摩，直到自己累得汗流浃背。

每年，冯乃立总是记得陶叶廷的生日。每次她生日，都是冯乃立打电话到饭店订餐。到了饭店，冯乃立举起酒杯祝她生日快乐时，她才想起原来那天是自己的生日。

因为两人相爱，无论遇到多大的难处，陶叶廷都不觉得苦。不知不觉，三年的时间过去了。那一年，在陶叶廷的腹中，孕育了一个小小的生命，他们的爱情结晶，在悄然地生长着，两人充满喜悦地等待着小生命的降临。

2005年，临产前，陶叶廷忍着没让母亲过来，她不想自己这个已经出嫁的女儿还要父母为她操心，所以接下来的一切，陶叶廷都决定一个人面对。

那天她突然腰酸腹痛，羊水也破了，她就自己去了医院。

医院说还没有到预产期，可以先回家，但陶叶廷突然肚子疼得厉害，医生决定再给她做其他检查。陶叶廷强忍着疼痛，来来回回上下楼很多次，才办好了住院手续。

在病房，别的产妇都是父亲母亲、家公家婆、妹妹小姑子围在身边嘘寒问暖，关爱有加，只有陶叶廷孤零零一个人忍着痛跑上跑下，她也感觉自己有些凄凉和无助。但是每次想到两人那么相爱，她忍受着疼痛和孤独，是为了迎接他们爱的结晶，她又觉得自己很幸福。

疼了三天后，儿子顺利出生了。

儿子的出生，给这个原本就很幸福的家庭带来了更多的欢笑，但也让陶叶廷的肩膀上多加了一分重量。

既要照顾好冯乃立，又要照顾好孩子，陶叶廷从早晨睁开眼开始，一直到晚上十一二点，都没有停下过，一天下来，骨头都累散了架。

孩子7岁那年，有一次发高烧到40.8℃，早上发现后，腰椎间盘突出发作而腰疼难忍的陶叶廷马上带着孩子去了医院。当时正值流感季节，医院的人非常多，陶叶廷抱着孩子好不容易挂到了号。医生在四楼，看完医生还要到医院二楼排很长的队取药。取好药后，给孩子做了皮试，不料却发生了药物过敏，只好再找医生开药。陶叶廷由于腰疼得厉害，累得汗水都浸透了衣衫，她有气无力地抱着孩子楼上楼下艰难地挪动着。孩子很懂事地对她说："妈妈，我不想上去了，你把我放在一楼吧，我在这里等你。"

迫于无奈，陶叶廷强忍着泪水把孩子放在一楼，一个人再次跑上楼去找医生，拿着药单排长队取药。

由于放心不下独自在一楼的孩子，她每隔几分钟就跑下楼看看。当陶叶廷第二次拿到药时，因为换了医生，她发现和第一次取的药一模一样，她不得不再去找医生换药。然而再去药房取药时，药师却对她说没有那种药了……

就这样折腾了一天，终于在第四次取药后，孩子才用上了药。

早上 8 点就到了医院，直到下午 5 点才回到家，陶叶廷不知道在医院一楼与四楼之间来来回回跑了多少次，累得腰都直不起来，心里那种孤苦无依的感受让她差点崩溃。但是她在眼泪即将流下的那一刻忍住了，她咬紧牙关告诉自己："陶叶廷你要坚强。"

以身作则，培养孩子感恩之心

孩子上幼儿园的时候，有一次他问妈妈："其他小朋友的爸爸都能走路，而我的爸爸为什么不能?"

陶叶廷担心儿子有自卑感，就给孩子讲了很多爸爸的战斗故事。陶叶廷告诉他："爸爸是个英雄，他因为受伤才导致走不了路，爸爸的伤，是光荣的伤。所以，咱家有困难，部队叔叔和邻居总是来我们家帮忙，每次过节，边防支队的领导同事都来家里慰问，发放生活补助，咱们住的房子和爸爸的治疗，都是部队安排的。这些帮助减轻了家里的负担。因此，我们要懂得感恩，在别人有困难的时候也要帮助别人。"

懂事的孩子深受感染。

孩子小学三年级时，他在一篇作文《我的爸爸》中写道：

"我的爸爸是一个边防武警，是缉毒战线上的一名战士，他立下了很多战功，获得了很多金光闪闪的奖章。

"有一年他受了很重的伤，导致了高位截瘫，再也不能走路。但是他却不屈服于命运，拿起电脑，用不灵活的手，一下一下敲击键盘，为部队写下了很多宣传的稿件。

"我为爸爸感到自豪，以爸爸为楷模，遇到困难不被打倒，即使倒下也要顽强站起来。

"因为爸爸的缘故，那么多人关心我们，帮助我们，我要好好学习，在别人有困难的时候帮助别人。"

陶叶廷和冯乃立一家是这样教孩子的，也是这样做的。

2014 年，陶叶廷重返职业岗位，来到百色市百矿集团公司工会当一名干事，负责档案管理工作。多年来，家境并不宽裕的陶叶廷与冯乃立一起主动撑起了数名贫困学生的一片天空。

2014 年 8 月，冯乃立夫妇了解到百色市右江区阳圩镇者仙村 45 名小学生因家庭贫困，开学在即却连个书包都没有，就拿出平日辛辛苦苦积攒下来的积蓄，购买了一批新书包、文具盒、篮球、羽毛球拍等捐赠给学校；他们听说平孟中心小学品学兼优的两名学生因家境贫困面临辍学，陶叶廷主动与校方取得联系，了解到他们的家庭状况之后，表示愿意资助他们完成学业，并一次次来到他们家中，将学费、书包、文具送到他们手中；同年，陶叶廷获悉那坡县百省乡一名年仅 3 岁的儿童不幸患上骨髓炎，急需手术费用 10 万元，孩子家里因为贫困，拿不出那么多钱，陶叶廷毅然将百色市妇联所给的 1000 元慰问金捐赠给孩子，并发动社会力量募捐。在她的带动下，警营内外各界人士纷纷慷慨解囊，最终帮助那名儿童顺利渡过了难关，把他从死神的手中夺了回来……

十几年来，陶叶廷先后资助过 53 名贫困群众，总计捐赠现金和物品折合人民币 5 万多元。

陶叶廷告诉孩子，他们这样做，是在感恩，是在回报社会。滴水之恩，当涌泉相报。

一分耕耘，一分收获

播下什么样的种子，就会结出什么样的果实。陶叶廷一直在用生命和爱孕育着春天，春天必会报以春花盛开。

多年来，陶叶廷先后荣获全军“新时期好军嫂”，全国、广西“三八红旗手”，全区公安系统“十佳警嫂”，广西“十佳边防警嫂”，“感动百色十大人物”，百色市“孝老爱亲”道德模范等多项殊荣，冯乃立、陶叶廷一家也被评为全国、广西“五好家庭”。2015 年 4 月，公安部与全国妇联联合开展了“好警嫂”推选宣传活动，全国共有 120 名警嫂获得表彰，陶叶廷榜上有名，并赴京参加“好警嫂”推选宣传活动揭晓仪式，受到中央领导的亲切接见。

陶叶廷说：“领导关心，单位关心，经常和全国各地的优秀军嫂和警嫂交流，让我看到了更多，学到了更多，也更懂得了爱的深刻含义。这就是嫁给警察最大的收获。所以，我从不后悔自己的选择，再苦再累，我心里也甜。”

陶叶廷用柔弱的双肩挑起家庭重担，默默地付出着。她细心周到地关心、照顾家人，心系社会，扶弱助难，展现了当代警嫂的优秀品格和动人风采，用青春和激情在平凡的生命中演绎了不平凡的故事。

不忘初心　育人无悔
——记广西北海市机关幼儿园（涠洲岛幼儿园）园长范徽丽

◎　黄素萍

她，从事幼儿教育工作24年，坚持“顺应天性，蒙以养正”的教育理念，积极为孩子的成长创设适合的学前教育环境，致力于让每一个孩子、每位教职工成为“最好的自己”；她，创办涠洲岛第一所公办幼儿园——涠洲岛幼儿园，让海岛孩子能和市区孩子一样享受公平而有质量的学前教育，真正实现了“幼有所育”。不忘初心育人三千终无悔，忠诚于幼教事业扎根南疆。她，就是广西北海市机关幼儿园（涠洲岛幼儿园）园长范徽丽。

——题记

不忘初心，融大爱于幼教工作

1994年7月，范徽丽从广西幼儿师范学校毕业，成为广西北海市的一名幼儿园教师，这一干就是24年。从一名普通的幼师到园长，多岗位的历练，不同过程的收获，让范徽丽一步一个脚印地成长起来，从孩子口中的“姐姐妈妈”变成“园长妈妈”。

教育家捷尔任斯说过：“谁爱孩子，孩子就爱他。只有爱孩子的人，他才能教育孩子。”范徽丽为此不懈地实践着、体会着。从教以来，她始终要求自己当孩子的好妈妈、好老师、好朋友。她深知每一个孩子都是一本独特的书，要读懂他们，需要教师用理解和智慧来解读，需要教师用耐心、细心、关心来关注，更需要教师用爱心、责任心、童心来陪伴，以此促进他们健康成长。范徽丽常说，爱是做好幼教工作的前提，是打开幼儿心灵之窗的一把钥匙。一名合格的幼儿园教师，既是严父又是慈母，既是教师又是保姆，应该把自己全部的爱奉献给每个孩子。而这份爱，便是她进入幼教领域工作的初心。

“当孩子用纯真而又渴望的眼神看你时，就有想把更多的爱和最好的东西给他们的冲动。要怎样做到最好？我觉得除了借助从学校学来的专业知识，工作中还要跟孩子去学习、跟老师去学习，这是一种反复不断的、持续的、自我前进的动力……”作为幼教管理的创新者，范徽丽在多年的幼教管理和研究中，打造充满童话趣味的校园文化，用心呵护幼儿的健康成长。她多方争取学前教育专项基金，深入开展校园文化建设，创设童话般的校园环境，将课程开发与环境建设有效整合，创设富有北海地域特色的“海丫丫”课程，支持孩子在愉悦的环境中快乐成长，使北海市机关幼儿园成为北海市的窗口幼儿园、自治区示范性幼儿园，并多次代表北海市接待国内外教育交流和访问团。

跨海支教，创办海岛第一所公办幼儿园

2013年，范徽丽迎来她20年幼教生涯的转折点——北海市政府启动《北海市学前教育三年行动计划》，要求“每个乡镇要建立一所公办幼儿园”。涠洲岛由于交通不便，社会经济发展落后，幼教师资、物资匮乏，学前教育一直处于空白状态。家境宽裕的岛民乘船涉海将幼儿送到市区入园，更多的岛民只能任由幼儿在海滩地头玩耍度日，适龄后再进入小学就读。随着涠洲岛的发展，岛民对学前教育的需求愈加强烈。

为填补海岛学前教育的空白，范徽丽应邀参加北海市教育局组织的海岛教育调研。而此次目标，是要将从2003年起就闲置的涠洲岛城仔小学改建成一所公办幼儿园。十年狂风暴雨的洗礼让校园破败不堪，校园内仅存两幢缺门少窗的教学楼——一幢收养着十几个大大小小年龄不一的孩子，相距不到10米的另一幢教学楼里圈养着村民的一群羊，不时传来羊的“咩咩”叫声和刺鼻的粪便味道。一间教室养孩子，一间教室养羊，这种触目惊心的“原生态”圈养教育，让范徽丽内心无比震撼。面对那十几个或光着脚，或穿着拖鞋的孩子，范徽丽怜爱之情油然而生。她走近孩子，拿出袋子中的点心和孩子们一起分享，和他们交流。孩子们似懂非懂地望着她，在她的鼓励下，腼腆地拿走她手中的东西。除了张望，孩子们始终没有张口说一句话……离开时，她好几次向孩子道别，可这些孩子一直尾随着她迟迟不肯离开。孩子那种充满渴望的、清澈透亮的眼神令范徽丽至今无法忘怀——这些孩子太需要教育了。调研回来，范徽丽主动承担了建设涠洲岛幼儿园的任务，她要让海岛的孩子们也能和市区的孩子一样享受童年的幸福。

海岛建园，困难远远比想象中更艰巨。范徽丽辗转于海岛与城市，颠簸于大海中，忍受晕船时翻江倒海的呕吐，想方设法解决跨海办学中校舍改造、办园经费不足等种种意想不到的难题。岛上物资匮乏，幼儿园的环境创设材料、教具、学习和生活用品都得从北海调配、运输过来。尽管如此，范徽丽依然提出：“总园有的，分园一定要有，要保证教学质量。”

岛上人工难请，价格昂贵，还不能出具正规发票报销，为此，范徽丽和老师们常亲自动手。旗杆没有人帮立起来，他们就顶着烈日，自己挖坑，浇灌混凝土，亲手把旗杆竖起来。

正当范徽丽和老师们为开园呕心沥血、多方协调时，一场台风摧毁了他们精心筹备的一切。2014年7月，超强台风“威马逊”正面袭击涠洲岛，幼儿园新建的食堂化为乌有，岛

上停水停电近两个月。一年的心血付诸东流，梦想遭遇残酷的现实。“那次‘威马逊’台风的袭击几乎成了压倒我坚持海岛办学的最后一根稻草。那时曾经想过要放弃，但是一想到初上岛调研时孩子们渴求的眼神，我便觉得再大的困难我都要坚持。”提起当年筹建新园时的艰辛，范徽丽红着眼眶不无感慨地说。

然而，海岛办学还是遭遇到了最大的困难——教师不愿到岛上工作，没有教师愿意报考涠洲岛教师岗位。一颗真诚的心总能感动你我，一份热烈的爱总能融化一切。就在岗位报考的最后两天时间里，范徽丽挨个走访了所有符合条件的老师以及她们的家庭，拿出所有的热情和诚意做动员工作，一个个地去说服。也许是被范徽丽的诚意所打动，也许是注定要完成教育的神圣使命，终于，在报名截止的最后一刻，报考教师岗位的人数达到了开考比例，第一批驻岛老师终于如期而至。

苦尽甘来，幼儿园终于迎来了第一批入园的孩子。海岛的第一缕阳光照耀在涠洲岛幼儿园冉冉升起的鲜艳的五星红旗上时，便昭示着在祖国南疆这一个海岛上，真正实现了“幼有所育”！每当涠洲岛幼儿园响起欢快的早操音乐，村民们便会不约而同地来围观幼儿的早操活动。这是海岛上最美的风景。岛上村民亲切地把范徽丽和老师们称作“七仙女”，因为她们给海岛带来了美好和希望，为“海丫丫”们建起了海岛儿童乐园。正是因为“把最宝贵的教育送给了海岛的孩子”，范徽丽荣获第十二届宋庆龄幼儿教育奖。

设计“海丫丫 365 成长行动”，为幼儿的幸福人生奠基

涠洲岛，曾被《中国国家地理》评选为中国十大“最美海岛”之一。岛上淳朴的民风及原生态自然风光无疑是现代人梦寐以求的天堂。但由于地理位置特殊，交通往来不便，岛上不但少有现代化的设施和物资，而且岛民的生活仍然很落后。刚进园的幼儿到处乱跑，大声喧嚷，缺乏礼貌，随手乱扔垃圾，随处小便……更让范徽丽头痛的是，岛上居民以客家方言为主，幼儿、家长不会说普通话，幼儿与市区总园幼儿相比，教育发展水平差距悬殊。教师的教学开展受到严重阻碍，导致总园的课程很难在海岛上实施。

基于海岛幼儿发展的现状，范徽丽思考如何构建基于海岛生活、体现海洋文化的课程。对于海岛幼儿，海与岛就是他们童年生活的全部，这里曾是海上丝绸之路的始发港之一；新中国成立后，涠洲岛成为重要的海疆边防；中国特色社会主义建设新时代，习总书记又赋予北海开发海洋、保护海洋的新使命。海洋文化是幼教资源的短板，而涠洲岛拥有得天独厚的海洋资源。

范徽丽带领老师们从读《涠洲岛志》开始，充分挖掘边防海岛的教育资源，深入开展海岛特色课程研究，以培养具有海洋意识、家国情怀兼具世界视野的海洋公民为目标，以生活为基础，开展“海丫丫 365 成长行动”的探索与实践，编制“海丫丫上学了”“神奇的涠洲岛”“缤纷海洋”“海岛花园”“祖国妈妈我爱你”“海丫丫寻丝路”“活力海丫丫”等八个主题活动，向幼儿讲述人与海岛的故事，让幼儿认识自己、了解家乡，培养幼儿热爱家乡、保护海岛的家国情怀。这项研究成果弥补了国内学前教育领域中海洋课程的不足，荣获广西基

础教育教学成果一等奖。

通过三年的幼儿园生活，孩子们学会了说普通话，养成了良好的卫生习惯和规则意识。“海丫丫”不用再远离家人去市区上学，在家门口的幼儿园经历人生的“十个第一”：第一次叫“老师好!”，第一次晨检，第一次做早操，第一次玩“娃娃家”，第一次在幼儿园午睡，第一次当值日生，第一次升国旗，第一次参加运动会，第一次过“六一”，第一次出席毕业典礼。这些看似普通的“第一次”，正是范徽丽为海岛幼儿的幸福人生奠基。

坚守海岛，铸就“大爱守望”师德楷模

范徽丽深知，教育是人影响人的活动，教育仅仅靠一个人的力量是走不远的。她想方设法留住岛上教师，努力争取更多的教师来支持海岛的教育。海岛上招来教师不易，留住教师更难，这是范徽丽海岛办学的最大难题。涠洲岛上少有娱乐场所，许多地方连路灯都没有。教师们白天有孩子、蓝色的海天美景、灿烂的阳光陪伴，但一到夜晚，连海浪也睡着了，单调、枯燥、断水、断电成了教师们生活的常态。刚来的时候，教师每天都感受着“面朝大海，春暖花开”的浪漫，然而，艰苦的生活条件慢慢成为必须面对的现实。教师上岛支教的激情过后，范徽丽经常收到他们深夜发来的短信：“园长，我想回家……”那时，范徽丽心如刀割，内心无数次谴责自己：老师们本可以在市区享受全家团圆的幸福，是自己把老师带到了这座艰苦的海岛，把老师给连累了。但一想起当初孩子们那纯真透亮又充满渴望的眼神，作为一名共产党员，范徽丽觉得自己有责任、有义务，用党的教育来影响这个海岛，来改变岛上居民的陋习和无知。不服输的个性让她一边强忍着眼眶里的泪水，一边坚强耐心地安慰教师，鼓励教师：“海岛的孩子不能没有老师。想想上课时孩子们看你的眼神，想想孩子游戏时快乐的笑容，想想岛民对老师的无比尊重和崇拜。为了岛上的这些孩子，我们必须坚守，必须把幼儿园办下去，天很快就亮了。”

范徽丽说，她的鼓励带给老师们的安慰只是暂时的，真正留住老师的，是岛上的孩子和家长们。岛上的孩子，如碧绿的海水一样纯净。朝夕相处，老师与孩子、家长们建立了深厚的感情。一次，岛上狂风暴雨电闪雷鸣，正在教室上课的年轻老师被吓哭了。这时，孩子们纷纷跑过来围着她说：“老师，别怕，我们保护你!”孩子暖心的举动让老师破涕为笑。家长们也非常尊重老师，经常给老师送去水果、蔬菜；每当村里办酒席，村民就把菜打包送到幼儿园；每次家访，一根又一根香蕉不断往老师手里塞，甚至有的家长将整把香蕉砍下，一把把摞在地上，让老师们拿回宿舍……

孩子们的话、家长们的情，让老师们的心十分温暖，扎根海岛的心也逐渐坚定，一种充满正能量的价值观在老师们心中渐渐树立起来。一位老师在日记中写道：“有一种生活，你没有经历过，就不知道其中的艰辛；有一种艰辛，你没有体会过，就不知道其中的快乐；有一种快乐，你没有拥有过，就不知道其中的伟大。”这是海岛上最美教师的青春誓言。正是这共同的价值追求和教育使命，让范徽丽和海岛上的老师们克服从城市到海岛的种种“水土不服”，甘守海岛，无悔付出，以仁爱善良铸就“大爱守望”的教师文化。2016 年，范徽丽

荣膺“全国最美教师”称号，她带着老师走进央视演播厅，向全国人民讲述海岛艰苦办学的教育故事。中央电视台、新华社、《中国教师报》等媒体先后报道了范徽丽的先进事迹。

引领专业成长，实现教育的传递和领航

多年的教育经历让范徽丽积累了丰富的幼儿园教育管理和教育研究经验，形成对幼儿教育独特的思考。2017 年，范徽丽入选广西八桂教育家“摇篮工程”培养对象，成为广西 50 万名各级各类教师中的佼佼者。

同时，范徽丽始终坚持教育要做到“大家都好，大家不同”，这种教育才是真正好的教育。她成立范徽丽特级教师工作坊，组建工作坊的团队，带领教师们从感受幼儿教育的快乐开始学习，指导教师去观察、发现、分析孩子的学习故事，支持幼儿的学习与发现。她申报广西“十二五”教育规划重点课题“北海市公办幼儿园帮助农村幼儿园开展师资队伍建设的研究”，指导北海市 30 多所普惠性幼儿园、乡村幼儿园开展园长跟班学习和师资培训。她经常带领工作坊教师深入农村幼儿园开展“送教下乡”活动，通过上示范课、现场点评、座谈交流、指导幼儿园环境创设等方式，帮助农村教师读懂《3—6 岁儿童学习与发展指南》，转变乡村教师的教育观念，提高农村教师的教育理论和实践水平。她承担大学院校的学前教育专业学生兼职培训工作，担任学前教育国家级和自治区级培训项目的培训专家，把引领教师的成长作为自我完善、自我成长的平台，在领域内和区域内实现了教育的传递和领航。

辛勤的付出结出累累硕果，范徽丽先后获得 2016 年全国最美教师、第十二届宋庆龄幼儿教育奖、广西特级教师、广西“三八红旗手”、广西壮族自治区幼儿教育先进个人、北海市教育特聘专家、北海市教育拔尖人才“卓越校长”、北海市教育系统优秀共产党员及优秀党务工作者等荣誉。

矢志不移，24 年幼教路育人终无悔

24 个春秋的光阴流转，范徽丽始终在幼教工作岗位上辛勤耕耘。诸事在变，唯一不变的是她对孩子、对同事、对幼儿园的爱心、责任心，以及对工作的执着。她说：“这份工作给我带来的幸福感，是其他事情无法比拟的。”有了对孩子的爱、对幼教事业的爱，就会产生巨大的创造力。辛勤耕耘二十四载，有欢笑，有眼泪，更多的是真真切切地感受到幸福的滋味。

范徽丽认为，成绩永远是属于过去的，她将一如既往，在自己的工作岗位上不断改进，不断创新，不断探索儿童世界无穷的奥秘。青春有限，奉献无限。她将矢志不移，为党的幼教事业做出无私的贡献，做一名扎根祖国南疆的无悔的幼教人！

一家三代援桂记

——记赵鹏一家三代的广西情缘

◎ 高海江

岭南小城梧州，位于广西壮族自治区东部，是岭南文化发源地之一。版画艺术之乡阿城，位于中国东北黑龙江省哈尔滨市东南部。这两座相距 3000 多公里的城市，却与赵鹏一家三代有着 60 年的情缘。

——题记

是日白露，秋雨送凉。晨起，笔者从邕城出发，与赵鹏约在其梧州干净、整洁的三居室家里，一杯清茶，听他娓娓道来一家三代的广西情缘：

大爱无疆，情满岭南

我叫赵鹏，满族，满族姓爱新觉罗氏，是梧州市红十字会医院的一名心血管内科医生。我的父亲赵向华，满族，出生在黑龙江省阿城料甸满族乡南正红旗屯，是梧州市第十四中学一名高级教师（已退休）。我的母亲是天津人，是梧州市红十字会医院的一名放射科医生（已退休）。提起我们家三代人辗转大半个中国，扎根八桂大地的经历，还得从我爷爷赵仁和（满族）说起……

舍生忘死，浴血奋战

我们家在康熙年间被派到东北黑龙江阿城戍边，直到我爷爷那一辈。我的爷爷是军人，参加过四平战役、长春战役、辽沈战役、平津战役、解放上海等多个战役，随后又一路南下到了广西，一生荣立一次大功、六次小功。好多次我好奇地问起他到底打过多少仗，消灭过多少敌人，如何立功，但他从不提具体的事，只是说：“一路南下，打多少仗能数得清吗？打仗就像平时工作、干活一样，有大仗有小仗，但都是拼命的。还有肉搏战、拼刺刀，都是舍生忘死，谁还有心思去数消灭过多少敌人?”我曾看到爷爷肩上、背上、腿上触目惊心的伤疤，那都是他在战争中浴血奋战的见证。

爷爷为人内敛低调，从不对参加过的战争夸夸其谈。他身处在那个时代，有他的使命——必须要站出来用血肉之躯建立新中国。战争带给他的有荣誉，但同时也有他不愿面对的流血牺牲。我记忆中他只和我提过两次战役：四平战役、平津战役。

我母亲是天津人，听老一辈的天津人说，当时天津城外有护城河，必须涉水才能到达城墙底，而且在城门底下国民党到处埋设三角钉。解放军战士们跳下护城河，用肩膀搭成一道道人桥，大部队踏着人桥，踩过三角钉攻到城门下，用血肉之躯攻破了城门。为了保护城市建设和老百姓的生命安全，又开展了极其艰难的巷战。经过了两天一夜的激战，解放军付出了极大的代价，才攻克了这座坚固设防和重兵守备的大城市，解放了天津，从而使得当时的军事形势发生了根本性的转变。

我爷爷就是在平津战役中立了一次大功。但我细问是如何立功时，他沉默不语，眼神深沉，眼眶不禁泛着泪花，只讲了一句让我终生难忘的话：“打完仗后我们去清理战场，护城河上全都飘满了解放军战士的遗体啊，都看不见河水了!”

随后，北平和平解放了。中国人民解放军乘胜追击，一路南下。当从电影中看到百万雄师过大江的场景时，爷爷非常激动。他说，当时的场景就和影片里是一模一样的，江面上铺满了各式各样大大小小的船，炮火把浪花高高地打在船板上，军号吹着《中国人民解放军进行曲》，大部队也好，支前民工也好，奋勇向前。

我常想，为什么我们的国旗是红色的？那一刻我才真正地理解“完全是用烈士们的鲜血染红的”这句话。当年，他们中有些人像我爷爷一样是二十出头的热血青年。他们舍家舍命，毅然参加解放军，靠两条腿从东北黑土地一路行军南下，仅靠小米加步枪和血肉之躯，在枪林弹雨中舍生忘死，解放了一座又一座城市，最终才有了新中国!

我母亲常跟我说：“真不敢想象你爷爷经历的那些战争。想想我们能拥有今天，想到毛主席站在天安门城楼上宣布‘中国人民站起来了’，真是热泪盈眶。所以我每次回去探亲，都必须要去天安门广场和人民英雄纪念碑，每次的感受都不一样，但正如石碑上所刻：‘人民英雄永垂不朽’。”

甘于奉献，严于律己

爷爷一路南下，于 1949 年 12 月到达广西平乐，投身于广西残酷的剿匪解放战争中。1950 年 5 月至 1959 年 11 月，先后任富钟县（现分成富川瑶族自治县和钟山县）县委组织部部长、县委副书记、县委书记处书记和某水电站建设副总指挥。1959 年 11 月至 1968 年 5 月任梧州专署轻工业局局长、手工业局局长。1969 年 12 月至 1978 年 9 月先后任合面狮电厂副指挥长、党委副书记。1978 年 9 月至 1984 年 4 月任梧州地区行署基建局局长。1984 年 4 月离休。

爷爷虽然工作繁杂，却从没有怨言，遇到困难从不气馁和退缩，为人低调，从不摆官架子。记得他在某水电站担任副总指挥的时候，与其他劳动者同吃同住，一同下工地甩着膀子安装炸药，搬运石块。在一次施工中，他不幸被巨石砸伤了脚，鲜血登时浸红了裤子，血流不止。但他却只用布条绑住伤口，“轻伤不下火线”，仍坚守在工地上，直至工人们都收工了，他才一瘸一拐地去处理伤口。爷爷就是这样一个具有坚定的共产主义信念的共产党员，对我们影响很大。

爷爷不追求物质享受，生活俭朴。1953 年，一直生活在黑龙江阿城老家的奶奶，收到了爷爷从广西寄回去的家书，她卖掉了老家仅有的一头猪当路费，留下 10 岁的大儿子照顾老父亲老母亲，带着 6 岁的二儿子从黑龙江一路辗转，经桂林来到梧州探望爷爷。奶奶在收拾屋子的时候，忍不住埋怨：“你这被子和棉衣的棉花怎么都是一坨坨的?”原来，爷爷是 1949 年 12 月到达广西的，一路南下还穿着东北的棉袄。随着季节的变化，他扯出棉衣里的棉花，把棉衣当夏装穿，待天凉时再把棉花一坨坨塞回去变冬装。

爷爷作为一名立过多次战功的老革命干部，虽身居要职，但作风正派，从不为家人谋私利。有一件事让我印象深刻。大概在我 4 岁的时候，好不容易轮到我家有购买冰箱的指标，我兴奋地和小伙伴炫耀：“我们家可以自己做冰棍吃了!”就在当天下午，我和爷爷兴高采烈地拿着冰箱票去领冰箱回家的时候，路上碰到爷爷的一位家庭困难的同事。聊天中，爷爷突然说：“你比我更需要它。”然后直接就把冰箱票送给了他。当时我很怨恨爷爷，他让我的冰棍梦破灭了。在 1963 年第一次给国家干部加工资的时候，爷爷却把自己加工资的名额让给了生活更困难的同志。难得遇上发面条、猪肉等福利，他也从不往家里带，而是直接分给生活更困难的同志。可“巧妇难为无米之炊”，为此我奶奶在做饭时偶尔也会向爷爷埋怨两句：“你那一份怎么也不往家里拿? 你是穿也不讲究，吃也不讲究，可我们还有这么一大家子人呢。”话虽这么说，但我们一家人都从心底里敬佩爷爷这种舍己为人的共产主义胸怀。

爷爷从参加解放战争到梧州，一直忙于工作，直到退休以后，1990 年才第一次回东北黑龙江阿城老家。看着破败的老房子，爷爷不禁潸然泪下。

勤恳敬业，立德树人

我父亲赵向华，自 6 岁起就跟随奶奶从黑龙江阿城来到广西梧州与爷爷生活。

1966 年，父亲 19 岁，高中毕业准备高考，却爆发了“文化大革命”，学校停课，高考被取消。父亲随后被安排到苍梧县大坡公社下乡插队。从小耳濡目染爷爷的言行举止，父亲能吃苦耐劳、坚忍不屈，从不计较得失，常抢着干脏活、累活、重活。在下乡插队的农作生活里，父亲也不忘自身的学习和进步。

1971 年 7 月，公社大队领导找父亲谈话：“你的普通话讲得不错，成绩也很好，表达能力也很好，各方面表现都不错，还是一名高中生，我们现在很缺老师，你去当个老师吧。”纵是命运使然，但也离不了自幼的家庭教育和父亲的勤勉自律，才让他得到了这样的机会。

干一行爱一行，父亲勤于钻研业务，认真研究教材教法，备教材，备资源，同时借鉴优秀的教学方法充实自己，提高教学能力和业务水平。教者用心，学者受益。多年来，父亲所带班级的语文成绩在市里一直名列前茅，父亲也成为语文教研组的带头人、组长，年年被评为先进个人、先进教师。

由于父亲的出色表现，梧州市教育部门有意向提拔父亲为副校长。当时的相关领导与爷爷是战友，他热心地特意向爷爷提前报喜，谁知爷爷却反对。爷爷说：“我儿子性格内敛，适合干教研，上课教书实事求是地讲是不错，但做领导需要综合能力，他不适合。不适合的事情还不如不做。”大众价值观是“人往高处走”，可爷爷没把父亲往“高处”推，而是正确地指引他走合适的路。

得到爷爷的教诲，父亲在教师岗位上更为勤勉。1988 年，父亲荣获民族团结进步奖。1990 年，父亲被推举为梧州市政协委员。1996 年，父亲作为梧州市唯一被推选的老师，在全区的优秀教师面前上了一堂生动的语文公开课。1997 年，获高级教师职称。父亲这一干就干到了退休，立德树人，桃李满天下。

支援边区，无怨无悔

在我母亲的床头柜里，珍藏着一张 14 人的合影，拍摄时间为 1969 年 11 月 13 日，是天津市韶山医院放射科赴广西医疗队离开天津时留下的一张合影。第二排居中的那位就是我的母亲——赵淑珍。

我母亲是土生土长的天津人，外婆生下她不久以后就离世了，于是外公东一家西一家地找奶喂孩子，别人家的娃吃饱了才给她吃上几口，她就这样吃百家奶长大。

1967 年，母亲从学校毕业后被分配到天津市韶山医院放射科工作。根据“把医疗卫生工作的重点放到农村去”的指示，天津市韶山医院在全院上下挑选人员。母亲巾帼不让须眉，当即就报名要到祖国最偏远的农村去。但是在最后一次动员大会上，医院领导宣布入选名单时，却没有母亲的名字。母亲很激动，和当时与她一样没有入选的另外 6 个年轻人当场站起来，强烈要求去支援广西，还有人咬破手指头写下了血书。于是动员大会开到一半被迫停止，军宣队当即召开临时短会，批准了母亲等 7 个热血青年的请愿。

我的舅舅得知她要去支援广西医疗卫生事业，送给她一本笔记本，并在扉页上用钢笔刚劲有力地写了一句话：“响应祖国号召，支援广西，坚持走到底。”这是我舅舅送给我母亲唯一的礼物。

临行前的那一幕不管过去多少年仍清晰地出现在我母亲脑海里：她已走出家门，而外公在门里不舍地死死拉着她的手。在当时她虽有千万个不舍，但更有一颗满怀热情、响应祖国号召、支援边疆的心。

那年母亲 22 岁。离开了家乡天津，与同事一行 14 人乘火车、汽车、轮船，辗转到达了梧州这座岭南小城。我母亲随即被分配到最基层的富川县朝东公社卫生院。

当时公社卫生院的医疗条件很落后，母亲是放射科的，但根本没有条件配备放射科的设备。即便如此，支援工作也马不停蹄立刻开展起来。在城市里的医院里讲的是专业化，而在基层却要求“万金油”，打针、输液、清创、引流、调整胎位、接生等样样都要会，还要精通，而且还要充当“赤脚医生”的角色，24 小时待命，甚至在伸手不见五指的深夜背着药箱靠双腿徒步在大山里，走入千家万户救死扶伤。

母亲在公社卫生院一干就是 8 年——从 22 岁到 30 岁，人生中最美好的年华都奉献给基层卫生医疗工作了。作为一个从天津不远千里奔赴而来的放射科医生，最让她欣慰的是，经过她的努力，朝东公社卫生院分配了一台可以做钡餐级别诊断的 X 光机。这让在农村里常见的胃溃疡、胃穿孔等疾病能得到及时诊治，骨伤等也得到准确的诊断。之后卫生院还建立了手术室，手术治疗也开展起来了。农民群众再也不会因为怕麻烦而忍着病痛劳作，也不用舟车劳顿到大医院才能治好病，省了钱也省了时间。母亲常对我说：“现在想来，当年的热血沸腾是冲动了一些，但我一点儿都不后悔。党中央的号召没有错，把医疗卫生工作的重点放到农村去，农村真的需要我们这些人。我们做的只是一些平凡的工作，但确实做了救死扶伤的实实在在的事！”

1969 年至 1981 年，历时 12 年，天津支援广西医疗事业的 14 名医生把自己最美好的年华都奉献给了广西这片土地。1982 年，国家出台了相应的政策，下乡的医疗队员可以自愿选择回天津了。最后只有两个人选择留在广西，母亲便是其中一个。因为她已深深地爱上了这片土地，愿意把自己的一生奉献给广西的卫生医疗事业。

衣钵传承，不忘初心

自能记事以后，我记得母亲加班是常事，会不懂事地抱怨母亲总是太忙。母亲脚步匆忙地对我说：“我是个医生，只要有病人，就得时刻就位，这是责任。”

当我在高考志愿栏填上医学院校时，父母亲语重心长地对我说：“学医不是件容易的事，做医生很辛苦的，而且必须要一辈子沉下心来虚心学习，不是一朝一夕的事。你有这个思想准备吗？而且除了寒窗苦读、学术研究，还会面临很多现实、矛盾的问题。”他们不知道的是，从小听着爷爷和他的战友们浴血奋战的故事，耳濡目染母亲在医院救死扶伤，“长大我要当医生”这颗种子早就在我心中生根发芽。

2000 年大学毕业时，我由于学习成绩优秀，获一等奖学金，学院推荐我到桂林市人民医院工作；同时，母亲在天津的家人希望我到天津工作，好让我父母退休后能回天津安度晚年。可梧州是我生长的地方，我心中对这片土地有一种说不出的情愫。最终，我还是选择留在梧州，进入梧州市红十字会医院。恰巧，母亲于这一年从红十字会医院退休。在分配工号时，我发现母亲之前使用的工号还在闲置，我毫不犹豫地选择了这个工号——235 号。对我来说，这是一种意义非凡的传承。我心里暗暗地想：妈，您放心，我一定好好工作，接好您的班。

实习期满后，我幸运地进入了医院的核心科室心血管内科，这一干至今已有 18 个年头。在日常工作中，急救、加班对于医生来说都是家常便饭，心血管内科更是与时间赛跑。那种救死扶伤的使命感一直鞭策着我不能放慢脚步。

记得曾抢救一个多器官衰竭的病人，我不眠不休地工作了 28 个小时。经过多次心肺复苏及其他措施抢救，我的白大褂都被汗湿透了。病人家属带着感激的眼神递给我一张纸巾说：“医生，擦擦汗吧，你喘口气吧。”

还有一个多年顽固性心衰的病人，常年喘气，到各大医院都没治好，病人和家属都很灰心，但还是抱着一丝期待看着我说：“医生，你们尽量吧，我们理解。”我细致地观察他的发病症状，总结临床特点，最后发现患者是很罕见的嗜铬细胞瘤导致的顽固心衰。后经过有针对性的治疗，有效地控制了病情，再经手术治愈，可以轻松地爬上5层楼梯。看到他出院时如获新生的喜悦，一种成就感自心底油然而生。

我爷爷、父母对待革命和工作的热忱、严谨，以及他们坚毅的性格深深地影响着我，鞭策着我。在别人不看好的高血压领域里，我苦苦钻研，坚持不懈，终于在2009年推动梧州市第一个高血压专科门诊成立。2012年，我所在的部门成立了桂东南地区第一个高血压专科病房。这个病房拥有专业高血压诊治团队，承担国家“十二五”重大科研项目，技术在广西处于领先地位。

这就是我们家三代人60年与广西的渊源。

正如我母亲常说的，我们从不后悔。虽说广西是一个偏远的地方，但是我们在这里感到很亲切，没有一点受排挤的感觉。这里的人民纯朴、善良、热情，大家对我们家都很关心，我们很知足。我们热爱这里的山山水水，热爱这里的花香草绿，也热爱生活在这里的人民。我们是梧州人，梧州是我们的家。

这就是我们家的故事，也是来自五湖四海、天南地北千千万万支援广西建设的劳动者的缩影。感谢广西这方水土这方人，正因为有了你们的理解、包容、团结、友爱，才有了我们家的故事。

仫佬山乡追梦人

◎ 吴美群

在云贵高原苗岭山脉九万大山南麓，有一个美丽神奇的地方，这就是罗城仫佬族自治县。罗城是全国唯一的仫佬族自治县，全国60%以上的仫佬族人聚居于此。在党的民族政策的光辉照耀下，仫佬族人民和其他兄弟民族一样，锐意进取，开拓创新，用辛劳的汗水谱写追逐中国梦的动人华章。

银书——创业“领头雁”

“我不太爱喝酒，与酒结缘，算是一个美丽的偶遇。”在广西天龙泉酒业有限公司，公司董事长银书向我讲述了他的创业经历。

他21岁开始创业，潜心研究奶酒，随后创办酒厂，30岁成为年产5000万吨现代化酒厂的董事长。9年时间里，他从壮志满满到一无所有，再由一无所有到柳暗花明，因为执着和坚持，他最终迈向成功，并被人们誉为创业的“领头雁”。2013年5月，他被评选为“河池市第三届十大杰出青年”。

1999年的一次朋友聚餐，在闲聊时，他听朋友提起一种白得像奶一样的酒，这引起了他浓厚的兴趣，并萌发了研究奶酒的念头。

“当时以我的经济实力，根本没法买设备，只能自己造。”银书说，当时最大的问题是连蒸馏锅炉都没有见过他，该如何去造一套酿酒设备。

为了掌握蒸馏锅的一些关键技术，2002年夏天，他跑到广州一些生产蒸馏锅炉的厂家实地察看真正的蒸馏锅炉的样式。回来后，他便依照在厂家拍到的蒸馏锅炉样板，到当地市场上购买材料，自己动手制作。经过一个多月的实验，终于做出了一套全新的不锈钢蒸馏锅炉设备。

设备难关攻克后，接下来面临的是产品开发难题。他开发的“依饭酒”是一种奶酒，就是把动物奶和水果、蔬菜汁、中药材等混在一起发酵制成的酒。按常理，牛奶和酒无法直接融合在一起，但他决心打破这一常理。他先后购买了不同厂家、不同成分的牛奶进行实验，经过反复实验和若干次的失败后，最终以“三蒸三发”的酿造工艺突破了技术难关。至此，具有仫佬族民族文化特色的“依饭酒”总算给他开发出来了。

但是将技术工艺转化成产品，再将产品推销出去，这是已经捉襟见肘的他面临的巨大的困难。先是资金困难，后来产品卖不出，合伙人离去。到了最后，连酿酒的米和柴火都需要好心的朋友帮助提供。

“我想过放弃，但一想都走到今天了，觉得怎么都得支撑下去。”银书说。

9年的坚持，为他打开了另一扇门——他从一个不爱喝酒的打工者，变成了当地家喻户晓的“懂酒”专家。2007年，经县领导的推荐，银书出任即将组建的广西天龙泉酒业有限公司董事长。

2008年初，公司正式成立，手握资金和人力，银书如蛟龙入海。在他的带领下，天龙泉系列产品畅销区内各地市场，天龙泉酒业有限公司也成为广西酒业的后起之秀。目前，该酒业公司已投资1.2亿元，年产白酒5000吨以上。

银景琦——文物“保护神”

2007年5月，罗城仫佬族自治县博物馆被列入国家重点博物馆名录，这是到目前为止，广西河池市唯一获此殊荣的县级博物馆。这一业绩的取得，与罗城仫佬族文物管理所原任所长银景琦10多年兢兢业业的无私奉献是分不开的。10余年来，银景琦用责任和热忱为仫佬山乡的文物工作默默奉献，成效显著，多次被自治县党委、政府评为先进工作者和优秀共产党员。由于在文物保护上的突出表现，他被当地百姓誉为仫佬族文物的“保护神”。

“我很珍惜每一次外出考古的机会。这样既增长见识，又可征集到有价值的历史文物。像仫佬族石制的生产生活用具大石磨、大石碾、双石轮水碾，仫佬族依饭节使用的法器、道具、神位面具、古谱、古唱本等，这些都是我在乡下考察时征集到的。”谈及搜集、保护文物的事，银景琦感触良多。从交谈中得知，他从1995年开始从事管理文物工作，至2011年退休。16年来，银景琦凭着他对文物的热爱，演绎了一段段精彩的故事。

2007年，罗城东门镇覃底屯至黄金镇地统屯一带的山坡上发现了大规模的古代冶炼遗址，中央民族大学冶金研究所专家取样到北京化验，结果证实此处为清朝乾隆年间当地政府冶炼镍铸造钱币的遗址。这一消息传开之后，一些不法分子不顾政府禁令，私自挖掘冶炼坩埚拿到外地倒卖赚钱。东门镇有一位个体户老板发现倒卖坩埚来钱快，就用大货车拉了20余吨的坩埚准备运往外地销售。车子行至上凤立屯检查站时，银景琦配合公安、国土、林业等部门的执法人员将车子拦截下来，并当场没收了这批文物。这可惹火了这位个体户老板，他气急败坏地从车上跳下来，恶狠狠地对银景琦说：“要是这东西不是文物，我要你赔偿，还会有你想不到的后果!”面对对方的凶狠样，银景琦不慌不忙地说道：“我们可以取样化验。要不是文物，我双倍补偿你；若是文物，你就得坐牢。”结果，这位老板只好乖乖地把文物运回原地。

为了征集到一件珍贵的反映仫佬族民间定情习俗的文物，他先后5次到小长安镇合北村一户农家反复做收藏者的思想工作，最终使对方同意把这一收藏多年的“定情物”捐献了出来。在博物馆里，这样征集到的珍贵的文物还有许多。比如，民国中秋月饼拓牌、双龙头凤尾护宝，清代组合梅花铆合巨型木花窗和木雕、仫佬族花轿，清乾隆年间农家的地契、仫佬族蓝靛扎染、凤鱼八宝纹图床单、仫佬族民间“福”“禄”“寿”“金玉满堂”刺绣以及平洛崖棺葬等，这些文物曾多次出现在中央电视台播出的节目里，引起强烈反响。仫佬族的蓝靛扎染、民间刺绣等30多件珍贵文物已被中国妇女儿童博物馆收藏。目前，罗城仫佬族自治县博物馆内征集到的民族原始生产生活工具文物已超过900件，馆藏文物数量名列全区乃至全国少数民族博物馆前列，成为拥有较为完整、系统、原始的民族文物的少数民族博物馆。

有一次，为了征集到深刻透雕的仫佬族花轿和皮鼓、铜锣、唢呐等一批清代仫佬族民间送嫁文物，他步行了13公里。还有一次，他在小长安镇龙腾村大岩山实地考察出土的永历铜印，正准备攀登进洞的一刹那，头顶上的一块巨石突然崩塌下来，正好压中银景琦的右脚。要是没有其他同志在场相助，他的右脚早废了。那一次真是惊险无比，直到现在他还记忆犹新。

仫佬族主要聚居在罗城。这里有着悠久的历史和丰富的文物遗存。从新石器时代古人类使用的石器到近现代的革命文物、遗物，跨越时空近万年，罗城有可移动文物数量达2000多件，有已列入保护范围的古遗址、古建筑、革命遗址、古代冶炼遗址等不可移动文物70多处。为挖掘和整理珍贵的民族文化遗产，保护和利用丰富的历史文化资源，推动和弘扬优秀的民族文化，银景琦组织编纂了《仫佬族文物志》。全书分为《不可移动文物篇》《历史文物篇》《民族服装服饰篇》《仫佬族依饭节篇》《民族生产生活用具篇》《革命文物篇》等，分别介绍罗城境内23处不可移动文物和295件有代表性的历史文物、民族文物和革命文物，配以3万多字的中英文说明，涵盖了从新石器时代到民国时期仫佬族的发展历程，反映了仫佬族上下近万年的历史文化。

县东门镇中石村石围屯始建于1369年，距今已有640多年的历史，是罗城最古老的村屯之一。石围屯尚存古民居60多间，除部分古民居建于明代外，多数建于清代和民国时期。古民居坐北朝南，砖木结构，屋顶为悬山式或硬山式，屋檐撑拱。古屋有青石门框，大门及房屋花窗样式丰富，雕工精巧，镂空雕刻的花草、动物栩栩如生。大门屋檐的内墙和外墙以及屋顶山墙的内侧均绘有花草、动物，图案依稀可见。由于建筑年代久远，加上部分屋主建新房后老屋不再住人，石围屯的古民居已出现不同程度的损毁现象。

出于对文物和民族文化的热爱，退休后的银景琦欣然接受了石围屯古民居古村落保护工程的技术指导工作。他指导群众对古民居进行整理，如更换损毁的桁条、瓦角、瓦片，清理香火台和地炉，修复腐坏的雕花门窗，让单家独院式仫佬族民居的门楼、天井、小屋、大房、后院恢复原貌。“仫佬族古民居的最大特点就是‘抬头见香火，低头见地炉’。”“仫佬族大户人家的房子是单家独院式的，门槛旁边建有耳房。耳房一边是牛栏、猪栏，一边是柴房、磨房，放置柴草、石磨、冲臼及生产工具。过天井后才到正屋。天井用青石板铺成，天井两边建有小屋，是全家的厨房和冲凉（洗澡）房。正屋一般坐北朝南，一排三间六房，进门就是大厅。大门左边是地炉，右边放置织布机、锤布石，厅堂上方设有香火台，厅堂下方摆放香几桌、八仙桌、方桌，厅堂两边摆放长凳和小凳及用稻草编成的草墩。正屋后面也建有小屋，是酿酒和做豆腐的地方。”他一边指导群众施工，一边把仫佬族古民居的特点、功能、布局、历史等娓娓道来，使在场的群众受到仫佬族传统文化的熏陶和教育。

除了维修保护古民居，银景琦还负责为石围屯仫佬族民俗文物展示馆收集文物。他每天骑着自行车进村入户，调查了解仫佬族民俗文物的线索和资料，对不可移动的文物进行登记拍照，对可移动的文物，则说服持有人把文物捐献或卖给展示馆。在与群众交往时，他一边宣传文物保护的法律法规，一边讲解文物的来龙去脉、特点、作用，使群众正确认识和保护文物。他先后为石围屯仫佬族民俗文物展示馆征集到各类民俗文物100余件（套）。在他的指导下，石围屯古民居古村落焕发出新的光彩，得到自治区民宗委领导以及市、县领导和群众的称赞，石围屯被自治区民宗委列为少数民族特色村寨保护与发展项目试点村。

罗华清——剪纸传承人

走进仫佬族剪纸传承人罗华清的剪纸艺术工作室内，只见她将红纸按比例折好，小心地挥舞起剪刀。她神情专注，动作利索，不一会儿，一幅漂亮的剪纸图案就跃然于眼前。今年48岁的罗华清，一边工作一边向我讲述了她与剪纸的故事。

据罗华清介绍，仫佬族剪纸技艺是仫佬山乡一种重要的文化表现形式，有着浓厚的民族特色。仫佬族民间剪纸历史悠久，风格独特，最早出现在唐代，历经宋、元，明、清为鼎盛时期，至今已有上千年的历史。仫佬族民间剪纸有太阳、月亮、凤凰、麒麟、蝙蝠、蝴蝶、喜鹊以及花草树木等寓意吉祥如意的图案。小孩背带上的各种图案，都是先剪纸成形后才按纸样刺绣而成的。仫佬族剪纸大致可以分为四类：一是张贴用，即直接张贴于门窗、墙壁、彩灯、彩扎之上作为装饰；二是摆衬用，即用于点缀礼品、嫁妆、祭品、供品；三是刺绣底样，用于衣饰、鞋帽、背带、枕头、手巾等；四是印染用，即作为蓝印花布的印版，用于衣料、被面、门帘、围兜的制作等。

罗华清出生在四把镇思平村小稔屯一个仫佬族剪纸艺人世家。她家从上几辈起就十分精通剪纸、绘画等手工艺，全家以此为生，在附近乡镇广为人知。

这门手艺代代相传，到罗华清已是第四代。据她回忆，自己家传的纯手工背带很受欢迎。这种背带采用巧妙的剪纸和刺绣制作而成，非常精美，在当地堪称一绝。每年三月三，她家门口便会有附近的村民排着长队来买背带，长长的队伍从家门口一直排到巷尾，村民们都以能买到她家制作的背带为荣。时过境迁，随着时代的发展，人们的生活习惯也发生了很大的变化，剪纸这门技艺也和其他传统民间工艺一样变得不那么流行了。到了罗华清这一代，仅凭剪纸的手艺已不能维持一家人的生活。母亲年事已高，罗华清又赴柳州做生意以维持生计，家门口排起长龙买背带的盛况不复出现，这门独特的仫佬族剪纸技艺一度面临失传。

将这门技艺传承下去并发扬光大是罗华清母亲一生的心愿。2012 年，老人病危，临终前她特地叮嘱罗华清，希望她不论多么艰难，都要守住这门技艺，把它代代传承下去。罗华清含泪应允。2013 年，她放弃了柳州的生意，毅然回到家乡，传承剪纸技艺。为更好地传承和弘扬这门独特的手艺，罗华清四处学习，潜心钻研，不断完善和改进自己的剪纸技艺。由于没有生活来源，多年的积蓄不久就见了底。在最困难的时候，她甚至打算走上街头以剪纸、绘画谋生。

罗华清的坚守和付出没有白费。时逢罗城仫佬族自治县成立 30 周年，县委、县政府特别为像罗华清这样的民间艺人搭建了一个展示平台。罗华清展示的剪纸作品千姿百态、创意独特、内涵丰富，将万物的神韵气魄巧妙地融入其中，给人以艺术美的遐想，得到了群众认可，也引起了文化部门的重视。县委宣传部大力宣传，文化部门提供免费的创作工作室，支持她挖掘和传承仫佬族剪纸技艺。

有了党的好政策扶持，罗华清的事业蒸蒸日上。她的剪纸作品《仫佬族非遗》荣获广西工艺美术作品“八桂天工奖”金奖等多个奖项，她创作的《百羊图》《百猴图》等作品在《光明日报》《广西日报》《河池日报》等报纸以及主要网络媒体上展示。她的学生也越来越多，除了当地的几所学校和少年宫，广西大学、河池职业教育中心学校等院校也邀请她去授课。仫佬族剪纸技艺得到了很好的传承，仫佬族传统剪纸也因此走出了仫佬山乡。

2015 年 9 月，由广西壮族自治区工业和信息化委、自治区二轻工业联社主办，广西工艺美术协会承办的 2015 年广西工艺美术作品暨大师精品展在自治区首府南宁举行。展会要求所有作品均围绕“和”“梦”的主题进行设计创作，展出的作品涵盖了工艺雕塑、刺绣染织、艺术陶瓷、工艺玻璃、编织、漆器、工艺家具、金属工艺、首饰等类别，既有浓郁的民族特色，也有鲜明的地域特点，精品荟萃，精彩纷呈。展会历经了四天的评审，9 月 6 日在南宁国际会展中心闭幕。其间还评审产生了广西工艺美术作品最高奖——“八桂天工奖”，并在此基础上评选出 300 件入围作品参加 2015 年广西艺术作品展览。

“我也没想到，第一次参加比赛就得了个大奖!”罗华清告诉我。原本她只想出去看看，开开眼界。她递交了《仫佬族非遗》《木叶传情》《四季平安图》三幅剪纸作品参赛，其中《仫佬族非遗》获“八桂天工奖”金奖，《四季平安图》获铜奖。

除了自己勤奋创作，罗华清还走进校园传授仫佬族剪纸技艺。2016 年 4 月 26 日，罗华清来到河池市职业教育中心学校，向学生们传授剪纸技艺。当天，罗华清把获得“八桂天工奖”金奖的剪纸作品《仫佬族非遗》展示给学生们欣赏，赢得学生们一阵阵的赞叹声，激发了他们学习剪纸技艺的浓厚兴趣。她从剪字、剪小动物等基础入手，循序渐进地指导学生学习剪纸技艺。罗华清说：“看着孩子们学得那么用心，我十分高兴。今后只要有时间，我就会经常到学校来，不仅向孩子们传授剪纸技艺，还向孩子们传授仫佬族刺绣等技艺，让更多的孩子了解和学会民族民间技艺，尽心尽力传播民族文化。”

罗城仫佬族剪纸技艺得以大力传承和弘扬的背后，是县委、县政府对保护仫佬族传统文化的高度重视。县里实施了仫佬族非遗文化、依饭文化、服饰文化、人文文化、乡土文化等“十大文化”工程，充分挖掘仫佬族民间艺人技艺，守住民族文化的根脉，促进文化大发展大繁荣。活动中，一大批像罗华清这样的民间艺人被挖掘出来，仫佬族刺绣、草编、竹编等独具民族特色的文化遗产重新绽放光彩。

“我能荣获广西工艺美术作品最高奖——‘八桂天工奖’，全靠县里的扶持和帮助。今后我将不遗余力地传承仫佬族民间剪纸技艺。”讲完自己与剪纸的故事后，罗华清对我说。谈到未来，罗华清表示，在创作之余，她将致力于仫佬族剪纸的传承工作，深入校园向当地青少年学生传授祖传的剪纸技艺，让仫佬族剪纸技艺发扬光大。我们期待她创作出更多的优秀作品，同时也坚信，在她的努力之下，仫佬族剪纸这朵瑰丽的民族艺术奇葩会在仫佬山乡绽放得更美、更绚烂。

韦显旺——“荒山化妆师”

在仫佬山乡，说起种植毛葡萄的韦显旺，几乎是无人不知，无人不晓，因为他是当年第一个敢在石头缝里“吃螃蟹”的人。在他的示范带动下，如今，在罗城公路沿线、石山荒山、农家房前屋后及楼顶上，都能看到毛葡萄种植的新景象。每年夏季，毛葡萄枝条盘错生长在整齐的铁丝架上，远远望去，仿佛为座座石山披上了绿衣裳。人们都说他有马良一样的神笔，轻轻一挥，就把光秃秃的荒山荒坡都装扮成美丽迷人的绿色葡萄园。他因此也有了“荒山化妆师”的美称。

“园里石头（越）多的地方，毛葡萄长得越好，产量越高。”韦显旺的一句介绍，说到了点子上。韦显旺是罗城仫佬族自治县四把镇里乐村土敢屯村民。走进韦显旺的葡萄园，但见园里石头多的地方，细细青青的葡萄果挂满枝头，可以想见一派硕果累累的丰收景象。从韦显旺的讲述中，我知道了他种植毛葡萄的那些事。

罗城是典型的喀斯特地貌，这里将近一半的地区都是石漠化、半石漠化或者潜在石漠化的状态。多年来，因留不住水、留不住土而不能大面积种植庄稼的石漠地，让仫佬山乡的群众日子过得苦巴巴的。但是在这一片贫瘠土地的石缝里，却顽强地生长着一种叫野生毛葡萄的植物。

靠山吃山。几年前，罗城做出了“把葡萄赶上山”的决策，引导群众在山上种植毛葡萄，以实现治理石漠化和富农增收两不误。荒山荒坡上种葡萄，大家都不敢尝试，但是韦显旺却有不一样的想法：我们的山上有野生毛葡萄，说明山地还是适合毛葡萄生长的。县里有葡萄酒厂，收购也有保障，种毛葡萄大有可为。

主意打定，韦显旺首先在屯里做了第一件“傻事”：用自家的5亩庄稼地跟别人换了5亩山地。“当时这在屯里炸开了锅，大家看到我拿肥地换瘦地，都笑我傻。”韦显旺说。接下来，他又向银行贷了10多万元的启动资金建造他的“毛葡萄王国”。

在大石山区搞种植，注定要比其他地方困难。“想在石山上种毛葡萄，就得和石头抢地方。”韦显旺告诉我。刚开始，他们要先把石头凿开，挖好坎，竖好水泥杆，再用片石砌成石窝，才能种上毛葡萄。而这一切，靠的就是他和妻子的两双手。

不但如此，恶劣的气候也很折磨人。“天上下雨石缝干，天不下雨更是难”是大石山区最平常不过的现象。“石缝中泥土有限，种下的毛葡萄容易受旱，因此在石窝里种葡萄最需要补充水分和营养。”韦显旺说。为解决用水困难，他在山上修了 3 个共 600 多立方米的水柜，从数里路以外的山腰引来了泉水，用于灌溉。

这些年，为了掌握种养方面的技术，他在自治区农科院、县水果局技术人员的指导下，一点点摸索培土、施肥、防治病虫害、田间管理等技术，慢慢地成了种植毛葡萄的“土专家”。功夫不负有心人，经过几年的努力，韦显旺的葡萄园逐渐进入丰产期。2008 年，他迎来了第一个丰收年，平均每亩产量达 400 多公斤，当年利润就有 6 万多元。

2009 年，自治区农科院培育两性花毛葡萄获得成功，韦显旺又成为村里推广两性花毛葡萄第一人。前几年他试着种了 2 亩多两性花毛葡萄，每亩能收获 1000 公斤，产量比单性花高了一倍。“两性花毛葡萄能够自行授粉，可以解决单株毛葡萄授粉率低、落果多、产量低、甜度低的问题。”韦显旺告诉我，他打算扩种两性花毛葡萄，并把经验传授给其他村民，让大家一起享受利用科技增产增收的喜悦。

韦显旺的成功，极大地增强了村民们种植毛葡萄的信心。在他的示范带动下，罗城农民对发展毛葡萄产业的热情空前高涨。据县水果局负责人介绍，目前罗城毛葡萄种植面积已达 8 万亩，预计丰产期后全县毛葡萄年总产量可达 4 万吨以上，鲜果产值可达 2.4 亿元以上。毛葡萄产业如今已成为仫佬族人民奔向小康的“致富桥”。

俗话说：“窥一斑而知全豹。”上述三个典型事例，只是仫佬族人民在党的民族政策的光辉照耀下努力追逐中国梦的一个缩影，从中你完全可以看到仫佬族人民那自强不息、艰苦奋斗、与时俱进的精神风貌。中国梦是中华民族的复兴梦，也是每个中国人的幸福梦。仫佬族人民正用脱贫致富奔小康的实际行动，为中国梦的壮丽画卷增添一抹不可或缺的亮丽色彩。

民族学者风范　壮族诗人情怀
——记校园文化耕耘者罗伏龙

◎　覃祥周

来到世界著名的长寿之乡巴马，如果不进巴马民族师范学校参观校园的碑林诗廊，那将是一种遗憾。这道碑林掩映在学校后山（麒麟山）的松林里，刻写着上千首学校师生的诗词。碑林入口处那“墨香亭”柱上有罗伏龙先生题的对联：“游斯了却桃源梦，到此犹闻李杜风。”顷刻间，就把你带入了浓浓的墨香诗境之中。碑石上诗词的内容，或告勤学砺志，或诫修行立德，或发刻苦攻关之志，或抒立志报国之情，或描寿乡美景，或赞扬革命老区人民不屈不挠的革命精神……让人咏叹不已而流连忘返。

提到这道碑林，人们总会介绍它的原创策划者、巴马民族师范学校原校长、壮族学者罗伏龙先生。这位在教坛默默耕耘的园丁自有其治校的教育理念，他说：“巴马民族师范学校是民族师资的摇篮，有壮、苗、瑶、侗、仫佬、毛南、彝等少数民族师生。全校师生中，百分之九十以上是少数民族。我当校长，讲究的是文化治校，文学育人。学校是文化的摇篮、育人的圣地，必须以文化育人，要为少数民族师生营造浓郁的文化氛围，提供优雅的学习环境。校园的一草一木都应该植根于文化的土壤，使校园成为一篇情真意雅的散文，一首激情洋溢的诗，一幅引人入胜的立体画，从而让各民族师生陶醉其中而思修行奋进。所谓以文化之，化之以知礼仪，以成人格，就是这个道理……”凭着这一理念，伏龙先生将他民族学者的风范、壮族诗人的情怀展示在学校后面麒麟山的松林里。这松林原疏于管理，校内一些职工到林间开荒种地，校外一些人便趁机进来打鸟甚至砍伐林木，既破坏生态，又影响学校教学秩序。于是，伏龙先生与他的班子成员研究决定先下“封山育林”告示，继而宣布启动开发松山建造碑林诗廊的工程。方案一出，教职工们无不赞同并纷纷出谋献策，并充分发挥各自的专长，或挥笔书画，或苦思吟诗，有的甚至义务投工投劳，一场“校园文化大会战”就这么开展起来了。仅三四个月时间，绕山穿林的石级幽径，依林沿径的碑林廊墙及亭台就搞起来。可是，工程的硬件好做，而“软件”却让大家为难了。数百米长的碑林诗廊的容量是上千首诗词呀，校内师生员工懂写诗词的毕竟是少数。这时，有人提出向外界名家诗人征稿。伏龙先生说：“向外征稿可以做一点，但不是主要的，我们这个‘碑林诗廊’是民族师范学校的校园文化，首先应该是我们少数民族师生的诗作。所以，碑林刻的诗词主要还是要刻上我们师生员工的作品。学校是培养人才的嘛，许多名家都是学校培养出来的，我们可以先培养些‘小名家’，往后他再磨炼也会成大名家，这都要靠大家共同努力。”先生一席话，说得大家增添了信心。在他的倡导下，全校掀起了诗词活动的热潮，绝大多数的语文教师以及懂诗词知识或爱好诗词的教职工都成了诗词活动的生力军，伏龙先生则是领军的主帅。他这位主帅的指导思想，是通过诗词活动的实践，促进少数民族师生员工提升文化修养，在诗词创作中提高自身高雅的精神境界。因此，他身体力行，多次举行诗词知识讲座，还结合少数民族民歌的特点进行辅导，并号召人人参与，积极创作。他说初学者哪怕诗韵暂时还不入门，但只要立意好，就可以改好而得分。在伏龙先生的鼓励下，各民族师生员工的创作热情空前高涨，大家大胆实践，纷纷拿出作品并请伏龙先生指正。伏龙先生总是热情对待，每逢佳句，他便赞叹不已。如果作品还要修改，他就与作者共同讨论，往往一个字要推敲修改三五次。1997年春，著名书法家、诗人、中国楹联学会原会长马萧萧先生应伏龙先生之邀到学校讲学，他游览校园的碑林诗廊时兴奋不已，连连赞叹：“我走过国内不少大中学校，有这样景观的只有你们这一家。这不仅是巴马民族师范学校校园文化的奇景，也是巴马寿乡的文化名片啊！”赏景之后，他留下了“卧虎藏龙”的墨宝，为巴马民师碑林锦上添花。这碑林诗廊飘溢的诗风墨香，熏陶着全校各民族师生员工，每天茶余饭后，师生们三三两两结伴同游，在碑林诗廊里漫步，沉醉于文明高雅的境界之中轻吟浅唱。伏龙先生的《劝学》诗写道：“身出寒门莫自卑，英豪多少本低微。人图享受迷花柳，我却安贫乐股锥。学海无涯勤可渡，文山有路竞相追。秋冬春夏争分秒，不信状元还让谁。”始终是这些少数民族师生乐颂的励志篇。

浓郁的校园文化，形成了巴马民师乐教好学的良好校风，各种社团如雨后春笋蓬勃发展。伏龙先生又亲自主办《巴马民族师范学报》和《桃李园》，发表师生的文章，使少数民族教师的学术水平和学生的写作能力大大提高，在区内外许多学术论文和作文大赛的领奖台上，不乏巴马民师人喜捧金杯的身影。尤其是巴马民师“桃李园”文学社，在伏龙先生的指导下，培养了一批又一批少数民族文学爱好者。如今，活跃在文坛上的兰振林、周龙、潘莹宇、黄坚、莫景春、黄格、张海旭、陈炜等，是壮族、瑶族、仫佬族、毛南族的青年作家，他们就是在麒麟山下的“桃李园”中成长起来的佼佼者。至今为止，从“桃李园”走出去的许多作家已成为“麒麟山作家群”（即“山派作家群”）的一员。这些当年的巴马民师学子回忆自己的成长时，都深有体会：他们的成长得益于巴马民师校园文化的熏陶，感谢伏龙校长的培养。

确实如此，伏龙先生以他民族学者的风范、壮族诗人的情怀治学治校，打造耀眼的民族校园文化名片。他不仅以深厚高雅的学养潜移默化他的学子，而且，更令人钦佩的是，他以实际行动为少数民族师生树立了巴马民师文化的标杆——重视校园文化建设，更重视文学育人的实践。作为一校之长，校务之繁忙可想而知，而他总是以身作则，从不离开讲台，一直担任写作课的授课教师。他常说，一个语文老师，如果只是照本宣科却不亲自动笔写点“下水作文”给学生做示范，不算是称职的语文老师。所以，他在课余时间，一直笔耕不辍，硕果累累，其学术论文及诗文作品在《河池学院学报》《广西大学学报》《中国人民大学学报》《散文百家》《民族文学》《广西日报》《河池日报》《中国诗赋》《诗词百家》《诗词》《八桂诗词》《河池诗词》等报刊发表。十年内，他正式出版了学术论文 1 部、散文集 5 部、诗集 4 部。他常说：“我以我笔写我心，我以诗文抒我情。”他的诗文总是立足本土，展示本土少数民族独具特色的风情，以流畅的语言叙写一个个少数民族动人的故事，描绘民族地区一幅幅壮丽的图景，抒发他深厚的壮乡故土情怀，如《浏览东巴凤》《山居》等，写得十分真实自然，让人爱不释卷。因此，他的诗文作品，在国内各种大赛中频频获奖，并收入《全国作家精品集》《中国当代散文精品选》《中华诗词大全》等选本。他既成为师生效仿的楷模，又为校园文化增添了奇光异彩。

“一支粉笔写春秋，日站讲台乐忘忧。甘做人梯教学子，粗茶淡饭也风流。”（发表于《教坛春秋》）伏龙先生以这样的诗句表达他的心声。对于事业，他无愧于自己的学校和学生，是名副其实的民族教育家；而作为一位文学爱好者，他也是很有个性的散文家和诗人。因此，他被多所大学聘为客座教授。历年来，他获得广西教坛明星、河池市科技拔尖人才、河池市先进教育工作者、曾宪梓教育基金二等奖、中国一级著作家、“中华当代诗神”等荣誉。2010 年，尽管伏龙先生已经退休多年，广西壮族自治区人民政府仍授予他“八桂名师”的称号。

伏龙先生如今虽退休却不退志，仍笔耕不辍并常给学生做些专题讲座。同时，经常有许多单位聘请他做一些文化建设项目的策划，他都有求必应。东兰县委、县政府曾请他为“感恩园”的诗廊碑林策划，并负责主编《感恩心声》一书。2015 年，他应凤山中亭村委之邀，带领 20 多位诗友到中亭老区采风，与诗友们写了 200 多首反映中亭老区风貌的诗，大受欢迎。中亭村委在村口建造一组碑林，将这些诗词刻上，这又成为一个边远少数民族山村一道独特的文化景观。中亭村委授予热心社会文化事业的罗伏龙“荣誉村民”的称号。

有人问伏龙先生：“你常帮人摇笔杆，有报酬不？”他笑笑说：“那你认为该如何计酬呢？现在有些‘明星’‘名家’呀，一出场就喊价，开口论万甚至几十万，吓死老百姓了。文人的作品是要为社会的文明进步服务的，文化的社会价值是无价可估的，作品的价值只能由时间的长短以及社会的认可来衡量。如果漫天叫价，那是纯粹的商品了，文人也就变‘文商’甚至‘文痞’了。我不是名家，自然无价可喊，更无酬可求啊。”伏龙先生就是如此坚守一个文人的良知，他集学者、作家、诗人于一身，甘当一名杏坛艺苑的园丁不懈耕耘。

“一支拙笔四方求，来者欢迎乐应酬。只字宜为公益事，传承文化展宏猷。”这，就是伏龙先生的民族学者风范和壮族诗人情怀。

以语言为工具，助力民族团结 以语言为载体，保护民族文化

——记百色学院教授吕嵩崧博士

◎ 黄台勇

吕嵩崧，现任百色学院副院长，博士、教授，国家级普通话水平测试员，被聘为广西民族大学硕士研究生导师，同时担任中国民族语言学会理事，广西语言学会副会长，广西壮学学会常务理事、副秘书长，广西先进文化发展促进会常务理事，百色市文联副主席，百色市社科联副主席。吕嵩崧 1994 年 6 月大学毕业参加工作，一直从事语言文字工作，他利用自己的专业技能，为民族团结、社会发展做出了应有的贡献。

在吕嵩崧 20 多年的语言工作生涯中，1998 年 3 月应该是一个不寻常的节点。那一年，学校选送他参加广西第二期省级普通话水平测试员培训。消息传出，有从事语言教学的资深教师质疑：他是壮族人，以壮语为母语，没有接受过严格的普通话训练，能行吗?

吕嵩崧倒是信心满满，而他的自信是有原因的。

他之前并没有想到，自己在大学期间的一些努力，为毕业后的事业打开了一扇门。吕嵩崧大学时念的是广西师范大学，那时的师范院校，对师范生技能的训练有着极高的要求。对于语言环境复杂的广西来说，师范生技能的体现，首要的就是至少能说一口过得去的普通话。吕嵩崧是一个地地道道的壮族人，从小说壮话。他在后来撰写的论文中提到，在 20 世纪七八十年代之交，他的家乡靖西迎来了一次大规模的语言接触，由于部队的进入，他得以接触到一种和他平日说的话完全不一样的语言。他在博士学位论文致谢词中说："我必须感谢上世纪七八十年代之交家乡那猝然而至的语言接触，它们的碰撞激烈得让我喘不过气来。"

但他当时的语言感受，并没有让他发觉自己有一天会以语言作为服务民族团结、服务社会发展的工具。

吕嵩崧大学所在的那个年级，他是为数不多的来自偏远的桂西地区的学生之一。他的普通话远称不上标准，他甚至不知道平翘舌音对表意的作用。和身边那些来自官话区的同学相比，他的普通话水平极其一般；和多年后他在各种培训活动中向学员讲授理论相比，那时他的普通话理论是一张白纸。

那时练习普通话，吕嵩崧的目的很简单，就是成为一名语文教师，而作为一名语文教师，至少应该讲一口过得去的普通话。他深深地意识到，普通话水平不高，对一个人的发展，对一个地区的发展，是存在制约作用的。

大学毕业后，吕嵩崧回到百色，成了一名师专教师。没有太多人去注意他的普通话水平，偶尔的惊艳，就像投到水里的小石子，荡一两圈涟漪后，就平静了。

时间来到 1998 年 3 月，他被选送参加广西第二期普通话水平测试员培训班，全班 100 多名学员，都是全区各大中专院校选送的有较高普通话水平的教师，不少还接受过专业训练。在这个班上，吕嵩崧接受了系统的理论训练、普通话口语训练、普通话水平测试能力训练。最终，他以优异的成绩通过了所有项目的考试，成为百色首位普通话水平测试员，开始参与广西普通话推广、培训、测试工作。

当时广西还没有大规模开展普通话推广和培训，他作为百色首位普通话水平测试员的名声传出后，学校组织文艺活动的时候，会请他做演讲、朗诵的辅导员和评委，一些单位的选手参加演讲比赛，也会找到他担任指导。他也偶尔参加自治区语委办组织的普通话水平测试。

那时，他并没有意识到，自己会参与到一段历史，一段利用自己的专业水平为各民族和谐交流、共同发展工作的历史。

广西人说普通话的情况，已经在形形色色的段子中有了形象的展现。显然，语言是最重要的交际工具和信息载体。大力推广、积极普及全国通用的普通话，有利于消除语言隔阂，促进社会交往，对社会主义经济、政治、文化建设和社会发展具有重要意义。我国是多民族、多语言、多方言的人口大国，推广普及普通话有利于增进各民族、各地区的交流，有利于维护国家统一，增强中华民族的凝聚力。而位于桂西，少数民族人口比例高达 80％的百色，普通话普及水平比别处更低，推广普通话、提高普通话水平的难度不言而喻。在一定程度上，这也是影响民族团结、影响当地社会经济文化发展的原因之一。

作为地道的以壮语为母语的壮族人，吕嵩崧的普通话专业水平得到了大家的认可。他在广西第二期省级普通话水平培训班的优异成绩早已受到自治区语委办的关注。1999 年 11 月，他被自治区语委办选送，参加了第 24 期国家级普通话水平测试员培训班。在培训班上，他进一步提升了普通话水平，强化了普通话测试能力，在培训班结束的考核中，所有科目都顺利过关，其中，汉语拼音考试获得满分。这是那一期培训班中，广西学员获得的唯一满分，他成为在结业仪式上唯一得到表扬的广西学员，他也因此顺利地获得国家级普通话水平测试员资格。自此，他得以在更高的平台、更广阔的空间参与普通话推广、培训、测试工作。

20世纪末，广西大规模推广普通话，开展普通话培训与测试。根据自治区语委和百色语委的部署，几乎是每一个双休日，百色各县、区都要开展普通话水平测试。由于测试工作都在双休日进行，在没有开展计算机辅助普通话水平测试的时候，就需要集中大批普通话水平测试员到当地开展测试。那个时候，吕嵩崧和他的同行们每到星期五下班，第一件事情就是前往集合点，集体乘车到县里开展工作。那个时候百色还没有高速公路，就连离市区最近的田阳县城，开车都需要一个多小时，更不用说偏远的那坡、乐业、隆林、西林等县。他和同事们一道，利用漫长的路途切磋专业技能，一到达目的地，立即投入紧张的工作中。

吕嵩崧说，他印象最深的是有一次去西林县开展普通话水平测试。他们从百色出发，半路突然下起了大雨，前路塌方，车子无法前行，整车人只好在车上待了一夜。等维护工人把前方塌下来的泥石清理清楚，天已经亮了。一到西林，他们顾不上休息，就投入到紧张的普通话测试工作中。

类似的经历不仅出现在普通话水平测试工作中。有一次，右江区教育局请他到偏远的大楞乡对教师进行普通话培训，车子开到半路突然熄火，前不着村后不着店，他们只能想法修车。两个小时后，车子终于可以开动，等赶到大楞，已经是第二天凌晨。他稍作休息，就精神抖擞地走上讲台，面对在教室里挤得满满当当的教师们，开始了精彩的授课。

那几年，他的足迹遍及百色12个县、区，主讲普通话讲座共100多场，培训教师、学生、公务员、企事业单位员工近2万人。为便于边远地区教师获得优质的培训资源，他还多次跋山涉水，深入边远乡镇，送教下乡。2007年，自治区语委制作专题片《广西推普十周年》，他扛着普通话水平测试材料箱走在山道上的影像资料被编进了专题片。

在广西较早的国家级普通话水平测试员中，吕嵩崧的专业能力、教学能力都比较优秀，工作态度也有口皆碑，因此，百色的普通话培训，他是最主要的任课教师。那时有关部门要求全市各县教师普通话培训测试全覆盖，培训需求量很大。为了满足教师培训的要求，各县的培训课一般安排在县里的大礼堂举办，一般有上千人听课，每次培训历时两天。要想在两天时间里稳定参加培训的人员，赢得大家的认可，显然是不容易的。这样的培训显然是对体力、精力、专业素养、教学能力的综合考验。他印象最深刻的是有一次在隆林各族自治县培训，到场的中小学教师有1400多人，整个礼堂挤得满满当当，座位不够，老师们还自带了很多小凳子，坐在礼堂空的地方参加培训。那几天他恰好咽喉发炎，不停地咳嗽，由于其他测试员没有时间，他一个人连续两天坚持授课。整整两天，他强忍着咳嗽，一点一点地讲授语音、词汇、语法难点，耐心地领读。两天的时间，老师们完全被他标准的普通话和灵活、幽默、针对性强的授课风格所折服，培训课结束，他“谢谢”的话音刚落，全场爆发出雷鸣般的掌声。那一刻，他的眼睛湿润了。

事实上，在所有的培训活动中，吕嵩崧体现出的专业水平、教学艺术、敬业精神，都得到了高度的评价。

吕嵩崧回忆说，那时整个广西的普通话水平和现在比，差得不是一点半点，那时百色没有几个人知道普通话有轻声，普通话的重叠后缀可以变成阴平。有一次，他在某县礼堂进行普通话培训，范读文章的时候，遇到一个 ABB 式的形容词，他按规范把本来不是第一调的字读成第一调，全场哄笑起来。那时百色能说规范普通话的人不多，符合规范的，在人们眼里反倒是滑稽的。

一花独放不是春，百花齐放春满园。21 世纪初，由于大规模开展普通话水平测试的需要，百色急需一大批普通话水平测试员，成批培养就成了当时必须做的事。当时，百色地区语委利用寒暑假组织了 3 期培训班，每期培训班有学员 100 余人。吕嵩崧都主持了教学工作，从排课到授课，都由他经手。此外，他多次担任普通话水平测试员业务培训主讲，百色市绝大部分普通话水平测试员接受过他的培训、指导。他还担任广西普通话水平测试视导员，对全区普通话水平测试员进行指导。

基于他精湛的专业水平和授课技能，2006 年暑假，他受聘担任第 16 期自治区级普通话水平测试员培训班主讲教师。广西水准较高的普通话水平测试员，主要集中在南宁、桂林的一些高校，每期培训的指导老师都来自南宁的高校，他和来自桂林的周晓宁老师开了自治区语委从南宁以外高校选聘测试员担任省级普通话水平测试员培训班任课教师的先河。在这次培训班上，他以高精的业务水平和高超的教学艺术赢得了广泛的好评。那一期培训班共培训省级普通话水平测试员 100 余名，他们分布在全区各地，为广西的“推普”事业做出了积极的贡献。

多年来，他主持或参与普通话水平测试 90 余场，测试各类人员约 5000 人次。

由于工作出色，他所在的百色学院也得到了自治区语委办的高度重视。2006 年，自治区语委办开始举办全区少数民族教师普通话培训班，把首期培训班的承办任务交给了百色学院。这个培训班的培训对象是少数民族聚居地各乡镇小学普通话水平不高的少数民族教师。培训班教学工作的主持任务责无旁贷地落到了吕嵩崧身上。为了完成这项任务，吕嵩崧多次组织学校普通话水平测试员开展教研活动，整合自己多年培训的经验，针对广西的情况，他编写了一份教材。教材对广西人说普通话存在的问题进行了较全面的分析，提出了有针对性的对策和训练方法。这一期培训班取得了巨大成功，全班 100 名学员，成绩从三级乙等提高到三级甲等的 2 名，占 2%；从三级乙等提高到二级乙等的 1 人，占 1%；从三级甲等提高到二级乙等的 61 人，占 61%；从三级甲等提高到二级甲等的 20 人，占 20%。100 名学员中，等级得到提高的共有 84 人，占学员总数的 84%；其中，提高了两个等次的达 21 人，占学员总数的 21%。由于这一期广西少数民族教师普通话培训班举办非常成功，自治区语委办又把第三、第五、第六、第七期培训班交由百色学院承办。不管是哪一期，吕嵩崧都精心做好各项准备，精心组织教学，每一期都取得了巨大的成功。五期培训班，共培训了 500 余名来自全区各乡镇的少数民族教师，他们普通话水平的提升、语言文字理论素养的提高，为广西的“推普”事业，为广西的教育事业，为无数受制于语言交流能力而没能取得更大进步的少数民族孩子做出了巨大贡献。就像第七期学员代表闭春岳在结业典礼的发言中说的："我们在这个班上，有机会聆听了一大批专家的讲课，他们知识渊博、治学严谨、兢兢业业，从他们身上，我们不仅学到了普通话的理论知识，经受了严格的训练，而且学到了他们认真的态度。我们一定要把在培训班上学到的知识带回家乡，带回我们的学校，帮助我们的同学，教给我们的学生，带动我们的家人，为祖国的教育事业，为家乡的发展做出我们积极的贡献。"

作为语言文字专家，吕嵩崧多次受聘参加各级各类语言文字工作评估，参与了柳州市市区、百色市各县（市、区）语言文字工作评估，多次参加国家级、省区级、市级语言文字规范化示范校的评估。2005 年 5 月，他受邀参加了由教育部语用司组织的对广西少数民族地区农村中小学普通话运用情况的调研，为国家制定相关政策提供了准确的事实根据。由于在调研工作中表现突出，他被教育部通报表彰。

2007 年，百色市参加国家二类城市语言文字工作评估，作为百色市迎评专家组主要成员，吕嵩崧配合有关部门做了大量卓有成效的工作，并主持百色学院迎评的整体策划、材料整理和撰写工作，为百色市顺利通过评估并获得好评做出了积极贡献。

2008 年，广西启动计算机辅助普通话水平测试工作，吕嵩崧受聘担任自治区语委专家，参与了考察论证，百色学院也被列为自治区首批计算机辅助普通话水平测试试点单位。经百色学院和其他试点单位的努力，计算机辅助普通话水平测试工作在广西获得了巨大成功。目前，计算机辅助测试已基本取代人工测试，强化了普通话水平测试的规范性、公正性、客观性。

他长期担任学校语委副主任，由于语言文字工作成绩突出，百色学院被确定为百色市语言文字规范化示范校和自治区级语言文字规范化示范校，在首批全国语言文字规范化示范校中排名广西第一，百色学院语言文字工作的经验也被国家语委以简报形式进行宣传推广。

吕嵩崧从事语言文字工作，不只努力实践，还善于总结规律，开展相关的科学研究，为语言文字工作提供理论支持。1994 年至 2007 年，他主要进行普通话推广研究，尤其是对南部壮语区普通话学习的研究比较深入，有一系列论文获奖，如《略论德靖土语——普通话中介语》《靖西人学习普通话声韵偏误分析》《靖西人参加普通话水平测试的词汇失误》分别在第三、第二、第一届广西普通话水平测试优秀论文评比中获得一、二、三等奖。他参与了国家语委"十五"科研规划重点项目"普通话水平测试研究"子课题"广西普通话培训测试基础理论和实践研究"的研究，负责撰写课题最终成果专著《广西推广普通话的理论与实践》中的第十一章《壮语（南部）—普通话中介语》。这一章对南部壮语区人民学习普通话存在的问题及解决策略做了比较透彻的分析、研究，对壮族人民学习普通话起到了很好的指导作用。由于能够将实践与理论相结合，吕嵩崧受聘参与了广西普通话水平测试评分细则的修订；2008 年，参与了广西普通话培训教材《普通话培训与测试（智能测试版）》的编纂，这本教材从 2009 年出版至今，仍是广西普通话培训与测试的主要教材。

根据国家语委普通话普及情况调查项目组的调查数据，2010 年，广西能运用普通话进行交谈的人口比例由 2000 年的 70.12%上升到 80.75%，普通话推广的其他数据也相当乐观。这一显著成绩的取得，除开其他因素，与吕嵩崧和他的同行们的努力是分不开的。普通话的普及、普通话水平的提高，必然能更好地促进各民族的沟通与交流，增进各民族的友谊和团结，也极大地助推了广西经济文化社会的发展。

在普通话推广工作取得巨大成就之后，吕嵩崧逐渐把工作重心转移到少数民族语言、汉语方言的保护和传承上来。他深深地知道，语言资源的消失，是语言多样性、文化多样性的重大损失，是不可逆的。

2008 年，国家语委启动了中国语言资源有声数据库建设。2012 年，广西启动了国家语委语言资源保护工程的试点，百色学院被确定为专业团队之一。吕嵩崧立即投入到这个功在当代、利在千秋的事业当中。中国语言资源有声数据库的建设，是按照统一规范，采集当代中国的汉语方言和带有地方特色的普通话的有声资料，采集中国各少数民族语言及其方言的有声资料，并进行科学的整理加工，长期保存，以便将来深入研究和有效地开发利用，保护民族语言文化遗产。作为主要成员，他带领团队采录了田东白话、右江区白话、田阳蔗园话、乐业高山汉话、田林高山汉话、凌云高山汉话、隆林官话等分布在广西西部的汉语方言，收集了以这些语言为载体的丰富多彩的文化视像。

2015 年，教育部、国家语委启动了中国语言资源保护工程，吕嵩崧先后主持了中国语言资源保护工程专项任务“语言方言文化调查·广西乐业”“主要民族语言调查·壮语南部方言”“民族语言调查·广西靖西壮语南部方言德靖土语”“民族语言调查·云南马关壮语南部方言文马土语”，参与了“民族语言调查·广西田阳壮语北部方言右江土语”“广西汉语方言调查·西林”，主持广西社会规划重点委托项目“广西少数民族语言保护项目·隆林彝语”。在语言文化资源消失日益严重的今天，这些项目以音频、视频、文字资料等形式，对语言文化资源进行全方位的活态记录，对以非物质文化遗产为中心的民族语言文化保护做出了积极贡献。

以这些课题为依托，吕嵩崧对广西西部汉语方言和以壮语为主的少数民族语言进行了大规模的调查，并以此为基础，主持完成国家社科基金项目“语言接触视野下的南部壮语语法研究”、教育部人文社会科学研究项目“多语环境下的桂西高山汉话研究”，参与国家社科基金重大项目“功能—类型学取向的汉语语义演变研究”“中国境内语言语法化词库建设”“新发现民族古文字调查研究与数据库建设”，参与国家社科基金一般项目“桂西南地区多语接触研究”“基于开放式数据库的古壮字字符与文献的搜集整理与研究”“广西壮语、汉语方言语法语料库”。他还是广西人文社会科学发展研究中心“桂滇黔越结合地区语言资源特色研究团队”主要成员，百色学院“语言学及应用语言学”学科带头人、百色学院“桂西南语言文化特色研究团队”负责人，2014 年广西高校高水平创新团队“传统·地方·国际交融的岭南与东盟文学交流互动创新研究团队”“中国—东南亚跨境民族文化遗产研究创新团队”骨干成员，在更高的平台、更广的空间为民族文化的保护与传承做着积极的贡献。

他不仅致力于理论研究，还注重科研为地方经济社会文化服务，他以课题研究为基础的多篇资政报告获得有关部门的肯定性批示，为地方政府决策提供了依据。

吕嵩崧对少数民族语言及汉语方言的调查研究十分痴迷，这些年，他把绝大部分的假期都用在了这些工作上。2016 年，他开车 8 个小时到云南马关县调查壮语南部方言文马土语。这是他第一次跨越省界驾车，第一次开车走那么远的路途，仅仅是为了调查毗邻广西的云南马关县的壮语和文化。那一次，他深刻地领略到了马关壮族浓郁的民族风情，收集到了宝贵的语料。至今，他的手机里还保存着马关壮族大哥夹着大大的鸡头送到他嘴边的照片，那是马关壮族最珍贵的待客之礼。

2015 年，他承担了国家语委中国语言资源保护工程专项任务，需要对靖西壮语词语、句子、口头文化，通过音频、视频方式进行保存。在百色最热的 8 月，摄录工作在百色学院新建的录音室开始了。那时装修产生的刺鼻气味还未散去，为避免发出噪音，摄录过程不允许使用空调，摄录条件之恶劣可想而知。他和课题组，以及作为发音合作人的靖西安德小学校长黄云辉一道，顶着酷暑，忍着刺鼻的气味，顺利地完成了摄录工作。

同样的情景，这几年暑假都在上演，每年最热的时候，就是他和伙伴们汗流浃背在录音室奋战的时候。他和他的伙伴，用自己的汗水，浇灌着民族文化之花!

这就是吕嵩崧，他以语言为工具，为促进各民族沟通交流，为助力民族团结做出了努力；他以语言为载体，为民族文化的保护和传承挥洒着汗水。而这些努力，也让他不断赢取荣誉：2004 年、2007 年，他两次被评为全区语言文字工作先进个人；2006 年被评为百色地区“推普及普测”先进个人；2009 年，被评为百色市语言文字工作先进个人。2016 年，他当选自治区第十一次党代会代表，被确定为第十九批广西“十百千”人才工程第二层次人选。2018 年，他被自治区语委聘为广西语言保护工程核心专家组成员。

大石山区走出的辛勤舞者

——记壮乡舞蹈艺术家黄汉雄

◎ 王　扬　梁欣怡

"当我坐上火车，从大山深处奔向广阔天地，我才开始懂得，世界很大，要走的路很长……"从独在异乡求学的懵懂少年，到成长为名满八桂的舞蹈艺术家，40 多年打马而过，黄汉雄总忘不了第一次离开家乡的情景，那趟嘶吼着开往北国冬天的列车，就此改变了他的命运，让他和舞蹈结下了不解之缘。

懵懂少年，被幸运撞了一下腰

广西百色市凌云县，古称泗城，地处云贵高原延伸带，喀斯特地貌显著，是一座拥有近千年历史的古城。黄汉雄从小就生活在这片大石山区之中。

黄汉雄家里共有四兄弟，他排行老三。由于父亲过世得早，照顾一家人吃饱穿暖的重担全压在母亲肩上。"穷人的孩子早当家"，那时他最大的愿望是快快长大，挑起家里的重担让母亲歇一歇。至于到大城市里学习生活，这个土生土长的山里娃想都没想过。

1976 年的 6 月，幸运悄然降临，不满 15 岁的黄汉雄上初中一年级，中央民族学院（现中央民族大学）到凌云县定向选拔一名舞蹈预科生。"老师对大家说，过两天有北京的老师要来学校里挑选跳舞苗子。舞蹈是怎么一回事，其实当时我们都不懂，只是听说可以去北京，就莫名的兴奋。"黄汉雄回忆道。

选拔那天，黄汉雄穿着一身干净的旧衣服，规规矩矩地站在队伍里，心中有一丝忐忑，不安地东瞧瞧、西望望。"来挑人的老师像检阅部队一样把大家挨个看了一遍，然后从队伍里挑选出了 20 个孩子，我就是其中一个。"令黄汉雄至今难忘的是第一轮的节奏考核，老师先用手打出一串节奏，孩子们听完后照着打，“我打得很准确，老师说我天赋不错”。经过基础动作考核和体检之后，黄汉雄脱颖而出进入中央民族学院学习。

选拔结束那天傍晚，黄汉雄上山割完马草回到家里，昏黄的煤油灯旁已经围满了人，大家纷纷向他祝贺，嘱咐他到北京照顾好自己。热闹的气氛中，黄汉雄低头悄悄擦拭掉眼角激动的泪水，望着跳动的灯光暗下决心：一定要学出个样子！

艰苦求学，努力比天赋更重要

根据招生安排，黄汉雄于当年 11 月份前往中央民族学院报到。

从南方小山村来到首都北京，对于黄汉雄来说一切都是新鲜的。然而好奇过后，黄汉雄要面对的是他不曾想过的压力。语言障碍还能勉强克服，专业课跟不上却成了“硬伤”，因为他实际上连初中都没有读完，文化课基础不够，眼下所学的东西超出理解范围，专业术语听不懂，老师布置作业完成起来很吃力。

“当时我的心里很难受，担心会竹篮打水一场空。因为在为期一年的预科班，如果成绩跟不上是要被送回原校的。我身边的同学大多来自城市，不少条件好的专门练过跳舞，有一定的基本功，而我天赋再好也是‘半路出家’，底子薄。”痛定思痛，黄汉雄觉得只有吃苦努力这一条路可走。

于是在别人还在梦乡熟睡的时候，黄汉雄就已爬起来默记乐谱，温习美育课本；周末同学们去看电影、逛商场，黄汉雄唯一的“娱乐项目”就是在排练场压腿、下腰。一年以后，班上十五个男生经过层层筛选只剩下两个人，黄汉雄便是其中之一。由于品学兼优，1979 年他被评为学院“三好学生”，获得暑假免费到北戴河游玩十天的机会。

时光飞逝，五年的舞蹈学习生涯结束后，黄汉雄带着对故土的眷恋回到家乡，成为百色地区文工团（现右江民族歌舞团）的一名演员。在歌舞团，深厚的专业知识和舞蹈功底很快令他崭露头角，《牧马人之歌》《阿里情歌》《如此爱情》《抹黑脸》《右江风情》等作品相继问世。黄汉雄成为第一位代表广西参加全国舞蹈比赛的独舞者，并凭借作品《秋狂》一举斩获了一个全国性奖项。

扎根故土，盼壮乡艺术发扬光大

《摆嘎摆》是具有代表性的壮族舞蹈，出自黄汉雄之手，获得过全国少数民族文艺会演编导二等奖。近年来，随着广西与东盟各国文化交流合作的不断深入，《摆嘎摆》已先后在泰国、越南、柬埔寨、老挝、文莱、菲律宾、缅甸等国家演出，给观众留下了深刻而美好的印象。

“‘摆嘎摆’在壮语中的意思是‘走啊走’。创作这个作品的灵感来自壮族妇女日常劳作，主要展现她们娇羞、含蓄的性格特点，把她们的体态、心态、社会活动有机融合在一起。”黄汉雄说他的舞蹈艺术创作很大程度得益于长期在基层积累的生活体验，“比如《摆嘎摆》中的一个代表性动作，是由壮族妇女扶裤头、掩面、挑水的动作演变而来，动作韵律较小，强调身体摆动的幅度和速度。”

黄汉雄一直对他的学生强调，年轻人要俯下身去，从大千世界、芸芸众生当中汲取营养，传承民族文化。他是这么说的，也是这么做的。有一年，黄汉雄随歌舞团到百色西林县采风。一个月的采风活动临近尾声，他对带队领导说：“让我再待几天吧，我还想去趟苗寨酝酿酝酿。”这一酝酿，就有了后来的苗族独舞《山魂》。《山魂》以舞蹈的形式叙述苗族同胞的古今生活，是一个柔中有刚、刚中有柔的男子独舞，填补了当时广西男子独舞的空白。

从艺路上，德为先。声名鹊起之后，黄汉雄连续担任多届广西舞蹈家协会副主席、百色市民族文化传承中心主任等职务，晋级国家一级导演，但他一刻也没有放松艺术创作。2007 年至 2010 年，黄汉雄执导《壮锦》，获国家“文华优秀剧目奖”。2015 年以来，由他策划的《暖》《裙兜蜜语》获第七届、第八届广西文艺创作“铜鼓奖”。他收徒传艺孜孜不倦，先后荣获广西首届中青年“德艺双馨”文艺家、广西有突出贡献文化工作者、广西文化名家“四个一批”人才等多项殊荣。

在纷至沓来的荣誉面前，黄汉雄表现得格外冷静，他说：“这些年，我有好几次机会可以到外省发展，走上更好的工作岗位，但我放不下百色，我的根在这里。百色舞蹈人才依然稀缺，我觉得我有责任把学生教好，带领团队创作更多受观众喜爱的作品，为广西的舞蹈艺术发展贡献力量。”

付出，只因为爱

——记贵港市城市公用事业管理处清淤队队长邓深海

◎ 丘晓兰

一座城市的运行离不开合理的规划、规范的管理，也离不开千千万万投身城市建设与服务的人们的付出与劳动。假如说宽敞整洁的街道、拔地而起的高楼、铺满绿树浓荫的公园是一座城市展示在世人眼前最为光鲜的面庞，商场、菜市、大街小巷里每一个人和善有礼的微笑和问候，马路上每一辆汽车的“宁停三分不争一秒”是一座城最能让人感觉亲近的性格，那么，街道的地面下，纵横交错的各种管道设施，就是保障一座城水电、通讯能否畅通的消化系统。

贵港，别称荷城，是一座具有两千多年历史的古郡新城，也是一座充满生机的新兴内河港口城市。是中国西部地区内河第一大港，是大西南出海通道的重要门户，是中缅油气管道天然气管道终点，也是国家智慧城市试点城市。西江黄金水道流经市境，东临梧州、南临玉林和钦州、西接南宁、北邻来宾。

优越的地理位置，深厚的历史底蕴，还有优美的自然环境，让贵港这片土地人杰地灵，英才辈出。但今天我们要说的，不是石达开、杨秀清等历史人物，而是一名平凡而又了不起的清淤工。

我叫邓深海，我是贵港人

1995 年 10 月 27 日，贵港市从玉林市析出，升格为地级市，辖 15 个镇、15 个乡，设一个街道办事处；

1996 年 6 月 22 日贵港市正式挂牌成立，辖桂平市、平南县、港北区、港南区和覃塘管理区；

2003 年 3 月 6 日，设立贵港市覃塘区；

2014 年，贵港市行政区域总面积 1.06 万平方公里。辖 53 个镇、19 个乡，设 2 个街道办事处。全市共设 74 个居民委员会，1072 个村民委员会……

马路，在一条条延伸；高楼，在一座座拔起。20 年间，这座名叫贵港的城市，规模也在一天天扩大。

生在贵港、长在贵港的邓深海熟悉这片土地，也深爱着这片土地。出生在普通家庭的邓深海是家里的老大，因为家境一般，邓深海在年仅 18 岁的时候就跑遍了当时的贵港。从港北到港南，从桂平到覃塘，从事过十多种工作的邓深海知道自己是家里的老大，要帮着父母持家，后来，又是自己小家里的顶梁柱。转眼几十年，眼看着贵港从“小”变“大”，从朴素变得一天天闪亮而繁华，邓深海知道自己的家在贵港，自己的根也在贵港。其间，他也曾离开家乡去广东发展，喝过一阵子的广东凉茶王老吉，吃过一段时间的广州肠粉和炒河粉，但在邓深海的心里，味道最好的，还是贵港的鸭肉粉。

黝黑的脸庞，精壮的身骨，一米七几的个子，五十多岁的邓深海并不十分善谈，但他有很平和的笑容。

7 月的贵港街头，骄阳似火。

因为比预约的时间早了半天，所以我们的初次见面也不是在计划中的会议室，而是在贵港街头斑驳的树荫下，一个被打开了的污水井盖的旁边。只见三女一男四位戴着口罩身着橙黄色工作服的清淤工人正在路边作业。铁锹、长勺、淤浆袋，一锹锹，一勺勺，他们分工合作，乌黑的下水道淤积一点点地被装到排成了一排的淤浆袋里……

貌似简单机械的劳动合作，却让路旁站立的我眼眶湿润。

很明显，那个高个子的男性清淤工就是邓深海。明亮的大太阳底下，手中的长勺稳稳的。

和我们同行的贵港市市政管理局城市公用管理处的同志上前招呼：“老邓，休息一下，有记者来采访你们了！”

“嗯，这里的工还没做完呢，衣服也没有换。”

也许是体谅我们的等待，几位清淤工人加快了一些作业的进度。待排成了一排的清淤袋都饱胀地被灌满之后，一辆卡车开了过来，他们同心协力分工合作，将路边的一排袋子搬运到了卡车上，拖卡上满满地排着一个个扎紧了口的清淤袋。

口罩，被摘下了，老邓坐上了卡车的副驾，打个招呼，先行离开了。三位女清淤工就在路边，擦一把额头上的汗，把橙黄色的工作服也脱了下来，里边是日常衣服的装扮。说说笑笑地，她们骑上了自己的“小电驴”。说好了，咱们管理处的会议室里见！

因为爱，所以我的付出也快乐

会议室里，清淤队的全体队员都到了。他们分别是队长邓深海、司机邱德光、队员李永菊、队员李结伦、队员雷艳珍。每一个人的衣着都很朴素，也都干净又整洁，就像贵港街巷里身边路过的街坊和邻居。当然，陪着我们采访交流的，还有管理处设施运行管理大队的大队长。

直奔主题，我问："咱们管理处一共有几个清淤队呢?"

大伙都说："就一个啊!"

我又问："全贵港市区就一个清淤队，就你们五个人吗?"

大伙就笑，说："不然呢?"

我从资料得知，随着贵港中心城区面积的不断扩大，市区道路旁边的污水井、雨水井数量达到了1.2万多个，污水管网超过600公里。而这些污水井、雨水井和管网的清理疏通工作，就全部由邓深海所在的清淤队负责?

答案是肯定的。

也许是我诧异的神情让在座的各位觉得好笑，我们的交谈也逐渐活跃起来。性格开朗的清淤队员李永菊笑呵呵地给我们讲了许多他们工作的小故事。在她的带动下其他的几位队员，还有司机邱德光也都打开了话匣子。倒是队长邓深海，安静平和地坐着，脸上有些许局促，不直接问他就总是话不多，但微微的笑容始终都在。

时间悄悄流，我也知道了，城市清淤不仅是我看到的烈日下一锹锹、一勺勺地把淤积物往外掏挖，当遇到比较难清理的污水井时，还需要有人入井，需要使用高压水枪、砍刀、钢钎、钢丝绳、三脚架、葫芦吊等工具。而井中也并不仅是有毒的氨气和生活污水，还可能有针头、铁钉、石块、碎玻璃、建筑垃圾等，在我们作物繁茂的南方，根系发达的榕树须把根深入到下水道中，逐渐填满某一段井道也是常有的事情。当暴雨来临，市区道路中的金田路、桂林路等多个路段也会因为排水不及时而出现内涝。

每当这个时候，下井作业的艰巨任务就落到了邓深海的肩上。而冒雨对路面积水进行抽排，持续几个小时泡在积水中，引导行人避开井口区，更是清淤队的队员们几乎每年都会遇到的情况。

2014年2月10日下午，清淤队在仙衣路清理检查井内情况的时候发现了蔓延盘结的树根，严重影响排水畅通。于是，队员们先是砍断井口边粗壮的枝条，然后由邓深海进入检查井内。果然，好长的一段树根盘根错节，被井道里的污水滋养得又肥又壮。但这些都难不倒邓深海，他先用钢丝绳牢牢绑好树根，又和队员们用三脚架、葫芦吊等设备，大伙儿齐心协力，前后用了2个多小时，费了九牛二虎之力才将树根拉出，并疏通了被堵的检查井。经测量，他们清出了长5米、直径0.4米的树根团。

2017年7月正逢雨季。连夜的大暴雨，贵港市迎宾大道铁路立交桥底出现严重积水。接到消息的邓深海第一时间赶到现场，勘查发现该路段的雨水口、检查井被铁路施工的泥浆完全覆盖，有3个检查井堵塞、18个雨水口被堵。井下深处淤积的泥浆已经不能用挖勺掏出，怎么办?下井掏挖!下水管道内空气流通不佳，除有害气体外，下水道里各种意想不到的危险物都有可能出现。但职责所在，邓深海没有犹豫，简单的防护措施后，便下到井内，将泥浆一锹锹挖到桶内，又一桶一桶抬到地面，再由他的队友们装车、运走。不知不觉间，暴雨已经停歇，邓深海和他的队员们的作业却不能停歇。加班加点地持续了3天，泥浆才终于清完。

一桩桩、一件件，就在有说有笑的交谈中你一句我一句地聊了出来。而邓深海始终微笑着，话语仍旧不多。

我不禁又问："你们的工作很辛苦啊，怎么还能那么开心？"

几个女队员听后却越发开心地笑了起来。

"因为我们的队长好啊！"

"因为大家一起干活开心才不会累啊！"

"因为管理处对我们关心啊！"

"对啊，刚才我们干活回来都是喝了绿豆汤才来的会议室呢……"

"是啊，最脏最累的活都是队长干了，我们不算累的……"

"对啊，我们之间谁家里有什么难事的话，大家都会帮忙，就像兄弟姐妹一样，队里也很体谅……"

我不禁起了好奇心：邓深海，这位看着并不十分善于言辞的男人，日复一日，坚持了8年清淤工作的清淤队长，队员都换了好几茬了，怎么还干得那么有滋味呢？

据管理大队长的介绍，他们的工资都不高，即便队长和司机，每月的薪酬也不到2000元。而邓深海虽话不多，却也是个干活的多面手，年轻的时候还走过一些地方，也算是见过世面的人，为什么这份清淤的工作就能干足8年呢？

被我接连的提问追着，邓深海也不得不努力地回答。他说："别的地方我也是走过一些，但总觉得没有贵港好啊！我从小就在贵港生活，小时候家里没钱也没读过什么书，但做人吧，只要开心就好，一家人能在一起就好！"

"对对！"一个清淤女队员插话说，"他两个女儿都是大学生呢，都孝顺，有一个还做过记者呢，跟你一样！"

"都在贵港吗？"我问。

"都在贵港。"邓深海原本只是微微的笑意舒展开来，黝黑的面庞也像绽开了的花朵，"原本女儿也想到外地去工作，但是我说，贵港最好！你看现在绿化也多，商场超市也多，吃也方便、住也方便，一家人都在一起，你去哪里有贵港那么好？"

我说："你不要转移话题呀，我问的是你为什么清淤的工作干那么久还那么开心呢？"

清淤队员李永菊笑了起来："他这个人就是这样的，干什么他都是这样的！"

"我觉得我这样也是挺好的，反正都要做点什么，我文化不高，别的也做不好，但是一家人能健康开心地在一起就好，这份工也总要人来做啊！"

"对对，你看街面上原本'水漫金山'，我们一出马，得了！"

……

邓深海和清淤队员们质朴的话语让我一时也问不出来什么，倒是设施运行管理大队长把话接了过去，他说：“城市的管道清淤已经逐渐开始现代化了，很多城市的清淤机械化都做得很好，现在我们贵港的发展势头越来越好，以后肯定也会学习和借鉴，但现在的贵港要保障污水管道的畅通确实离不开他们！”

我灵机一动，又问了几位清淤队的成员们一个问题：“假如请你们对贵港说一句话，你们会说什么？”

“祝贵港越来越好！”

“千里万里还是贵港好！”

“希望以后广西超过广东！”

“对，让广东人也来贵港打工！”

又是一阵开心的笑声伴着响亮的话语，特别是几位清淤女队员，似乎也被自己的回答逗乐了。队长邓深海却沉吟了片刻，在我等待的目光注视下，他略显腼腆地又停顿了片刻，接着又略一挺胸，抬着头说出了五个字：“贵港，我爱你！”

一片越发响亮的笑声在管理处的会议室里回荡，在每一个人的内心深处都会心地响了起来。这笑声畅亮、轻快，又充满了祝福，就像一只洁白的鸽子，又像一阵和煦的暖风，飘出了窗外，在盛开着美丽荷花的贵港，在神奇美丽的八桂大地久久回响。

梦像花开

◎ 余 炜

我的爷爷是老师，爸爸是老师，婶婶是老师。1994 年 7 月 4 日，我也成为一名老师。那一天，爷爷高兴得差一点喝醉了酒，爸妈像孩子一样眉开眼笑。我却很伤感，因为外公再也看不到这一刻了。他常常对亲朋好友说，我是他这辈子最大的骄傲，横看竖看我都是一块做先生的料……

那一年的 9 月，我正式成了我们村中心小学的老师。儿时的我是那间学校的“小明星”，能书能画，还能发表小文章，老师们都希望我长大后做他们的接班人。面对全校老师的“宠爱”，我心里满满的都是温暖和感动，人像上了发条一样工作。那时候，学校里没有音乐老师，我虽五音不全，但面对大家满满的期待，我不好意思说自己上不了音乐课，于是自掏腰包到镇上买了收录机和磁带，吃了午饭不休不眠，又是听又是唱，硬是把一首首歌唱得像模像样。后来，我唱的那一首《祝你一路顺风》竟把那一届毕业生唱得泪眼蒙眬。有老师见我忙得像个陀螺，不解地问我：“你很喜欢教师这一份工作？你这样工作不累吗?”我笑了笑，说：“喜欢呀。不累，因为我喜欢呀。”

1998 年秋，我到了我们镇踏田村六湖小学工作。那学校离家大约 7 公里，住校的常常只有我一个人。学校里只有一台开了机就满是雪花飘的黑白电视机，一到夜里就找不到说话的人，我只好常常往家里跑。那时骑的是一辆自行车，常常是早出晚归，风里来雨里去，只是从来没有迟到过。学校的领导私底下和我说：“你家离学校远，晚来一点没关系的，我可以替你先代代课。”我心里暖暖的，笑着说：“谢谢，不用麻烦你了。我是班主任，让学生看到我迟到了，很不好，那样我会在学生心里失去很多很多。”可是有时总会遇上那么几天大风大雨的天气，我就不得不住校了。有一天我在学校里做晚饭，心里很是无奈：我是有米下炊，可无菜可烧。这样暴雨如注的鬼天气叫我如何出去买菜？我突然看到一个小小的身影在厨房门口一闪而过，会是谁呢？我追了出去，但还是晚了，只看到一个撑着一把火红的小雨伞的身影如受惊的小鹿一般消失在茫茫的雨幕中……后来，我在厨房门口看到留下的几包东西：空心菜、豆角、扣肉。我心里一下子就暖暖的，眼眶都红了。那一晚我吃得特别香，风雨夜里睡得特别甜。第二天，我临时上了一节品德课，只想知道那“小红伞”是谁。问了老半天，班上的46个学生你看我，我看你，都不说话，都在笑。我看着一张张笑靥如花的脸，暗暗猜测：是你？是他？还是她？异常安静的教室里弥漫着一种从未有过的温暖。我虽然被感动得不能自已，但我知道，不要也不用再问了。就让它成为一个最美的秘密吧，永远地藏在心底，温暖着我的心。我没有想到，一个谜团还没有解开，秘密倒是越来越多了，我的小餐桌隔三差五地冒出番茄、青瓜、茄子、荔枝、龙眼、芒果……面对这一群心如水晶的小家伙，我就不能做些什么吗？六湖小学小得像一个火柴盒，上体育课只能是在室外打打乒乓球。我就利用晚上休息时间将一间废弃的教室改造成了一间乒乓球室，那群小孩子终于不用看老天的脸色打球了。再后来，学校的体育课有了跳绳、羽毛球、篮球……再往后就有了这一所学校的第一届校运会。那时候，我是学校里唯一的美术老师，学校里美术教具一件也没有，我就将茶杯、开水壶、小水桶、鸡蛋、苹果等搬进教室里，让他们知道了什么是素描。再后来，我又把学生带出教室，让他们画我宿舍前的那一棵芒果树，让他们知道了什么是写生。那一年，那棵芒果树果满枝头，伸手可摘，没有一个学生偷摘芒果，就是被风刮落在地上的芒果也没有一个人去捡拾。不知不觉地，我成了学校里的孩子王。有一天，班上有好几个同学带着大包小袋，硬是在我隔壁的空房子住下来了，我问为什么，一个高高大大的男生说：“老师，你一个人住校，我们知道你孤单寂寞，我们来陪陪你。”我的眼泪一下子就涌了出来。在一节以《老师，我想对你说》为作文题的作文课上，我让学生先说后写。一个很内向的小男孩红着脸半天才说：“余老师，我觉得你不像一位老师……”我一下就愣住了，教室里的孩子都像看外星人一样瞪大了眼睛。“我觉得你像我的哥哥，更像我的爸爸。”那孩子的脸更红了，头怯怯地埋了下去。我又愣住了。那孩子的父亲早逝，他还没有来得及记住母亲的模样，母亲就不知去向了。我只是在一场大雨把他困住时，把他留下来吃了一顿我做的午饭。没想到就这样一个再平凡不过的小小的举动，会在孩子心中掀起如此大的波澜。

2001年秋，我即将调往镇中心学校工作。离开六湖学校的那一刻，我又落泪了。我提着行李站在校门口，久久地凝望。我是要离开了，但我的心还会牵挂着这里——我怎会忘记那餐桌上的蔬果？怎会忘记那简陋的乒乓球室？怎会忘记那长满故事的芒果树……为我送行的学生问我：“老师，我们不是说好不哭的吗？”我搂着那孩子的肩，我怎么忘了说好了不哭的呢？

一进镇中心学校，刚上那时候的六乙班的第一天课，就收到了班上54个学生给我折的1000颗颜色各异的幸运星和一张签满全班学生姓名的祝福卡片。还有什么比得上孩子们那份水晶一般纯净的爱更珍贵的呢？幸福的滋味再一次洋溢在我的心头。那时候我是学校里为数不多的年轻的男老师，自然而然的，我又变成了体育老师，常常和孩子们在球场上一起疯，累了就在球场边上那棵高高的玉兰树下歇歇，渴了就和孩子们同喝一瓶水……半个学期下来，我就差牙齿没有晒黑了。多年以后，那些学生还记得我那时候穿过的橙黄色的篮球鞋。后来，有一个学生在探望我时对我说：“老师，在球场上的你帅呆了！你知道吗，我们都叫你‘小科比’呢。”呵呵，我是小科比，我也是小羲之。学校里很多学生还没有摸过毛笔，于是，我在班上增设了毛笔书法课。那一群孩子平生第一次拿起了毛笔，第一次知道了什么是墨香，第一次知道可以以水代墨在水泥地面上练习毛笔书法。我还是一个超级书虫呢！我常常把自己订阅的《读者》《海外文摘》《小小说选刊》等一摞摞搬到课堂上，和学生人手一册，一起沉浸在书香里。后来，很多很多的学生不管是仍在读书的，还是已经打工的，甚至是已经成家立业的，见了我，常常说：“老师，我也像你那样爱看书了，吃饭的时候都捧着书呢。”2002 年春季的第一节班会课上，我对班上的学生说：“今年 7 月，你们就要离开老师离开母校了。老师提前送几句话给你们——梦想有多大，舞台就有多大。你们是幸福和幸运的，老师给你们制订一个六年计划——三年后，你们将会初中毕业。再过三年，你们将会高中毕业，接着上大学，到北京去读书吧。那时候就是 2008 年了，我们的北京奥运会就要开幕了。我希望我们这个集体中有人出现在赛场上为国争光或者在看台上为祖国健儿加油助威……”我是满心期待，只是这一群小不点能听懂老师的话吗？2008 年北京奥运会的闭幕式刚刚结束，一个学生就给我打来了电话：“老师，我一直记住你的话呢。我在鸟巢看北京奥运会的开幕式了。我看到了姚明和林浩。老师，谢谢你给我的梦想，那梦一直是我前进的动力。”

有梦想多好！我的梦想呢？写文章的时候，想成为鲁迅；打篮球的时候，想成为科比；练书法的时候，想成为王羲之。梦想很丰满，只是现实很骨感。我一直以为那一切都是遥不可及，很长很长的一段时间，我都活在迷惘中。2009 年 9 月，我们学校的赖嫦老师被评为全国优秀教师，我心里一下子豁然开朗——原来榜样就在我的身边！原来我离榜样只有 3 米！作为多年同在一个办公室的同事，我对她再熟悉不过了——她虚心随和、积极进取、严于律己、宽以待人。想起她经历的点点滴滴、酸甜苦辣，我明白了，没有人随随便便就会成功；我懂得了，无论是身在何处，只要自己尽情盛开，无悔地付出，在风雨中成长，野百合也会有属于自己的春天。

我知道我很平凡，骨子里却很勇敢。或许我成不了太阳，成不了月亮，但我可以成为一颗小小的独一无二的星星。我不累更不悔，因为我有梦；我的梦想实现不了，还有我的学生替我追梦圆梦呢。我的梦想会如花开，会努力地绽放，总有一天会花开满山满岗的。

民间匠人唐以金：花甲之年传承古建筑艺术

◎　文小静

在桂林市全州县灌阳河西岸的一片土地上，坐落着一座座青砖黛瓦、飞檐翘首的古民居。这是75岁的唐以金老人耗费8年时间，倾尽一生积蓄，为我们保留下来的先辈的文化遗产。为了保护这批极具桂北古民居特色的建筑群，他将这些建筑群异地重建，让古民居恢复原貌，并在此基础上建立了全州县思源民俗博物馆，完成了现代版“愚公移山”的事业。

初心

地处湘桂走廊的桂林市全州县，在悠久的楚越文化交融中，形成了独特的古建筑文化。老唐家在灌阳河东岸的全州县邓家埠村，自幼家贫的他16岁就跟着老匠师们学习木砖瓦建筑工艺。在老匠师手中，再平凡不过的木料和石块也能变成建筑精品，精湛的技艺让老唐深深着迷。尽管后来转行做现代建筑，老唐仍对老房子有着特殊的感情，在走街串巷讨生活的几十年间，无论走到哪里，他都本能地留心当地的老建筑，每每看到老房子被破坏被卖，就心疼不已。

2009年10月，当卖沙的老主顾在闲聊间告诉老唐，自家村里的一组清代民居建筑群由于湘桂铁路扩建将被拆除时，老唐坐不住了，他立马就坐着运沙车赶到了永岁乡的和好铺村。老唐赶到时，高铁建设指挥部的挖掘机已经铲掉了古宅门楼的一角，精美的雕刻瞬间被碾为粉尘。这一挖如同在老唐的心上捅出了一个窟窿，穿堂风吹得心里凉意四起。老唐当场横下心来，拿出自己打拼多年的积蓄，要将古宅买下来异地重建。

让唐以金惊艳的古民居群落占地面积约2400平方米，以和好铺村清代先贤蒋仁禄建于嘉庆三年（1798年）的家宅、和好铺学馆，以及蒋子麟宅三座建筑最为精美。蒋仁禄家宅为硬山顶穿斗式建筑结构，是整个古民居群的核心，附属建筑则分别坐北朝南、坐南朝北散布在主建筑两侧。走进这座三进四院的大宅院，大门前设前院，一、二进间以排扇门隔断，二、三进间则竖立着蜈蚣形隔断墙，中开月亮门，屋内精雕细琢的雕刻品和精美绝伦的壁画堪称桂北地区的古建筑精品。

唐以金的古民居异地重建计划一经抛出，就立刻在和好铺村里炸开了锅。村民们议论纷纷，世上哪里还有这么“愚”的人？虽然老唐不厌其烦地一遍遍重申自己的初心，但村民们始终半信半疑。居心叵测的文物贩子趁机散布的谣言，裹挟着人们的疑虑在整个村子里不断发酵。一时之间，不少人甚至怀疑老唐的真正目的是骗买文物。

短短几天时间里，备受非议的唐以金排除万难，逐一拜访了拥有古民居所有权的20多户村民，最终艰难地买下了这组古民居。有些村民虽然嘴上同意了，但心里的疑虑并未消除，他们偷偷地把木构件藏起来，甚至把这些珍贵的木质雕花品当柴火烧了。

纵然知道村民们私底下的小动作，老唐也无可奈何，因为更艰巨的任务还在等着他——要赶在三日之期前，把整组古民居的图纸抢绘出来。正常情况下，绘制占地面积约2400平方米的古民居群落图纸，至少需要半个月时间，但老唐硬是在三日之期的最后一天完成了整个平面图的绘制。

“说老实话，人的一生就只有那么久。当社会需要你挺身而出的时候，不做，愧对先辈，于我也是一辈子的遗憾。”多年后身陷低潮的老唐坐在火塘边抽着烟，花白的头发越加稀疏，精神头也不似往年足，但回忆起当年的决定他仍然不后悔。

匠心

为了选定复建地址，老唐几乎跑遍了全州县城附近的山岭，从东山瑶乡的云溪岭到老洮阳城址，再到白宝乡桐木湾村等地方，但都没找到合适的地方。时间一长，他担心拆下来的陈年木构件慢慢受潮朽坏，不能再等了。老唐想到了老家邓家埠村对岸的那片荒地白地头，他用自家的6亩责任田把这块荒地置换下来，并投资120万元修通了白地头与外界相连的村级公路。复建地找到了，但层层申报的立项却仍然遥遥无期。“等项目立起来，文物早就消失了。”老唐决定先行开工把文物修复起来，再慢慢完善手续。

真正拆解时，却更像是一场智力与手艺的考验。

“拆解古建筑必须懂得榫卯结构的奥妙，否则便不知该如何下手。如果强行拆除，已经损坏的榫卯结构就永远无法复原了。”在下架过程中，老唐意外地发现，每一个榫卯结构的结合部位都有先辈工匠们用竹笔留下的标记索引，标明何处与何处连接。这一发现让他兴奋不已：“就像是找到了这座古老建筑中蕴藏的密码说明书，对拆解和复建都太有帮助了。”

老唐说，整个拆解过程中最难的要数穿斗式架构了。所谓穿斗式就是穿枋将中柱、金柱、檐柱穿起来形成的构架，相当于现代建筑中的承重墙。“在拆解时，三根柱子必须同时放下来才能保持力的均衡，否则柱子一砸下来就不可能复原了，甚至可能砸伤人。”老唐胸有成竹地向工人传授经验：合适的角度、绳索的管控、平衡的把握是安全拆解的诀窍。在他的指挥下，20多个工匠通力协作，长达40天的拆解过程中，无一人受伤，无一物受损。大卡车整整运了180多趟才把上万个构件运送到当地老氮肥厂山脚下和湘江河畔一处简易的瓦房里暂时保管起来。

“现在懂得古民居修复技术的工匠已经相当稀少了，最年轻的一拨，如今也有60多岁了。”老唐说，古建筑的构件不是千篇一律的机器制造，而是精雕细琢工效缓慢的手工制作，“20多个工匠花了800多天，才完成主体结构的复建。这还只是组装拼接，免去了制作流程，否则还要花上三倍不止的时间。”而这组古民居的木制、石制雕花多达上万个，山墙墀头也有200多个，要对缺失的雕花进行仿制，对损坏的墀头重新修复，全部完工还需要两年左右的时间。“如果及格分是60分，我要求起码做到80分，否则必须返工重做。”唐以金力图重现古建筑的原汁原味，要求“一点儿不变味，一点儿不走样”。

自2010年5月开工以来，老唐便全身心扑在古宅的修复上，集设计、施工、监理于一身，大到建筑的整体设计布局，小到每一个木构件的修复，事事亲力亲为。5年来，老唐就像上满了发条的闹钟，每天都在现场忙碌着，工匠们都摸清了他做事较真的性格，自觉地不放过任何一个细节。

对于没有大损毁的原始构件，组装完成后再次进行防腐处理；而对于那些破损不堪的、无法恢复原貌的原始构件，则采用新的木料按照原始尺寸和古建筑工艺加以复制。让老唐骄傲的是，这组重建的古民居对原材料的修复还原率高达98%。“几乎每一个来这里参观的古建筑专家都惊叹，怎么能复原得这么到位！”虽然文化程度不高，但老唐对古建筑的悟性极高，是真正能跟古建筑对话的人。他心怀敬畏地修复，使得这组古建筑具有了某种灵性的光辉。

恒心

坚定理想信念，无私奉献社会。

老唐传承、弘扬中华优秀传统文化的事迹感动了许多人。当和好铺村民们亲眼看到先祖修建的古宅在14公里外的灌阳河畔一砖一瓦地慢慢修复起来，曾经的满腹疑虑也都消散了。村民们甚至觉得惭愧，没有保护好祖先留下的古建筑。一些村民还陆续把偷偷私留的木构件主动拿了出来，这让老唐十分宽慰：“他们终于理解，这个老头儿确实没有骗人。”而老唐的子女们，也从当初的极力反对转为默许。老唐说，我不能眼睁睁地看着这么精美的建筑毁在我们这代人的手上。今年他还想把古建筑工艺、文物修缮等知识进行整理保存，为古建筑的传承尽一份微薄之力。老唐有一个目标，就是修复100座桂北古民居，建成一个保存完整、艺术价值高、体现桂北古民居建筑风格的民俗博物馆，并且在合适的时候把博物馆无偿捐献给国家。

“先辈留下来的文化遗产需要我们去传承保护，这是我们的责任。现在我以最大的毅力和决心来做这件事，我相信会得到社会的理解和支持。”老唐说道。老唐在建立全州县思源民俗博物馆，将桂北古民居建筑群保护传承下来之后，便开始思索如何将这些长期积淀下来的，尤其是蕴含在传统民居中的历史文化、民族文化的精华发扬光大。于是老唐多方联系，利用古民居特色及优势，先后创办了孔子学堂、广西师范大学文化保护与传承调查研究实习基地和南宁学院桂北传统民居教学研究实训基地，定期组织学生开展专题学习，让更多的人了解、传承传统文化，并将它发扬光大。

老唐倾尽一生心血，建立了全州县思源民俗博物馆，保住了先辈留下来的文化遗产，传播了正确的社会价值观，弘扬了优秀传统文化，他的事迹值得每一个中华儿女去了解、学习。

红谷梦

——一起创业的各民族兄弟姐妹

◎ 董 杰 滕海波

百色是一座红色城市，因邓小平发起的百色起义而闻名中外。全市人口420万，有壮、汉、瑶、苗、彝、仡佬、回等7个世居民族，少数民族人口占全市总人口的85%，其中壮族占77%。

在新时代“大众创业、万众创新”的号角下，广西红谷农业投资集团的各民族兄弟姐妹牢记习近平总书记关于民族团结和精准帮扶的谆谆教诲，兢兢业业，奋力拼搏，以发展原生态黑土猪产业为抓手，谱写了一曲各民族兄弟姐妹同心协力实现致富的凯歌。

——题记

创业梦想篇

梦想是什么？梦想，是对未来的一种期望，指在现在想未来的事或是可以达到但必须努力才可以达到的愿望。梦想就是一种让你感到坚持就是幸福的东西，甚至可以视为一种信仰。

红谷团队就是一群有信仰、有梦想的年轻人，这个团队分别有壮、汉、苗、彝、仡佬等5个民族的兄弟姐妹，他们都是来自百色农村大石山区的年轻人。这些年轻人祖上三代都是面朝黄土背朝天的农民，这些年轻人最初的梦想就是要走出大山摆脱贫穷，改变命运，实现致富梦。在“大众创业、万众创新”的新时代来临之前，他们想要走出大山改变命运的唯一办法就是读书。可惜的是，由于家庭贫困，这群年轻人并没能接受良好的教育，他们之中大部分人只有中专学历，个别人由于家庭特别贫困，初中就辍学回家务农或外出打工了。

庆幸的是，他们都生活在这个伟大的时代。2014 年，李克强总理发出了“大众创业、万众创新”的号召。李克强总理发表讲话就提到，要借改革创新的东风，推动中国经济科学发展，在 960 万平方公里土地上掀起“大众创业”“草根创业”“返乡创业”的新浪潮，形成“万众创新”“人人创新”的新态势，让每个有梦想的“草根”都可以通过自己的努力、通过公平竞争来创业，实现自身的价值。

红谷的创业史是从 2010 年冬天某一天开始的，一个一直有创业梦想的彝族小伙李隆雷在晚上和农校校友聚餐喝酒的时候，跟三个一起在首府南宁某饲料公司上班的同学谈起辞职返乡创业的想法，没想到大家都积极响应，都对创业充满了热情，都有辞职返乡创业的打算。就这样，一个以彝族小伙子李隆雷为班长的四人创业团队成立了，创业的另外三个成员分别是来自北海的客家汉族小伙子朱庆良、百色市隆林各族自治县的壮族小伙卢永锋，还有百色市凌云县的汉族小伙姚源波。这四位小伙凑了 30 万元，又向一个师兄借了 50 万元。师兄的条件是：认真踏实做事，不抛弃，不放弃，两年后要见效益。

有了启动资金，四个小伙子斗志昂扬，决定从他们最熟悉、最专业的领域入手，而符合条件的就只有养殖了，因为他们都是从广西百色农校畜牧兽医专业毕业的。当时他们看到了食品安全形势严峻下搞生态养殖的巨大市场前景，集体商定搞生态土猪产业链项目。

经过精心筹备，农场终于在 8 月份建立起来。由于猪的生产育种具有一定的周期性，因此在最开始的那段时间里，大家主要的精力投放在了养鱼和养鸭上，想以短养长，度过空白期。本来指望一年有几十万元的进项，四个伙伴对未来都充满了期待，认为买车买房指日可待，美好生活仿佛就在眼前了；但由于缺乏经验，就在鸭子和鱼准备上市的时候，一场瘟疫，鸭子死光了，一个冬天，鱼都冻死了。四个伙伴一下子都傻眼了，养殖场本来刚成立不到一年时间，不仅没有实现盈利，反而亏损了 100 多万元，看着自己投下去白花花的银子最后啥都不见了，真是欲哭无泪！资金链断了，还欠了几十万元的外债，兄弟们都吃不上饭了，从开始的斗志昂扬到后来的万念俱灰，作为团队的领头人，李隆雷嘴上没说，但内心已经到了崩溃的边缘。

农业就是这样一个让人又爱又恨的行业。爱它是因为农业是个道德定位很高的行业，是人类生存和获取能量的起点，是一个国家安全的要素，因此，各个国家对农业都极其重视。可农业也是一个复杂的行业，因为它涉及人们每天入口的东西，所以在价格上、在对外贸易上、在标准上都受到国家严格管制。因此，在农业中要找到一个好的盈利模式是非常不容易的。此时，干农业创业的四个小伙子连吃饭都成了问题，还四处举债，这次的亏损，对于满腔热情想走创业之路的他们来说无疑是当头一棒。何去何从？他们内心充满了迷惘。

2012 年年初的一个晚上，李隆雷约了三个伙伴一起喝酒，酒至半酣，李隆雷的一句话让在场的人都沉默了。他说：“兄弟们，不如我们散伙吧。”他话一出，现场就是死寂一般的沉默，但沉默之后伙伴们的反应让李隆雷既意外又感动。最先发声的是来自北海的客家小伙朱庆良，他拍着桌子说：“李隆雷，你没有资格说放弃，我们会有办法的。当初我们四兄弟选择一起辞职出来创业，就是大家有一个同样的梦——以后能过更好的生活。现在你跟我们说散伙，那我们怎么办？我们的梦就没有了。不行，不能散伙！”朱庆良的话一出，立即引起了姚源波和卢永锋的共鸣，大家都表示不能散伙，要“死”大家一起“死”！

俗话说：“夫妻本是同林鸟，大难临头各自飞。”在当时这么艰难的情况下，即使再亲的人说要离开，相信也不会有人说什么，但红谷创业团队的四个兄弟，用行动让我们深刻感受到什么叫“兄弟齐心，其利断金”。这样的勇气和决心值得我们致敬！

“天将降大任于斯人也，必先苦其心志，劳其筋骨，饿其体肤，空乏其身，行拂乱其所为，所以动心忍性，曾益其所不能。”

那天晚上，四个伙伴都喝醉了，吵了，骂了，也都哭了。我相信没有经历创业的人，无法体会他们那时的心情。看过一些成功企业家的传记，整理了一些成功人士经历创业最艰难时期的资料，仔细研读，才发现，原来他们能有今天的成就都非常不容易，最艰难的时候，他们也曾失声痛哭。华为的创始人任正非，做了半年噩梦，梦醒时常常哭；阿里巴巴的创始人马云，南归杭州创业前与他的伙伴抱头痛哭。没有谁能轻而易举就可获得荣誉和名利，没有人可以随随便便成功，每个成功团队的背后都包含着艰辛的汗水和努力。

兄弟们还是要抱团走下去，勇气可嘉，也很感人，但光说是没有用的，因为此时的勇气和感动变不出白花花的银子，当务之急就是要找到资金才能活下去。这时候李隆雷想到一个人，他叫覃国洪，是他们这四个伙伴的师兄，他们创业之初，就是覃国洪借给了他们 50 万元。当初跟师兄约定好了，两年出效益，现在没有效益不说，反而欠了一屁股债。虽然李隆雷心中有一万个不愿意再去找这位师兄，但为解决眼前的困难，他还是厚着脸皮再一次找到了覃国洪。李隆雷的想法是不仅仅要解决资金上的困难，而且还要邀请他加入团队，回来主持大局，因为项目走到今天的地步，李隆雷作为领头人，有着不可推卸的责任。虽然当初在饲料厂做销售他是一把好手，但具体的经营管理却是他的短板，而师兄覃国洪当时已经是成功的企业家了。李隆雷相信，如果由师兄覃国洪来带领团队，项目肯定能取得成功。但这个被李隆雷说得像神一样的师兄，到底是何许人呢？他真的有那么神吗？

李隆雷的这个师兄叫覃国洪，壮族，1981 年出生于大石山区百色市那坡县德隆乡大板村大板屯，自幼聪慧、坚韧，初中毕业后考取了百色最好的高中——百色高中，但由于家庭条件不好，就报读百色农业学校畜牧兽医专业。毕业后，到南宁正大集团工作。正大集团是一家外企，管理规范，权责分明。在这里，覃国洪学到了正规企业的运作模式和管理方法等企管经验，很快成长为企业中层职员，也成为高薪阶层。但这样的企业内部晋升，并不是他的追求，因为他始终都有一颗返乡创业的热切之心。

那是因为故乡有良好的生态资源环境，同时山歌、俚语、米酒等这些平时在外感觉不重要的东西，现在竟成了吸引远方游子归来的符号，正如歌中唱道：“归来吧，归来哟，浪迹天涯的游子；归来吧，归来哟，我已厌倦漂泊……”

机会总是留给有准备的人。得知百色市有家养猪场经营不善，濒临倒闭，覃国洪经考察后，认为可以接手，于是毅然辞去外企的工作，带着积攒下来的所有积蓄返乡创业。覃国洪经营该养猪场的那几年，恰逢猪价行情好，加上他的精心管理，承包养殖场的那 4 年，覃国洪赚到了人生的第一桶金。2007 年 9 月，覃国洪揣着第一桶金，在南宁成立了广西南宁华谷农牧科技有限公司。从帮别人代加工到拥有自己的生产线及独立运营的饲料厂，经苦心经营，公司年营业额已达 5000 多万元。

当覃国洪来到养殖场，看到了养殖场的情况后，不用师弟李隆雷说，覃国洪也能明白项目的状况，但他没有直接点破，只是简单地向李隆雷了解黑猪的长势及项目的运营情况。李隆雷先向覃国洪描述项目的美好未来及阳光前景，再向师兄大倒管理工作的苦水。李隆雷对覃国洪说："师兄啊，做销售，我信心十足，绝对是一把好手；但是具体的管理经营我目前火候还不足啊。现在的状况你也看到了，如果能有师兄来带领我们，我想大业可成啊。"覃国洪回答："别说得那么玄乎，直接点，你们想干吗?""跟您借的那 50 万元算入股项目了，现在项目资金仍然有缺口，您再继续投资吧，我们跟着您干，您来做老大!"李隆雷这时才向覃国洪说出了他的真实想法。"早就等着你们开口了，我也看好这个项目的趋势，之前没有直接谈入股，是不想直接霸占兄弟们的劳动成果，如今大家都想到一块了，那我们就一起干吧。"师兄覃国洪的回答让李隆雷感觉犹如春风拂面。

其实，不用李隆雷说，覃国洪已经知道李隆雷想干什么了。按覃国洪的说法，同是创业者，又都是农校校友，也同是农家子弟，干的都是农业，内心是能产生共鸣的。从这群小师弟的身上，覃国洪看到自己 22 岁时的影子，而且随着饲料行业的竞争越来越激烈，他当时也有意向将重心转向饲料行业的下游产业链。

2012 年，覃国洪正式回到了百色。这是他的第二次返乡创业，我也是这个时候接到组织部门的委派，正式成为他们团队的创业导师。那段时间，我经常和覃国洪在一起讨论企业的发展问题，共同对项目重新布局，完成了组织架构、人事分工、完善经营模式等，各项工作开始重新启动了。

2012 年 4 月 11 日，第一家黑猪生鲜肉店在百色向阳农贸市场隆重开业。2013 年 3 月，广西百色红谷农业投资有限公司正式成立，红谷的生鲜肉店快速占领百色市场。后来生鲜猪肉店一家连着一家开，光在百色城区就有 13 家连锁店。红谷公司成为百色最大的黑土猪品牌企业，队伍也不断壮大，团队从原来的 4 人发展到了 50 人。

随着企业的快速发展，管理上的问题也日益凸显。接下来该如何发展，成了团队最棘手的问题。企业发展壮大，增加了人员之后，就容易让争议变多，如果一群人的想法凑不到一块去，企业会怎么样？没有向心力、凝聚力，且方向不一样，这并不是任何人的错误，而是一个企业发展过程中难免会碰到的问题。红谷团队的成员大部分来自大石山区的农家子弟，学历相对比较低，虽然他们肯实干，但具体的经营管理和战略规划等是他们的短板。通俗地说，这是"接地气，不通天线；只会低头做事，而不会抬头看路"。

覃国洪作为企业的一把手，也意识到这个问题，他知道导入企业文化的时候到了。因为对企业员工来说，企业文化等同于企业的价值观、愿景，解释了大家凝聚在一起的原因。企业文化能帮助你打造组织能力重要的一块：一群人在一起愿不愿意做同一件事情，他们是怎么走到一起的，这些都影响到这个企业到底能不能成功。于是红谷团队结合红谷的实际情况，首先提炼出了红谷的战略规划、红谷使命、红谷价值观、红谷精神，然后再往下延伸成为企业愿景、市场策略、组织结构、业务流程、人力资源、经营运作、行为规范、能力模型等企业文化，通过宣传、教育、培训等方式，最大限度地统一员工意志，规范员工行为，凝聚员工力量，为企业总目标服务。

在具体经营过程中，团队先后提炼和总结出：红谷初心——让百姓吃好；红谷核心价值观——用心、实诚、精进、共享；红谷使命——引领农家子弟，实现致富梦想；红谷经营理念——敬天爱人，厚德经营；红谷精神——重质量、守诚信；红谷经营模式——轻资产、重经营、创品牌。

初心与使命篇

从2013年至今，红谷一直在高速发展中。在2015年5月，红谷成立了党支部，党组织发挥优势，将党和国家的方针政策传达给企业，引导企业贯彻落实党的方针政策，遵守国家法律法规，引导督促企业合法经营，保障企业健康有序发展。党支部自成立以来，以党员“亮身份、树形象、显作用”为出发点，以党员示范岗为载体，充分发挥支部党员的带头作用、骨干作用、桥梁作用，为公司快速健康发展提供了有力保障。在支部书记覃国洪的带动下，公司业务经理财务总监卢艳兰、南宁事业部经理宋显柠、综合管理部经理滕海波等优秀业务骨干先后加入了党组织，支部现有正式党员6名，预备党员2名，入党积极分子10名。

在党旗的引领下，这支由青年党员带头，农家子弟和返乡农民工组成的团队，继承发扬百折不挠、团结奋斗的百色起义精神，从最初1个养殖基地的200头母猪，发展到目前6个直营养殖场和54个加盟养殖场的10000头能繁母猪及年出栏10万头肉猪的规模。其中2015年出栏肉猪32225头，营业额6445万元；2016年出栏肉猪40258头，营业额7896万元；2017年出栏肉猪53945头，营业额约1.08亿元；2018年预计出栏肉猪10万头，营业额突破1.5亿元。企业不光是在养殖的板块得到较好的发展，在其他板块也得到很大的提升，创办的“红谷·隆林黑猪”“红谷优鲜”“红谷黑郎”“菜班长”等品牌，以差异化突出的优质产品、鲜美的口感、绿色健康的品质，很快赢得了消费者的认同与青睐。截至目前，他们在百色市共有连锁生鲜销售门店25家和南宁及区内其他城市共计超过100家生鲜销售门店。2016年3月1日，央视《致富经》栏目用了24分钟大篇幅介绍了红谷团队的创业历程。

红谷团队发展得很好，但他们不忘本，他们依旧是那支“不忘初心，牢记使命”的队伍。在当前和未来，全社会对食品品质有着更高的愿望和追求，且食物本身就是孕育生命的根本，负载了人类对健康、对环境等的理想和使命，甚至影响到社会稳定，日益敏感的食品安全问题成为关乎民生的头等大事。消费者从没有像今天这样关注化肥、激素、药物的滥用以及我们的下一代吃什么的问题，而消费者和生产者之间的关系也从没有像今天这样存在隔阂。

在这样的时代背景下，作为真正的“三农人”（笔者给“三农人”的定义：出生于农村，就读农业专业，从事农业），红谷团队要为全社会的健康饮食承担社会责任。红谷集团专业从事黑土猪养殖、销售以及高端食材集成和供应。红谷供应链依托广西百色农业学校的校企合作平台，联合百色市水产畜牧业协会、广西—东盟经贸促进会农业产业联合会，为打造精准扶贫新模式，借力深圳对口帮扶，实现从农场到餐桌的全产业链而成立了共建共享安全食材资源整合平台。

红谷人的初心就是为社会输送安全、健康、美味的生态食材，让百姓吃好。

红谷人的使命是引领农家子弟，实现致富梦想。红谷团队五个民族的兄弟姐妹全部来自农村大石山区。为了让员工摆脱贫穷，实现创业和致富的梦想，红谷集团内部的经营管理情况是“员工老板化，老板员工化”。目前公司大部分的经营场所都是承包出去的，承包者就是内部的员工，公司把手上大部分的养殖场或者经营盈利后的生鲜店，承包给内部的员工，让员工自己当老板，这就是“员工老板化”。而公司的管理者和股东就为他们这些承包的老板做服务工作，这就是“老板员工化”。这个“员工老板化，老板员工化”的管理模式取得了很好的效果。目前光百色城区就有12家生鲜店的店长实现从员工到老板的转变，每个店长的年收入都在10万元以上，不少员工还在百色最贵的楼盘买了房子。

红谷这个平台的建立，直接解决了红谷体系内各民族兄弟姐妹的就业问题并实现致富的梦想。在党旗的引领下，红谷集团还积极投身国家精准扶贫战略之中，积极响应地方党委、政府号召，以红谷主打黑猪产业参与精准扶贫，建立“政府引导扶持，企业为主体，贫困户参与”的产业扶贫工作机制，通过民企共建、生态养殖、产业组合的项目来实施，采用“政府主导＋公司＋（村集体经济）合作社＋扶贫户＋保价回收＋分红”的合作模式，且通过产业深度参与，在扶贫助力中总结出了“三权分离”的红谷产业扶贫助力模式，实用性强，效果显著，从而真正实现产业“真扶贫、扶真贫”的目标。

红谷集团发展村集体经济的方式是“三权分离”的模式，“三权”分别为所有权、经营权、管理权。村两委用集体经济资金建设养殖基地，基地的所有权是村集体的。然后村两委将养殖基地承包给贫困户或者致富带头人，养殖基地的经营权就是贫困户或者致富带头人的，但这些人又不会管理养殖场，怎么办？拥有养殖基地经营权的贫困户或者致富带头人再与红谷公司合作养殖黑猪，由红谷输出技术、管理模式、回收，按照红谷集团的管理模式来管理，管理权归红谷集团。“三权分离”形成一个三赢的合作模式：一是村集体有养殖基地出租的收益，二是贫困户通过经营养殖基地获得收益，三是红谷集团产业得到发展。

在百色靖西市果乐乡有一个村叫大有村，它之前和其他脱贫村一样，是一个集体经济的“空壳”。大有村和红谷合作养殖黑猪后，现在每年出栏2批商品猪，纯利润约6万元。大有村养殖黑猪是依托养殖业破解村集体经济收入“空壳”的一个缩影，因为养殖黑猪属于一个“短平快”的项目，有着良好的群众基础，是破解村集体经济收入“空壳”的一个重要的抓手。

截至目前，分别有百色市的德保、隆林、凌云、乐业、田东等11个县（自治县、市）及崇左市那岭乡和隆安县都结乡的49个村的村集体经济养殖场或养殖合作社与红谷集团合作养殖红谷黑猪，养殖的母猪和肉猪共计12420头，其中母猪为5670头，肉猪6750头，年产值8150万元，平均每个村集体或合作社年收入5万元以上。这种模式累计带动贫困户4180余户，累计直接和间接解决1200多人的就业问题。红谷人的使命就是通过红谷这个平台，带领贫困家庭的农家子弟共同实现脱贫创富的梦想。

团结奋进篇

农业是个高风险行业，红谷作为一个农业企业，生产周期长，占用资金大，行业标准高，稍不留神，非常容易触礁翻船。据抽样调查显示，在中国，中小企业的平均寿命仅为2.5年。红谷从2013年成立至今已有5个年头，现在还没出现衰败的迹象，反而更加生机勃勃地健康高速发展，这离不开党委、政府的关心与支持，更离不开红谷五个民族兄弟姐妹的肯干实干、团结奋进。这群红谷人弘扬了以“团结和谐、爱国奉献、开放包容、创新争先”为核心的广西精神，在这群兄弟姐妹（由不同民族构成）中，有红谷创业初始，在冬天冰冷的凌晨下鱼塘捞鱼的彝族小伙李隆雷（现任红谷集团总裁）；有独守养猪场，因急性胃肠炎晕倒而差点命丧猪栏里的壮族小伙卢永锋；有为了保护公司财产而跳进粪坑救猪的仡佬族小伙李隆震；有放弃了国企稳定工作，不顾家人反对，只身一人来到百色加入红谷创业团队的苗族小伙王永桢；有放弃大城市优越环境，来到红谷承担起乡村旅游项目的“女汉子”——汉族姑娘杨芳芹。他们只是红谷创业团队中各民族兄弟姐妹的代表，在红谷还有许许多多像他们一样的兄弟姐妹，为了实现共同的“红谷梦”，顾全大局，乐于奉献，这才有了蒸蒸日上的红谷。

习近平总书记说：“我国56个民族都是中华民族大家庭的平等一员，共同构成了你中有我、我中有你、谁也离不开谁的中华民族命运共同体。实现中华民族伟大复兴的中国梦是各民族大家的梦，也是我们各民族自己的梦。”

“团结就是力量，团结就是力量，这力量是钢，这力量是铁……”在我们孩提的时候，老师就教会了我们这首《团结就是力量》的歌曲。著名哲学家叔本华曾经说过：“单个的人是软弱无力的，就像漂流的鲁滨孙一样，只有同别人在一起，他才能完成许多事业。”作为创业导师，我时常教导他们说，组织的功能比人才大。而此时，把这首歌放在红谷各民族兄弟姐妹的身上更是合适不过，因为正是这群团结的兄弟姐妹才成就了今天的红谷。

红谷团队这些年在优质的企业文化导向和覃国洪及领导团队正确的领导下，取得喜人的成绩。2016年6月6日，红谷正式升级为集团公司。记得成立的当天，我也应邀来到庆典的现场，看到现场锣鼓喧天，舞龙舞狮，红谷的所有员工都穿着庆祝集团成立的红色文化衫，每个人的脸上都洋溢着自信和幸福的笑容，现场都是一片红色的喜悦景象。一路看着他们从无到有，从小到大，从弱到强，这一路上的艰辛坎坷，我也一起经历过。有好几次大困难，我以为他们真的要跨不过去了，很为他们担心，但他们都凭着农家子弟的肯干实干，众志成城，团结一致，克服了一次又一次的困难。从最开始的一个小团队，发展到包含了多个民族兄弟姐妹的大集团公司，作为他们的创业导师，看到他们能有这样的成绩，我感到非常自豪。

这几年来，红谷集团与时俱进，与国家发展同步，按照党和国家的要求去做，创新发展，积极投身精准扶贫等国家战略重大行动，在各族兄弟姐妹的团结奋进中，把“红谷梦”融入“中国梦”，在产业发展中取得了良好成绩。总体来说，红谷团队还是一支年轻的创业的队伍，未来还有许多的困难和挑战，但经过几年的打磨，他们已经从起点很低的农家子弟，成长为一支有文化自信、道路自信、制度自信的队伍，一支“招之即来，来之能战，战之能胜”的队伍。经过几年的发展，团队赢得了社会和组织的信任，大家给了红谷相当多的赞誉。2016 年覃国洪被评为百色市党代会党代表，并被推选为党的十九大党代表的候选人。2016 年他当选广西—东盟经贸促进会农业产业联合会会长，2017 年当选百色市水产畜牧业协会会长。总经理李隆雷当选为隆林各族自治县工商联副主席、百色市政协委员、隆林政协常务委员；杨芳芹当选百色市旅游协会副会长。俱往矣，荣誉已属于昨日，相信在未来，有更加灿烂辉煌的明天等着他们。让我们拭目以待！

让每一朵鲜花绚丽绽放

◎ 赵　霞

"叶妈妈，我们好想您啊！"一群高高大大的年轻人紧紧地簇拥着一位中年妇女，争先恐后地送上鲜花，热烈地拥抱这位慈祥的"妈妈"。往日，放学后的校园很安静，可今天却热闹非凡。一群长大成人、学有所成的年轻人相约回到母校，看望他们的"叶妈妈"。

学生心中的这位"叶妈妈"是南宁市民主路小学的叶仲秋老师。她今年47岁，从教27年来，一直担任班主任和语文教师，是一位深受学生爱戴、家长敬重、同事钦佩的优秀教师。作为语文老师，她的教学风格既扎实又灵活；作为班主任，她全身心地关爱每一个孩子。她被评为广西教育学院教研部教育研究先进个人、南宁市教学骨干、南宁市青秀区课改先进个人，多次被广西教育学院、广西师范学院聘为语文教学专业课实习指导老师，还担任"中小学教师国家级培训计划"中西部农村中小学骨干教师顶岗置换培训项目小学语文培训班基地的研修指导老师。她年年被评为学校的优秀教师、优秀班主任，多次被评为青秀区优秀教师、优秀班主任。2012年、2013年连续两年被评为南宁市优秀班主任、南宁市优秀中队辅导员；2014年，她在南宁市"我最喜爱的老师"暨第十五届"李国伟、荣慕蕴教育园丁奖"颁奖大会上获奖；2015年被南宁市政府评为学科带头人；2018年被评为南宁市十佳教师。她所带的班级多次被南宁电视台等媒体报道，还于2018年被评为南宁市优秀中队、南宁市优秀"动感中队"、全国优秀"动感中队"、广西优秀少先队集体。她承办的"诵读国学经典　践行圣人雅言"古诗评鉴沙龙获得全校及各级教育观摩团的一致好评。2018年4月，叶老师所带的中队到南宁市明天学校开展"越读①路上勇前行"主题中队会，获得与会

①"越读"是叶仲秋老师对阅读的一个定位，形容的是一种读书的境界：阅读—悦读—越读。简单地说就是看书—快乐地看书—越来越爱看书，越来越会看书，越读越明白自己，所以叫"越读"。

教师的好评，南宁电视台、《生活报》等多家媒体对此进行了报道。2018年6月，她应广西电视台公共频道邀请，录制了两集特色家长会向全国播出，收到很好的社会效应，得到家长们的高度赞赏。

“做一个学生喜欢的好老师。”这是叶老师最朴实的梦想。她爱生如子，27年来，她把自己全部的心血都倾注在学生身上。她尊重学生、热爱学生，为学生创设宽松愉快的学习氛围，为学生的健康成长创造条件。她深受学生爱戴、家长拥护、同事尊敬。

在叶老师的班级里，每个学生都能在明媚的阳光下追求真知，发展个性，感受成功。在她心目中，每个学生都是祖国的花朵，都应该悉心栽培。不管是“金凤凰”，还是“丑小鸭”，她都用欣赏的目光去关注学生的每一个闪光点，期待学生的每一点进步，用喜悦的心情去拥抱学生的每一次成功。

一年级八班来了一个特殊的孩子糖糖（化名），糖糖上课坚持不到几分钟就全身瘫软无力，头抬不起来。细心的叶老师很快就发现了这个问题。她多次到孩子家拜访，用真诚打开家长的心结，孩子的家长终于道出真相：原来糖糖患有脑瘤，已经动过两次大手术，学习和自理能力很差。家长担心孩子受歧视，所以没敢道出实情。叶老师诚恳地说：“我们一起努力，让孩子快乐地学习和生活吧!”

每天，叶老师都留心关注糖糖的变化，细心地呵护、辅导糖糖，以身作则带动全班的学生向糖糖伸出热情之手，照顾、帮助他。糖糖苍白的小脸总能露出灿烂的笑容，他的心里住着个小太阳，让他觉得全身都暖洋洋的。

糖糖要定期接受康复治疗，叶老师每天都会如约给他打电话，耐心倾听糖糖只对她说的悄悄话，给他支持和鼓励。周末，叶老师会抽空去看望他，给他带小礼物，和他一起读书。虽然相处只是短短的几个月时间，糖糖和家长已经深深爱上这位可敬的叶老师。

叶老师坚信：“作为教师，心中有一轮红日，把阳光洒给每个学生，温暖每个学生，尤其是落后些的孩子。他们好比一颗难以发芽的种子，更需要教师提供土壤、水分、肥料、空气和阳光。”班级里稍落后的孩子没有一个不感激叶老师，因为他们得到叶老师的爱更多。

面对着心智、个性能力发展稍滞后的学生，她总是激励他们以每次小小的成功为基础，一步步踏实地全面发展，因此她的学生大多品学兼优、能力出众。在近几年，叶老师更是以耐心和爱心成功转化了两名有医学证明的患多动症的学生，不仅改变了他们的典型症状，而且还让他们的学习与能力日益进步。她班上的小浩（化名）同学是一个患有多动症的孩子，父亲在外地工作，而在南宁工作的母亲又经常出差，她就把孩子接到家里住，有时一住就是一个星期，尽心尽力照顾好孩子。孩子的父母离异时让孩子选择随父亲还是随母亲生活，孩子说谁也不跟，就跟叶老师生活。孩子的父亲一听这话眼泪唰地就流下来了，说：“把孩子放进叶老师的班，我很放心。”为了引导班上的另外一名多动症孩子小杰（化名），叶老师从培养他看课外书入手，不仅拿出自己家的课外书给他读，还常常掏钱帮小杰买喜欢的书籍。在叶老师的耐心引导下，小杰逐渐告别多动症的症状。在2018年小学毕业典礼上，小杰抱着叶老师哭着说：“叶妈妈，我真舍不得您……”

曾经是全校闻名的打架大王、人见人愁的小覃（化名）经过叶老师6年的悉心教育，脱胎换骨，变成一个成绩优秀、明事知礼的好少年。毕业的时候，小覃的母亲抱着叶老师痛哭流涕："叶老师，我们全家感谢您！"

"用诚心点亮家长的心灯"是叶老师的另一份爱。叶老师用真心换家长的放心，坚持积极开展家校联系，真诚地与家长交流，指导并帮助家长纠正错误认识，优化家庭教育。她耐心体谅的态度、效果显著的方法，得到了家长的交口称赞。家长们碰到家庭教育问题也常常向叶老师请教，叶老师尽己所能为家长服务，从而构建了稳固的家校合作的桥梁，取得了双赢的教育成效。

"叶妈妈"的称号，同样也在年轻教师中口口相传。叶老师不仅用心培养学生，对同事特别是年轻的教师也是关爱有加，悉心教导，无私奉献自己的宝贵经验。不管是不是同组的教师，她都像姐姐、妈妈一样给予他们关心和帮助。年轻的教师都喜欢她，不管是工作问题还是生活上的困惑，他们都找叶老师求教或倾诉。叶老师总是不厌其烦地谆谆教诲，耐心地点拨启发。在她心中，这些年轻人也如同她的孩子一样，需要关爱，需要培育，需要点亮他们心中那盏奉献教育的心灯。她无数次指导年轻教师参加各类优质课、队会课、示范课等教学比赛，不少年轻人在她的指引下，取得成绩突飞猛进，成为学校的教学能手、教学骨干。她所在的年级先后有蒙海莎、曾小川、杨一梅、胡雪等21人次参加了城区级以上教育教学比赛，都取得优异的成绩。这些年轻人有的成为南宁市的教学精英，有的成为学校中层领导，但他们依然以叶老师为学习的榜样，敬重她、爱戴她。

如今，叶仲秋老师在基础教育工作中已收获累累硕果，成为南宁市的名师带头人。她不但要做好自己的教学工作，"传帮带"也成为她重要的工作内容。南宁市教育局、广西师范学院、广西教育学院以及各地市教育局纷纷邀请或聘请她参加各种教育教学研讨活动，在各类国培、区培活动中担任主讲专家、研修导师，为培养更多更优秀的教师传授经验。近几年来，她先后20多次到各地市、乡镇进行讲学，《班级文化显特色　越读育人更无声》《做幸福的班主任》《点灯人》《如何在语文课堂教学中凸显课标》等系列讲座深受教师们欢迎，特别是让乡村教师受益匪浅。他们非常感谢叶老师远道而来与他们分享教育经验，过后还经常和叶老师保持联系，求经问教。叶老师毫无怨言，耐心细致地解答老师们的问题。和叶老师接触过的人都由衷感激道："叶老师用那无私的分享点亮我们的梦想。"

有一次，叶老师到来宾忻城支教，精彩的课堂教学方式、亲和的教学风格令从各乡镇前来听课的老师们赞叹不已。课后，一位年轻的小伙子紧紧地跟着叶老师，兴奋地与叶老师交流他听课的感想。叶老师看到小伙子对上好一节课的热情和执着，她也被感动了，不顾车马劳顿，不顾上课的疲惫，和这位年轻人长谈了将近两个小时，从教学的方法、教材的分析、上课的技巧、与学生的沟通以及人生的规划进行真诚的交流。小伙子顿觉心中亮起了一盏指路灯。他不禁感慨："叶老师，从来没有人这样和我谈心。来听您的课之前，我一直处于极度的困惑当中，一直找不到当老师的快乐和自信，甚至多次想辞职不干。今天听了您的点拨，我茅塞顿开，明白自己该怎么做了！"叶老师语重心长地说："小伙子，你身上有股执着的劲儿，只要不忘初心，我相信你的明天会更好!”果然不出两年，小伙子在当地成为教学骨干，当上了中层领导，还收获了自己的爱情。

学生郑之钰在“我最喜爱的老师”颁奖会上为叶老师写下了这样的颁奖词——

我最喜爱的叶仲秋老师：

作为语文老师，您致力于营造书香课堂，教诲学生懂得“腹有诗书气自华”；作为班主任，您用温暖的关怀诠释着师生间无限的温馨。我们常常听到的是“你们是最棒的”这句话。其实，亲爱的叶老师，您在我们心中才是最棒的!

这就是大家最喜爱的教师叶仲秋老师——一个充满爱心，充满梦想的教师。她用自己的聪明才智、真诚善良，浇灌每一棵幼苗，期待每一朵花绽放；用高尚的灵魂点亮一盏盏心灯，托起了一个个民族的未来!

韦寿增——一个平凡而伟大的壮族青年楷模

◎ 莫善更

他是一名普通的壮族青年，最大的愿望是还了建房子欠下的债，与家人一起过上幸福的生活；他身为国土资源管理所所长，抵制矿老板巨额贿金的诱惑，过着节俭的生活；他枕着装满资料的公文包离世，长眠在自己热爱的工作岗位上。他就是靖西县（现靖西市）安宁乡国土资源管理所所长韦寿增。

1979 年 2 月，韦寿增出生于靖西县地州乡甘荷村，1999 年 8 月大专毕业后参加工作，2001 年 12 月加入中国共产党。2002 年起他就任安宁乡国土资源管理所所长，2009 年 10 月起被抽调到县征地组工作，从事靖西至那坡高速公路征地工作。2010 年 3 月 29 日，韦寿增因过度劳累在工作岗位上殉职，享年 31 岁。韦寿增多次荣获靖西县国土资源系统“先进个人”称号，2010 年 7 月靖西县委追认韦寿增为“优秀共产党员”，中共广西壮族自治区委员会追授韦寿增同志“自治区优秀共产党员”光荣称号，国土资源部追授韦寿增同志“全国模范国土资源所所长”称号。

他，工作兢兢业业、任劳任怨。

自从 1999 年被分配到离家 40 公里的安宁乡工作，韦寿增便扎根基层 11 年。他给人留下的印象是工作认真，为人朴实。

安宁乡虽然人口不多，但面积有上百平方公里，又地处中越边境，边境线长达 28 公里。从 2002 年担任安宁乡国土所所长起，韦寿增当了整整 3 年的“光杆司令”。食品专业毕业的韦寿增为了尽快熟悉业务，报名参加法律专业自学考试，并充分利用业余时间自学国土资源管理知识。

在乡里，安全生产实行的是一票否决制。韦寿增所负责的乡采石场点多面广，还有经济价值较高的锰矿资源，打击非法采矿，确保矿山安全生产，压力巨大。每周，他必须对辖区内的采矿点和地质灾害隐患点进行一至两次的例行检查，这些地方往往山高路陡，交通不便，巡查一遍至少要花上两天的时间。加上土地管理和上级布置的中心工作，只有一个人的国土资源管理所，工作量已经是超负荷。即使如此，他还参与乡里大量的中心工作。

2005 年，局里为韦寿增安排了刚毕业参加工作的谭成望当助手，但他肩上的担子没有因此而减轻，反而更重了——当年，他被乡里指派兼任古庞村的挂村干部，一挂就是几年，直到去世。

古庞村是个边境村，有 2100 人，乡里的计划生育、种植业结构调整、农村教育、危房改造、沼气池建设、扶贫攻坚以及兴边富民工程等工作，每一项工作的联系、协调和落实，韦寿增作为挂村干部都是主要责任人。2008 年开始实施的兴边富民工程，不仅项目多、涉及面广，而且直接关系到边境群众的切身利益和国防安全，是一项政策性很强的工作。特别是危房改造工程，需要挂村干部一户一户地进行政策宣传和动员。这几年来，也是国土资源部门任务最重、压力最大的时期，农村集体土地登记发证、全国第二次土地调查、地质灾害防治、矿产资源整治等，任务一个紧接一个。

2009 年 10 月，韦寿增被抽调到靖西县高速公路征地组工作，他认真负责的工作态度也感染了身边的同事。与他一同负责安德镇征地工作的黄绍福说，为了确保征地数据的准确，在三录村有一块地，韦寿增测量了 4 次。第一次测量出来的数据村民有意见，于是第二次他与村民一起再测量，但是回去后发现两次测量出来的数据对比误差较大。韦寿增再次去现场测量，由于户主不在，他找了村干部以及其他村民作证，但是田地户主并不承认，最后，韦寿增叫上黄绍福以及户主一同进行测量，这次户主终于心服口服了。

抽调过来负责征地工作后，大家比以前更忙了，每天要 6 点起床，7 点出发。而韦寿增既是挂村干部，又是国土资源管理所所长、乡里的计生委员，工作更忙，常常要加班，但从来没有迟到。乡里的其他同事想方设法打发乡下枯燥的业余时间，韦寿增却一点儿也没闲着。他大部分时间是待在宿舍里忙工作。由于工作成绩突出，韦寿增多次荣获靖西县国土资源系统“先进个人”称号。

他，生活清贫但拒绝金钱诱惑。

韦寿增家里有三兄妹，他是老大，也是家里唯一的儿子。住在农村老家的 84 岁的爷爷和 85 岁的姑婆以及患精神病的妹妹全靠他抚养，年过半百的父亲身体不好，那年他的女儿才 3 岁多，也正是花钱的年纪。为了维持日常开支，他恨不得一分钱掰成两半花。

由于家里负担重，他生活很清贫，他最大的愿望就是建一所房子把家人接去一起住。2006 年，韦寿增向银行贷款 8 万元，终于在县城建了一所房子。为了节省开支，建房用的水泥、沙子、砖头等，都是他一个人一点一点地搬，家里只是简单地铺了瓷砖，卫生间的门都没有装上。韦寿增生活很节俭，迷彩服、解放鞋、摩托车加上方便面是他的标配。

其实，安宁乡矿脉发达，而韦寿增挂点的古庞村锰矿丰富，只要他愿意“睁一只眼闭一只眼”，每个月就能从矿老板那拿到三四万块钱，然而韦寿增都坚持自己的底线——“非法采矿不能做”。

2004年8月，在查封一个非法采矿点时，参与整顿的同志被当事人纠集人员围攻近半个小时。韦寿增沉着冷静，耐心地进行宣传教育，最终在执法部门的协助下圆满解决了问题。2009年，在韦寿增的建议和策划下，全乡有关方面共出动人员356人次，对非法矿山开展全面整治，共查封矿洞68个、非法采石场15处，遣返人员385人次。经他处理的违法者中，有的是他的熟人甚至是曾经的好朋友。2007年，他的一位好朋友得知他家庭的困境，就动员他一起合伙挖锰矿，承诺不用他出一分钱，只要他执法时留些情面或大整治时提前报个信，保证每月给他一万元以上的分红。韦寿增不为所动，他告诫这位朋友说：“这种违法的事咱不能干！你也不能干，否则我们连朋友都做不成。”主管着有丰富锰矿资源之乡的韦寿增一身清贫，上班的交通工具是用了十几年、配件老化、故障不断的破旧摩托车。八十几岁的祖父、祖母，患精神病的妹妹全靠他抚养，还住在四面透风、破旧的房子里。

他，心系群众、无私奉献。

监测地质灾害隐患点是国土资源管理所的一个主要工作，韦寿增去得最多最勤的地方是安全隐患点实地。安宁乡所有的地质灾害隐患点和矿点，韦寿增都曾翻山越岭，一一走遍，坚持每周巡查一次，汛期每周两次。针对每个隐患点制订防灾预案，落实监测，组织避险等，韦寿增都尽量亲力亲为，准确掌握隐患点情况。2008年，得知安宁乡那冷村议论屯后山发现了滑坡隐患，正在发烧的韦寿增迅速赶到现场，不顾危险，坚持要上山查看。在掌握险情之后，他及时组织群众撤离，确保了群众23户115人的安全。安宁乡念通村通下屯后山有一处高500多米的危岩，威胁着40多户200多人的安全。韦寿增每次来巡查都要亲自爬到山上去观察，上下要一个多小时。在他看来，只有亲自看过，心里才踏实。

2009年，韦寿增虽然已经被抽去负责征地工作，但仍牵挂着古庞村村民的生产和生活。他告诉古庞村村主任张胜标说，虽然他现在被抽到县里搞征地工作了，但村里有什么事就打电话给他。在旱情严重的情况下，韦寿增还曾指导村民用滴灌的办法把果苗种下去。在他帮扶古庞村的那几年，该村95%的危房已经改造完毕，并种下了100多亩的果树。他每次下村，都先询问村里五保户的生活情况，了解政府发给他们的补贴都到他们手上没有。每年冬天或三四月份青黄不接的时候，他都要抽时间走访困难户，了解他们粮食够不够吃，然后到民政部门申请补助。

对于自己的老家甘荷村，虽然参加工作后就离开了，但他还是很关心村里的发展，做了许多实事。2002年起每逢周末，韦寿增都会回到村里带领村民种烟叶，还教村民种植管理以及烤烟叶的技术，让每户增加收入近万元。为了让拖拉机能够直接开进烟田，2002年9月初，韦寿增召集村民们修路，把只有1米宽的羊肠小道，平整拓宽到2.5米。

2003年起，韦寿增挂任的村屯，义务教育、危房改造、沼气池建设、扶贫攻坚等民生建设工作都做得有条不紊，村里的农业产业结构调整、危房改造等工作，村民们都很满意，也得到乡领导的表扬。虽然被抽去负责征地工作，但他还是放心不下曾挂职地村民的生产和生活，可唯独忘记了自己的健康。

在工作的岗位上，韦寿增用他从不停歇的脚步丈量着这里的每一寸土地，直到过度劳累击倒他年轻而充满活力的身躯。

追忆这位多年奋战在边陲乡镇基层干部的一生，没有惊心动魄、荡气回肠，只有平凡无奇、波澜不惊。他坚守岗位、清廉本分、踏实肯干的平凡事迹，在靖西这片红色大地上全新阐释了“伟大”的含义。他把伟大的人生理想融入平凡的具体工作中，做好每一项本职工作，哪怕只是一个很小的工作，也依然会推动我们整个事业前进的步伐。这种平凡，是艰苦中的守护，是感恩中的付出，是繁华中的放弃，是寂寞中的坚守——它彰显了共产主义信仰的伟大。

正因为如此，人们对韦寿增的缅怀之情才会这般强烈。

如今，在靖西市的中心城东大道上，热闹繁华的商业地带，一座占地面积达800平方米的崭新的陈列馆在此肃穆而立，这是专门为韦寿增这位普普通通的国土资源所所长建造的。这座全国唯一的、专门为一名普通的基层国土资源人所建造的事迹陈列馆，像一座丰碑，庄严地矗立在祖国南疆百色革命老区的土地上，也矗立在广大人民群众的心中。

泥土的幸福

◎ 肖亮升 李芳林 官锡金

“把自己最喜欢的事业做到极致，就是幸福。”

——题记

金秋九月，一个阳光明媚的平常日子。

钦州市钦北区板城镇厚孟村，50多名村民集中在村中的荔枝林里翘首以盼，有些村民还去村口张望，74岁的赖国老人喃喃自语：“今天又有馒头吃了……”姚树芬笑道：“‘馒头局长’来，哪能少得了馒头?”

下午2时30分，一辆白色面包车驶入村中，车上跳下一个皮肤被太阳晒成古铜色的中年汉子，他手里果然提着两袋馒头。

“‘馒头局长’来了!”

人群沸腾起来，村民们围过去，七嘴八舌地用各自习惯的称呼跟来者打招呼——

“李主席好!”

“李局长好!”

“好、好、好，大家好!”中年汉子一边回应着村民，一边给他们发馒头。

这个被村民称作“馒头局长”的人，正是我们的采访对象——自治区政协委员、钦州市政协副主席、民建钦州市委主委、钦州市水果局局长李云昌。

“馒头局长”的“果园课堂”

李云昌来不及喘口气，就在荔枝林里拉起“2017年厚孟三月红荔枝控梢促花技术培训班”的横幅，摆开桌子，折一把果树枝叶当教材，开始讲课。

村民们聚到“果园课堂”前，洗耳恭听。

因为人太多，有些后来者只好爬上树去听。

烈日当空，酷热难耐。李云昌讲得满头大汗，村民们听得聚精会神，近两个小时，没一个人中途退场。

在钦州市两县两区的果农当中，只要提起“馒头局长”，人尽皆知。

李云昌为何被称作“馒头局长”？这还得从他的“果园课堂”说起。

从2000年起，为了使服务果农的工作更接地气，李云昌除了在钦州市城区开办农业课堂给农民授课外，还把课堂搬到田间地头。

为了使培训更直观，他还时常爬上树做示范，手把手地教果农嫁接、保花保果。

他心里处处为农民着想，不错过每一个细节。讲课常常一讲就是几小时，为了不让果农饿肚子，每次他都提着几袋馒头去分给果农吃。久而久之，他便获得了“馒头局长”的美称。

“他没一点架子。把农民当亲人，农民的事就是他的事。”姚树芬家今年光荔枝一项就收入近万元，脸上洋溢着丰收的喜悦。

这得益于李云昌去年2月来给她家的荔枝树降树冠。

降树冠，通俗的说法就是砍掉荔枝树的老枝条。在姚树芬看来，这是糟蹋果树。

姚树芬夫妻俩坚决不同意。

李云昌苦口婆心地劝说，拍着胸脯保证，好不容易才做通他们的思想工作。最后，他爬上树去降树冠。

榜样的力量是无穷的。李云昌的真诚打动了厚孟村的果农，大家纷纷接受了他的建议，全村的荔枝树当年就丰产30万斤，比上一年增产24万斤！

望着满山红艳艳的累累硕果，李云昌心里充满幸福。

他的思绪穿越时光隧道，回到27年前。

钦州有个村的老荔枝树连续多年不挂果，果农说是果树分公母，不挂果的都是公树。

李云昌闻讯跑去做果农的思想工作，并做低改示范，降树冠，摘冬梢，给果树“开天窗”。

第二年，该村荔枝大丰收，满心欢喜的村民编了一首打油诗赞颂李云昌：

“荔枝不分公和母，只是技术不到家；学好技术用科技，挂果累累富万家。”

纯朴的农民还按人口凑了700斤荔枝，送去感谢李云昌。

一大堆荔枝让李云昌当场傻眼！盛情难却之下，他把荔枝送给政府机关的干部分享，自己掏钱请果农吃饭，还买了很多面饼让他们带回去分给其他村民。

从那时起，他真正感受到了知识的力量，品尝到了为农民服务的幸福。

从那时起，他家便成了进城农民的“免费旅馆”。隔三岔五就有果农去他家拜访、讨教，吃住他全包，床不够，就在家里打地铺，客厅里、过道里睡满了从各地赶来的果农。常常是满满一桌子人吃饭，一个月几袋米都不够吃。

他的妻子支持他的工作，毫无怨言。

“虽然我不是农村人，但我对农民有着深厚感情。从踏进广西农学院那天起，我就发愿要终生为农民服务。”

为了践行这句诺言，李云昌数十年如一日地默默奉献。

为了学到真本领，在广西农学院果树专业学习的李云昌，把抄好的知识点贴在蚊帐顶上，睡醒时一睁眼就能看到。辛勤的苦读换来了大学四年成绩始终保持年级第一的战果。

1984年，李云昌毕业分配到钦州市大直镇农业站工作，从此与水果结下不解之缘。

从此，他不仅干一行爱一行，更钻一行精一行，把水果事业融入血液里，刻入生命里。

光是他的“果园课堂”，每个月就至少开办3次，每年开办50多次，至今已开办18年，累计听课农民达5万多人次，间接受益数十万人。

只要不出差，不开会，他几乎每天都下乡，整天都泡在果园里，和农民打成一片。

下乡讲课、调研、实验观测……他总有干不完的活，几乎没有周末，一年四季都在果园。

2017年中秋、国庆8天长假，他除了在单位值1天班外，7天时间全都在果园。

常年下乡，陪伴妻儿便成为奢望。

女儿李冬这样描述她心目中的父亲：“小时候，家里的电话机旁放着一本记事本。那时还没有手机，如果爸爸不在家，我和妈妈就会把找他的电话记到记事本里。后来搬家的时候，发现这样的记事本整整积了两大摞。

“因为爸爸忙于工作，经常不在家，记事本里大多是各种找爸爸的人和事，其中最常见的就是某个乡某个村的果农希望向爸爸请教各种各样的问题。每当接到这样的电话，我的回复‘模板’就是：‘爸爸下乡去了，不在家。请问你是哪位叔叔（阿姨）？电话号码是多少？我会转告他。’

“童年里，爸爸总是奔波在各个乡镇，不停地给果农上课，了解果农的各种困难和需要。他真的太忙了！小时候的我不免心里有些埋怨。长大后才慢慢理解，爸爸的付出是为了帮助一直信任他的果农们，为了支持更多人的事业……”

因为李云昌的“果园课堂”大受欢迎，2017年3月的一天，他从中午一直培训到晚上，最后只能打着手电筒培训。

他要把自己掌握的农业知识全都掏给农民！

但是20年前，他的“果园课堂”可不像现在这么受欢迎。

2000年前，由于长期缺乏技术和产业规划，钦州水果产业持续走下坡路，产业处于失管状态，果农只能靠天吃饭。很多果农只能忍痛砍掉果树转种速生桉，其中以砍荔枝树为甚，成百上千亩的荔枝树毁于一旦。

李云昌看在眼里，痛在心头。

且不说桉树种植面积过大会不会影响生态环境，这么一窝蜂地砍果树种桉树，日后钦州水果甚至广西水果还有什么优势可言。

一种强烈的使命感在他心中升腾。

他决心要拯救钦州水果产业，救钦州荔枝于水火之中！

他进农家、下果园，苦口婆心地劝说果农别砍荔枝树，手把手地传授荔枝增产的技术，发动农民参加培训。

谁知农民只撂下一句话：“教怎么种桉树就去，教种果树不去!”

他并不气馁，耐心地跟果农说道理，摆事实，甚至赔笑脸：

“桉树只是短期买卖，果树年年有收入。”

“你今天砍果树不心疼，明天心疼来不及。”

精诚所至，金石为开。在他的努力下，砍果树的风气终于刹住了。

如今，在李云昌的指导和帮助下，钦州不少水果种植大户年收入上百万元，无数贫困户靠种水果得以脱贫致富，过上幸福生活。

钦州市浦北县江城镇水果种植大户容启智，1997 年承包 400 亩地种荔枝，不料年年亏本。在那股“砍荔枝种桉树”的风潮中，他两年时间就砍掉 300 亩荔枝树，只留下 100 亩。幸亏后来遇到李云昌，最后通过悉心种植 100 亩荔枝，他年年丰收，扭亏为盈。

回首往事，容启智感慨万千：“李主席对农民就像亲兄弟!”

浦北县神湖合作社社长龙先胜当年也是“砍荔枝种桉树”的跟风者，参加李云昌组织的学习后，他停止砍荔枝，连续四年增产，2018 年卖荔枝的收入高达 130 多万元。因为对李云昌敬佩有加，李云昌组织的每次培训会龙先胜都不缺席，他不仅自己反复听，还到处帮李云昌做宣传。

在龙先胜的带动下，周边的果农和种植大户不但不砍荔枝，而且还扩种，他自己 2018 年就扩种了 100 多亩。

“没有李云昌，就没有我的今天。”

在龙先胜眼里，李云昌就是果农的大救星。

试想，如果没有李云昌当年的一番苦心，哪会有钦州水果产业今天的骄人成绩？哪还有钦州灵山县这个享誉全国的“中国荔枝之乡”？

因为热爱，所以执着

“因为热爱，所以执着。”这是李云昌的座右铭。

对于钦州的水果产业，李云昌心里总有一本明白账：对全市的水果种植面积、种植种类和产量，他张嘴就来，精确到小数点；他能准确地说出某个果园的面积、种类、存量和销量。

为了给水果研究提供准确数据，为了更好地服务果农，他坚持每天晚上 12 点前在微信朋友圈发送南宁、钦州、防城港三市及灵山、浦北两县的天气预报，至今已坚持 7 年。

为了总结经验，不断提高技术水平，给果农提供技术服务和科学依据，他每天坚持写“水果工作日记”，一年下来 12 万字以上，年底还要把图文并茂的工作日记编印出来。

为了防治荔枝生产的病虫害，他别出心裁，聘请“水果防虫线人”，进行虫害预测预报和防治药物筛选研究，每年定期向果农发送虫害测报信息，指导果农根据测报信息科学防虫。

他手机中存有2000多个农民的号码，其中仅需要虫害测报信息的就有406个。每到发送虫害测报信息时节，他每天要发出400多条手机短信，经常忙到凌晨两三点，一个月600元手机费都不够用。这件事一做又是7年。

果农叫他“果王”，也叫他“果痴”。不仅因为他热爱水果事业，还因为他总有奇思妙想。

2013年3月，他在民建广西区委办公楼前嫁接了7棵芒果树，同一棵树上嫁接12个品种的芒果，芒果的颜色、形状、大小、味道和成熟期都不相同。

7棵芒果树当年就结出了硕果：同一棵树上挂满形状各异、五彩斑斓的芒果，成为广西民主党派机关大院里一道亮丽的风景线，引得各民主党派的干部纷纷跑来看稀奇。全国政协委员、民建广西区委主委钱学明把“七彩芒果”的照片发到微信上，刷爆了朋友圈。

如今每次去南宁，他都要抽时间去看那些芒果树，因为它们就像他的“孩子”。

他还把“七彩芒果”的成果范围扩大。2016年，与市政局联合开展“果树上街”工程，在钦州市下勒路打造一条全长300多米的“七彩芒果街”。五一期间，他领着几个嫁接工人嫁接了50株芒果树，最多的一株嫁接了20个品种。

这一幕正好被路过的钦州电视台的记者看到，拍出新闻在电视上播放，“七彩芒果街”马上成为市民关注的话题。

芒果不是靠蜜蜂授粉，而是靠苍蝇，为了吸引苍蝇来给“七彩芒果街”的芒果授粉，他没少费心思。最后竟想出在芒果树上挂咸鱼的法子，每棵树挂五六条咸鱼。为了避免引起市民误解，他派市水果局的干部晚上去挂。

眼尖的市民看到满树咸鱼迎风招展，纵然脑洞大开，也是一头雾水。

2018年4月，他又为钦州学院嫁接了227株芒果，打造了全国首个“芒果校园”。

他是不知疲倦的“钢铁侠”

人称“木瓜哥”的邓福斌，从华南农业大学果树专业毕业后，在海南种了10多年水果。

2017年7月，邓福斌在海南一次农业会议上与李云昌相识，被李云昌的真诚打动，回乡创业，发展了200亩优质火龙果和百香果。

李云昌把邓福斌请回乡后，跑前跑后为他服务，充当他的“义务宣传员”——逢人便说“木瓜哥”的水果如何好吃，还帮他在朋友圈中吆喝，为他申报农业项目提供支持。

在李云昌的关心支持下，邓福斌的水果事业蒸蒸日上，其百香果组培技术居于亚洲领先地位。

“很少见这么专业、这么为民的农业官员。”邓福斌说。

邓福斌笑着补充一句：“他简直就是一个永远不知疲倦的‘钢铁侠’!”

邓福斌说，每次李云昌在田间地头讲课，听课的人都累得站不住了，被汗水湿透衣衫的李云昌却还激情四射。夏天三四十度的高温天气，顶着烈日在果园讲课，一讲就是几个小时，除了“钢铁侠”，谁能做到?

钦州民建会员、钦州市钦南区检察院副检察长苏慧给我们讲述李云昌的故事时，鼻子一酸，眼泪夺眶而出。

苏慧说，她从没见李云昌闲过，一直都在拼命工作，就算是一台机器都扛不住啊！

“他对党和国家有一种高度的使命感，对农民群众有一种特别的情怀，他有一颗高贵的心灵，他的人格魅力感染了无数人。”苏慧说，对于一心为民的李云昌，怎么褒奖都不过分。

认识李云昌的人都说，他每天疯狂工作的样子就像打了鸡血。

李云昌经常请华南农业大学教授王泽槐来给果农讲课。王教授每次见到李云昌，问的第一句话就是：“李主席，你又打鸡血了？”

特别是到农忙时节，为了不误农时，李云昌每天弄得跟打仗一样。每天下乡上三四次课，在不同的果园之间转场，忙得像个陀螺。

他中午从来不休息，惜时如金，与时间赛跑，从不停歇，风雨无阻。

2017 年 9 月 15 日，下着大雨，他赶了三个场，冒雨爬上果树降树冠，全身湿透……

钦州市政协经济科技委员会主任陈图进跟李云昌是老同事，他说从认识李云昌那天起，就从没见李云昌停下过手中的工作，“就算台风预报出来了，他照样下乡”。

李云昌总是说：“农村太缺技术了！农民太需要技术了！”

陈图进在《李云昌自画像》中写道：他精力旺盛，每个周末都在为果农服务，周末他不是在果园，就是在去果园的路上……

他的同事都说，他的敬业精神，一般人做不到。别说他是一个 54 岁的中年人，就算是身强力壮的年轻人，跟他一天下来都累得够呛。

2018 年 1 月，潘彭从部队转业到钦州市水果局工作。过年上班第一天，他就和几个同事跟着李云昌下乡，去看荔枝萌动（发芽）状态。一进果园，办事雷厉风行的李云昌就给他们布置作业：每人数 20 棵荔枝树，统计果树萌动数据。

那天他们跑了三个村委，晚上 9 点多才回家。看着有几分倦意的潘彭，同事拍拍他的肩膀，笑着鼓励：“习惯就好，今天还算早的。”

李云昌经常大年三十还在果园里给水果局的干部发送果树图片，分享服务农民的快乐。除了吃饭睡觉，他随时随地都在工作。他的车里，常年放着小锯子、剪刀、塑料薄膜等嫁接工具，包里随时放有水果宣传资料和病虫害防治手册，随时随地宣传钦州水果，发给农民学习。

一切为了果农

为了打响钦州水果品牌，李云昌不仅指导果农种水果，还带领市水果局一班人马费尽心思地做大做强水果文章。

——大力实施“特色农业提升工程”和“优果工程”，推进果业供给侧结构性改革，促进果业结构调整和产业转型升级；

——举办荔枝、龙眼产销对接会，甚至将荔枝节办进村里；

——带领果农发展电商、微商，邀请天猫、京东、苏宁易购等电商企业前来考察，加大“互联网＋特色水果”电商模式对钦州水果的采购和促销力度，助推钦州水果走向全国乃至世界……

关于水果的事情李云昌都大包大揽，因为果农最让他牵肠挂肚。

“亲自联系外省客商前来收购水果，联系物流，打电话谈价格、要优惠……关于水果的事情，他从来没停过。”钦州市邮政速递物流分公司总经理林琼霞深深地被李云昌感动。为此他们公司在确保不亏本的前提下，以最优惠的物流渠道价格提供给果农。

“李主席是钦州水果产业的大功臣！”做农资销售的黄国美经常跟李云昌下乡，她说她今年穿烂了 10 双鞋子。

陈图进这样描述李云昌：“他一天到晚像一匹马一样，奔跑在路上，奔跑在果园里，奔跑在群众中，永远不知疲倦。”

“因为钦州水果需要他，百姓需要他，社会需要他……”

民建钦州市委副主委温澍铭认识李云昌十几年，一年到头从没见李云昌有节假日。“就算出去学习培训，回来也要把落下的工作补回来。”

民建钦州市委常委、第三支部主委，钦州市心连心贸易有限公司董事长王廷永坦言：“像他这么勤奋地工作，连我们私企老板都做不到。”

民建钦州市委干部贾滨瑜在一次演讲中饱含深情地说：“他心心念念的都是水果，田间地头、果园里，讲哑了的声音和汗水湿透的衣衫是他的常态。有人问，你干吗那么拼命？他回答：‘因为热爱，所以执着！’只要能帮助果农增收，助力精准脱贫，推动产业转型升级，再累也值得！他那种对事业的激情，以及不怕吃苦的精神深深影响着我们……”

有人问：李云昌的为民情怀从何而来？

几天采访下来，我们似乎找到了答案。

百善孝为先。李云昌的优秀品质从中华优秀传统文化的精髓——孝道文化而来。

李云昌是个出了名的孝子。1982 年，他母亲罹患乳腺癌，本来想考研的他提前参加工作，只为早点挣钱给母亲治病。母亲住院期间，他向学校请假，跟医院借一张排椅睡在母亲病床前，终日不离地陪伴母亲。

他每天帮母亲按摩、梳头、洗澡，讲故事让母亲开心。

疼痛难忍的母亲有次想咬舌自尽，情急之中他把自己的手指塞进母亲口中，手指差点被咬断。

母子连心。母亲的病痛让他心如刀割，泪如雨下。

如果疾病能代替，他情愿代替母亲去受罪！

几年后，他父亲患上严重的肾病，为了给父亲治病，他花光所有的积蓄，还四处举债。

从南宁看病回钦州，他怀里抱着父亲，小心翼翼地，像是抱着一个婴儿……

他的孝顺让村里人如此感慨：“生儿不要多，生一个像阿七（李云昌小名）这样的就够了。”

李云昌一心为民的情怀从中国共产党全心全意为人民服务的宗旨中来。

他虽然不是共产党员，却始终以优秀共产党员的标准严格要求自己，不断从时代楷模身上吸收营养，时刻提醒自己不忘初心，继而满怀深情地为人民服务、为农民服务。

他在一篇题为《弘扬红旗渠精神，做坚持和发展中国特色社会主义道路的践行者》的心得体会中这样写道：

“离开红旗渠至今三天了，但我的思绪仍停留在红旗渠时的震撼和振奋中，那首儿时耳熟能详的《红旗渠》主题歌‘劈开太行山，漳河穿山来，林县人民多壮志，誓把山河重安排……’时常在我脑海萦绕，我一直被感动着。

“红旗渠，创造出真正的人间奇迹！林县人民用实实在在的行动和成果证明：伟大的事业离不开伟大的精神。红旗渠精神今天仍是我们攻坚克难的精神坐标！

“参观红旗渠和学习焦裕禄精神，我流泪了。”

我被需要着，我很幸福

李云昌很“抠门”——

买衣服，100 块一件他都嫌贵。全身上下没一件名牌，经常穿廉价的广告衫。他说：“每天去果园，穿再好的衣服也是一个样。”

下乡租车，他每次收工都很晚。他说：“租车费一天几百块，多用一点才划算。”

年底编印工作日记，他舍不得印彩色。他说：“要节约每一分钱。”

李云昌很大方——

他委托农村亲戚帮他种了很多绿色有机的木薯、红薯，身边朋友、民建会员，人人有份。

每次跟下属出差，吃饭时他总是抢着买单，还霸气十足地说：“谁都别跟我抢，谁工资高谁买单！”

李云昌从没拒绝过农民，对农民的正当要求总是有求必应。就算农民半夜打来电话，他也有问必答。

章国氤是李云昌加入民建的介绍人。2005 年，章国氤的儿子罹患骨癌。李云昌知道后，马上组织民建会员捐款，四处寻医问药，天天去医院看望。去北京开会，还带着病人去看病，游览长城，给病人以爱的温暖。

做汽车配件销售的民建会员傅智强，因罹患尿毒症需要换肾，却凑不齐手术费。李云昌知情后，不仅以钦州民建的名义发函与傅智强有业务往来的汽修厂追讨欠款，还出面充当讨债人。

在钦州，很多人称李云昌为“泥腿子委员”。因为他的履职活动始终与水果、与“三农”有关，他为“三农”呼吁，为水果代言，与农民同呼吸、共命运。

他感受泥土的芳香，收获泥土的幸福。他深入群众，俯下身去，数十年如一日地为“三农”默默奉献，就像无声无息、毫无怨言、从不索取的泥土。

在李云昌的努力下，钦州水果生产硕果累累，成为钦州农村经济的支柱产业。2018 年上半年，全市水果种植面积达 252.22 万亩，产量达 195.38 万吨，产值达 46.95 亿元。

“农业农村农民问题是关系国计民生的根本性问题，必须始终把解决好‘三农’问题作为全党工作重中之重。要坚持农业农村优先发展，培养造就一支懂农业、爱农村、爱农民的‘三农’工作队伍。”中共十九大报告中关于“三农”的关键词让李云昌倍感自豪，也深感肩上的责任重大。

他说，为了更好地服务“三农”，他要深入学习领会习近平新时代中国特色社会主义思想，加倍努力工作。

“这么多果农需要我，我被需要着，我很幸福。”

“把自己最喜欢的事业做到极致，就是幸福。”

“当政协委员就要履职为民……”

这都是他的肺腑之言。

望着风起云涌的北部湾，望着李云昌忙碌的背影，我突然想起艾青的两句诗歌：

“为什么我的眼里常含泪水？

因为我对这片土地爱得深沉。”

走进苗家天堂

◎ 达汉吉

一

天堂是神仙生活的地方，也是世人向往的美好世界。

相传古时候，在大苗山境内，有一条通往天堂的云梯。每年农历十月初十，地上的人们攀上云梯，到天上去过年；天上的年节，天天有芦笙踩堂，夜夜有百家盛宴，处处有散花仙女，家家有满座高朋。人们都说，在天上过上一天的年节，胜过在人间过一辈子的幸福。由于攀登的人越来越多，云梯承载的重量越来越大，忽然有一天，云梯断了，堆成一座高山，形似大元宝，苗家人便称之为“元宝山”。

大约是800年前，七苗父、八侗爸率领众乡亲，从湖南的洞庭湖畔翻山越岭来到元宝山，探寻传说中的云梯。他们在虎跳岩瞭望，云雾弥漫，伸手不见五指；他们到野人谷寻找，森林密布，连个人影都不见。他们爬到元宝山南坪，往上一伸手，距离天宫是那么的遥远；他们站在元宝山最高峰的北柱顶，往天上喊话，喊了半天，连个回音都没有。

为了生存，更为了引起上天的关注，七苗父、八侗爸在安陲境内创办了“芒蒿节”，每年秋天，大家敲锣打鼓，聚族欢歌，希望天神光顾。他们在元宝山西坡，建立石上人家，夜夜点亮火把，吹着芦笙，等待仙人下凡。他们把梯田修到云端，在田里种着金穗，在山上种着金果，期盼仙女前来采摘。可是，过了一天又一天，等了一年又一年，700多年过去了，苗家人还是没有迎来神仙，盼来云梯，登上天宫，过上好日子。由于偏僻落后，苗家人住在狭小的木棚里，穿蓑衣取暖，吃野菜充饥。民国十六年至十八年（1927—1929年），融县县长刘介徒步元宝山南麓的小东江等地体察民情，并根据调查情况和自己感受撰写了《苗荒小记》（上海商务印书馆1928年出版）。他所看到的苗族村寨，如游上古之村落，又若置身于异国焉。

二

苗家人走进新时代，是从20世纪50年代开始的。

1949年11月，大苗山全境解放。1951年7月，中央访问团来到融水，把毛主席、党中央对各族人民的亲切关怀送到苗山的村村寨寨。在中央和自治区的正确领导下，1951年11月26日，通过投豆的办法，选举产生以苗家儿子杨文贵为县长的大苗山苗族自治县人民政府，从此，苗族人民翻身解放，当家做主；融水也因此成为全国最早成立的苗族自治县，也是广西迄今唯一的苗族自治县。

由于历史原因，新中国成立前，苗族人民一直认为“铁进袋袋烂，客进寨寨乱”，“与苗族结交，三年能成亲；与汉族往来，三年就败家”。由此可见，历代封建统治者制造的民族隔阂使苗族人民刻骨铭心。但是，新中国成立以后，政府不仅派访问团翻山越岭送来食物药品，而且还成立苗族自治县，让苗族优秀儿女当县长、局长、乡长、村长、队长，领导苗族人民建设美好家园，自主管理民族内部事务；还没收地主老爷的土地，分配给贫穷的苗族人民，让家家户户有地种，有饭吃，有衣穿，有木楼住。新旧社会的巨大差异，让苗族人民深深地感受到，毛主席领导的新中国、新社会，就是苗族人民自古以来梦寐以求的天堂，就是苗族古歌所称颂的“整海洋”。从此，融水的苗族与各族人民一样，坚定了跟毛主席走、跟共产党走的决心和信心。

在贫穷落后的大苗山搞建设，困难很多，阻力很大。但在党的民族政策光辉照耀下，政府在生产上予以扶助，在生活上给予救济，在教育上加大扶持，让苗族人民渡过了一个又一个难关，跨越了马克思预言的“卡夫丁大峡谷”，顺利进入了阳光明媚的社会主义春天。费孝通曾经说过：“苗家在几千年的民族压迫下一直没有被消灭。他们在求生存的斗争中获得了主要经验，用最简单的一句话说：劳动就是生命。如果不是靠这法宝，在荒山上开出良田来，在石山上长出粮食来，今天哪里还会有苗族？我们充分地相信，就凭这法宝，劳动的苗族，一旦得到平等，有自由去发展他们已经有着很好基础的经济和文化时，他们必然会在我们这民族大家庭中大放光彩，丰富我们全国人民的生活。”新中国成立后，得到了平等的苗族人民用丰硕成果和建设成就证明了费孝通的理论观点，融水苗族自治县的飞速发展和巨大成就证明了费孝通的科学预言。

苗山经济的发展，带来苗族文化的繁荣。新中国成立后，苗族人民不仅可以在自己的村寨里自由自在、高高兴兴地吹奏芦笙、跳踩堂舞，而且还可以到其他民族村寨打芦笙同年，到县城建立苗族芦笙坡，在首府南宁庆祝苗年节，快乐地吹苗族芦笙。每年春节，县芦笙队还依次到苗族村村寨寨打同年，通过同年活动，把县委、县政府的亲切关怀送到各族人民心坎上。自治县60周年大庆时，县委、县政府买来100头公牛，从山里请来100堂芦笙，在县城打100场芦笙同年。可以想象，百堂芦笙同时吹响，百村姑娘同时起舞，千万人同时喊酒，那场面是多么的隆重，那氛围是多么的壮观热烈，天堂何曾有如此热闹的场景！这就是新时代苗族文化繁荣的辉煌景象，也是苗族人民幸福生活的真实写照。

如今的融水，村村有小学，乡乡有中学。融水苗族自治县成立60年来，有杨文贵等土生土长的苗家儿女担任自治县县长，有梁彬等土生土长的苗族作家活跃在八桂文坛上，有土生土长的苗族教授、苗族艺术家、苗族企业家，还有一大批优秀的苗族干部工作在自治区各厅局以及各市、县政府部门重要岗位上。60年来，融水苗族不仅融入了中华民族这个温暖的大家庭，而且投身于祖国现代化建设的伟大事业。

三

2017年的秋天，我带着妻子和孩子，走进苗山，找寻那美丽的家园，感受那幸福的生活。

我们拜访的第一个乡亲，是我的高中同学周继福。他是苗山著名的孝子，在病床边守护母亲几十年，被当地群众传为佳话。他的家乡四荣乡小东江村，是苗、侗、瑶、汉多民族聚居的村寨，民族风情浓郁；又处香粉河中游，风光旖旎，山水多情。我们在小东江住了5天：第一天到香粉河上漂流，享受大自然的奇情妙趣，在急流中体验人生的艰险，在运动中享受生活的快乐；第二天上金兰山烧烤，看苗山金色的梯田，品苗山香甜的烤鲤，赏斜阳辉映下的元宝山风光；第三天去田头看民族风情表演，参加苗族的芦笙踩堂，寻找苗家的神秘鸭变，分享苗寨的节日喜悦；第四天进小东江屯打同年，杀头土猪，制作家宴，聚寨上老少，吹几曲苗笛，唱古老苗歌，释放思乡之苦，表达心中眷恋之情；第五天坐在木楼里聊天，三脚架上煮一锅老山茶，桌子上放几本老书，堂屋里坐几位老人，大家一边喝着苗家油茶，一边谈古论今，比较苗家新旧巨变，总结民族振兴经验，并对《小东江自然村志》一书提出修改意见。小东江之行，是体验苗家真实生活之行，是了解苗寨百年巨大变迁之行。

我们第二个拜访的是莫祖伟。他家住在安太乡洞安村上坎屯，那是一个侗族山村，土地肥沃，溪流纵横，森林茂密，资源丰富。他原先在南宁工作，担任某校校长，很有影响力，与我熟悉。到达侗寨时，莫祖伟十分高兴。他说，2012年那次火灾之后，在上级党委、政府和有关部门的关心支持下，经过几年的努力，上坎屯全面改造，如今已建设成为全县社会主义新农村的示范村，家家有别墅，户户有花园，条条水渠皆硬化，片片田园都丰收，就连通往乡政府的山区公路，也早已修成水泥路。过去因为闭塞、偏僻与贫困，村里有文化的年轻人全部外出务工，剩余的大龄青年讨老婆都难；自从新村建成以后，许多青年人回到村里寻求发展，他们开发当地资源，加工制作土特产品，通过互联网对外推销，获得很好的效益。在新型产业推动下，大龄青年加入了创业增收行列，逐渐富裕起来，外来媳妇逐年增多，结婚难的问题得到有效解决。晚上，莫祖伟烹制了一桌原汁原味的侗家全牛宴招待我们，又筹备了多姿多彩的侗族“多耶”迎接我们的到来。侗乡之行，让我们更加眷恋侗寨的风情，热爱侗乡的人民，也让我们感受到了侗家人的纯朴与无私。

第三个拜访的是瑶家兄弟蓝剑明。他是新中国成立后融水瑶家的第二代大学生，早年毕业于广西民族大学，现在自治县民族部门工作。他老家在白云乡林王村，这里是元宝山北麓最高的瑶族山村，海拔1600多米。由于地处高寒山区，冬长夏短，山高水冷，长期以来粮食不能自给，生计十分艰难。1998 年底我曾到此调查，村里自然条件之恶劣，人民生活之艰辛，迄今刻骨铭心、难以忘怀。在他的带领下，我故地重游时，真是又惊又喜，因为自从元宝山被列为国家级森林旅游风景区以后，自治县党委、政府加大了建设投入力度，把风情开发与文化保护有机结合起来。经过多年的建设，如今林王村不仅纳入了环山公路网，而且也列为元宝山风情风光旅游的主要景区，民族旅游开发带动了全村经济的发展和群众的增收，家家户户逐渐宽裕起来。特别值得一提的是，通过实施“春蕾”计划和中心小学住宿制改革以来，林王村适龄儿童都集中到白云乡中心小学上学，享受国家民族教育政策“两免一补”待遇，大学生逐年增多，民族自豪感增强。当年我住过的寨老家，如今已建起小别墅，他的孙女孙子大学毕业后，均已入城工作。瑶家兄弟让乡亲们准备最隆重的瑶家烤鲤宴招待我们，表演最古朴的瑶家芦笙舞给我们欣赏。林王村之行，让我们接受了瑶族传统文化教育，领略了元宝山自然风光，共享了各民族改革开放、共同繁荣发展的新成果。

最后一个拜访的人是表妹孔祥萍。她原来居住的洞头乡甲朵村，是一个汉族、苗族、侗族杂居的小山村，距离贵州省从江县地界不过几里路，属于融水苗族自治县的“县尾”所在地，交通不便，贫困落后。小时候，我陪外婆去过甲朵，从安太乡林洞村步行到洞头乡甲朵村，单程 130 多里路，翻过一山又一山，走过一村又一村，一个来回要 10 天时间。由于贫困落后，2016 年自治县将他们村列为易地扶贫搬迁对象，让全村群众都搬到县城定居。我问她家定居县城以后靠什么生计养家，她说靠苗族传统技艺吃饭。我忙问是什么传统技艺，她笑着说，就是用传统工艺制作苗家稻香狗肉，开拓市场，增收致富。我问她生意如何，她说已经在贵州、广西开了 10 余家连锁店，产品供不应求，市场前景广阔。我问有没有酸鱼、酸肉、糯米饭，她笑了：“苗家人没有糯米饭，能有喜庆？没有酸鱼酸肉，能办大事？你带着家人来到我家，我做蚂蚁菜、鲤鱼汤给你们喝!”表妹的话，让我感动得热泪盈眶。

金秋之行让我深切地感受到，秀美的大苗山，才是真正的人间天堂!

李世川：激情演说刘冯精神

◎ 吴世林

在钦州，讲到关于刘冯的话题，人们就会想起李世川；讲起李世川，人们就会称赞他的刘冯研究及充满激情的刘冯精神演讲。

钦州人所讲的刘冯，指的是钦州籍民族英雄刘永福、冯子材。钦州人民把这两位民族英雄所共同拥有的爱国主义精神，浓缩为刘冯精神。刘冯精神是钦州精神的源泉之一。

李世川，钦州市博物馆退休老馆长，是钦州知名的刘冯研究专家和激情澎湃的刘冯精神演说家。

一

李世川 1945 年出生于广西钦州市钦南区犀牛脚镇，高中毕业后回家乡当农民，做民办教师。犀牛脚镇地处北部湾，这里盛产海歌，是说唱艺术的摇篮。李世川因为喜爱演戏、唱采茶调，1979 年被招录到公社文化站工作。那个年代，他经常深入到渔村采访，即兴节目即写即演，深受观众喜爱。他从小剧小戏写起，逐渐转为改编大节目、写大剧本。

1984 年，李世川被招到钦州市文化馆工作。他出于对刘冯抗击外国侵略者英雄事迹的敬仰和对中国戏剧曲艺的喜爱，从图书馆里借到了中法战争和戏剧类书籍来研读。其中，广西社会科学院 1964 年组织编写的《中法战争调查资料实录》有史实，有分析，还有很多刘冯的战斗生活细节，对他此后的创作影响非常大，使他的创作有了更扎实的史学基础。1991 年，李世川调到钦州市博物馆工作，先后担任副馆长、馆长，对刘冯研究如近水楼台，尽得先机。

“我之所以对刘冯产生这样的深厚感情，是因为读初中时，历史老师杨树饱含眼泪的一堂镇南关大捷历史课，近代中国的落后、黑暗、血腥和耻辱，中法战争的不败而败的结局使我一辈子痛心疾首。”忆起当初，李世川这样说。原来仰慕英雄的种子早已在他那年轻的心灵扎了根。他努力寻找冯子材、刘永福的资料，1983年写出了大型话剧《血肉果》，1985年发表于自治区级刊物《影剧艺术》，后来收入“广西当代戏剧家丛书”。这是他第一次写镇南关（今友谊关）大捷。自治区文化厅非常重视这出戏，把它推荐给几个省级演出团体排演，最后由广西桂剧团将其改为桂剧《冯子材》演出，获桂剧创作奖。

经过数十年的刘冯研究，李世川取得了累累硕果。近日，他把自己喜爱的文章编成《未休集》，写刘冯的文章占了大部分篇幅。其中，大型戏剧创作除了话剧文学剧本《血肉果》外，还有戏曲剧本《刘永福传奇·寡妇街》《冯子材·南关魂》等，中篇小说《寡妇街》，传记文学《鸿飞洲传奇——少年冯子材》，以及《百年痛史说刘冯》《中国尊严》《最强烈的吼声，从钦州喊响》《刘永福、冯子材历史勋绩短述》等文章多篇，达20多万字。

二

到各处进行刘冯爱国主义宣讲已成为李世川生活中的一部分。他说：“长时间不得讲刘冯，心里就空虚。”年逾古稀的李世川，宣讲刘冯的渴望依然不减当年。

无论你是老熟人还是新朋友，无论你是单位领导还是普通干部职工，李世川同你聊天的时候，聊着聊着，话题不知不觉就会情不自禁地拐到刘冯的爱国精神上来。说到兴奋的时候，他随口即兴就来几段。等你听得入神时，他就会主动请求道：“让我到贵单位讲一场吧。”

从1997年第一场宣讲算起，粗略统计，20多年来，他演讲和接待讲解的总场数已超过300场。

这300多场中，很多就是这样请求得来的。

这300多场，听众达数十万人次。大中小学师生、部队官兵、党员干部、企业职工、社区居民，还有莅临钦州的国家领导、国际友人，都是他的听众。人数多的，一场就达数千人。人数最少的那场，他也记得清楚，只有37人。不论人多人少，只要给他讲台，他都会很快进入角色，讲得激情澎湃。

这300多场，有着李世川太多的艰辛和快乐。

三

要说这些宣讲，还得先从刘永福故居和冯子材故居被评为全国爱国主义教育基地说起。

1996年，刘冯故居被定为全国中小学爱国主义教育基地，但是那时冯子材故居还十分破败。想起当时的状况，李世川无法平静下来，心里总有一种想流泪的感觉。

当年的冯宫保第远离钦州城区，自从1903年冯子材去世后，由于不方便做生意等原因，冯家子孙便陆续搬回城区居住了。

由于近百年都很少有人居住，年久失修，加上多次人为破坏，故居昔日的富丽堂皇找不到了，呈现在人们面前的是破败荒凉的景象：除了主座和头门外，其他建筑已不复存在，而主座除中轴大门外，其他门窗全部毁坏，被拆毁的两座房屋的碎砖烂瓦堆放得到处都是，荆棘杂木如手臂般大小，台阶、天井处处都长满了密密麻麻的杂草，成为蛇鼠的天堂。抬头向上望，各屋瓦面下滑、断裂，“天窗”处处，漏雨严重。屋外更是杂草丛生，垃圾成堆。由于排水不畅，主座前的晒场也变成了沼泽地。

故居虽然破败，但李世川心里非常明白，它仍不失为钦州人民的一块瑰宝，因为这里蕴含着丰富的爱国主义内容和巨大的教育力量。

当大清王朝在帝国主义列强的大炮面前失魂落魄以至中法战争一败涂地的时候，冯子材以65岁高龄组建高、雷、廉、琼四府二十五州县团练，这里就是团练总部；镇南关大捷，冯子材的萃军就是在这里操练的，晒场就是练兵场，萃军杀敌的武器青光刀就是在打铁屋打造的，冯子材就是从这里跨马出征的……这里，凝聚着冯子材那种敢于向外国侵略者拔刀亮剑，并将他们打垮的大无畏的英雄气概和民族精神。这种精神将永远激励着我们。

站在这一片荒草烂瓦中，李世川一次又一次陷入了深深的痛苦和思索之中。我们曾经一度冷落了不该冷落的地方，因为我们冷落的不只是一座建筑，而是一种精神，一种情感。“我要通过演讲唤起这种精神。”李世川从心灵深处发出了这样的呼喊。

李世川将演讲题目定为《从刘永福和冯子材谈爱国主义》。为了讲得生动感人，他花了大量的时间去准备。但那时他还不是什么名人，没有什么名气，没有人知道他会演讲，当然就没有人主动邀请他去演讲了，但他并不气馁。

四

说干就干。李世川跑教育局，跑学校，跑部队，跑机关……凡是有可能成为他讲台的单位他都去跑。没有人要求他这样做，只是一种使命感，一种信念在支配着他。

一个大热天，穿灰短裤的李世川戴上一顶旧草帽，骑着破单车去市郊一间学校联系，五六公里的路程，到校大门全身都湿透了。那样子大约跟刚插秧回来的农民差不多吧。总之，一踏进校门，马上被门卫拦下了。李世川说明来意，门卫的目光还是十分犹疑，上下打量一番后，才勉强放他进去。见到了学校领导，说明了来意。校长说：“研究研究后再通知你，回去等电话吧。”李世川事后回忆说，好像不是去联系演讲，而是去求学校给自己的儿女办转学手续一样。但他也满意了，人家毕竟没有一口拒绝啊！回去后，李世川等呀等，盼啊盼，过了约定时间，也不见电话响。他想，若不再联系，第一次就算白跑了。他不顾天气炎热，第二次找到校领导。主动上门帮学校做政治思想教育，有这样的好事？校长问：“你们的演讲如何收费呢?”喔，原来学校是担心这个。李世川马上声明演讲是免费的，校领导才答应给他一个机会。

李世川知道政法系统重视政治思想教育，于是他直奔市政法委。接待他的办公室主任上下打量着眼前这位瘦弱的小个子，直率地问：“你行吗?”李世川真诚地说：“请先给我一个机会，讲得不成功就不再来找你。”

跑多了，李世川也跑出了经验。他总结说：“其实，学校、部队、机关都很需要思想教育，他们对我不热情，主要有两个担心。一是担心我收费，二是担心我讲不好。”所以，此后每到一个单位，他都通过交谈或当场试讲，使单位领导相信他的演讲水平，并明确告诉他们演讲是免费的。李世川说：“如果说我要报酬的话，那就是希望更多的听众特别是青少年朋友到冯子材故居参加义务劳动，为故居早日修复献上自己的一分力量。但那是听了演讲后受感动自愿去的，不是演讲课的附加条件，也就是说，这报酬不是强要的。”

为了演讲，那段时间，每天早上一上班，李世川就骑上他的破单车，与同事们一起横穿钦州城，从城南的三宣堂来到城北的白水塘，为故居除草整容。下午，他又去跑演讲单位。李世川本来身体就瘦弱，再加上这样长时间在外奔走，他有了一种精疲力竭的感觉。但是，作为一个演讲者，演讲时必须精神饱满，精力充沛，才能以自己的激情去激起听众的热情，不然就讲不好，达不到教育的目的。为了在讲台上表现得底气充足、精神饱满，演讲时声音洪亮，在每场演讲之前，李世川都必须提前一小时吃下三样东西。先是一瓶百年乐，半小时以后，不管食欲如何都要强迫自己吃下一碗饭或三两个馒头。几分钟以后，胃开始反酸，这时他就吞下四片胃舒平。他说，百年乐能提神；而没有那碗饭，他可能坚持不了三个小时，低血糖病随时会让他晕眩；没有四片胃舒平，反上来的胃酸会呛得他开不了口。听众绝不会想到，台上慷慨激昂的李世川，一走下讲台就感到全身肌酸筋疲，头皮绷紧，嘴唇干裂而发麻，喉咙沙哑而发烫，回到家里，连提水洗澡的力气都没有了。好在妻子知冷知热，全力支持他，经常给他推拿按摩。要不，过度的体力消耗，极限的精神亢奋不能缓解，他必定失眠，必定影响第二天的工作。

吃下那三样“定心丸”，李世川演讲起来从不歇息，开口便一气呵成，令听众大饱耳福。他的演讲，短的只有 45 分钟，长的达 3 个多小时。他将真情实感贯穿于刘冯的故事之中，贯穿于中国近代史之中，通过那抑扬顿挫、妙语连珠的言语，听众的情绪很快被他的真情所感染，目光很快被他的音容所牵引。每场演讲，他都花很长时间去讲刘冯战斗故事，讲猪笼阵、猪血阵、夜壶阵，讲“死人”会复生……每每讲到刘冯部队杀敌时，李世川就一边打开手掌，把手腕一转，做一个切瓜状的砍头动作，一边说：“就这样，就这样。”立即引起阵阵笑声。当讲到刘永福回到钦州时，李世川常常先清唱两句山歌：“阿来来哎，三寒四月冇（没有）使狂（不用担忧）哎，肚饿去揾（找）三宣堂哎！阿来来哎！”然后再讲刘永福在钦州的爱民故事，讲刘永福在米仓里囤积有多少粮食，每到荒年时节就赈济老百姓，所以老百姓就唱山歌来抒发对刘永福的感激之情。听到此处时，听众会心地笑了。而当李世川讲到清政府腐败无能时，听众的愤慨之情溢于言表。大家静静地听，无不伸颈、张口，只有李世川的愤怒声在会场上回荡……在演讲中，他以刘冯的英雄业绩为线索，有声有色地将听众带入对祖国对民族的爱海里。每当会场上响起一阵阵热烈的掌声时，李世川兴奋了——他意识到，这次演讲又成功了，爱国主义教育基地的教育作用又在这里体现了。

别人的演讲都是应邀而去的，李世川的演讲却是自己去求来的。很多亲戚朋友都劝他：“李世川，你这是何苦？”他只是平静地笑了笑。作为全国爱国主义教育基地的负责人，他始终把对青少年进行爱国思想教育作为自己的主要工作，作为一项事业来对待。奋斗，本身就有一种不顾自身的含义！为事业而奋斗，苦点累点又算得了什么呢？朋友说他在玩命，他却说很过瘾。

一场又一场《从刘永福和冯子材谈爱国主义》演讲就这样在钦州展开了。它们虽然来得不容易，但演讲起来却是那样的潇洒，那样的感人。

五

演讲的内容感人，演讲者也感人。某年5月的一天下午，李世川在太阳底下给市内某中学的1500多名师生做报告。烈日当空，骄阳似火，他很快就大汗淋漓，衣衫湿透了，紧紧地贴在背脊上。可他想的是如何才能讲好，如何才能吸引同样也坐在烈日下的师生们。这次演讲同以往的演讲一样，李世川同样注入了自己全部的情感。喉咙沙哑了，他就用更大的声音去讲；汗水流下来了，他就一边抹一边讲。此情此景让很多师生都被感动得热泪盈眶。教师们都说："这次演讲，不必说内容，单是眼前这一幕就够我们终生难忘了。"而看着李世川这么瘦小的个子，听着他那极大而略带沙哑的声音，平时一集会就吵嚷嚷的学生，那天却一边抹汗，一边静静地听。

当今社会，有人在追求高官重权，有人在羡慕腰缠万贯，有人在享受灯红酒绿……而李世川却将他的满足和快乐，将人生价值、人生位置确定在一种与私欲金钱相去甚远的情愫之中！用他的话来说，每演讲一场，就抒发了一次对祖国的爱。他在用自己的具体行动向人们表明：热爱祖国，首先就是热爱家乡，热爱自己平平凡凡的工作岗位。

六

2001年6月25日，刘冯故居被国务院公布为全国重点文物保护单位。随后不久，冯子材故居修缮一新，向游人开放。如何抓好这些机会，向外地朋友宣讲好刘冯精神，让更多的人认识到钦州是一座英雄城呢？

这又成为李世川的主要工作之一。

他认为，博物馆应该感染每一位来访者的心灵，成为长存于世的经典，是人们回归文化根脉、回归历史责任、回归永恒价值、回归本质特征的圣地。"为此，我们必须尽量多地解说。"用他的话来说，无论什么人来，都要抓住机会宣讲。通过不断地讲，锻炼自己，在讲解中寻求不足，不断提高。不仅要认真讲解，而且进行更深层的文化沟通。他希望通过宣讲、解说，让人们了解钦州历史，认识钦州文化，了解刘冯，学习刘冯。最终，他用真切的情感和爱，用高度的责任感，感动了几乎所有听过他演讲和解说的人，赢得了众多参观者的肯定和高度的评价。

是的，他把自己的身体、精神全都倾注在了刘冯身上。他没有一次宣讲、讲解不是把自己生命中对中华民族的情感和爱，用呼唱的形式表达出来的。数百次的宣讲、解说，让他演讲如此炉火纯青。他找到了一个最好载体，通过刘冯的英雄业绩去表达对国家、对民族前途的热爱和担忧，把生命的意义发挥得淋漓尽致，从而感动了难以计数的听众，唤起了人们对生命、对民族的思考。

七

李世川在一篇题为《爱国主义教育是拯救、复兴中华民族的法宝》的文章里写道：“当国家、民族的兴亡成为我们生命中最神圣、最崇高、最强烈的追求之时，个人生命最崇高的意义就是为之做出包括生命在内的最彻底的贡献。”

李世川用他非一般的热情和突出的行为，诠释了他对爱国主义的理解。

“我七十多岁了，谁是我的接班人?”采访结束之际，李世川说这句话时，双目凝视着远方，一脸的郑重。

是的，爱国主义的宣传教育需要更多的激情演讲者，需要更多的李世川。

他是在期盼，也是在等待。

用真诚凝聚爱心，用微笑传递爱火

——记博白县微笑爱心协会会长梁冰冰

◎ 苏 朝

在广西博白县的各个敬老院、福利院，在乡村的留守儿童家或抗战老兵家里，在南流江畔，经常能看到一个女子忙碌的身影。

她就是梁冰冰，广西博白县博白镇第七小学副校长，博白县微笑爱心协会会长。近年来，梁冰冰先后被评为“玉林市无偿献血志愿工作先进个人”、“广西红十字志愿者之星”、自治区道德模范候选人、全国优秀志愿者候选人和“玉林市‘两新’组织团建工作先进个人”，荣获玉林市道德模范提名奖、博白县第二届“十佳好公民”荣誉称号。梁冰冰的爱心事迹，像南流江的水花，在明媚的阳光照耀下，闪闪发光。

义务献血，热心公益

梁冰冰给人的第一印象是爱笑，温暖的笑意常常挂在她年轻的脸庞上。

梁冰冰第一次投身公益，是到采血车去做志愿者。那天她献血之后，就跟血站的工作人员一起，一边宣传一边协助献血者填写相关表格。让她感到有些遗憾的是，当天的活动只有她一个志愿者，而且献血的人也不多。回去之后，梁冰冰在网上谈了自己的切身感受，有网友说并不知道也不太了解献血的事，但看了梁冰冰的讲述，很多人积极地加入无偿献血志愿者的行列。

通过这件事，梁冰冰感觉其实身边有很多心善之人，但是他们或许无暇去关注，或许不知道如何去表达爱心，所以很多善行无法得到实施。梁冰冰觉得她应该站出来，组织更多的爱心人士参加献血活动。她组织的志愿者最初称为博白义工，他们经常去采血车里协助工作人员为前来义务献血的群众提供各种服务，还时常向身边的人宣传献血的相关知识。2008年，梁冰冰被评为“玉林市无偿献血志愿工作先进个人”。

不久后发生的一件小事，让梁冰冰对爱心有了更深的认识。一天早上，梁冰冰一个人在街上吃早餐，这时一个老人拿着一些洗碗瓢想跟卖包子的老板换几个包子，但老板没有同意。当时，她很想给老人买几个包子，却迟迟鼓不起勇气，也有些不好意思。等她终于鼓起勇气买了包子去找老人时，却找不到老人了。就是这样一件小小的事情，让她的心里一直感到很愧疚，后来便萌生了做好事献爱心的念头。有困难大家帮，这是中华民族的传统美德，但是在生活中，很多人怀有善心，却因为种种顾忌而未表达出来，或者是不知道如何表达。善行不分大小，爱心没有级别，梁冰冰随后决定将博白义工更名为博白县微笑爱心协会，公益活动也从最初单纯的无偿献血志愿工作发展到涉及社会每个角落……

尊老敬老，关爱孤寡

微笑爱心协会成立后，梁冰冰一直把敬老院当成长期帮扶的对象。她多次组织志愿者利用周末时间到博白县敬老院、凤山镇敬老院、水鸣镇敬老院慰问孤寡老人。他们自筹资金给老人买水果、米面等物品，与老人座谈聊天，下厨给老人包饺子，帮老人打扫卫生，检查老人身体状况等等，让老人们享受到另外一种关爱与温暖。

2009年12月，当了解到水鸣镇敬老院的老人们衣着单薄时，梁冰冰马上四处募集资金，为老人购买了一批保暖马甲和袜子，亲自送到老人们手中，让老人度过了一个温暖的冬天。夏天，酷热难耐，梁冰冰看到敬老院没有电风扇，她当即为老人们募捐到了一台吊扇。2010年的重阳节，梁冰冰组织志愿者先后来到松山镇和双旺镇，给潭莲、白平和邦杰等村的五保户赠送了月饼和生活用品，让这些孤寡老人感受到了社会大家庭的温暖。

在开展帮助孤寡老人等公益活动时，梁冰冰发现了抗战老兵这一特殊的群体，他们有些人由于年老且经受病痛、贫穷的折磨，生活非常艰辛。梁冰冰被这些曾经为保家卫国做出过重大贡献的老英雄们深深感动，觉得有义务为抗战老兵们送上关爱。逢年过节，她都组织志愿者上门送温暖。梁冰冰在走访径口镇秀岭村的张其青老人时，发现93岁的张其青老人起居非常不便，屋子里连一盏电灯都没有。她立即发出呼吁，得到了社会上的捐资，为张其青老人建了一间新厨房，还给老人接通了电，安装了玻璃窗。

梁冰冰不但给老人们物质上的帮助，在精神上也给他们无限关爱，耐心倾听老人的每一个诉求，推心置腹地与老人们促膝长谈。老人们都把梁冰冰当成自己的女儿，只要一见到梁冰冰到来，便热情地拉着她的手聊个不停。梁冰冰一想到老人们的期盼，内心就充满了力量。

诺贝尔和平奖获得者、被誉为“贫民窟的圣人”的特蕾莎修女说过：“我们常常无法做伟大的事，但我们可以用伟大的爱去做些小事。”这些小事就是善事，善事应当被视作大爱之举。梁冰冰就是这样一个用伟大的爱心去帮助别人的人。可以说，微笑爱心协会做的并不是什么惊天动地的善举，他们给贫困老人的捐助，也许只是我们买一件衣服的钱或者一次聚会的饭钱。但对老人来说，却是酷暑里的清凉、寒冬里的温暖。

心系教育，情倾师生

作为一名共产党员，梁冰冰始终忠于党的教育事业，工作兢兢业业。她遵循“以德治教”的理念，大胆创新，严慈有度，在教育过程中，善于把握学生的心理及情绪变化特点，因材施教。她还认真学习新课标，探索新教法，多次被评为校级优秀教师、县级优秀少先队辅导员。

作为一名人民教师，梁冰冰深深地懂得，教育对于一个孩子的重要。因此，梁冰冰除了把孤寡老人当成微笑爱心协会长期帮扶的对象，还一直把博白县的贫困师生当成是微笑爱心协会关注的对象。

2008年底，梁冰冰通过互联网初识了“阳光助困网”，并与该网站进行了多次愉快的合作。2009年年初，她在该网站的大力支持下，与爱心协会的志愿者们收集贫困学子的信息并反馈到网站，在收到来自全国各地网友的爱心资助款后，她多次深入水鸣、三滩、松旺、浪平、绿珠等乡镇，义务为贫困学生发放资助款项与物资，并鼓励学生战胜困难，努力学习。

2009年5月，当梁冰冰了解到东平镇一中学生王海云的父亲因脑出血住院治疗，住院费用要1万多元，而这个一贫如洗的家庭无力承担时，她马上在网上发出呼吁，号召社会各界踊跃捐款。在短短的十几天时间里，微笑爱心协会就收到社会各界爱心人士的捐款4424.7元，并如数交到了王海云的手中。

在博白县江宁镇的木根灰小学，有一位不辞劳苦、只身一人在这个偏僻而简陋的学校里辛勤工作了10多年的女老师。她没有丰厚的薪水，只是一名代课老师。但是十几年来，她不辞辛劳，默默地在这个只有一间教室却装着三个班级的学校里送走了一届又一届的学生。2009年的金秋时节，这个感人的故事无意中被梁冰冰知道后，她在教师节给这名女老师送去油、水果、电风扇等慰问物品。同时，微笑爱心协会还为这所小学向阳光助困网申请了支教老师。

2009年5月底，梁冰冰组织志愿者到江宁镇六佳村小学，给孩子们送去了蛋糕、书本、电风扇、水果、文具，并陪伴孩子们度过了一个快乐的儿童节。

2010年，当梁冰冰和志愿者们将爱心人士捐赠的140套课桌椅分别送到博白县水鸣镇木灰根小学和松山镇璜求小学时，孩子们流露出来的那种渴望和兴奋的眼光、家长们深情的目光以及老师们感激的泪光，深深地震撼了他们的心灵。这也让梁冰冰更加坚定了永不放弃公益事业的决心。

2014年2月，梁冰冰主动要求下乡支教，来到偏远的旺茂镇康宁小学，进行为期一年的支教工作。到校后，她发现学校藏书匮乏，学生们非常渴望知识，她马上在网络上发出募捐倡议，号召社会各界爱心企业、爱心人士踊跃捐书。很快，他们收到了各界捐赠的6个书柜、1000多册书。康宁小学拥有了爱心书屋，孩子们如饥似渴地读书，遨游在知识的海洋里。

2014 年中秋节前，梁冰冰了解到博白县博城小学的学生大多是留守儿童，父母在外地务工，不能回家与孩子们共度中秋节。她联系了爱心企业，募捐到了月饼和水果，在中秋节当天，带领 30 多名志愿者来到学校，陪伴孩子们度过了一个快乐温馨的中秋节。

2014 年年底至 2015 年年初，微笑爱心协会开展了“冬日暖阳”助学活动，联合爱心企业和爱心人士分别给大坝栗桂分路小学、凤山云心小学、那林龙城小学、双凤田充小学等边远山区的学生送去一批棉衣棉裤和学习用品。

自微笑爱心协会成立以来，这样的爱心事例数不胜数，梁冰冰自己也记不清究竟组织了多少次爱心活动。每个周末、节日，她都奔忙在献爱心做公益的路上，而且还不断呼吁社会上更多的爱心人士共同关注这些贫困学生、留守儿童、清贫教师。对她来说，这已经是习以为常的事。

投身环保，爱护家园

在开展“美丽博白·清洁乡村”活动中，梁冰冰作为微笑爱心协会的负责人，积极地组织环保活动，以唤醒公众的绿色环保意识，为清洁乡村工作出一份力。

南流江被玉林人称为“母亲河”，发源于广西北流市大容山最高峰莲花顶北面的草甸溪涧，向南流经玉林玉州、博白、合浦、浦北等县区，在合浦县党江注入北部湾，是广西南部独自流入大海诸河中，流程最长、流域面积最广、水量最丰富的河流。近年来，南流江周边环境和流域水质遭到了养殖、生活和工业的严重污染。2014 年 6 月，梁冰冰发起了“保护母亲河”公益活动，在博白县城的南流江沿岸，活动得到广大网友和周边群众的支持，很多人加入清洁队伍。2015 年 4 月春季，微笑爱心协会组织了一批爱心网友，在博白县飞凤岭种下了约 500 棵松树、桃树，并定期去浇水、施肥、除草。这一片“微笑爱心林”，绿化了乡村，美化了家园，让山更绿，水更清。

梁冰冰的爱心和真诚不但感动了那些受助者，也感动了身边的人和许多网友。在她的感召下，越来越多的人加入了爱心公益活动。

也有人质疑梁冰冰：“你图什么？真傻！付出那么多的时间和金钱去做那些事情，值得吗?”的确，梁冰冰由于要经常组织这样那样的爱心活动，她的家庭不可避免地受到了一些影响。开始的时候，丈夫对她不理解，并不是十分赞同她牵头组织公益活动。因为无暇照顾自己的家庭，丈夫对她有些怨言，偶尔还为此吵架。后来，丈夫看到有越来越多的志愿者加入微笑爱心协会，自发地与梁冰冰一起组织了许多爱心活动，并得到了社会的认可，他因此逐渐改变了原先的看法，转而支持梁冰冰的工作。近年来我国发生的两次大地震，梁冰冰的丈夫都在背后默默地支持她的工作，让她能挤出时间和精力来为灾区组织募捐活动。而梁冰冰的孩子也为有这样的爱心妈妈而自豪。

梁冰冰只是一名普普通通的教师，但是，她有一颗强大的爱心不断支撑着她：想到那些贫困的孩子，想到那些孤寡老人，想到那些弱势群体，她坚持了下来，爱人也慢慢理解、支持她，越来越多的爱心网友和志愿者加入微笑爱心协会，一起帮助那些需要帮助的人。

到博白县松山镇慰问孤寡老人；参加玉林同城公益团队分享活动；到凤山云心村慰问那里的麻风病患者；为烧伤患者李艳募捐，收到善款7000多元；为江宁六佳小学捐赠了价值1万多元的多媒体电脑1套、书包105个；到松旺镇初中慰问身患骨癌的特岗教师梁晓燕；组织志愿者于世界献血日上街发宣传单、无偿献血；到博白县红十字会医院慰问因车祸被严重烧伤的廖嘉乐，为他带去爱心捐款7200多元；在北海参加广西公益论坛；组织志愿者和网友参加紧急自救培训；参加广西公益联盟拓展活动；到玉林市第一人民医院看望李艳……在梁冰冰的日志上，能看到这一系列记录。每一件事，只用一两句简单的话语记录，但是，这寥寥几个字背后，是多少人的付出，又是多少人的安慰，只有梁冰冰才能深刻体会。梁冰冰，这个爱笑的、散发着玫瑰香气的女子，像南流江水，滋润着人心。

曾有人问梁冰冰："你与微笑爱心协会的志愿者一起做了这么多的公益活动，有什么感想吗?"梁冰冰说："最大的感想就是做好事、做好人其实并不难，只要你愿意，人人都能做好事、做好人。如果每一个人都献出一点爱，世界就会多一些微笑。"

是的，人人皆可做慈善，为贫困山区的孩子交的一次学费，为无人照料的老人送去的一件棉衣，为地震灾区捐出的10元钱，给路边流浪者的一盒热饭，为公交车上的老人、孕妇的一次让座，为陌生人的一次指路……这些渗透我们点滴生活的平凡善举，是我们每个人都可以学、可以做的举手之劳。

习近平总书记指出："雷锋精神，人人可学；奉献爱心，处处可为。积小善为大善，善莫大焉。当有人需要帮助时，大家搭把手、出份力，社会将变得更加美好。"如果我们每个人都能这样想和这样做，那我们的世界一定会变成美好的人间。

老骥伏枥志千里，老区精神永不朽

——容县县底镇革命老区纪念馆老人们的故事

◎ 吴姗凌

80多年前，在那个风雨飘摇、山河激荡的时期，星星之火在容县县底镇的土地上点燃，并迅速燃遍了整个桂东南的赤土。八桂大地的优秀儿女，以敢教日月换新天的一腔孤勇，将天下兴亡的家国责任扛在肩上，谱写了一幕幕可歌可泣的英雄篇章。

1926年10月，容县第一个区级农民协会——“招中区农民协会”在这里成立；1927年10月，中共容县临时委员会在这里建立，县底镇成为共产党领导下建立了人民政权的一块牢固阵地。站在当下回顾历史，我们可以对那些披肝沥胆的先辈们说：“山河犹在，国泰民安!”但那些逐渐远去的英雄背影和历史烟云，应当被永久铭记。

在这片党组织燃起星火的赤土上，有六位老人的一生都与县底镇革命老区有着深远的渊源。为了保护好革命历史文化资源，传承革命精神和红色基因，加快革命老区脱贫致富步伐，这六位老人将二十年的精力都贡献给了老区事业，他们就是组建容县革命老区纪念馆的创始人——陈柳成、陈有进、陈强西、陈桂生、陈福桂和陈经侃。

坚守：从意气风发到两鬓斑白

1993年，时年66岁高龄的陈柳成老人从县底镇教育辅导站退休。同年，玉林地区行政公署批复将县底乡划为革命老区根据地。作为一名中国共产党党员、退休人民教师，得知此消息的陈柳成老人进行了一番思考：县底乡是革命老区，但是革命先烈们的详细事迹却散落民间，并且事迹的版本也各不相同，难以追溯到最还原历史的版本。如果能有人去把史料和物件搜集起来，建立一个纪念馆，让生活在和平安定中的下一代了解到革命先辈们筚路蓝缕的奋斗历程，培养爱国主义精神和忧患意识，对他们来说着实是一笔宝贵的财富。于是，陈柳成老人决定带头组建小组，分别前往先烈们战斗过的地方，采访烈士的亲属和村里的老人，合力将那些散落在民间的最真实的先烈事迹完善起来，为子孙后代留下一笔宝贵的精神财富。

陈柳成老人的想法和陈有进、陈强西、陈桂生、陈福桂、陈经侃五位老人的不谋而合。于是在其他退休老人颐养天年、享受天伦之乐的时候，这六位老人却依旧像他们年轻时一样，将建设革命老区纪念馆作为事业去拼搏，激情澎湃地去做老区建设工作。日复一日，年复一年，经过 10 多年的努力，老人们整理了近 20 万字的文字材料，收集到 34 张珍贵照片及一批先烈遗物。2003 年 9 月，他们将中共容县临时委员会的旧址打扫干净，制作展板并挂牌，纪念馆终于建起来；2004 年 11 月，他们又筹资 3 万元，重新影印了图片、文字，开辟了一个面积更大的展厅。2005 年至今，健在的老人们还坚持定期打扫老区纪念馆，为前来缅怀瞻仰的党员、团员和群众进行解说。

正是老人们收集到的这些珍贵史料，才让后人知道，县底地区的革命先驱们，为革命抛头颅、洒热血，前赴后继、艰苦奋斗换来今天幸福生活的史实。从 1993 年开始筹备到 2003 年 9 月纪念馆挂牌成立，从奔走各地收集史料到纪念馆成立后讲解修缮，从意气风发到两鬓斑白，老人们整整坚守了 10 年。

奔走：老骥伏枥志千里

1993 年，陈有进老人从教育战线退休，然而他退而不休，不计耗费个人的精力、物力、财力，不停地搜索、查找县底革命老区斗争史料。他整理父辈在县底镇招中区农民运动中留下的史料（例如容县冠堂乡农民协会常会记录）；收集堂姐陈业农参加广西学生军北上抗日的文稿和图片。在退休的几年里，他收集编写了《可爱的家乡——冠堂》《红色学校——强立小学》《纪念中国人民抗日战争暨世界反法西斯战争胜利七十周年》，收集选印《革命前辈的诗词》等资料集成小册，印发与布置张贴，进行革命文化宣传教育，与其他老人一起大力挖掘革命历史，传承老区的革命精神。

陈强西老人每每与人说起 20 年前与其他老人们一起收集史料的事时，依然饱含激情，仿佛这一切都发生在昨日。陈强西老人说，由于烈士们的家乡各在一方，相距较远，因此逐一走访各地，对于上了年纪的老人来说，并不是一件简单的事情。建馆初期，陈强西老人一人骑着自行车前往平南，走访 30 多公里外平南县籍烈士潘异凡的故居。为了能把自己为数不多的资金用在修建纪念馆上，他舍不得花钱乘车，而是坚持在崎岖的山路上骑自行车往返；饿了就吃干粮充饥，累了就在树荫下歇息。他记不清自己到底走访了多少次，直到将烈士的事迹整理得一清二楚并全部记录下来。

“革命老区冠堂村，青山不老楼房新。碧血花开千秋业，永载史册永铭心。”这是陈柳成老人生前表达对纪念馆感情的一首诗，也代表了老人们在为老区建设奔走的岁月中，对革命老区最饱满的深情。

传承：老区精神永不朽

岁月在奋斗中远去，但陈协五、陈孟武等英雄儿女们“有志有为、无私无畏”的容县革命老区精神却永放光芒；光阴荏苒，陈柳成、陈有进等六位老人“老骥伏枥志千里”的精神被新时代的“接力者”传承下来。

陈东荣同志接下了陈柳成馆长的衣钵，成为革命老区纪念馆的现任馆长。他继承前辈的作风，与各部门保持联系，立志将老区精神发扬光大。

陈柳成老人的儿子——陈清老师，现为冠堂中心小学（原强立小学）的语文老师。他几十年如一日地守护着老区，定期对陈孟武烈士纪念碑进行清理和打扫，日常维护纪念馆内史实物；教书之余奋笔耕耘，还利用休息时间继续完善史料；课内课外，时常向学生们讲述革命烈士的事迹，把老人们修建老区纪念馆的故事说给学生们听；每当有人到此来缅怀追忆时，他总是第一个站出来，为他们讲解老区的情况，始终贯彻着他父亲的意志。

冠堂村的陈健南主任、陈桂安副主任二人，心系老年人，急老人之所急，想老人之所想。2017 年 8 月，他们刚刚上任一个月，便自掏腰包以个人名义向老区的老年人活动中心捐赠了一批价值千元的活动设施，进一步丰富了老区人民的文化生活；擅长修建的陈超成主动修缮纪念馆外破烂的围墙，传承了父辈一心为老区发展的心愿；“90 后”的陈章、陈法、陈隆三人，亦跟随着自己父亲的足迹，作为新生代力量协助做好纪念馆的工作。

历史定格，先烈长眠。如今，在招中区农民协会和中共容县临时委员会旧址上，容县革命老区纪念馆安静地伫立着。2016 年 8 月 10 日，县底镇革命老区成为“容县县委党校党性教育基地”，同年荣获“玉林市未成年人思想道德建设示范基地”荣誉称号；2018 年 6 月 29 日，作为党建活动品牌——党建“121”工程的重要内容之一，容县冠堂革命教育基地景观改造工程项目正式开工；近两年，已有超过 500 批次共计两万多人次来这里缅怀先辈，追忆历史。如今，革命老区纪念馆已成为容县、玉林市进行革命传统思想教育、爱国主义教育、党史知识教育的基地和发展红色旅游的重要窗口，助推县底镇红色资源发展再上新台阶。

老骥伏枥志千里，老区精神永不朽。这六位老人都是红尘中的隐者，他们带着朴素的心愿，过着清贫的生活，却有着高贵的心灵。他们继承了陈协五、陈孟武等革命烈士的红色精神，革命熔炉铸丹心，发扬革命老区有志有为、无私无畏的精神。

为了兑现对总书记、总理的承诺
——记陆川县乌石镇副镇长兼陆河村党总支书记梁丽娜

◎ 陆小青

"回到村里以后，我要多深入村民家中，跟村民们多沟通、多交流，共同探讨村子的发展，研究怎么脱贫致富，让村民都知道、都了解党的各项政策，带领村民早日脱贫致富!"2017年4月20日下午，习近平总书记在广西主持召开基层代表座谈会，作为一名基层村干部代表，陆川县乌石镇副镇长兼陆河村党总支书记梁丽娜参加了这个座谈会并向习近平总书记承诺道。

"通过帮扶干部的精准帮扶和大力发展特色产业，我们陆河村正逐步实现脱贫致富，请总理放心，我们的目标是今年实现整村脱贫摘帽!"同年的3月8日上午，李克强总理在与十二届全国人大五次会议广西代表团代表们共同审议报告时，梁丽娜也曾这样向总理承诺。

2017年底，陆河村脱贫108户373人，人均纯收入由2011年不足2500元增加到7560元，贫困发生率已经降到2.74%，实现了整村脱贫摘帽。梁丽娜不负总书记和总理的嘱托，兑现了曾向他们做出的承诺。

泥土地，是梦想花开最好的地方

梁丽娜，1985年10月出生于广西玉林市陆川县乌石镇陆河村的一个普通家庭。2011年6月，梁丽娜从广西师范大学理论物理专业毕业，获硕士学位，原本打算做一名教师。毕业前一天，她回村找老支书办理党组织关系转出时，满头白发的老支书的一番话让她改变了主意。

陆河村地处广西、广东交界处，交通落后，是个山多地少的革命老区贫困村。2011 年以前，全村还没有一条水泥硬化路，群众出行非常困难；村委办公场所是 20 世纪 70 年代建成的旧瓦房，村“两委”干部老龄化严重；村里的拦河坝早已被洪水冲垮，村民种田只能靠天吃饭……村里没有什么产业，年轻人都外出打工，留在村里的多是老人和孩子。“村里特别需要一名像你这样有能力的年轻人带领大家脱贫致富。”老支书满怀期待地说。

在梁丽娜看来，读书不仅是为了改变自己的命运，更是为了帮助更多的人改变命运。她毅然打消在城市工作的念头，返乡做起了当时月工资只有 620 元的村干部。2011 年 8 月 18 日，陆河村举行村支部换届选举，梁丽娜高票当选为陆河村党总支书记，成为广西第一位女硕士村支书。

那一年，她 26 岁，一张白净的娃娃脸。“读了那么多年书，还要回这个穷山沟里吃苦，还不如在城市里捡垃圾呢!”一时间，村里像炸开了锅一样，村民们纷纷议论着这个小女生。连她的妈妈也慌了，劝她说：“你还是不要当这个村支书了，别人会瞧不起我们家的。”但年轻的梁丽娜很有主见：“正是因为读了这么多年的书，所以我才决心为村里谋一个好未来!”“城市的发展需要人才，农村的发展更需要人才，一批批农村人才不断流入城市，那谁能从城市再回到农村来改变家乡呢？这个人为什么不能是我呢?”

面对别人的议论，梁丽娜既难受又彷徨，但她还是暗下决心：“既然选择走这条路，就要把带领村民脱贫致富的梦想坚持到底，别人越是不看好我，我就越要好好干，不能半途而废。”

尽管从小在农村长大，但梁丽娜很快认识到，要真正做好群众工作，还得从头学起。除了虚心向邻村和镇上的干部学习，还得跟老百姓打成一片。陆河村 18 个村小组 1046 户人家，她一家家地走，一户户地问，3 个月时间，大到村里的人口、土地、教育、医疗，小到家长里短，全都摸得清清楚楚。

针对村里存在的诸多问题，梁丽娜通过和村干部讨论商量、召开村民代表会议，制定出陆河村整体发展规划，建立了村里“一事一议”、多方协商的长效机制，还申请了上级各部门的支持。随着国家对“三农”资金投入的增加和项目建设力度的加大，加上村干部和乡亲们的共同努力，陆河村各项建设逐渐完善。截至目前，陆河村修建水泥硬化路 12.8 公里，覆盖全村 18 个村民小组，大大方便了村民的生产生活；建设了一个篮球场和舞台、一个农家书屋，组建了一支农民篮球队、一支文艺队，丰富了村民的精神生活；修建了 2 个水坝，改善了水利灌溉系统，提高了粮食产量；申请了 3 个自来水项目，解决了村民的饮用水问题；村委办公楼也已经建好，办公室配置了电脑，连上了网络。村里的小河变干净了，村民家里建起了一座座新楼房，有的村民家里配置了电脑，有的村民买了小汽车，陆河村的面貌焕然一新。

梁丽娜说：“泥土地，是梦想花开最好的地方。过去的工作大家都认可我，我很满足。”

将脱贫进行到底

2015 年 10 月，精准脱贫攻坚战全面打响。经过精准识别，陆河村总人口为 1046 户

4575人，2015年建档立卡贫困户为130户454人，贫困发生率为9.92%，是个边远山区贫困村。

“村民富不富，关键看支部”，而支部的关键在于支书。“现在的扶贫工作空前有力，群众满意度最高，从识别到帮扶、从摘帽到巩固，关键是突出了‘精准’要求……”在2017年4月20日习近平总书记主持召开的广西基层代表座谈会上，梁丽娜向总书记汇报了基层的精准扶贫工作以及她担任陆河村这个贫困村的党总支书记以来，带领村民们脱贫攻坚的情况。

为了体现“精准”二字，梁丽娜认真分析了陆河村130户贫困户的致贫原因，精准施策，提出要从发展特色产业、发展村级集体经济、重视教育等方面让陆河村脱贫摘帽。

“我认为要实现脱贫，最重要的是要因地制宜发展产业。”在2017年全国“两会”上，梁丽娜向李克强总理汇报时说。

然而，发展产业怎么搞？从哪里下手？为了发展更加适合陆河村的产业，梁丽娜做了很多尝试。曾打算发展三黄鸡养殖产业，曾尝试种植苦玄参和铁皮石斛，但是由于种种原因，最后这些产业都没有得以发展下去，梁丽娜备受打击。但她却没有被打倒，而是继续努力探索，后来了解到种植橘红是一条不错的致富路。橘红是一种具有止咳化痰功效的中药材，为了带动村民种植橘红，梁丽娜和陆河村“两委”其他干部先带头种植。乡亲们看在眼里，也都纷纷在曾经丢荒的土地上种上了橘红。目前该村橘红种植面积有530亩以上。看着村民们数钱的样子，梁丽娜心里比他们还高兴。为了尽可能增加村民的收入，梁丽娜还引导村民种植每亩可获得8000元收入的百香果，全村百香果种植面积达200多亩，大大增加了村民们的收入。此外，梁丽娜还动员村民搞陆川猪生态养殖产业，并联系到相关企业销售，使村里的陆川猪直供珠三角一带，解决了销售的问题，大大调动了村民的积极性。2017年3月8日，梁丽娜在向李克强总理做汇报时，特地提到了陆河村通过发展陆川猪生态养殖增加了贫困户收入的情况，得到了总理的肯定。会议结束回到村里后，梁丽娜牢记总理的嘱托，带领村民把陆川猪养好，并且通过电商销售猪肉，拓宽了陆川猪的销售渠道，让村民真正感受到了“互联网＋”给农村发展带来的变化。

要实现整村脱贫摘帽，村级集体经济少不了。村级集体经济是梁丽娜一直关注的一个问题，她先后到上林县、东兴市以及安徽、江苏、重庆、贵州等地进行专题调研，学习先进经验。2017年4月，在习近平总书记到广西视察召开的基层代表座谈会上，梁丽娜向总书记提出了关于发展村级集体经济的建议。为了贯彻落实习总书记在广西视察时的重要讲话精神，大力发展村级集体经济，梁丽娜和村干部及村民们商量后，决定充分利用清洁能源，在村委办公楼楼顶建设太阳能光伏发电项目。该项目2017年已经建成，当年实现了2万元的村级集体经济收入，2018年增加到5万元。此外，梁丽娜还联系到广西聚银集团进行合作，采取“公司＋村民合作社”的模式，发展“高架网床＋益生菌”生态养殖，增加村级集体经济收入。目前，陆河村高架网床生态养殖场已经建成，年可出栏生猪1500头左右，每年预计可增加陆河村集体经济收入10万元以上。陆河村走出了村集体没有经济收入的困境。

“十九大报告提出了脱贫攻坚的新方法、新手段，包括注重扶贫同扶志、扶智相结合。”在农村长大的梁丽娜深深地体会到知识对孩子的成长有多么重要，更加清楚掌握知识技能对贫困家庭实现脱贫的重要性。为了让孩子们能在好的环境里学习，在她的带领下，村里对学校实施改造，建起了一栋二层教学楼和一栋教师周转房。为激励孩子们好好学习，梁丽娜还提出让村委会设置成绩优秀奖学金制度，奖学金的资金由她负责牵头筹措。为了帮助贫困学生筹到学费，梁丽娜寻找企业家资助，让更多贫困家庭的孩子能够圆他们的大学梦。2015年8月，梁丽娜争取到了北京朝阳区海外留学联合会的资助，组织陆河村8名学生参加北京夏令营活动。孩子们第一次走出大山到了北京，开阔了视野，明确了心中的梦想，激发了求知的欲望。此外，梁丽娜还号召村里的经济能人、爱心人士关心支持陆河村的教育，带头捐款奖励考上重点学校的孩子：2013年资助了一名考上陆川文昌中学的贫困学生，2015资助了一名考上华南理工大学的贫困学生，2016年资助了一名考上玉林高中、3名考上陆川中学的优秀学生。

作为帮扶干部，梁丽娜还与5户贫困户“结对子”进行帮扶，她经常深入贫困户家中了解情况，和贫困户交心谈心，帮贫困户申请危房改造、“雨露计划”补助，办理小额信贷，引导发展产业，等等，目前已经有3户实现了脱贫。她还引导贫困户陈华养殖陆川猪增加收入，实现脱贫。她帮扶的贫困户覃厚少说：“丽娜这个孩子啊，就像是我女儿一样好!”

7年来，梁丽娜凭着对梦想的执着追求，扎根基层，奉献青春，从当初一名青涩的小女生成长为一个村的当家人，她带领陆河村党员干部啃下一块块“硬骨头”，为一个贫穷落后的小山村带来了新面貌、新气象。

守住心中那片绿

◎ 宾业海

军垦战士，精神高地守望者

天还没有彻底亮，早起的鸟儿刚刚在林间的树枝上唱歌，白雾茫茫的高岭山中，一位老人就已经步履蹒跚地朝山上走去。他头戴破旧草帽，脚穿高筒雨靴，一只手里拄着一根柴棒，另一只手里提一把弯刀，肩上背着竹条编织成的箩筐……还有一条名叫“家龙”的大黄狗，时而蹿到老人的前面，时而跑到老人的身后，护卫着老人。这个时节山上已是郁郁葱葱，绿树蔽日，行走在布满山花野草，充满鸟叫声的树林里，老人的心情颇有几分得意，情不自禁地哼上几句山歌小调，歌声在山山峁峁间回荡。

这位老人名叫庞祖玉，今年已经94岁了。近百岁的高龄老人，为什么在大山里独自行走呢?

庞祖玉是广西农垦国有长春农场的退休干部，是一个一生坚守山林的老军垦战士、老劳模，退休前曾先后担任农场生产队副队长、队长，党支部书记等职务，并多次立功受奖：1956年被评为全国农业水利先进生产者，出席全国代表大会；1957年被评为全国劳动模范，出席全国首届劳动模范代表大会；1959年被评为自治区农垦局积极分子，出席自治区农垦局积极分子代表大会，并到北京参加了国庆十周年观礼会，三次受到毛泽东、朱德等党和国家领导人的亲切接见；1999年被评为广西农垦“老有所为”十佳之一。

老人儿孙满堂，拿着每月上千元的退休金，场里还给庞老优惠供应了一套宽敞的住房，生活完全可以过得有滋有味。可这个性格“古怪”的老头，放着清福不享，非要长年累月独自住在荒无人烟的高岭山上不到30平方米的破旧红砖房里，一住就是几十年。

2012年3月的一天，庞祖玉受中共博白县委的邀请，到博白县城参加中央电视台《乡约》栏目“走进博白”的节目采访。庞祖玉在县城闹了个笑话，他说：“这是什么地方？像是在省城啊！”陪同人员大吃一惊。原来，庞祖玉退休后几乎没有进过县城，一生中也只有十多次进过县城和回过亚山镇乡下的老家——他的大好青春年华和最美的“夕阳红”，都在农场的高山密林中度过。

1985 年庞祖玉退休后，继续承包 650 株橡胶树，割胶技术年年都被评为一级。他坚守山林 30 多年，每天坚持步行巡山 2 公里，将毕生精力完全奉献给农垦这块热土。2012 年，庞祖玉先后荣获“先锋力量——玉林市创先争优十大先锋人物”、广西“十大公民楷模新闻人物”和“先锋力量——广西创先争优十大先锋人物”荣誉称号。2012 年 6 月，《人民日报》报道了庞祖玉的先进事迹，中央领导做出重要批示，中宣部组织了中央媒体新闻采访团对庞祖玉的先进事迹进行专门采访报道。自治区农垦局下发通知，在全系统开展学习庞祖玉先进事迹活动。

2013 年，庞祖玉被评为中国“十大边疆杰出人物”。

2016 年，庞祖玉被评为全国优秀党员。

毛主席说过，一个人做一件好事并不难，难的是一辈子做好事。共产党人是用“特殊材料做成的人”，作为党员，庞祖玉始终保持一名老军垦的本色，退休后独守深山，还坚持义务为场里看守林木，坚守共产党员心中的那块“精神高地”。他的先进事迹，感动八桂，名扬中华。

“我对党对国家没什么贡献，可党和国家却给了我这么高的荣誉，我感觉到很惭愧。我应该多做一点工作，才能对得住党，对得住人民，白领工资不好……”这就是他的朴素情怀。

满腔热情，投身农垦写辉煌

中华人民共和国成立前，庞祖玉是地主的长工；中华人民共和国成立后，庞祖玉成为新中国第一代垦荒者。

1924 年 6 月，庞祖玉出生在博白县亚山镇一个普通的农民家庭。自 20 世纪 50 年代初开始，百废待兴的新中国掀起了垦荒大潮。获得新生、正值壮年的庞祖玉满腔热情地投入了当地军管农场的垦荒运动，并很快成为当地知名的劳动能手。在开垦梯田种植橡胶生产劳动中，他独创的“上挖下垒”法使劳动效率提高了 30%，并被广泛推行。

火红的农垦生活，让庞祖玉写下了自己人生最辉煌、最自豪、最留恋的一页，也深深影响着他的立身之本。1955 年，庞祖玉光荣地加入了中国共产党。他怀着朴素的感情，怀着对党的无限热爱，投入垦荒种橡胶工作中。他挖坑种橡胶的效率比别人高 30%，流的汗自然比别人多；中午人家休息，他还挑水上山浇灌橡胶……由于表现突出，1956 年，他被评为全国农业水利先进工作者，赴北京参加代表大会。1957 年，庞祖玉迎来了他生命中的辉煌时刻。这一年，他被评为首届全国劳动模范，并踏上开往北京领奖的列车。毛泽东、刘少奇、周恩来、邓小平等党和国家领导人与他以及所有的劳模们一一握手并合影留念。1959

年，庞祖玉被评为广西农垦系统积极分子，赴北京参加国庆十周年观礼会。1959 年 10 月 1 日，他受邀登上天安门观礼台，与毛主席握手合影后，观看了国庆十周年庆典。

三次上北京，三次得到毛主席等党和国家领导人的接见，对于农家子弟出身的庞祖玉来说，这是莫大的荣誉。这些情景至今历历在目，一提起这些激动人心的时刻，庞祖玉心情就难以平复。那时，他就提醒自己，要好好做人，踏踏实实工作，千万不要玷污共产党人的名声，一定要对得起党和国家。

庞祖玉是这样想，也是这样做的。在荣誉面前，他本有“当官”的资本，但他没有向组织伸手，没有给组织添麻烦，更没有在荣誉的光环中迷失自己。组织曾经送他去党校培训，数次想提拔他，他却一次次婉拒：“我没有文化，做不好领导，会对不住国家。”他始终保持基层干部的本色。他最大的官，是支部书记兼农场三队的队长。他在农场三队住了 11 年，直到退休，他还是农场三队的队长。至今，人们都还尊称他为“庞老队长”。

结庐深山，甘洒余热守山林

广西农垦国有长春农场地处云开大山的茫茫群山中，单是农场三队，就有林地 1500 亩。岁月如梭，当年荒芜的山岭早已是一片苍翠，当年的垦荒人却随着岁月的流逝而衰老。1985 年，庞祖玉退休了，但他火热的心没有冷却。他常说他自己对党对国家没什么贡献，党和国家却给了他这么高的荣誉，他感觉很惭愧，他应该多做一点工作才对得起党和人民，白领工资不好。他把荣誉当作责任，把党的关怀当作动力。舍不得离开日夜相伴的山林的庞祖玉，上山义务管护橡胶树。在他的精心护理下，这些濒临淘汰的“残桩树”重获青春，产量不断回升。场里要给他补助，他谢绝了。他说，闲着也是闲着，多做一点工作，也是应该的。

1998 年，长春农场进行产业结构调整，砍掉橡胶树种果树，并实行分户经营。当时已 74 岁的庞祖玉第一个响应场里的号召，带领家人种上果树 700 多株。为了方便管护果场和农场林木，他不顾家人和场领导的多番劝阻，放弃晚年享清福的生活，在离农场三队约 1 公里的山头上结庐居住。

庞祖玉结庐深山的山名叫“高岭”，离场部有 5 公里远，周边丘陵起伏，人烟稀少。他住在一间面积不足 30 平方米的红砖小屋，屋内生活设施很简陋，光线昏暗，只有一床黑旧的蚊帐和被褥、一张木桌、一张木床、一盏煤油灯、一个水烟筒、一间简易的伙房。虽然没有一件像样的家具，劳动工具却样样齐全，有锄头、扫把、铲子、扁担、耙子……墙壁上挂着一顶斗笠和一个军绿色老式水壶，墙边放着一双解放鞋。唯一与老人做伴的是一条大黄狗，它很剽悍，使一些偷砍林木的人望而却步。

山上碰到毒蛇是常有的事，有时小屋里还会窜进一两条毒蛇。小屋对面相隔 100 米左右有一两座坟墓。陌生人来到这里，心里免不了产生恐惧感。

庞祖玉十五年如一日，坚守高岭山，坚持每次巡山 2 公里以上，义务看管场里的林木。每天早上天刚亮，庞祖玉就起床。8 点钟，他就带着一瓶水、一把弯镰刀、一根柴棍，背着一个小编篓，带上自己的伙伴——那条叫“家龙”的大黄狗，出门巡山，下午 3 点多才返回。吃的简单极了——早饭是白糖粥，中午和晚上是干饭配点咸菜猪肉。晚上没有“节目”，天暗下来就早早上床休息。最高兴的是天转眼又亮了。这就是庞祖玉在山上的幸福生活。

巡山路对庞祖玉来说，再熟悉不过了。从高岭出发，一路上有长岭、牛学岭、大窝岭……然而，最熟悉不过的山岭对他来说，也是步步惊心：巡守在山林中，遇到虫蛇是常事。每当遇到毒蛇，大黄狗“家龙”就为他驱赶。由于荆棘丛生，每天都会摔倒好几次，手足经常被擦伤。在外打工的儿子一次进山探望他时，看到他被擦伤的手臂，便专程跑到圩镇上买了一双高筒雨靴给他穿着巡山。庞祖玉十分钟爱这双高筒雨靴，不管天冷天热，他都穿着上山，因为这件标志着“现代化”的产品，可以防刺，防滑倒，又很耐用，走起路来有劲，更有效率。算一算，庞祖玉平均每年得穿烂两双高筒雨靴。

巡山守林的工作主要是防火、防盗。三年前的一天中午，庞祖玉巡到半路，发现山上果林起火，纵火人是附近村子的一个精神病患者。发现火情后，他立即给场部打电话报警，场部的干部职工闻讯组成100多人的队伍赶来救火，及时扑灭了蔓延到三个山头的大火，附近山头500多亩荔枝林得救了。

以前农场种橡胶树时，常有一些村民前来偷砍。庞祖玉每逢进山巡山遇到村民时，就宣传政策、法律，教育村民爱护林木，周边村的村民个个认识庞祖玉，对这位曾经做过生产队队长的老人非常敬畏，因而在他义务守林期间，再没有发生过偷砍农场林木的现象。庞祖玉自豪地说：“有我在这里，没人敢来偷砍林木!”

弃享安逸，守住心中那片绿

退休后的庞祖玉，其实可以同其他人一样享清福。他和老伴每月的养老金加起来有3000多元，他有一个儿子两个女儿，大女儿在政府行政部门工作，二女儿在玉林市一家大型宾馆做主管，儿子也在农场工作。在农场的住宿区，农场专为他优惠供应一套近百平方米的单位套房，儿子在长春街上自建有三层小洋楼。只要走下山，便可过上舒适安逸的晚年生活。

年事已高的庞祖玉独居深山，一家人一直放心不下。老伴陈益珍多次上山劝他回家居住，但每次“谈判”的最后，总是老伴让步。老伴劝不听，换儿孙们来，还是没法把老人劝下山。无奈之下，家人找到了农场领导。组织多次出面了，从来不给组织添麻烦的庞祖玉才肯下山。

然而，让家人始料不及的是，庞祖玉一下山几天就病了，得了气管炎，下肢还肿了起来，一病就是20多天。在家人的强烈要求下，庞祖玉不得不到玉林市住院治疗。出院回家休养期间，庞祖玉每天硬是一步步走山路，回高岭到处走走看看。看到熟悉的山林，庞祖玉的病不久就好了。他再也听不进别人的劝阻，又上了山，继续在高岭蜗居。这次，老伴没再劝他回家居住。老伴知道，家人也知道，农场的干部职工更知道，庞祖玉的心其实在山上，只要有一口气，他就不会离开日夜相伴的山林。

今年春节一家人团聚，他也只待了三天就回山里去了，因为在家里无事可干，他的双脚又莫名其妙地肿了。老伴陈益珍无奈地说："还是让他守着山林吧。他整颗心都在农场，你让他回家，他的心就空空荡荡的没有寄托。"

庞祖玉这样说："我这辈子没做出什么贡献，感觉很惭愧，白领工资不好意思，要尽可能多做点工作，才对得起党和人民。这些山林是国家的财产，我虽然退休了，但身体还硬朗，还可以协助护林人员巡山守林。我在山上很习惯，什么都不怕。只要我还能走得动，我都不会离开这护林岗。"

岁月无情，庞祖玉的耳朵有点聋了，还重病过一次，被摩托车撞伤过一次，身体大不如前了。

可是，在庞祖玉还能走得动的情况下，家人已基本对说服他下山不抱幻想，只能不定时去看望他，送点营养品和生活必需品。场领导也安排人不定时上山探望，解决他的生活困难。雨天路滑时，场领导还安排人给老劳模铲平上高岭的山路。只是每逢雷雨天气的时候，老伴陈益珍就睡不着，整晚坐在客厅里，很担心庞祖玉在山上的安危。

庞祖玉已经习惯了山上的生活，成了大山的一部分，除雷雨天或大冷天不巡山外，他都要踏上那条巡山路。而一旦走上巡山路，守住心中那片绿，寂寞时哼着耳熟能详的老红歌，他就感到身上总有一股使不完的劲。

这位清瘦的老人眼窝深陷，皱纹密布，双手的皮肤是老树皮般的褐色。令人惊奇的是，94 岁高龄的他竟然头发乌黑，目光炯炯有神。

自食其力，勤俭节约乐助人

庞祖玉一家生活起初并不富裕，但庞祖玉从不向组织提出任何要求。他常常对孩子们说："人可以穷一些，但绝不能没有骨气。"庞祖玉一生勤俭节约，平时很少下山，偶尔趁圩日下山买点米、肉。屋前的山坡下，他开垦出了几块小菜地，种些蔬菜瓜果，几年前还养有十多只鸡，甚至还养了一两头母猪，以度时艰。生活用水来自山下原三队的一口山泉，都是他自己用水桶挑上来。山上没有电，晚上照明就依靠一盏小煤油灯和一支手电筒。

"当时家里经济那么困难，父亲竟然傻到这种程度，实在难以理解。长大后，我们兄妹几个才慢慢理解了父亲。他言传身教，教会了我们很多东西，现在儿孙个个都懂事、孝顺，而且都还算比较有出息。我想，父亲应该为此而感到欣慰吧！"女儿庞亚艳说。

庞祖玉说："一个人住在山里习惯了，一点也不觉得孤独，现在吃穿用都不缺，做点工，对大家有用，自己也开心。"巡山时，他看到扫把草就收割、晒干，做成扫把，扫把扎多了，选个街日挑到街上卖。提起庞祖玉，镇上居民都说，庞祖玉做的扫把价格比别人的便宜一两元钱，有居民佩服他的为人，暗地里多付了几元钱，他发现后就上门退回去。有时，他干脆不卖，直接送给学校。

长春农场的一些退休职工说，庞祖玉向来勤俭节约，从来不乱花钱，但对特困户、五保户等弱势群体，却毫不吝啬。几十年来，他把自己种的木薯、红薯和芋头赠送给贫困户，帮助贫困村民的资金达上万元。有些人说他傻，他却乐呵呵地说："这些东西都是大山给的，我一个人用不完。”

庞祖玉有着良好的人缘和威望。附近一名黄姓群众生前经常到庞祖玉居住的高岭山下护理龙眼树，庞祖玉一有空就帮助他。他很是敬佩庞祖玉，辞世前叮嘱儿孙，在他死后一定要把他安葬在庞祖玉守林的高岭对面，这样日夜有庞祖玉与他做伴，他就不会感到孤独。去年年底，这名黄姓群众病逝，儿孙便按照老人生前的心愿，将其埋葬在庞祖玉那间草庐的对面。阴阳虽相隔，情义重如山。

组织关怀，高岭余霞映满天

“家有一老，如有一宝。老党员庞祖玉的奉献精神，让我们很感动，是我们农垦系统的一笔可贵的精神财富。”农场副场长刘伟荣说。

逢年过节，农场领导都会去慰问庞祖玉。农场每天都有人上山，上山的人也都会自觉去看望他。农场领导看到他生活艰苦，给他添置了蚊帐、棉被和板凳。山上没电，农场还给他买了两盏蓄电池照明灯。老劳模在巡山之余烧的木炭、扎的扫把，这些年来购买使用的人渐渐少了，农场就按市价收购老人的“产品”。农场还特意安排庞祖玉的儿子巡山守林，这样他每天都可以顺便看一下老父亲。

获悉庞祖玉结庐深山，巡山不止的事迹后，各级领导纷纷前往探望和慰问庞祖玉。2012年2月份，中共博白县委做出了《关于开展向庞祖玉同志学习活动的决定》，要求全县广大党员干部要认真学习庞祖玉的奉献精神。组织的关怀和爱护，让老党员感到无比温暖。

“我是一个普普通通的党员，只是在做一些自己力所能及的事。而党和国家给我很多荣誉，给我和我家人很多关怀和照顾，自己只要活着还有一口气，就要为党、为国家、为人民做点事情。”庞祖玉深情地说，“这些山林是国家的财产，我虽然退休了，但身体还硬朗，还可以协助护林员巡山守林。只要我还能走得动，我都不会离开这片山林。”

水靠自己担，柴靠自己捡，菜靠自己种，饭靠自己煮，衣靠自己洗……这就是庞祖玉悠然自得的山居生活。相比其不凡的阅历，外人从眼前这位老人身上看不到所谓名人的一点光环，他就是一名朴实的老农垦人。

那位走上巡山路时头戴草帽，手提弯刀，肩挑柴棒，带着小狗，哼着红歌的老党员、老劳模，令人高山仰止。

毛南牛肉苗家酒

——环江双乐民族新村见闻

◎ 莫景春

好酒配好菜。来到环江任意一个村子，无论你到谁家，都可以吃到毛南族的牛肉，也可以喝到苗家的美酒，还可以品尝到瑶族的酸肉。

一

印象之中，移民区都是些低矮的瓦房，朴实陈旧，因为是援建的，不可能弄得像花园一样。回老家，来到了双乐屯，只见村里鸡犬相闻，一片和谐。

进了寨子，碰到一个背着手四处漫步的老人，我向老人打听一些情况，老人便热情地叽里呱啦讲了一大堆，同时不断变换着手势，可是我半句话都听不懂，如云里雾里的。幸亏跑来个年轻人，把老人的话做了个解释，我才知道老人讲的是苗语，连忙合起手，频频表示谢意。

一群小孩在房前的空地上玩游戏，不停地追逐打闹，不断地呼喊欢笑，真是非常开心。我叫了一个小朋友，问他在玩什么游戏，他饶有兴趣地说了一番，像是在说泰语或马来语。我摇摇头，叫他说普通话，他便很吃力地一词一句地解释，尽管有些拗口，毕竟我能听懂了一些。原来他在说瑶语。

村前竖着一块醒目的牌子——花果山。举目四望，只见柑橘挂满枝头，一辆辆大卡车正等在田间地头，一筐筐红通通的柑橘正在往车里装。冬天之时，水果较少，这满山满坡的柑橘满足了人们的需要，源源不断地从这里销往各地。

这里就是远近闻名的环江毛南族自治县思恩镇双乐移民新村。这里聚居着壮、瑶、苗、毛南等少数民族。在当地政府的支持帮助下，他们的生活就像这柑橘一样甜。几个民族同心同德，大力发展生产，保护青山绿水，办起了农家乐，展示独特的民族风情。这里成了人们休闲的好去处。

想想20多年前，这些少数民族分别从大山里搬迁出来的时候，那种艰苦难以言喻。首先是土地问题。土地就是农民的命根子，农民都渴望拥有足够多的土地来满足生活需要。稻谷种多了，可以种玉米；玉米种多了，可以种黄豆。坡上可以种杉木，也能种各种各样的果树。土地就是一个聚宝盆，拥有了它，随时随地可以掏出一把金银来，红红火火地过日子。

毛南族兄弟从大山老林深处出来了，苗族兄弟从高原大沟里出来了，瑶族兄弟从重重山岭中出来了。他们原来居住的地方，山石耸立，沟壑纵横，土地极少，水源稀缺，日子过得像这里的土地——紧巴巴的。“在美好生活的道路上，决不让一个同胞掉队”，即使他们生活在偏远的大山深处，党和政府依然没有忘记他们，将关怀的目光投向了他们，伸出热情的双手，握住充满渴望的手，将他们从穷山恶水中拉出来，融入外面精彩的世界。

原住的壮家儿女也敞开了宽阔的胸怀，奔走在田野里。东家让出一块平坦肥沃的田地，西家让出一片开阔厚实的坡地。荒山野岭上，沟壑田园间，划分田地的人们到处走动着。

也许有过犹豫，毕竟田地有限，献出了就不再有，这是老祖宗一代一代辛勤耕耘而留下来的。也许有过争吵，家里人口众多，养家糊口不容易，少了一分地意味着少一份口粮。自己以大局为重，但是其他亲人未必理解，可能会争吵一番。但不管如何，看着远道而来、风尘仆仆的各族兄弟姐妹两手空空，一身疲惫，真是于心不忍。

当地壮族同胞经过反复的思想斗争，最终决定出让土地。

二

毛南族同胞原来住在山里，遍地石头，炮声一响，凿子一凿，成方成条的石头就可以用来砌墙打地基，结实耐用，可以建成传统的干栏楼。可在这里，丘陵地带，土坡土丘，想找块石头垫个脚都难，只能从几里外的地方拉来石头，才能建造。苗瑶人家，世代住在山林里，到处是林木，搭建房子，四处一看，便可寻到合适的树木，不用多加考虑，立马砍下，搭房建屋。这样的树木长满山坡，因为山高路险，没办法运出去，只能自己使用。木材既可以做柱子，也可以做梁椽，甚至整座屋子的墙都可以用木板合起来。走廊上木条拦起，就成为精致的栏杆。

毛南族的干栏楼建起来了，山墙和地基不再是石头砌的。这里到处是土坡泥地，房子用水泥和砖头砌起来，不再是传统的两层，有的是三层，两边厢房依然突出，像是在接纳上门来的客人。房前墙侧都挂上了极富毛南族特色的花竹帽。苗族和瑶族的吊脚楼也依坡而建，没有那么多的树木做梁椽，便用水泥铸根仿木的柱子，也能将屋前的廊檐展开，很有情趣，让人想起著名文学家沈从文笔下的湘西吊脚楼。

各具特色的建筑坐落在坡前坡后，跟当地壮家的干栏楼相映成趣，组成了美丽的少数民族传统村落。据统计，从1995年下半年启动搬迁项目以来，从驯乐苗族乡、下南毛南族乡等各大石山区里搬迁来到思恩镇陈双村毛苗瑶移民点共71户294人。

在建造房子的时候，当地的壮族兄弟纷纷过来帮忙，挖土方，搬砖头，拉家具，大家都忙得不亦乐乎，就像是在做自家的事情。一听说哪一家木板、顶木没有了，房子没办法搭架，壮家兄弟立刻跑到家里拆下旧木板、旧顶木，扛起就往工地跑。甚至有的拿起斧头、锯子，兴冲冲往自家林地赶，二话不说，哗哗地砍下树木，用来搭建。住在一起，就是自家兄弟，就不再说两家话了。

房子盖好了，便想着腰包的事情。刚来时，当地的壮族兄弟手把手教会了他们种甘蔗。后来水果赚钱，壮族兄弟又教他们种柑橘。于是，在一个万物苏醒的春天，全家老少齐上阵，清除荆棘草木，种上果树，将这些荒芜的山坡变成金山银山。柑橘没有辜负人们的希望，在人们的关爱下，吸足阳光和水分，漫山遍野地长，如今沙塘橘挂满了枝头，像一个个正在点燃的小灯笼，把树枝都压弯了。这是大地母亲的回报！这里原来是一片荒山野岭，杂草树木在肆意地疯长，主宰着这里。从大石山区里迁移出的苗族同胞哪里放得下这片肥沃的土地？原来的居住地到处布满石头，土地都是从石头缝里挤出来的，那么珍惜，如今看到这么一片平整广阔的土地，怎能不高兴？

走在山坡边缘，我有些不敢相信自己的眼睛，那漫山遍野的果红得刺眼，空气里弥漫着果的甜味。这是瓜果飘香的花果山，哪是什么无田无地的移民区？

三

苗家的酒开坛了。这坛酒足足窖藏了5年，埋在地下，默默地吸收了大地的精气，浓缩了岁月的精华。酒已经变得晶莹剔透，犹如琼浆玉液，散发着清甜的芬芳。

苗家有窑酒的习俗，特别是有女儿的人家，女儿一生下来，一坛酒也跟着酿出来。父母在房子附近挖一个洞，将酒埋下去。这酒是用精选的高山糯米和山泉水酿制的，不用什么酿酒药，酒曲是从山上扯几把草药晒干碾碎配制而成。

女儿出嫁一定要热烈隆重，面子才够足。美味佳肴，自然备有；一坛好酒，必不可少。婚嫁当天，主客开怀畅饮。酒桌上，山歌不断，酒喝得越多，歌声越嘹亮。从早唱到晚，每个人都喝得满脸红光，以至于有些人趴在桌子上起不来。主人看着喜在心头。

所以酒一般很少开坛。女儿长到18岁，酒坛也要藏18年。因为这酒的香真是让人无法抵挡，所以有人就多窖藏了一些酒，逢年过节或者有重大喜事，也开坛热闹一下。这不，这苗家的柑橘苗下了地，开一坛酒祝贺，预祝长势良好，来年丰收。

香喷喷的酒刚上桌，门外就传来了热闹的声音，原来是坡那边的毛南族和瑶族兄弟听到这消息，纷纷赶过来祝贺。

毛南族兄弟带来的是新鲜的菜牛肉。这种牛肉层次分明，一层瘦肉夹着一层肥肉，红黄相间，肉质饱满，手指轻轻一摁，指头绝不沾水。如此鲜嫩的牛肉，本身就很香甜，不讲究什么配料，只需找几片生姜，切成细条，加点盐，往烧得旺旺的锅里一置，便嗞嗞有声，不消几分钟，一盆香喷喷、热腾腾的牛肉便摆在你眼前。

烧开的汤水中放入几片薄薄的牛肉，顿时香气四溢。捞起一片，轻轻一咬，甜汁顺着嘴甜透了全身——这是毛南族牛肉打火锅甜甜的感觉。牛肉不能煮得太老，肉煮硬了，韧性太强，咬不断，而且营养都流失了，所以牛肉下水一煮，便赶紧捞出来，就保证了毛南族牛肉的品质。这种菜牛肉的蛋白含量达53%，脂肪只有70%。

瑶族兄弟带来的是别具风味的酸肉。刚掏出的酸肉，被饭及各种配料包裹，已经没有原来生肉那种猩红了，更没有生肉那种腥味。由于数月的腌制，肉已经被酸化，白的依然白，红的却变暗了，像是煮过了一样。夹起一块，放到嘴边，一股酸辣的味道穿鼻而入，不断地诱惑着味蕾。口津慢慢生起，忍不住轻轻咬一口。一股奇特的酸味慢慢渗入，别有一番风味，让人赞不绝口，堪称瑶家一绝。

这种酸肉肥而不腻，还很开胃。表面上看，肥肉依旧肥，但油腻已经不见。咬一口，感觉滑柔细软，还有一丝丝柔韧。不但不油腻，反而刺激了胃口，使人食欲大增。制作酸肉本是深居大山的瑶族同胞贮藏食物的一种方式。没有冰箱保鲜，食物容易腐烂变质，于是找个坛罐储存起来，没想到不知不觉中变成了另外一种美食。

桌子上顿时变得丰富起来：红的牛肉，白的酸肉，还有绿的青菜。各族兄弟语言交流虽然还不太顺畅，但相处那么多年，基本上能沟通了。即使不说话，举举手，顿顿脚，都懂得彼此的意思。

夹起一块牛肉，咬在嘴里甜滋滋的；举起一杯酒，痛快地喝下去；嚼起可口的酸肉，酒也不能不相伴。美酒佳肴让桌上的每个人都兴致勃勃，都举着杯子，不停地碰着，祝贺着。

一杯送过去，一杯迎过来，酒酣耳热，酒多话也多，大家天南海北地聊起来。苗家人聊着以前山里生活的苦，那数百米高的山坡，弯弯曲曲，陡峭坎坷，走半天还不到集市上，换柴米油盐都难，做梦都没想到这辈子能走出大山，拥有屋前这一片松软肥沃的土地。毛南族兄弟也感慨万分，原来牛是他们的命根子，耕田种地都要靠牛，油盐也靠养一两头菜牛来换，整天在高山野岭中赶着牛。现在出来了，耕地有“小金牛”突突地跑；收割了，有收割机哗哗地收，人只用跟在机子后面，装上一袋又一袋的米，运回去晒干就可以了。

瑶族兄弟有些沉默不语，似乎有什么不愿说出来，但在酒精的刺激下，话匣子就打开了。原来他们种的沙塘橘犯了一种病，叶子卷曲发黄，甚至整株枯死，松土杀虫，都没有什么效果，刚刚学着种柑橘，以前见都没见过，真是没辙了。

先搬出来几年的苗族兄弟，早种了几年，有些经验，便拍着胸脯保证第二天早上去看看，帮着处理。那种豪气让瑶族兄弟连连举起酒杯，不停地道谢。桌上其乐融融，欢声笑语不断。

夜深了，牛肉、酸肉都吃得差不多了，坛里的酒快要见底了。谈话的声音慢慢低了下来，大伙都醉眼蒙眬、昏昏欲睡了，甚至有人伏在椅子上呼噜声大起。大伙心满意足了，主人便收拾着碗筷，还派清醒的人打着手电筒扶送各族醉酒的兄弟回到各自的家里。

村里的人说，这种东家串西家的聚餐情形经常出现，哪家有点什么特别的菜，左邻右舍都会有人拎着酒菜去凑热闹。因为总觉得一家人吃，冷冷清清的，多几个人多干几杯才热闹。特别是各民族兄弟，酒菜各具特色，聚在一块，更是丰富，又可以随意聊天，感觉真好。听说，瑶家有一兄弟，去河里打鱼，只抓到一斤多的鱼，结果附近的兄弟们聚集而来，竟然喝掉了20多斤酒，醉倒了一帮人。一个村子，就是一家人。

四

柳朗咧，咧朗柳——远处的歌声袅袅传来，清甜婉转，那是别具风味的毛南族民歌。民歌一传，好事肯定来。那是民族村的乡亲在举行柑橘节。

红红的柑橘摆满整条长廊，饱满光亮，充满着诱惑。人们可以尽情地品尝，这里的少数民族朋友是慷慨大方的。那坡上，那沟边，到处长满绿油油的柑橘树，树上正挂满累累果实，像是挂满红红的小灯笼，预示着红红火火的日子。

锣鼓喧天，张灯结彩，人潮涌动，每个人的笑脸都洋溢着幸福。大家围坐在村里的长廊下，三三两两一对，放开歌喉，尽情对唱，歌唱甜美的爱情，歌唱幸福的生活。

这样隆重的柑橘节，已经连续举办了多届。村里人来自深山老林，对难得的丰收景象自然非常珍惜，自发组织这么一个隆重的节日，用最淳朴的歌声和最原始的舞蹈表达对各族乡亲、对党和政府的感谢。

活动是在村里富有特色的苗家长廊举行的。在苗族、瑶族、侗族聚居地，廊桥是必不可少的，有桥拦腰截住，好风水不会溜走。那廊桥巍然屹立在小河上，似乎要挽留住什么。小河潺潺而流，每每穿桥而过，都将一份灵气留在这里，滋养这里生生不息的人们。平日里，出工回家，都要从桥上经过，累了，可以坐下来，吹吹风，歇歇脚。农闲时候，两两相约，来到廊桥，一展歌喉。人在桥就在。

搬迁出来的人们虽然看不到哗哗流动的小河了，但一座木构廊桥却无法从心里移走。他们在村中央建起了木瓦结构的长廊，让古老而浪漫的故事延续下去。

那弯弯曲曲的廊桥，沿着坡顶围成一圈。中间是一块大平地，搭起一个稍高起的舞台，还有一个清澈见底的水池。池上跨着一座石桥，新颖别致，倒是让人产生无限的遐想。

舞台上节目精彩纷呈，让人目不暇接。苗族同胞抱起了长长的芦笙，挪动着脚步，踏歌而舞。芦笙长的可以顶到屋檐，短的则贴在脸上。或青或黄的竹竿，有的还挂着几片翠绿的叶子，似乎是刚从山里采来的。婉转悠扬的芦笙乐声袅袅而起，大伙围成一圈，边跳边吹，脚步随着音乐的节奏不断地移动。

苗家姑娘头上的银饰不时闪亮，身上深黑色的衣服也隐隐发光。伴随着芦笙乐声，她们情不自禁地哼唱起山歌，扭动着身子，跳起舞来。吹芦笙的人群中也有七八岁的小朋友，他们从小耳濡目染，很快就学会了吹这种独具特色的民族乐器，不会吹吹打打，哪里算得上真正的苗家人呢?!

“咚咚咚”，没等芦笙舞跳完，那边瑶家便迫不及待地敲起了长鼓。左手按在鼓端，右手则打在另一头。手起声落，节点极强。身子也随之一左一右，一前一后，摇摆舞动，跳跃腾挪，仿佛是在田间劳作。数人围成一圈，不断地移动，不停地转圈。更有趣的是，在圈的中心，有两个或四个人在对跳。只见两面鼓不时碰头，又不时分开，像人们玩斗的样子。随着鼓点的加快，两个人的动作越来越快，几乎扭成了一团，难舍难分。场下的观众齐声喝彩。

这些舞蹈动作，都是瑶族同胞在长期的劳动中总结出来的，富有很强的劳动意味。也许产生之初，是因为一个人在田间地头劳作，感觉孤单落寞，便模仿各种劳动的动作，自娱自乐，最终形成了人人喜爱的民族舞蹈。

长鼓是他们世世代代流传下来的，在隆重的节日里才能拿出来，表示对天地对神的敬畏。如今，瑶族同胞更要感谢党和政府，感谢当地人给了他们美好的生活。鼓声浑厚动人，仿佛在诉说一个悠久的故事。瑶族同胞眼里闪动着泪花，这鼓乐声不足以表达他们内心的激动之情。

毛南族傩面舞也让人如痴如醉：优雅的舞步，若凌波仙子，漫步生花；狂烈的动作，动感十足，潇洒奔放。舞者，心中有按捺不住的激情，手舞足蹈，尽情绽放。旁观者也情不自禁地动起来，融入这欢乐的浪潮中。这种舞蹈，隐含深不可测的神秘，让人产生无限的敬畏，让人感到无比虔诚，让心灵默默地接受洗礼。

“咚咚锵锵”，鼓声阵阵，乐音点点，时而急促，如夏雨般粒粒洒过，时而轻缓，如秋雨般疏疏落落。紧张的时候，观众的心提到了嗓子眼，身体跟着乐点抖动；放松的时候，观众不由得长长舒一口气。眼前是舞者在晃动的影子，他们身着独特的祭祀服装，袍上绣着各种各样色调鲜艳的图案，迈着神圣威严的舞步，颜色各异的面具套在头上，有涂得白晃晃的，有的则是黄澄澄的，极富民族特色。

这个舞台汇集了各民族精彩的歌舞，呈现了一顿丰盛的文艺大餐。

夜，继续燃烧人们的激情。歌舞表演结束，篝火晚会正在如火如荼地进行，柴火燃起来，照亮人们红扑扑的脸，照亮了一切。意犹未尽的人们手牵手舞起来，让篝火点燃人们的激情。不知谁唱起了壮族的山歌，嘹亮的歌声穿过黑暗，在空中飘荡。人们舞得更加起劲了，脚踩得地板“踢踏”响。口中不断地喊起那种富有节奏感的“咿呀哟”声。气氛达到了高潮，没有人愿意停下来，都跟夜色融在了一起。

篝火的旁边有火炉，火炉上烤着香喷喷的牛肉鸭脚。舞累了，可以坐下来，嚼上一两串香甜的牛肉，再喝上一两杯苗家的窖酒。客人们从没想到，这里的夜那么热情，让每一个来游玩的人都得到了满足。

五

这是欢乐的海洋。有时候，不一定是什么隆重的节日，就是平时的月末周末，只要有远方的客人来，各个少数民族文艺队便聚集而来，共同迎接，表达热情，让客人们体验一番有趣的民俗，一切都是原汁原味的。走遍神州大地，恐怕也难以找到这样可以同时体验四五个民族风情的地方。

酒香不怕巷子深。中央电视台的记者来了，拍了这里的民居，拍了这里的柑橘，拍了这里的歌舞。第七频道的乡村节目播出了，第二频道的《生财有道》栏目播出了。这里的金凤凰真的飞出山窝窝了。“乡村振兴”计划刚刚落地，这里已经迈开大步向前走了。这里的田园风光确实让人陶醉。

功夫不负有心人。2013 年，这里被评为自治区级“民族团结模范村”，是全区民族团结的标杆。走进村文化活动室，只见墙上挂满了大大小小的奖状牌匾：有表彰带头致富的，有颂扬民族团结模范的，有赞扬新农村建设的。每一张奖状，都凝结着民族友谊的汗水。这个移民新村建村才 20 多年，就获得了那么多荣誉。

这里的少数民族同胞并不满足于眼前的荣誉，他们要将民族团结这块牌子打造得更为响亮。房前屋后杂乱的东西被收拾整齐，两边的道路种起了桂树、花草。本来就漂亮的吊脚楼在花草树木的衬托下更加多姿多彩。村里专门接待客人的民宿——吊脚大木楼已经建起来，集餐饮住宿为一体，还摆卖各种别具风情的民族用品。这里生机勃勃的一切预示明天更加美好的生活。

站在密密层层的柑橘树间，我贪婪地呼吸着四处飘逸的果香，也闻到了醉人的酒香，听到情人的歌声，眼前更是闪烁着一张张幸福的笑脸。

“瑶山谣”在祖国边陲靖西唱响

◎ 赵永红

我喜欢祖国边陲靖西瑶胞感情真切的歌谣。它不但是文学艺术的瑰宝，而且是历史和时代的缩影，从中可以看见靖西的过去、现在和未来。壮族占靖西人口的大多数，瑶族人口不到 19%，但瑶族的传统文化却让人耳目一新。“瑶山谣”正在祖国边陲靖西唱响。

一

1985 年 9 月 16 日，我与荣劳乡的岑晓明到孟麻街游玩。傍晚，孟麻村布留屯的王邦星又邀请我们到他家做客。我很想领略我国南疆边关及邻国越南的一番美景，也算是不枉此行，便畅快答应。

我们走着走着，一路歌声一路笑。突然，不远处传来了悠扬的“瑶山谣”歌声，我们的欢笑声便戛然而止。我们都竖起耳朵倾听响亮悠扬的“瑶山谣”之歌：

谣瑶山，
一山更比一山难。
铜条拐杖也拄断，
铁线草鞋也磨穿。
血泪落在弯路上，
大旱半年晒不干。
瑶山谣呀谣瑶山，
山路何时走得完？

循声望去，我看见附近曲曲弯弯的山路上有一群瑶族男子背着钩刀，扛着月斧，后面紧跟着一群瑶族女子，拎着水桶，背篓里背着小娃娃，向荒山行进，和着沉重的脚步，唱着他们喜欢的“瑶山谣”。

我问王邦星：“为什么他们唱的歌谣那么悲壮、豪迈而又婉转?”

他告诉我：“他们都习惯这么唱。我是壮族，平时听惯了他们这样唱，就几乎没有什么新鲜感了。你如果喜欢打破砂锅问到底，就快马加鞭追赶上去，问问他们吧。”

“好哇！我很喜欢他们唱的歌谣，我们快点跟上他们。”说罢，我们便加快了步伐，赶上了他们。

他们越发动听的歌声在山野之中荡漾。他们唱啊唱啊，那旋律浸透了心酸与怨愤，仿佛每一个音符都能挤出一滴泪。我对他们说：“叔叔阿姨好！为什么你们唱得如此吸引人呢?”

一位瑶族中年妇女告诉我，新中国成立前，他们来到这个地方，撑起茅棚，手脚落地，替山主砍烧一片片荒山，栽下许多果苗，山主发了财可他们还是没法生活，只能向更深更远的荒山寻宝……瑶族人喜欢通过歌舞把自己的心声表现得淋漓尽致，现在心中想说的话依然用歌谣唱出来，无拘无束。

她深情地望着我，摇了摇头，含泪对我说：“我们不该唱‘瑶山谣’给你们听，太悲凉了，树木听了也会流泪的。”

她的话使我心情激荡。接下来她又对我说：“你们两个年轻客人，今晚在王邦星家用壮族山歌与姑娘对唱吧!”

我一下脸红了，说我俩虽是壮族，但对壮族山歌一窍不通，对“瑶山谣”却很感兴趣。

她笑着说：“我们瑶族还会唱你们壮族的山歌，你们是壮族人，怎么不会唱山歌呢?”

我对她说：“您说瑶语我都听不大懂，壮话却说得那么好，我不敢跟您比了。壮族山歌我真的不会，惭愧了!”

我急忙转移话题，问她：“您出门，到孟麻有多远?”

她说：“我们到孟麻，只有四五里路，都是‘平路’，只能爬山，路像一根藤子，向云雾里盘旋。”

我觉得很奇怪，问：“那还叫‘平路’吗?”

她说：“我们说的‘平路’，指的就是山路!”我笑了，她也笑了。

我们越往上走，路就越陡，我气喘得厉害，赶不上他们。他们的一双双赤脚像装了弹簧，轻盈盈地、有节奏地弹跳，颤得头帕的两角似蝴蝶翅膀般颤动。胸前的银饰，发出窸窸窣窣的声音。

天黑了，我们进了瑶族同胞的村子，他们很热情。王邦星说，他的村子离这儿不远，只隔一条大约 500 米的路，可以先在这个瑶寨里玩一玩，等他煮熟了饭，再过来叫我们到他家去。

这个瑶族寨子，坐落在一个山口上，面临深谷。青枝绿叶覆盖下的十来座吊脚楼，像一块块珊瑚礁，沉浸在深蓝的海里。

我们跟着刚才与我们搭话的那位妇人，刚踏进她家的门，她的丈夫李父庆就急忙走了过来，向我们深深地弯腰，把我们请进屋里。

我们坐了下来，他们一家人便围着我们转，泡茶，装烟，斟酒……李父庆告诉我们，他傍晚时拿一把小月锄，给两株橘子树培土，这两棵橘子树是从老远的地方找来的，已经栽了5年，都没有开花结果。

圆圆的月亮升了起来，他们一家人吹燃火塘里的火，支起三脚架，搁上锅，点亮铁丝络里的松明子，邻居好友都来了，准备待客。寨子里的男女老少穿戴整齐，披着月色，陆续上楼。男的围着火塘，撮起嘴，喝着滚烫的茶。女的三个或两个搂着肩，挤在一起唱起了歌。不用招呼，不用催促，一个人手托腮帮开了头，大家就自然而然地接上去。他们唱啊跳哇。

歌声像出自森林的溪水，清幽、恬静，闪着月的光波，潺潺地流向了夜幕。

夜深了，人散了，李父庆一家人极力挽留我们，但我们还是到王邦星家去借宿。没想到，真的来了一群女歌手，唱起山歌向我们“求歌”，我俩赶紧蒙头盖上被子，假装睡着了……

第二天早晨，我们被鸟儿叫醒了。窗外芳草芊芊，杂树成行，野花飘香。王邦星指着南面山谷，对我们说：“跨过那座山，就是有名的胡志明洞!”他想带我们去看“胡志明洞”，但是他说山上现在还有好多地雷，走路要小心才行。我们没见过地雷，只听说有些边民在劳动中不慎被地雷炸死、炸伤。我们害怕得不敢去，只能望洞兴叹。

二

这次“瑶家之旅”让我认识了“瑶山谣”，并对“瑶山谣”有了刻骨铭心的记忆。在我的记忆里，“瑶山谣”永远抹不去，几乎每天都在我的耳边回响。时间一晃即逝，一眨眼的工夫就过了整整29年。

2014年4月25日，王邦星给我打来电话，说这三天是靖西孟麻街中越边境免费开放日，中越边民可以到胡志明革命时期的胡志明洞、胡志明工作室等观光，还将开展中越边民的文艺会演、体育竞赛等纪念活动。第二天，我欣然前往孟麻街。近30年没有再去过，这里变化真大呀！那些地雷早已被解放军排除，雷区变成了开发区，“胡志明洞”成了乡村旅游的好去处。那天，我正好碰上李父庆老人，他眉飞色舞地告诉我：“我的孙子上了大学，毕业后，在靖西的一个机关单位工作，这是我没有想到的。我们瑶家还有几个‘飞’出广西工作了。这些事情瑶家从来没有过，我很高兴，经常到孙子那里去走走，多活几年享享福。很久没有见到你了，以为你把我给忘了!”

“我不会忘记您这个爷爷的。”我反过来问他，“‘瑶山谣’现在还有人唱吗?”

在一旁的王邦星告诉我，瑶族人一直在传承民族文化艺术。李父庆爷爷接着微笑着对我说：“‘瑶山谣’后继有人!”他指着路边穿瑶族服装的三个姑娘对我说：“听吧，瑶族姑娘正在用心地唱着‘瑶山谣’呢!”

谣瑶山，

瑶山瑶家谣平安。

上岭好比鸟越山，

下岭好像水泄滩。

阳光明媚美边关，

心花怒放乐心坎。

一曲瑶歌唱不完，

快乐歌舞天地转！

句式熟悉而又陌生，与29年前我所听到的旋律一模一样；然而，节奏变了，情绪变了，就像瑶山曾经的羊肠小道变成了今天平坦笔直的公路。王邦星告诉我孟麻村瑶胞山寨“三通”的故事。

5年前，南疆边陲的公路大会战打响了，瑶族同胞告别了“平路”。党和政府派人修建公路，瑶胞们将信将疑地到工地去看热闹。晚霞抹山时，大家才依依不舍地回来，见着邻村人光笑，不说话。这一晚，大家挑满一缸水，便早早地睡了。第二天，天还没亮，大家就起来，砻谷舂米，洗糯米，包饺子，剥花生，做点心，拌上美味的配料，浇上茶油，装进坛子，吹燃火塘，煮上香喷喷的早饭，男女老幼一起去慰劳修建公路的工人。参加劳动的瑶胞也当了修建公路的志愿者，和大家一起修建公路。

大伙儿种的果树都开了花，正是结果的时候。在枯了的萼片上，爆出了一个个嫩果，圆圆的、亮亮的，像孩子的眼睛，躲在叶片之下，顽皮地向人们眨眼。当年的橘树，也已经长大结果了。夜里，老人们翻来覆去睡不着，月光从窗外斜斜地洒在窗前。木椅上放着烟杆、烟袋、打火机，这都是为客人准备的。楼外传来的歌谣声，是那样的熟悉、亲切……

1月，2月，3月，炸山的炮声渐渐地消失了，在市政府的关怀下，瑶寨的木楼显得更加迷人，这是一个历史奇迹。车通了，人欢了；水清了，山绿了；电通了，万事通！

我向李父庆爷爷打趣道：“‘三通’了，婚通了吗?”

他笑着说：“40年以前，我们村为了争抢生火做饭烧的柴草，为了争山界、偷柴草，宁可六亲不认。亲戚变仇家，亲家变冤家。壮族或其他民族和瑶族一般不能通婚的。现在好了，边民一家亲，联姻乐融融!”

“不通婚，过去是一个‘通病’。为了柴草，屯与屯之间搞得鸡犬不宁，组织群架大打出手，更有甚者祖宗三代互不相认。我只是随便问问而已，没想到现在民族之间互通有无了。确实是民族团结一家亲啊!”

李父庆爷爷撅着胡子，笑了，笑得那么甜蜜。

三

2017年9月，我随市文联、市作协共40多人沿边关采风，又去了一趟孟麻街。公路的两旁是青山绿水，路边的树摇荡着圆圆的叶子，把叶片间斑驳的阳光筛播到我身上。我深深地爱上了孟麻街——爱它身后那环形的山屏和茂密的树林；爱它整齐的小街，青石板铺成的街道被雨水冲刷后闪着洁净的、幽蓝的光；爱它那条横贯集镇的小溪，清冽透明的流水濯洗过我脸上的汗水和脚上的泥尘。春天，放竹排、赶羊，披一身水雾浪花；夏天，钻山割脂，沾一头树乳松香；秋天，化作一柄利镰，把杂草芒丛追逐；冬天，握一把快枪，将野兔山羊驱赶。勤劳在手中，梦想在心中，力量在胆中。近几年来，瑶寨人兢兢业业地工作着，艰苦奋斗，换来了林茂粮丰，水欢人悦。那个坐落在一个山口上的寨子，依旧绿林般沉静，青山般端庄。2016 年，这里与越南建立边民互市贸易市场，极大地推动了边贸持续、健康、繁荣地向前发展。

无巧不成书，我又在这里碰上了李父庆爷爷！当天他在那里当导游。当我们穿过一片树林时，他告诉我："前面就是胡志明洞。"像舞台拉开了帷幕，眼前豁然开朗，一幅奇妙的青山画卷展现在我的眼前。太阳当空照，照得环形的山屏微微闪亮。高高的山峰，在蓝丝绒似的天幕衬托下，显得格外挺拔。空气里弥漫着野花的芬芳，静谧、饱满、成熟。秋天，壮乡瑶寨的山野极美，美得无法用语言来形容！

走着走着，我看见李父庆爷爷身边有一位二十出头的瑶族姑娘——这正是姑娘家鲜花盛开般的年华。她美丽、端庄、朴实，她温柔、沉静、落落大方。她那双明媚的眼睛并不特别大，盖着长长的、微翘的睫毛，抬起来亮晶晶，低下去静幽幽。

"我很想听听'瑶山谣'，你能唱给我听吗？"我大胆地问那位美丽的瑶族姑娘。

这时候，姑娘好像有些腼腆，说："您怎么知道我会唱呢？"那声音十分柔美。她说话很慢，脸上总是带着善良的微笑。

"因为你是瑶族人！"我说。

李父庆爷爷对她说："他是'瑶山谣'迷！你还没出生时，他来过我们瑶寨，听了'瑶山谣'就念念不忘了，三年前又来听了听'瑶山谣'的歌。现在他又随团到这里来听你的'瑶山谣'，真是有缘呐！你唱一唱'瑶山谣'给这位最最真诚的壮族客人听听吧！"

听到唱"瑶山谣"，姑娘就精神百倍，旁若无人地开始唱了起来：

谣瑶山，
天高云淡蓝又蓝。
瑶家好比金凤凰，
鹏程万里破难关。
瑶山清泉流不断，
山美水美人更欢。
唱得青山团团转，
幸福美满万年长！

我问她："你瑶家村头门前的两棵橘子树现在还好吗？如今的十几座吊脚木楼比起靖西市区的高楼大厦，哪个好呢？"

她调皮地用壮族山歌告诉我："幽垄还好过幽城，十个南宁都没靓。"

意思是说，在乡下和在城里一样，甚至首府南宁在他们的眼里还比不上自己的瑶寨。

她叫王婷。她站在山岗上，就像一竿新竹；她站在小溪旁，就像一棵水柳。我从她的嘴里打听到，她家还是脱贫致富的典范。去年她还是一名大学在校生，今年 7 月毕业，正待业，空闲之余做起了导游志愿者。

她给我讲起了她家的故事。

2016 年年末，整个瑶寨沸腾了！帮扶干部、村委会，乡、市驻村领导，村第一书记，都到原来是全村最贫困的她家进行脱贫致富奖励活动调研。最终，王婷家摘取了"我脱贫，我光荣"的桂冠，孟麻村在全市、全乡都闻名了，引来了更多的中外游客，全村脱贫致富了！

孟麻村在村第一书记的指导下，进行了扶贫"五个一批"：发展生产脱贫一批，易地扶贫搬迁脱贫一批，生态补偿脱贫一批，发展教育脱贫一批，社会保障兜底一批。扶贫坚持了"五个坚持"：坚持扶贫攻坚与全局工作相结合，走统筹扶贫的路子；坚持连片开发与分类扶持相结合，走精准扶贫的路子；坚持行政推动与市场驱动相结合，走开放扶贫的路子；坚持"三位一体"与自力更生相结合，走"造血"扶贫的路子；坚持资源开发与生态保护相结合，走生态扶贫的路子。

不久，孟麻村开展了一次致富典型评选活动，挖掘像王姆慈一样的农村能人带领孟麻村贫困户致富以及贫困群众带头致富的典型事例，特别是那些充分发挥主观能动性，在国家政策、扶贫干部的帮助下埋头苦干，奋发图强，积极投身创业实践，不断提高致富能力，真正践行"我脱贫，我光荣"的典型贫困户代表。村里组织他们参与到脱贫政策宣讲团中，向贫困户讲述自己脱贫致富的故事。王姆慈出了名。随后，经认定，由乡里集中组织颁奖仪式，王姆慈换下绿色的贫困户识别卡，领取了脱贫光荣证书。她的儿子 2016 年 7 月大学刚毕业便立即自主创业了。王婷就是王姆慈的大女儿。

值得一提的是，这个瑶寨在王姆慈的感召下，组成了扶贫互助组，大家一起种药材，入股分红，走上了共同致富的道路。该村的致富经验被乡宣传委员写成了报告文学，在市级文学刊物上发表。孟麻村大红大紫了，第二、第三产业蓬勃发展，边境孟麻村山村旅游更加出名了。

根据靖西市"十三五"脱贫移民搬迁购房补助补贴政策，孟麻村部分壮族贫困户实现了"移得出、留得住、能致富"，一些贫困户通过移民搬迁实现彻底脱贫，一些贫困户创业脱了贫。

生活在这个瑶寨的人们，他们的生活似一条潺潺流淌的小溪，欢快地奔流着，时时泛起一朵朵晶莹的浪花。仰首是春，俯首是秋；月圆是画，月缺是诗。美满的生活在无声的岁月中，在这场"精准扶贫"的大战中，为有关帮扶干部等人点缀了一幅幅人生的画面，使无数个扶贫干部的人生道路充实而令人欣喜。第一书记慢悠悠地点上一支香烟就望着小溪，红红的烟火离小溪里的月亮很近，犹如在倾诉。

第一书记满意地笑了，所有的游客都会心地笑了。孟麻村生活的春天才刚刚开始，沐浴着灿烂的阳光走上了康庄大道，不忘初心，奋勇向前！那是山旮旯里的人们梦寐以求的，也是翘首以待的。靖西这个祖国边陲年轻的县级市，正向着更加美好的未来砥砺前行！

孟麻村离靖西市区 40 多公里，那里的风土人情，尤其是瑶家的“瑶山谣”，在我记忆的海洋里永远轻快地遨游着。

这几年来，孟麻村经过精准识别，根据有关扶贫会议精神，有力地扭转了富裕户“争当贫困户”等畸形的局面，还将真正的贫困户纳入了“贫困户建档立卡”的范围，扶贫工作谱写了新的一页。精准扶贫真正取消了一些不符合条件的人的扶贫低保资格，扶贫款也做到了精准发放和使用。在第一书记的带领下，孟麻村脱贫致富工作就这样扎扎实实地开展了。

在第一书记劝说下，全村所有的贫困户家庭都到乡农村商业银行贷款 5 万元，承包了屋后那片 300 多亩的荒山，栽种山豆根（药材）、果树等，辛勤耕耘三年时间，那片光秃秃的山坡披上了绿装，迎来了鸟雀！

在市委和市人民政府的赞助下，孟麻村 98%的贫困家庭还在山上建起了一间间简易的小平房，在山凹处挖了一池池小鱼塘养鱼，原本漂亮的小院再装饰一番，还请来乡中心校的一名美术老师，画了几幅栩栩如生的壁画，搞起了农家乐。加之第一书记熟人较多，向大家介绍几次也就记住了，周末几家人一约，玩过几次，都觉得很是不错，这样一传十，十传百，孟麻村名气越来越大，来的宾客就越来越多。

人太多了，难以容纳。第一书记找到孟麻村的村民，建议他们先种树、修路，再搞乡村旅游。在他的帮助下，村民们争取了几个项目，接通了孟麻村这个苗族屯的自来水，所有灌溉沟渠均用混凝土砌成。大家引水浇灌良田，引进特色蔬菜种植项目。近两年来，孟麻村的面貌变化很大，山变绿了，路变宽了，水变清了。全村搞起特色旅游，收入不断增加，村民的心里乐开了花，信心十足。

孟麻村成为全市新农村建设示范村，来参观、考察、旅游的人更多了，村民的收入翻了几番，他们始终不会忘记村里的恩人——扶贫工作队，大家想请来市委宣传部的领导，让他们报道有关先进事迹，以报答帮扶干部。但第一书记对孟麻村群众说：“这是我们应该做的，没什么好报道的。新农村建设是党中央、国务院的英明举措，是党和国家领导人制定的富民政策。只要你们富起来，不要忘记共产党的正确领导就行了！其实，这也是村委、乡人民政府以及市、乡驻村工作队正确领导的结果！”

悠悠的岁月，山林相伴。在这平凡的日子里，贫困户的帮扶干部就是一缕温暖的阳光，照亮了贫瘠的土地，带走了孟麻村的贫穷，留下村民们永恒的富足。

2016 年底，国务院扶贫开发领导小组正好到孟麻村抽检调查。检查组每到一处，都看到一派繁荣的景象，不管问谁，都是脱口而出、对答如流，检查组确认孟麻村是真真正正脱贫致富的边陲代表村典型。孟麻村的脱贫致富是全市脱贫致富的一个缩影，也是人民群众脱了贫、翻了身、致了富的平凡而又典型的代表!

边陲的壮乡瑶寨，脱贫致富和平安和谐离不开边防的民警。

近年来，孟麻边防派出所的民警在做好打击违法犯罪、维护边境稳定的同时，主动兼任边境辖区村的村干部。他们每天步行、骑车奔走在乡间山路上，活跃在田间地头，主动为群众做好事、办实事、解难事。

前些年，孟麻村是附近有名的“三多村”(游手好闲的多、酗酒闹事的多、小偷小摸的多)。自从边防民警建立了“农村书屋”，组建了“护村巡逻队”，丰富了村民们的文化生活，整治了村里的治安，孟麻村成了全乡的文明村。民警还积极协调孟麻村村委会组建村篮球队、拔河队、文艺队。傍晚时分，牛在反刍，羊在吃夜奶，猪在打鼾……村里的篮球场上、大榕树下，村民们欢快地开展各种文体活动。逢年过节，村民们都会开展篮球赛、拔河比赛等活动。如今的农闲时节，民警主动参与策划孟麻村的文体活动，并带队参加篮球、拔河等比赛，在丰富群众文化娱乐生活的同时，拉近了警民距离。

民警还组建“护村巡逻队”和“矛盾纠纷调解小组”，每月在驻村警务室召开一次群众大会，举办一期“法制夜校”，向群众宣传交通、禁毒、消防和治安防范常识，增强村民的法律观念和自我保护意识。如今，孟麻村已经形成了“打、防、控”一体化的治安联防体系。

民警兼任村干部，走访群众，发动群众种桑养蚕，引进火龙果种植和竹鼠、桑蚕养殖等，孟麻村实现了脱贫致富。

如今，孟麻村山青水绿天蓝，深刻验证了“瑶山谣”的真实性、完整性、现实性和持续性。“瑶山谣”歌词不是口头式梦想，而是实实在在地已经实现了的生活，边陲壮乡瑶寨的生活就是一首首优美动听的歌谣……

在我记忆的花篮里，“瑶山谣”是一朵美丽而鲜艳的玫瑰花。通过它的变异和绽放，我看到了边陲靖西从苦难贫穷的过去，迈入幸福美满的今天，走向光辉灿烂的未来……想起它，我仿佛看到了沉静而坚毅的瑶族同胞，高举中国特色社会主义伟大旗帜，唱着优美动听的“瑶山谣”，向着前方，向着梦想，向着未来，挺进，挺进，挺进!

民族团结，百业俱兴。“瑶山谣”在祖国边陲靖西唱响!

钦州记忆

◎ 许元莹

2017 年夏天，高考后的我远离了熟悉的乡音、熟悉的美食、熟悉的地方，从岭南来到了江南。江南精致典雅的风韵可以从食物的分量和摆盘上略知一二，而我突然很想吃一碗一点都不讲究的大碗猪脚粉，不用细细品味，只管大口享受。2018 年正值广西壮族自治区成立 60 周年，我要趁这个机会，忆一忆那个让我魂牵梦绕的城市——钦州。我看着它发展，看着它现代化，看着它成为一个工业和旅游并重的城市。

钦州在哪？它存在于迁客骚人的笔下，它出现于归属地变更的文件中，它闪光于发展浪潮的潮头，它也存在于我的心里——它是我的第二故乡。

一语安州诉离愁

钦州，古称安州，隋开皇十八年（579 年）改称钦州，取钦江为名。“交趾殊风候，寒迟暖复催。仲冬山果熟，正月野花开。积雨生昏雾，轻霜下震雷。故乡逾万里，客思倍从来。”唐代诗人杜审言这首《旅寓安南》，正是古安州在历史长河中给文人墨客留下的印象。岭南独特的湿润气候与四季分明的中原形成了强烈的对比，路途的遥远造成通信不便，一句“故乡逾万里”道出了钦州所属的岭南一带与中原在地理上和心理上的距离。一提到安州，我心中淡淡的离愁在笔下慢慢晕开。

钦廉二字话改革

我清楚地记得小学时有一本介绍钦州历史的本土教材，上面介绍了钦州的历史和归属地变革。年幼时不知道行政区划的具体内涵，但我记住了一个名词——钦廉地区。

清朝时期廉州府的四个属县（合浦县、钦县、灵山县、防城县），统称钦廉四属。新中国成立后，钦廉地区各种合并、复设、改称、改隶，从广东划归广西，再划归广东十年，最终于1965年划归广西壮族自治区。

当然，这些历史我都是通过书本了解到的。但是对于老一辈来说，这就是在一马路老城区里茶余饭后坐着板凳拿着一把蒲扇乘凉时，对后辈讲述的口头故事。

海风阵阵三娘情

三娘湾位于北回归线以南的钦州市犀牛脚镇，享有“中华白海豚故乡”的美誉。这里冬无严寒，夏无酷暑，深受广大游客的喜爱。三娘湾的名称来自一个动人的传说。相传三娘湾原来只有三个英俊的小伙子居住，他们在一条船上相依为命。有一天，三个仙女下凡，发现这里有独特的海湾和勤劳英俊的小伙子，深深地爱上了他们，决定下嫁人间。从此，丈夫出海打鱼，妻子在家织网，他们相亲相爱，生儿育女，过着美满的生活。三年后，玉帝不见仙女回来，大怒之下，掀起狂风恶浪，吞没渔船。三位娘子在海边并排站着，顶着狂风恶浪，等候丈夫归来，天长日久化成三柱并排站立的花岗岩岩石。大海见证了他们坚贞的爱情，他们是勤劳勇敢的象征。

美丽的传说寄托着人们对美好生活的向往。来到三娘湾的游客都会被海天一色的美景所吸引，坐上游艇出海的游客都想去碰碰运气，希望能够一睹中华白海豚的真容。我第一次出海看到白海豚是小学的时候，游艇在海上快速地前进，水花溅到脸上，游艇在海豚可能出现的海域关闭了发动机，静静地在海上漂浮，等待着这些小家伙现身。也许是天公作美，也许是它们通人性，不远处，一群海豚闯入视线，其中有一只很少见的粉色海豚冒出了头。那时候手机没有拍照功能，这样的美景只能深深地刻在脑海里。现在想想，很多时候我们为了抓住那些转瞬即逝的瞬间，为了拍照而拍照，却渐渐丧失了欣赏的眼睛。有些美，肉眼比镜头更能体会；有些回忆，大脑比内存卡更能珍藏。

我光着脚丫踩在满是沙子和石头的海滩上，一路顺着海浪拍打的痕迹沿海岸线前进。受到惊扰的稚嫩的小螃蟹急忙钻回了沙滩下的巢穴，被冲上岸的贝壳稀稀疏疏却各有形态，湿润的海风夹带着鱼腥味，鬓下的碎发紧贴着脸颊。当太阳西斜的时候，余晖映在沙滩上，那时的心境和景色也是童年最难忘的。

壮乡发展又十年

广西壮族自治区成立40周年的时候，我是刚呱呱坠地的婴儿；50周年大庆的时候，我很荣幸地成为中央代表团到访钦州时上前献花敬礼的少先队员中的一员。为了保证敬队礼和献花动作的一致性，我们利用早读和放学时间进行了半个多月的集训。手酸了，脚麻了，肚子疼了，都要坚持下去，一切都要保证万无一失。好在大家坚持下来了。当鲜花准确地递到领导的手上，敬队礼的右手标准地定格在头上方，胸前的红领巾随风飘扬，那时候的欣喜无以言表。十年间，壮乡的每一步发展，群众都看在眼里。高速公路变宽了，动车通行了，地铁开通了，商场一座座地建起来，百姓生活更加丰富多彩。如果说广西的发展是一幅巨大的画作，寥寥几千字显然无法阐述其中的传神，那我尽可能用我这二十年的所见所闻，描绘一下这幅画的局部——我眼里的钦州。

吃喝玩乐大变样

在钦州生活了十二年，它一点一滴的变化我都看在眼里。

东风市场是一个奇妙的万花筒，一楼的蔬菜生鲜、特产干货，二楼、三楼的服装日化，基本上你想得到的日常生活用品，在东风市场都可以买到。后来，利客隆超市开进了商业大厦，南城百货进驻了现在大桥家私的大仓库，商业大厦超市作为本地超市龙头老大，风光无限。以商业大厦为地标的十字路口，小骑兵西餐店和福满家蛋糕店隔着斑马线相呼应。

记忆中，儿时的钦州只有一个钦州湾广场，四周都是平房，附近最高的房子是外墙架子还没拆的供电局大楼，白海豚大酒店和仟仟万家的大楼更无从说起。广场中央的喷泉是我儿时最喜欢的设施，每一次看喷泉都想走进水中去。当然，对于一个小朋友来说，广场周边的地摊玩具才是最有吸引力的：掰一掰就会发光的荧光棒，特别神奇的氢气球，扭一扭发条就会前进的玩具车……在电子产品还不算普及的21世纪初的钦州，这样的快乐是可触摸可感知的，实实在在的。

商业区也是按着一条笔直的轨迹来转移，从老城区的土产、百货公司，到以商业大厦为中心的周边大世界商场、新兴路一带，后来转移到以东风市场为中心，辐射到协盛百货的人民路一带。现在的商业区早已不是一枝独秀：汽车总站旁边有梦之岛百货、沃尔玛超市等商家入驻的年年丰广场，钦州湾广场周边商圈不断壮大……你要是问几个本地人去哪儿可以既有吃又有玩，我相信得到的答案不是唯一的。

大院小区来换代

我是一个在新兴路单位大院度过童年的“大院仔”。在那个年代，单位分配住房，房子还没有被商品化，大院里的人基本都能混个脸熟，楼上楼下住的都是我认识的叔叔阿姨，小小的两居室里有我生活了十二年的印记。墙壁上都是我的涂鸦，还有每年生日量身高留下的标记。我的房间里有爸爸的书桌和我的书桌，还有一把藤编沙发，上面堆满了我的玩具。书柜里的书不但有《安徒生童话》，也有《马克思主义基本原理》。大人工作，我就在旁边玩玩具。

我对大院的印象是非常好的。我家旁边是我就读的市幼儿园，每天上下学只有三分钟的路程，因此我每天可以比别的小朋友多睡二十分钟。大院里有爸爸的工作单位，放学后我可以过去找爸爸，单位里的叔叔阿姨喜欢逗我唱歌。大院里到处都是枝繁叶茂的大树，夏天的傍晚，退休的老人搬一把椅子，拿一把蒲扇，在树下唠唠家常，讲讲故事。由于人与人之间比较熟络，大院里相对比较安全。陌生人出现在楼道里，大伙都会互相提醒留个心眼，大人都比较放心让孩子去别的小朋友家玩耍。没有物业公司，却有人牵头大伙一起交公共管理费。在这里，没有一直坏的单元门锁，没有一直不亮的楼道灯，没有一直堆满的垃圾池。

当然，住在大院里，家家户户是没有什么特别大的“秘密”的。看到货车开进来，工人上上下下，就知道谁家买了新家具；听到尖锐的吵闹声，就知道谁家两口子吵了架、打了小孩；听到悠扬的乐器声伴随着小孩的哭声，就知道谁家的小朋友又被逼着天天练习弹钢琴、拉小提琴……楼与楼之间间隔很小，加上传统居室的布局设计，如果对面住户不拉窗帘，你可以从阳台看到对面那家的客厅全貌。

可是慢慢地，楼上的阿姨搬走了，楼下的叔叔也搬走了，能和我一起玩的邻居哥哥一家也搬走了。随着商品房的出现，大伙开始追求住房质量，大院的两房或三房一厅一卫，渐渐不能满足人们日益增长的居住需要。很多单位员工搬离大院，楼上楼下住进了租客，陌生的脸，渐渐开始变成去“人情味”的楼栋环境。

出门方式多样化

交通方面的变化也是非常显著的。在20世纪90年代到21世纪初，街道上放眼望去都是自行车和摩托车。那个时候，一个家庭为了买一辆摩托车，需要计划几个月的家庭收入。街上的轿车都是公家的，还有那些看起来具有时代特征的“三马仔”（一种载客三轮车）。在我的记忆中，“三马仔”常罩上用绿色麻绳系着的黄色帆布篷，穿行于大街小巷，随招随停。2004年我快上小学的时候，城区里出现了公共汽车。刚开始，公共汽车似乎并没有多受待见，经常是空荡荡地满城跑。后来，由于相对于其他交通工具更低廉的票价，辐射城区的十多条线路和更加绿色环保，搭乘公交车成为市民乐于选择的出行方式。同时，自行车和摩托车逐渐被性价比更高的电动车取代。这几年来，电动车也开始实施上牌管理、文明引导，那些骑电动车违规的现象明显减少。再后来，家家户户富起来，轿车走进千家万户，可是原先的街道却渐渐承载不了，堵车成为家常便饭。那些影响市容市貌的黄溜溜的三轮车慢慢地在政府的合理引导下逐批报废。与此同时，出租车开始走进钦州市民的视野中。前几年，寒暑假回到家乡的我惊喜地发现，在政府的支持下，市区内出现了共享单车，极大地方便了市民的短距离出行。而今年，即扫即行的“哈喽”单车、电动自行车也进驻了钦州，短距离出行更便捷。

城际沟通更紧密

南北高速公路（南宁至北海）是兰海高速公路的重要组成部分。兰海高速公路南北段于1998年底通车，这让南宁到钦州的车程时间从原来二级公路上的三个小时以上压缩到两个小时左右。初中至高中每次去南宁的时候，南北高速那马段正在扩建施工，高速公路上总是烟尘滚滚，车子不断因路面施工而变道。现在那马段已经扩建完毕，沥青路面双向八车道，车开起来，舒服！这让两个城市之间的车程压缩到了两小时以内。钦州还是广西第一条高铁线路覆盖的沿线城市。2013年12月，柳州至南宁、南宁至钦州、钦州至防城港、钦州至北海的几条高铁线路相继开通，这标志着广西进入高铁时代。动车和高铁开通后，南北钦防之间的车程时间大大压缩，南宁到钦州的时间已经减少到了只需45分钟。从桂南城市到桂西、桂北城市甚至是广州，搭乘动车只需要短短几个小时。

港口码头谋发展

钦州作为一个沿海城市，靠海吃海。很久很久之前，渔民以出海打鱼为生。张开的渔网，随波浪上下起伏的渔船，捕鱼的工具整齐地列在院子边。钦州港三面内陆环绕，是天然深水良港，区位优势得天独厚，却因为一些历史客观原因一直没能发展起来。

在家里的相册中，我看到了1992年钦州港建港奠基仪式的照片。那是年轻的父亲在现场和同事们的一张黑白合影。特有的手绘字横幅，满地的黄泥，年轻的小伙子们卷到手肘的白色衬衣袖子和别在腰间的寻呼机，都在诉说着属于那个年代的故事。

小时候对于钦州港的记忆，是大花园转盘边上的一块广告牌——“大港口、大工业、大旅游”，这三大战略目标不知道在什么时候渐渐淡出了我们的视野。十年前有机会和大人进入码头参观，海风阵阵，此起彼伏的海浪拍打着深水码头边；波涛汹涌，一望无际的海面上远去的航船消失在天边。瘦瘦小小的我在一堆堆一层层的集装箱前目瞪口呆。在运转的起重机下，扬起的黄沙真的是洋洋洒洒，这样的壮观场面永生难忘。

正好是那个时候，钦州港迎来下一个机遇。2008年5月29日，国务院正式批准设立钦州保税港区。这十年来，中粮油脂（钦州）集团的建立、中马钦州产业园区的建立等，给钦州带来了新的活力。

钦州愿景新篇章

现如今，钦州紧抓发展经济的第一要务不动摇，多项主要经济指标增速居全区前列，地区生产总值增长8.8%，外贸进出口总额增长11.3%；城镇、农村居民人均可支配收入分别增长7%、8%。释放港口发展潜力，公共航线、水果快线、集装箱航线等通道的开通，使南向主通道初显效应。区域协调发展，“蚝情节”获评为国家级示范性渔业文化节庆，钦北区那桑村被评为“中国少数民族特色村寨”，园博园、林湖公园、六峰山、大芦村、越州天湖成功创建AAAA级景区，城乡统筹迈出新步伐！

你是高速发展的新兴城市，你亦是我记忆中的沿海小城——钦州。

心系脱贫壮儿郎

◎ 黄　鹏

一

见到林忠伟时，身为广西社会科学院研究员的他正埋头奋笔疾书。这位五十多岁的壮族儿郎，身材壮实，一身朴素的便装，两道细长的眉毛有力地向上扬起，时常眯起的双眼显得深邃而明慧，整体给人一种亲切感。这么个普通的人，走在大街上，丝毫显不出一点特别之处。但就是眼前这个普通人，心系脱贫，为广西脱贫事业做了大量艰苦细致的工作，成效显著，深受群众好评。他至今有 25 篇扶贫调研报告获得国家领导和自治区多位领导的重要批示和肯定，他曾承担和参与 9 项自治区级重大课题的调查研究和写作，出版了科研专著 3 部，荣获省部级奖、地厅级奖 20 多项，人称“心系脱贫壮儿郎”。他因扶贫工作的出色表现和显著成效，被广西壮族自治区党委组织部肯定，并号召全区指导员向他学习。

二

林忠伟生长在花山岩画的故乡——宁明。山清水秀的家乡和花山文化不仅赋予了他聪明才智，也造就了他好学钻研、善良悲悯的情怀。大学毕业后，他留在南宁工作至今。

林忠伟认为，调查研究是做好一切工作的基础和前提。他利用连续四年担任广西社会科学院驻大化瑶族自治县新农村建设指导员、扶贫队员的有利时机，自费走访了大化 36 个贫困村，后扩及广西 80 多个县多个贫困村，以及广西、广东上百个县大大小小的乡镇中学、村屯小学，与市县领导、乡镇干部、村屯农民、基层师生交流座谈，获得了宝贵的第一手材料。在走村串屯的过程中，他了解到贫困地区贫困的原因和缺乏致富带头人的根源，找到了解决大石山区致富带头人奇缺问题的对策措施。

因为是自费调研，食宿行皆需自掏腰包，而最大的困难是缺乏交通工具，这对于没有私家车的林忠伟来说是个不小的难题。为此，他经常搭班车到达百色市、靖西市、德保县、田阳县、田东县、平果县，然后拦截过路车、“三马仔”、摩托车，到乡镇村屯继续实地调研。一天，他在一个村开完座谈会，将近下午 4 点多的时候，按计划要到邻村调研，因为没有车，村支书老韦决定用村里唯一的旧自行车送林忠伟。就这样，两个中年男人，一辆破旧自行车，在坎坷不平的羊肠小路上前行。也许是老天有意捉弄他们，旧自行车不堪重负，车胎爆了，链条断开。眼看天色已晚，四周无人，林忠伟只好选择和韦支书一起步行往前走。然而刚走一个小时，林忠伟就累得走不动了，两腿抽筋，发软无力，这山路太难走了。韦支书可能走惯山路了，尽管看起来也有点累，但体力比林忠伟好多了。二人决定，由韦支书先走到邻村喊人来接，林忠伟留在原地歇息等候。林忠伟就这样瘫坐在路边，在不安中等待韦支书的到来。时间已是晚上 7 点多，加上刚才走了一个小时的山路，林忠伟早已饥肠辘辘，冷汗直冒，只好把韦支书留下的一个发馊的烧饼吃了，好在行李袋备有矿泉水，身体不适才有所缓解。望望四周，万籁俱静，黑漆漆一片，此时此地，林忠伟深感万般无助，但仍然淡定地等候着韦支书回来……韦支书回来后叹息道：“老林，你如果有上级的介绍信先去找县领导，再由乡领导陪来，你就不用愁没车了，方便得很。”林忠伟知道韦支书说的没错，但他心里想：如果由县、乡领导陪来，乡亲们还敢说真话吗？如果得不到真实的东西，我这么辛苦来调研还有什么意义？

在靖西市一个乡村旅馆登记住宿时，林忠伟发现自己的钱包只剩下 200 多元了，就算再怎么省吃俭用，往下还有几个县需要调研，这点钱连住宿都成问题，更别谈吃饭了。接下来的几天里，林忠伟都用方便面充饥。最后，口袋里一分钱都没有了，怎么办？正当林忠伟在旅馆里一筹莫展时，旅馆农老板手拿暖水瓶推门进来，见他坐在床上发呆，主动和他聊了起来。得知他的经历后，农老板突然握住他的双手，激动地说：“老林，你这是为了谁呀？你这是为千千万万的农民请命啊！如果自治区领导采纳了你的建议，你可给老百姓造福了。你不是当官的，心里却装着我们，一个人自费到这贫困山区调研，整天日晒雨淋，每天只吃方便面。你放心，你到了这就像到自己家了。你就安心在这住下，住多久都可以，我来负责你的吃住，包你满意。”

林忠伟觉得调研是一名社会科学工作者应尽的责任，自己不能给还不富裕的乡亲们增加任何负担，所以每当经济上出现捉襟见肘的情况，他都自己默默地承担和解决。他觉得，苦虽苦一点，只要不流落街头，只要能获得最珍贵的第一手资料，什么都值得。

三

林忠伟充分利用扶贫工作的有利时机，坚持深入实际，深入基层，深入农村，认真思考，深入研究，独立撰写了多篇既有理论又有实践且贴近实际的高质量调研报告，获得中央和自治区领导的重要批示与肯定。2017 年 3 月 23 日，以林忠伟为课题组副组长、主笔之一的自治区政府 2016 年重点课题结题成果《广西农户资产收益增长模式研究——以贫困地区为例》，获时任中共中央政治局委员、国务院副总理汪洋批示；2014 年 6 月 26 日和 2014 年 12 月 4 日，林忠伟的调研报告《广西民营企业重大项目融资难问题对策研究》和《创新扶贫模式，加快广西糖业市场化转型研究》获时任自治区党委书记彭清华批示；2012 年 2 月 18 日，时任自治区党委书记郭声琨对林忠伟的调研报告《大石山区致富带头人奇缺问题对策与建议》做了批示：“此文既有理论，又有实践，且贴近实际，值得研究借鉴。”还有《广西民族地区中小学生课外书奇缺问题对策与建议》《大石山区农民稳步增收问题对策与建议》《农民组织化与农田水利建设问题对策与建议》《扶贫攻坚问题对策与建议》《广西农村教育几个问题的现状与对策》等林忠伟撰写的多篇调研报告，都分别得到自治区领导的批示，为党委、政府的工作提供了决策参考，对于整个广西的扶贫工作和新农村建设具有指导性作用。

通过长期的调查研究，林忠伟对民生有了深度思考和独到见解，他把这些见解整理成集，出版了“民生调研三部曲”——《就业！就业！》《居民！居民！》《扶贫！扶贫！》。《广西日报》为这三本专著发表了书评，尤其是《扶贫！扶贫！》一书，自治区党委组织部在新农村建设网站专门做了推介，人民网、中共中央组织部共产党员网、中国日报网、天津网、《广西日报》和《广西社科院院讯》（第 6 期）及其网站等主流媒体也同时推介，在全国产生了一定影响。

他现在虽然已经不驻村扶贫了，但这几年来他依然对“三农”尤其是扶贫课题的研究孜孜以求，从不停歇。对于脱贫攻坚，他有着自己清醒的认识：“我们要深入贯彻习近平总书记视察广西时强调的‘脱贫攻坚工作做好了，边疆稳定、民族团结就有了坚实基础’重要讲话精神，实现广西富民兴桂的伟大目标。”

“我区深度贫困地区脱贫攻坚工作已经进入改革深水区，如何找准扶贫的正确方法至关重要。下一步的重点工作建议侧重打好易地扶贫搬迁、产业扶贫、村集体经济、通屯道路建设、粤桂扶贫协作‘五个’硬仗。”对于扶贫的重点和方向，林忠伟认为：“现阶段如火如荼地开展产业扶贫、教育扶贫和易地搬迁，我认为重点在产业扶贫，教育扶贫要有长远规划，易地搬迁后如果不能‘授人以渔’同样没有多少意义。只有产业扶贫才能实现‘输血型扶贫’向‘造血型扶贫’科学转型。当然，扶贫攻坚是复杂的系统工程，村民文化素质越高，扶贫攻坚的阻力越小，越能发挥主观能动性，这就是教育扶贫的重要性。同样道理，党和政府援建道路交通、水电等基础设施，是最基本的元素构成。给一些钱物解决眼前的困难，最终还是无法脱贫。产业扶贫的重中之重是大力发展农民专业合作社、农民合作社和农民专业合作社联合社（“农合联”），完善合作社规章制度，特别是集中所有的力量重点发展大石山区电子商务，这是从‘输血型扶贫’向‘造血型扶贫’成功转型的唯一出路。”

林忠伟提出，要加大深度贫困地区的电子商务发展力度。建议一是打造“广西深度贫困地区电商脱贫攻坚联盟基地”，确立广西深度贫困地区电商发展与改革的试验区，确立农村电商是当前产业扶贫的重中之重；二是建立“电商专员”制度，选派有经验且能干的机关干部担任贫困村“电商专员”，每个县都选派副高级职称以上的专家担任县级“电商专员”；三是加大基础设施建设力度，解决电商发展瓶颈问题，搭建县、乡、村三级电子商务物流体系，解决“物流最后一公里”问题，解决冷链问题；四是加快孵化中心的建设，完善镇、村级服务机构，加快建设县级电子商务公共服务中心，加快服务网点的建设发展；五是加强人才培训和引进，尤其对种养业人才和电商管理、运营人才的培训；六是加强农产品品牌建设；七是全力打造电商产业园、电商双创基地、电商一条街；八是进一步强化培训和宣传；九是进一步加大政策支持力度；十是建议国家和自治区层面加大对农村电商的扶持；十一是解放思想，转变思路，拓展供需渠道，结合当地实际发展农村电商。

林忠伟还提出，农民专业合作社走向联合是发展的必然趋势，大力加快供销系统领办创办“农合联”是产业扶贫的发展方向。比如确保供销系统领办创办“农合联”的主体地位，将供销系统领办创办“农合联”纳入精准脱贫政策扶持体系，建议自治区供销社成立“领办创办‘农合联’办公室”，攀强附优，在淘宝、京东、阿里巴巴等知名网站大力宣传“农合联”放心特优农产品，吸引能人加入供销合作社，以此发展壮大“农合联”。“农合联”尽责帮助农民专业合作社进行改造、引导、规范，积极开拓市场，创新发展模式，引导农民专业合作社发展“订单农业”，稳定联结机制，制定品牌战略。大力发展农民专业合作社，需政府提供资金支持，民间扩展融资渠道，供销系统强化培训工作。与此同时，集中力量发展农村电商是当前产业扶贫的最佳途径。成立农民专业合作社的目的和动机就是走向市场，主动融入竞争状态。当前农民专业合作社存在很多问题，其中，规模小、带动能力不强是最主要的问题。现在这种小规模现象导致了合作社面临的问题实际上是各个农户面临的问题的集合，只有较大的合作社才能发挥规模效应，有效地连接小农户与大市场，否则，很多农民专业合作社就会名存实亡。

林忠伟认为，政府有关部门扶贫攻坚工作要及时跟进，效率要高，做到雪中送炭。例如他在调研时遇到这样的案例：有很多合作社的贫困户对种植百香果情有独钟，某村有 80 多户贫困户在 2017 年 5 月 17 日从合作社领取百香果果苗 1500 株，平均每户仅种 18 株，少得可怜。之后又有 30 多户申请种植百香果，按每户 3 亩，每亩种 150—180 株计，需要果苗 13500 株以上才能满足贫困户的需求，果苗非常紧缺，贫困户的需求与实际相差将近 10 倍。按照预算，如果合作社让每个贫困户种植 100 株以上百香果，将完全实现每户每年增收 6000 元以上。因此合作社请求上级拨给百香果种苗 12000 株，并给予技术指导。这时候政府如果转变观念，主动融入，及时解决贫困户的难题，扶贫攻坚精准脱贫工作将得到事半功倍的效果。

目前，广西就业工作存在几大问题：第一，劳动力数量供大于求，“就业难”与“招工难”并存；第二，劳动力结构性矛盾突出，大多从业者素质偏低；第三，职业教育和培训工作仍然落后；第四，人才和劳动力市场还处于被动阶段，没有发挥就业平台的真正作用。林忠伟针对上述问题提出了几点建议：其一，重新定位和调整新农村建设的主战场；其二，党委、政府投资向三线城市尤其是县、乡倾斜；其三，成立省一级劳动就业训练机构，实施“三级联动培训”；其四，结合区情实际，通过制定灵活政策，对症下药，根治就业顽疾；其五，以1∶10的师生比例配备教师，充实教师队伍；其六，要真正落实国家规定，在大专院校开设就业实践和磨砺体验课程，培养学生热爱劳动的精神，及早抓好就业观、择业观的教育；其七，尽快建立方便快捷的就业信息一体化机制；其八，自治区层面上进一步加大对旅游业的扶持力度；其九，建议针对劳动合同法出台符合广西实际的补充规定，以确保企业与劳动者公平的合法权益；其十，建议整合分散在各相关部门的培训专项资金，节约培训资源，增强培训效果。

2012年3月20日上午，在“全区选派机关干部担任贫困村党组织第一书记暨新一轮新农村建设指导员工作动员电视会议”上，时任自治区党委书记郭声琨同志表扬了林忠伟，肯定了他的研究成果和突出贡献，支持他所选择的扶贫道路。

四

林忠伟曾连续四年担任广西社会科学院驻大化瑶族自治县新农村建设指导员、扶贫队员。刚开始时，他面对的是村民观望的态度、淡漠的目光和冰冷的脸，耳边听到的是冷嘲热讽。他没有退却，凭着多年农村生活的体验和对农村事业赤诚的心，他一家一户走访，为他们解决困难、化解纠纷。村里不通公路，他就到有关部门奔走呼吁，为村里修路进行立项，县里有困难，他就到自治区有关部门一次次陈述村里的困难和农民对公路的热切期盼，最终达成了村民修建村级路的愿望。

看到这个上面来的“官”不是走过场的，是来干实事的，是来帮助他们脱贫致富的，村民们接受了他，他们愿意在他的带领下共同努力，改变落后面貌。在林忠伟的调研、反馈、建言、引资下，一个个民生项目相继落地完成，包括敬老院、人畜饮水工程、水柜工程、学校、村“两委”办公楼、村文化室、沼气池、危房改造、良种引进、科学种植、外出务工对接等等。他为大化引资援建两所希望小学，为古河乡怀合村引资50万元援建大水柜，为古河乡弄法村和怀合村引资修建村“两委”办公楼、援建6.8公里村级道路，为古河乡政府引资50万元援建敬老院，为古河乡小学捐赠新校服……

一件件利农利民的实事，让村民们认可了他，也感动了村民。有一次林忠伟的女儿发烧病重，他站在路口等候往南宁的顺风车，一位过路村民听说后，飞也似的奔跑回家，绑上两只自养的土鸡赶到路口塞到林忠伟手里，一定要他收下。后来才知晓这个村民是感恩林忠伟为怀合村立项引资援建了一个大水柜，解决了村民的人畜饮水问题。

在大化瑶族自治县古河乡怀合村、弄法村扶贫的四年，林忠伟深入群众，忠实地贯彻党的优良作风，与基层的同志同吃、同住、同劳动。由于表现突出，成绩显著，扶贫四年，他年年荣获“自治区扶贫先进个人”称号，河池市委、市政府和大化瑶族自治县委、县政府还授予他“优秀指导员”称号。

五

在新时代中国特色社会主义的道路上，在全面建设小康社会、实现中华民族伟大复兴的号角声中，一场为广大人民群众谋求更多利益的脱贫攻坚战正在打响。经过这些年的努力，广西脱贫攻坚战取得了显著的成效：贫困地区基础设施明显改善，社会事业不断进步，居民收入稳步提升，各个目标逐步落实，呈现出一派欣欣向荣、热火朝天的景象。这些成果的取得，离不开党和国家正确的方针政策引领，离不开广西各级党委和政府强有力的组织落实，也离不开数以万计奋斗在一线的扶贫工作人员。他们有的是各级机关的优秀干部，有的是退伍军人，有的是高校毕业生，就像林忠伟一样，他们自愿到贫困村工作，帮助建班子、带队伍、抓发展，不断提高带领贫困群众发展经济、脱贫致富的能力和水平，让星星之火燃起燎原之势。

展望扶贫攻坚、精准脱贫的未来，林忠伟充满信心，他坚信在以习近平同志为核心的党中央正确领导下，扶贫工作会取得更加辉煌的成绩，完全实现精准脱贫，在致富奔小康的康庄道路上，贫困村变成富裕村，人民群众的生活会更加美好幸福，各族人民更加紧密团结，祖国边疆更加稳固。

创业，唤醒沉睡的闲置土地

——退伍军人李武强返乡创业纪实

◎ 刘冬玲

提起退伍军人李武强，那可是广西博白县东平镇火甲村的名人。他1978年1月从农村走向军营，1983年1月退伍。军旅的生涯将他磨炼成为一个有担当、有责任感的人，部队这座大熔炉铸就了他坚韧不拔的性格和不畏艰难胆识和勇气。1983年退伍后，李武强到广东去闯荡，凭着在部队里养成的吃苦耐劳、敢闯敢拼的精神，他很快就开创出了自己的一番天地……一次，在回家探亲时，看到有大片的荒置土地，他心里想着，自己的家底厚实了，怎么样才能帮助村民脱贫致富呢？有见识的李武强嗅到了商机，心里有了一个大胆的想法，要把农村土地资源盘整起来……随后，他毅然做出抉择，回乡创业，带领村民一起走上致富之路。

说干就干！李武强回到家乡后没有停息，凭着军人一股敢打硬仗、不服输的干劲，以身作则，用自家的水田种起了无公害水稻。在他的带领盘整下，乡里一批低效的荒置地成了发展中的热土。在没有资金的情况下，李武强自筹资金融入集体，同步引进了优质项目，采用稻渔生态循环种养模式，每亩预留8%—10%的面积作为池塘养鱼，水深0.1—1米，在清明前全部插秧完毕，4月中旬放养稻花鱼、泥鳅鱼等特种生态水产品……

“创业路上一定要对自己有信心，一个人有了信心就能激发出潜藏的力量。”李武强时刻用军人的精神鞭策自己。以往，村民经济收入主要来自传统耕作，村民大多无法摆脱贫穷，虽然部分村民有创业发展的想法，但都不敢轻易尝试。“没有技术就去学，不会养殖就请人指导。”李武强说，军人出身的他有着较广阔的视野和勇于尝试的胆识，他不等不靠主动作为，把每户土地合起来，采取经济入股、土地入股等多种形式，指导村民开展生产自救。

2018 年春节期间，他召集全体村民共同商议发展策略和措施，形成了“种养生态化、产品品牌化、区域景观化、产业融合化”的产业发展思路，并于 2018 年 3 月 8 日成立了博白县旺京塘种养专业合作社，注册资金 1020 万元，现有 140 户专业户共 780 多人加入了合作社，退役军人 16 人，社员共入股水田 305 亩、坡地 260 亩、山地 1500 多亩，初期入股 80 多万元。项目实施以来，李武强率领社员开展了稻田的平整工作，稻田排水系统得到升级改造，排灌和防洪能力有了较大提升，有效提高了土地利用率，便于水稻耕作和稻田养殖，更重要的是提高了稻田的整体耕作潜力和防灾能力，生产环境比较稳定，为发展稻渔生态综合种养打下了良好基础。现在合作社日趋完善，建有停车场、水车漂流等项目。李武强一心无私为集体、为村民谋富裕的精神，赢得了村民的尊敬。村民有意把他推选为社长，但他却摆摆手说：“只要村民早日脱贫，在哪个职位都不重要。”

“李武强带领我们成立了合作社，提高了生活水平。同时他又是一个非常善良、有耐心的人，我们遇到困难或者问题的时候，他都热情地帮助我们解决。”旺京塘种养专业合作社社长李祖联说。如今，合作社为村民成员提供种养生产资料的购买，农产品和水产品的种养、加工、销售，以及与农产品和水产品种养经营有关的技术、信息、电子商务、农业休闲观光服务。

“当兵胸怀报国志，回乡创业富民情。”面对未来，李武强充满信心，他自豪地告诉前来取经的战友们，“项目实施以来，在县委和县政府的大力支持下，政策激励、资金扶持，合作社的生态种养业越来越具规模。”他说第一期项目运行平稳，基地大部分为丢荒多年的低产水田，稻渔生态综合种养项目实施后，在不计算丢荒无收入的情况下，项目可直接获得一定经济效益：稻渔综合种养，水稻不减产，泥鳅单季养殖投入饲料及其他用品为 1000 元每亩；单季泥鳅产出 100 公斤，泥鳅每公斤收购价为 36 元，泥鳅亩产值 3600 元，每亩盈利 260 元。未来二期项目将利用所有的荒坡种植当前市场较为稀缺且具有地方特色的农产品，或者种植广西区内特有的中草药材，如金银花、金钱草、藿香、莪术等。待以上两项规划实施完善后，再用 3 到 5 年时间，扩大养殖水面、养殖场地，发展生态旅游业，实现科学循环养殖。同时进行第三、第四期的规划，充分利用火甲水库、合江水坝的有利条件发展旅游业，把火甲村全体村民带动起来，成立一个以现代种养、生态农庄、休闲旅游为一体的综合园区，把火甲村建成产业兴旺、生态宜居、乡风文明、治理有效、生活富裕的新农村。

“合作社成立后，安排了贫困村民务工，给家里增加收入，解决了基本生活的费用。”村民李大哥透露，“在合作社成立之前，一片荒置的土地，即使种上农产品，也要在圩日赶场，走累了不说，还不一定能卖出去。现在种养销售不用愁了……真的要感谢武强兄弟！”李大哥兴奋地说道。

一花独放不是春，百花齐放春满园。辛勤创业励志成为乡村创富带头人的李武强，谈及自己创业的艰辛经历，他感叹道：“在遇到困难时，我也想过放弃，但是我的心里却在不停地提醒我，我曾经是一名军人，我不能给我曾经穿过的军装抹黑，于是我就用军人的精神时刻要求自己。”李武强不改初衷，凭着一腔热血和敏锐的洞察力把握发展良机，带动当地村民和其他复退军人一同发家致富，把全村建设成为产业兴旺、生态宜居、乡风文明、生活富裕的美丽家园，完成了从退伍军人到成功创业者的华丽转身。

李武强说："我什么也不图，过去的一切努力和所有的拼搏，都源于对故土和乡亲深深的挚爱之情。今后我会一如既往地关心支持家乡的发展建设，让退伍不褪色的优良传统更好地服务于社会，用自己创业的经验，带动更多的退役军人自主创业，把火甲村打造成为一个退伍军人创业就业的基地，带动周边群众共同致富，把生态乡村的循环放养种植业做强做大。"

李武强敢为人先、锲而不舍，是乡村新一代农民摆脱传统思维、开展生产自救、实现增收致富的典范，也是退伍军人自主创业的楷模。从他的身上，我们看到了新一代农民敢于创新，致力改变贫困农村现状的胆识，同时，也看到了农村脱贫致富的新希望。

一位数学老师的“方程式”

◎ 庞华坚

2018 年 2 月 4 日，一位老师辞世的消息传出，百余学生从四面八方赶去为他送行，网上数以千计的人以各种方式进行悼念。他的去世，在当地成了一个事件。他就是 83 岁的谭达。

谭达老师已从铁山港区南康中学退休 23 年，可该校的老师们却在 2018 年初春的 3 月 15 日，为他举办了一场小型追思会。一名普通的数学老师，而且已退休多年，为何受到那么多同事和朋友的敬仰？记者源于好奇，特地前往采访。

潜心钻研，甘做伯乐

谭达老师多年来摸索出一套独特的数学教学方案，令不少年轻学子数学成绩飞跃，这在南康、白沙一带，几乎无人不知。

谭老师有两本厚厚的笔记本，是用绸缎包着的。他把多年的高考题目以及各种资料中值得收集的解法，都一一记了下来，反复研究，给每道题做笔记，做到一题多解、一题延伸。他的这种研究方法和研究精神深深影响了他的同事们。他们在研究教学时有什么问题都会马上给他打电话。有的他会在电话里解答，解答不了的，当他思考出来后，会第一时间告诉他们。他的研究团队里，有一种浓浓的互助氛围，大家不论资历，不讲年龄，相处非常融洽。当年还没有电脑，上完课之后，校长与谭达老师经常带领大家用粉笔、树枝在黑板、地板上研究教学。如果其他组的老师远远望见几个人蹲在地上，不用猜，又是他们研究入迷了。

谭达老师不但精通教学，还强调帮扶和传承。1991 年，时任教研组组长的谭老师觉得年轻的老师已可以担当大任了，便毫不犹豫地卸任，让他们挑大梁。他的继任者们继承了这种“让贤”的做法。蒋小明、谢振艺等老师都得到过谭达老师的帮助，获得过他积攒数十年的经验，精心编写的教程和高考备考“秘籍宝典”。

谭达老师对后来成为特级教师的蒋小明的培养，堪称传奇。蒋老师1995年从其他中学调到南康中学的时候，谭达老师刚好退休，按说，两个人不会有太多的交集。但是开学后的第一个星期，谭达老师就找到了蒋老师，说要听他的课。听了课后谭达老师便直截了当地指出有哪些不足，需要怎样改进。这对刚调到南康中学的蒋老师而言，简直是一场“及时雨”。第二个星期，谭达老师又来听蒋老师的课，听完了之后，他称赞：“变化好大，不错!”到了第三个星期，谭达老师又来了。他竟然拿纸，写了10道题让蒋老师做。蒋老师老老实实花45分钟，把10道题做完。谭老师很高兴，他认为蒋老师“速度快，有前途”。后来，在谭老师的推荐下，蒋老师当了数学教研组副组长。“我非常感动，我想不到退休了的他会主动去听我的课，出题目考我、辅导我、帮助我。毕竟我们素不相识啊!”

不管当不当领导，谭达老师最关注的是共同提高。谭达老师除了承担县教育局研究课题，还在学校里进行了诸多教学改革。他的循环教学教研方案在全县率先进行，培养了很多老师，取得了非常好的教学效果。

说起谭老师，学校的支部书记、副校长孙益辉老师热泪盈眶。他讲，一年暑假期间，组织考察他，要让他担任学校党组织领导职务，已退休十多年的谭老师打电话给他，叮嘱他不能推辞，不能辜负大家的信任。“我何德何能，能得到他如此信任和支持?作为他的后辈，我还有什么理由不想方设法办好学校?”孙老师说。

提到谭老师，南康中学数学组原组长梁瑞隆也感慨不已。谭老师退休之后，每一年高考后必向梁老师询问学校的考试情况。后来教材有变动，他又要梁老师拿新的高中数学教材给他，他自己研究过之后，把心得体会告诉大家。

在学校所有教研组里面，数学组研究的氛围最浓。这个帮扶的传统，至今仍然保持。在教学上，谭达老师真是一个相当执着的人。

风趣幽默，教书育人

谭达老师上课风趣幽默，这是大家的共识。

关于解数学题，谭达老师有一个通俗的比喻——吃咸鱼粥——是先吃一口咸鱼再吃一口粥，还是先吃一口粥再吃一口咸鱼，或者是咸鱼和粥一起吃?都行。

谭老师以海边人一日三餐不可或缺的咸鱼来启发学生在学数学解习题时应多思考，力求做到一题多解。

谭老师上课不拘一格，灵活取材。有一次，他讲着讲着课，就走到教室墙角提来装垃圾用的三角形簸箕搁在讲台上，告诉学生：“为什么讲三角形最稳定?想想簸箕为什么能稳稳当当搁在这里，就清楚了。”他经常把生活中大家熟悉的细节引入教学，把复杂的数学生活化，让学生在好奇和欢声笑语中理顺思路，在不知不觉中掌握方法。南康中学原校长陈少华说：“经常是大家听得兴趣正浓的时候，下课铃响了，让大家竟然有遗憾、可惜之感。”当然灵活并不是无序。“他讲话风趣、幽默但又严谨，他的板书一定是工工整整、条理清晰的。听他的课，可以说是一种享受。只要不懒，跟着他学数学，没有学不好的。”学生们如是评价谭老师的课。

南康中学副校长罗宇中老师曾是谭老师的学生。刚读高一时，他数学十分薄弱，后来却成长为数学老师。“是上了谭达老师的课之后，我才对数学有兴趣并认真去学的。”罗老师如是说。从高一到高三，谭老师教了他三年。他不仅从谭老师那里学到了知识，更学到了做人的道理。他讲，有一次，谭老师上课讲到三角形时，问三角形为什么这么稳定——底座稳定，两边撑得稳——有知识、品德稳定，其他就都稳定了。书本知识和生活知识，他信手拈来，既教知识，也育德。

南康中学2010年开始实施绩效工资，初中老师先行，高中老师稍迟。那时，初中老师一个月收入比高中老师多一两千块，原本高考压力就很大的高中老师心里十分不服气，甚至影响了教学质量。已退休的谭老师知道这种情况后，特地返校做老师们的思想工作。他风趣地讲：“这种情况，就像一个女人嫁到了一个穷家庭，老公懒，但小孩子嗷嗷待哺。在老公没勤快之前，你就能不理小孩了吗？家庭有困难，要慢慢解决。”在他有情有理的疏导下，老师们的思想发生了转变。

爱生如子，情深谊长

谭达老师每天骑着那辆28寸的凤凰牌自行车，叮叮当当，天没亮就到学校。晚上，镇上人家的灯都差不多熄灭了，他才骑着车又叮叮当当地回家。他把学校当成自己的另一个家。对他来说，学生没有亲疏之分，也没有好坏之分，他将所有的学生都当自己的孩子来对待。

河南省人民医院胸外科主任杨光煜，曾因为家庭渊源寄宿在谭老师家学习，并多蒙接济。对杨光煜来说，谭老师就像他的父亲一样。讲起谭老师，他饱含泪水。据回忆，这位“父亲”能把“数学也不难，只要你用心”的信心传达给每一个同学。不少当年高考没考上的同学投到他的门下后，大部分都考得很好——“没有他的鼓励，就没我们后面的人生。”谭老师对他的关心还不止于此，在知道他女儿数学学习成绩不好后，谭老师说：“把她乖乖带回来，爷爷教她！”一句话让远在外乡的他热泪满眶。

杨光煜当年在外地工作，每隔一段时间，谭老师就打电话嘘寒问暖；当他回到北海的时候，80多岁的师娘亲自下厨为他做饭。在谭老师爱校如家的感召下，杨光煜决定回广西工作，什么条件都不讲，只因为希望能把自己的专业知识献给故乡。

这样的关怀，对于杨光煜来说，是生命中最重要的东西。和谭老师相处的日子，他感受得到老师身上的那种美好和温暖。与老师住一起时，他还经常看老师用土医术帮其他师生治病，这在他的心中播下了行医的种子。有天早上杨光煜醒来的时候，突然想：“父亲”现在在天堂上做什么呢？——一定是当老师，因为他太热爱教书了。

谭达老师 1975 年 12 月参加工作，原本 1995 年就获准退休，但一直工作到 2004 年 8 月才真正退休，他用最美好的年华做了最美好的事。在南康中学，像谭老师这样退而不休、一如既往关注学校与学生的老师远不止一个。这正是这所学校在北海市赫赫有名的重要原因。杨光煜说：“美好的人一定会和美好的人相遇，美好的人一定会一起做美好的事！”

打造壮民族文化自信的基础平台
——贵港市覃塘区蒙公乡民族初级中学创新特色办学纪实

◎ 石朝雄　黄　鹏

贵港市覃塘区蒙公乡民族初级中学（以下简称蒙公民中）是广西进行壮汉双语教学实验的30所民族初级中学之一，也是贵港市唯一进行壮汉双语教学实验的初级中学。目前，学校占地面积为37612平方米，校舍面积为6580平方米，在校生1123人，教职工92人。多年来，该校认真贯彻执行党的教育方针和民族政策，着力打造壮民族文化自信的基础平台，坚持以"为壮乡儿女健康成长奠定基础"为办学理念，以"实施壮汉双语教学，传承民族优秀文化"为办学特色，致力于校园民族文化建设和民族团结进步教育，将当地壮民族的文化精髓和校园环境和谐地融为一体，把学校建设成为一个"地方味浓""壮族特色明显"的学校，为广大壮族学生的成长创造了一个良好的环境。2007年，蒙公民中荣获"广西民族语文工作集体二等功"；2016年，被评为"自治区民族文化教育示范学校"；2017年，被评为"自治区第一届文明校园"；2018年，被评为贵港市义务教育常规管理优秀学校。学校参与的中国社会科学院项目"壮族地区壮汉双语双文教学研究"子课题"民族初级中学壮汉双语双文教学研究"，获得国家级科研成果奖。学校先后接待包括加拿大埃德蒙顿市教育局、阿尔伯塔大学等教育考察团到校考察调研92批次，学校美誉度和影响力不断提升。

实施壮汉双语教学，传承民族优秀文化

一个民族，如果没有自己的语言文字，就很难将本民族的优秀文化传承与发展下去。因此，在壮族农村实施壮汉双语教育，不仅能保障壮族学生使用本民族语言文字接受教育的权

利，培养壮族学生学母语、用母语的兴趣，增强学生民族认同感和自豪感，还有利于充分发挥母语的优势开发儿童智力，以及利用壮语文教学功能提高壮族地区基础教育教学质量，更有利于帮助学生了解壮族优秀传统文化，提升民族文化自信，培育他们热爱民族、热爱祖国的思想感情，有效地传承和弘扬壮民族优秀传统文化；同时，这也是贯彻落实党和国家的民族教育政策、民族语文政策的具体体现。蒙公民中的领导和教师们是这样认识的，也是这样去实践的。

1. 实施壮汉双语教学，有效巩固义务教育成果。蒙公民中从办学伊始就承担了初中阶段的壮汉双语教学任务。2013 年以后，蒙公民中招生范围内的蒙公乡山南片七个村小学，全部进行壮汉双语教学。为了进一步巩固壮汉双语教学成果，一直以来，蒙公民中认真贯彻执行桂政办发〔2012〕329 号《广西壮族自治区人民政府办公厅转发自治区教育厅等部门〈关于进一步加强壮汉双语教育工作的意见〉》的文件精神，在壮汉双语教学班中开设壮语文必修课，每周两个课时，利用壮语文的优势，促进汉语文、英语等其他学科的学习。同时，也让壮汉双语教育小学的毕业生 100%能够就近入学，使覃塘区的壮汉双语教学形成从学前到初中的“一盘棋”体系，有效巩固义务教育成果。

2. 加强教育教学研究，探索壮汉双语教学新路子。2001 年，蒙公民中承担省级课题“壮汉双语文教学实验研究”和国家级课题“广西小学壮汉双语文教学研究”的研究任务，2008 年又承担由广西民族大学教授韦达主持的国家社会科学院资金项目“壮族地区壮汉双语双文教学研究”课题（子课题“民族初中壮汉双语双文教学”）的研究任务，这些课题都已全部结题验收。省级课题“壮汉双语文教学实验研究”荣获贵港市教育科学优秀成果一等奖、广西教育科学优秀成果三等奖。2013 年“申报市级课题行为习惯与学科素养的研究”，2014 年申报市级课题“初中语文课堂教学艺术的研究”和“农村初中学科素养的培养的研究”。2015 年学校又申报省级课题“壮汉双语教学对壮族地区学生汉语文习得帮助研究”。教师们通过开展这些课题研究，探索经济欠发达的壮族聚居地区中小学校创新开展课堂教学改革、开展壮汉双语教学等问题，开拓了视野，提高了理论水平和教学水平。

3. 拓宽壮语文工作思路，扩大壮语文的影响力。2007 年至 2015 年，蒙公民中成功地承办了 8 届回乡青年壮文、技能培训班，为 400 多名即将步入社会的初中毕业生免费开展了壮文基础知识、计算机基础知识及应用技术和有关法律法规知识培训，提升了他们的就业竞争力和创业能力，并通过他们宣传壮语文、使用壮语文，进一步扩大了壮语文的社会影响力。学校还组织师生参加“收集本地山歌戏剧”社会实践活动，发动全校师生利用节假日、双休日时间，深入村屯与民间艺人交流，广泛收集民间山歌、壮剧，并用壮文记录。近年来，蒙公民中与民间艺人共同挖掘、整理收集了《朱买臣》《弄假成真》等 63 部脍炙人口的壮戏剧本及 80 首推陈出新的山歌，既丰富了师生的课余文化生活，也极大增强了师生对民族文化的热爱之情。

建设民族文化校园，彰显特色办学理念

《中国教育改革和发展纲要》指出：“中小学要由应试教育转向全面提高国民素质的轨

道，面向全体学生，全面提高学生的思想道德、文化科学、劳动技能和身体心理素质，促进学生生动活泼地发展，办出各自的特色。”打造学校品牌、创建特色学校，这是基础教育改革的必然趋势，也是现代教育发展规律的必然要求。因此，蒙公民中深入挖掘当地的民族文化，以课堂、课外活动为阵地，把民族元素带入校园，把民族文化融入教育教学，形成了有民族特色、地方特色的民族文化教育模式。

1. 加强领导，科学规划，逐步完善校园民族文化建设。现代学校的健康发展离不开学校特有的历史传承，离不开和谐的发展环境，更应面向未来的教育需求。打造学校特色必须与学校的整体规划相呼应，与学校的整体工作环境相协调。因此，在打造办学特色的工作中，应找准自己的办学优势，彰显自己的个性特长，使学校各部门各司其职、协调一致，使学校与社会、学校教育与未来教育发展和谐一致，打造出具有鲜活生命力的办学特色，使学校的办学档次得以有效提升。（1）根据实际，准确定位学校特色。蒙公民中是一所乡村学校，地处乡村，服务壮乡，既有一般初中的教育教学常规任务，又肩负壮语文教学任务与传承壮族优秀文化的使命。因此，学校以“扎根乡土，文化育人，成就教师，为壮乡儿女发展奠基”为办学理念，以“实施壮汉双语教学，传承民族优秀文化”为办学特色，把以建设“五个一”（即蒙公民中“那”博物馆、蒙公民中民族文化长廊、蒙公民中校徽、蒙公民中民族书屋、蒙公民中民族体育活动场）为主要内容的民族文化特色校园“书香壮园”作为载体，努力建成广西校园民族文化建设示范学校。（2）加强领导，科学规划。首先，健全校园民族文化建设领导机构，明确责任，任务到人。成立以校长为组长，分管校园民族文化建设的副校长为副组长，学校领导班子其他成员，壮语文、体育、音乐、美术等学校骨干教师代表为组员的学校校园民族文化建设领导机构，各司其职，责任到人。其次是制定好校园民族文化建设规划方案，明确建设任务和时间表。由学校校园民族文化建设领导小组组长牵头，副组长具体负责，组织相关人员，在经过调查研究、广泛征求意见的基础上，编制好《蒙公民中校园民族文化建设规划方案》。明确提出要在2017年底前完成“五个一”民族文化特色校园建设；校园宣传标语都用上壮汉双语；学科教学中渗透民族文化元素；公开出版校本教材《书香壮园》；等等。

2. 建设民族特色文化校园，自觉接受民族文化熏陶。蒙公民中建设校园民族文化环境，实施民族传统文化教育，旨在通过本校显性文化和隐性文化的建设，营造民族传统文化之环境。打造办学特色除了依靠自身的内部条件，还应该与所在的村屯干部、群众尤其是学生家长广泛沟通，以取得广泛支持，紧扣自身发展的历史脉络，把当地文化的精髓和当地社会文化环境和谐地融为一体，办成具有地方特色的学校。因此，尽管蒙公民中是一所位于村屯的乡镇初中，硬件基础设施相对薄弱，发展资金又很有限，但是，学校联合学生家长、社会力量共同创建了一间“那”博物馆，现已收集和展出壮族生产生活用具、古壮字抄本等实物、文献资料近500件；建起一条展示民族团结、各民族知识及壮族风俗习惯常识的长72米的民族文化长廊；设计了一个体现该校独特办学理念的有民族特色的校徽；建成一座供师生课余休闲阅读的开放性的“民族书屋”；建成一个给学校师生训练和展示壮族体育风采的民族体育活动场。学校出版了校本教材《书香壮园》，编撰了一系列壮文书籍，购买了大量民族体育器材。同时，精心设计以社会主义核心价值观、《中学生守则》、《中学生日常行为规范》和校训、《弟子规》、《三字经》等为内容的壮汉双语宣传标语。学校通过这些活动，营造内涵丰富的民族文化氛围，让师生随时随地、直观深刻地了解壮族人民的发展历程、生产生活情况、传统文化，使他们在潜移默化中不断增强对壮民族的热爱之情，激发他们热爱民族文化、宣传民族文化、传承民族文化的热情，自觉接受民族文化熏陶。

创新民族文化教育，丰富特色办学内涵

蒙公民中在学科教学中渗透民族传统文化教育，目的是在教学活动中挖掘民族传统文化教育的内容，帮助学生打牢民族传统文化的基础。开展主题系列活动，实施民族传统文化教育，目的是在学校德育常规工作中突出民族传统文化教育，引导学生传承民族文化中的优良传统。总之，要充分发挥民族特色文化资源的功能与作用，为教育教学服务。

1. 民族团结教育活动常态化。蒙公民中按照《学校民族团结教育指导纲要（试行）》要求，针对不同年级学生的年龄特点和思想实际，开设了“民族团结教育”课程，每班每周一节课。内容以民族理论政策常识和民族团结进步教育为主，形式主要有主题班会、团队活动、民族知识讲座、民族音乐歌舞排演、民族书画创作等。同时学校根据壮汉双语教学“以壮为主，壮汉结合，以壮促汉，壮汉兼通”的原则，开设壮语文必修课，每周两节课，开展壮汉双语教学实验，从而把民族团结进步创建活动与学校教育教学中心工作有机结合起来，使学校的民族团结教育活动常态化。

2. 民族体育、音乐教学常态化。蒙公民中将民族体育、民族音乐渗透在平时的体育、音乐教学中，明确规定学生的体育和音乐课必须融入民族传统体育项目和民族音乐内容，并使之常态化。同时每年举办一次民族体育艺术节和壮族“三月三”文化艺术节，为师生搭建展示个人风采的平台，同时检验民族体育、民族音乐教学成果，推进民族体育、民族音乐教学发展，也使民族文化教育工作呈现多样性、群体性、艺术性的特点。

3. 开展体育、文化艺术节活动。蒙公民中每年举办一次民族体育艺术节和壮族“三月三”文化艺术节。壮族“三月三”文化艺术节活动的主要内容有壮族迎客礼仪展示（山歌迎客、喝糯米甜酒）、壮族文化习俗宣传、校园民族文化教育成果展、壮族文化艺术展演、民族体育项目展示、品尝壮家美食和壮族文化知识专家讲座。学校通过这些活动，扎实开展校园民族文化教育，传承民族文化；以活动促教学，使民族体育活动和民族音乐学习常态化。同时，在活动中，师生共同用壮汉两种语言进行主持报幕，同着壮族服饰在舞台上一起欢歌起舞。动听的壮语歌曲演唱、精彩的山歌对唱、绚丽的民族服装秀等表演让广大师生领略到壮民族的文化精髓。而品尝壮家美食，则让师生感受到民族饮食文化的源远流长。

4. 举办比赛，以赛促学。除了开展民族团结进步宣传、壮族“三月三”民族文化体育系列活动、“民族团结一家亲”双语教学比赛、民族知识广播、民族团结知识竞赛、民族团结进步专题讲座、民族团结教育主题班会等活动，蒙公民中在每年举办的校运动会和校迎春

晚会上，还开设民族体育、壮族山歌、壮语歌曲、民族舞等比赛项目，奖励优秀师生，精选优秀节目参加市、区民族体育赛事，从而不断地激发师生传承民族文化的积极性。

桃李不言下自成蹊，特色教育成果显著

蒙公民中围绕“实施壮汉双语教学，传承民族优秀文化”这一办学特色，加强校园民族文化建设，打造学校民族特色文化，充分利用校园民族特色文化资源，促进学校教育教学工作改革。

1. 特色办学，成效显著。近年来，蒙公民中以“书香壮园”为主题，除了建成民族文化长廊、“那”博物馆、民族书屋、民族体育活动场，还建成了一座集宣传党的教育方针、壮汉双语教育、民族团结教育和民族优秀传统文化教育于一身的民族屏风，并出版《书香壮园》系列壮文校本教材，不断推动民族文化校园建设常态化。学校 2007 年荣获广西民族语文工作集体二等功，2009 年被评为贵港市义务教育合格学校，2011 年被评为贵港市义务教育学校常规管理先进学校，2015 年被评为覃塘区义务教育均衡发展工作优秀学校，2016 年被评为覃塘区教育工作先进单位，2016 年 12 月被评为自治区校园民族文化教育示范学校，2017 年被评为自治区第一届文明校园。学校每年均有多名学生在《广西民族报》等报刊上发表文章，9 人次学生参加广西“八桂情”“喜看壮乡新变化”等壮语演讲比赛并获奖。学校参加的中国社会科学院项目“壮族地区壮汉双语双文教学研究”子课题“民族初级中学壮汉双语双文教学研究”获国家级科研成果奖。

2. 示范基地，发挥作用。2015 年 10 月，自治区民族文化教育示范学校创建工作成果展示暨观摩活动在贵港市召开，蒙公民中作为观摩活动点，得到了各级领导的高度评价。近年来，学校共接待区内外均衡教育参观团和自治区及贵港市级领导等 92 批次到校参观考察和调研。2013 年，加拿大埃德蒙顿市教育局教育中心主任 Janice Aubry、阿尔伯塔大学教授伍洲和广西民族大学教授蒙元耀等多名学者专程到该校进行考察、调研。

3. 一分辛劳，一分收获。蒙公民中致力于校园民族文化教育和民族团结进步示范单位创建取得了显著成效，为学生的成长和学校的发展创造了良好的环境，助推了学校均衡教育工作的健康快速发展。2016 年 1 月 6 日，国家义务教育均衡督发展督导检查组到蒙公民中进行现场核查，一致认为该校民族特色办学理念独特，校园民族文化氛围浓厚，双语教学成果好，社会公众满意度高。

盛开的油桐树花

◎ 陆云帅

一年好风光，姹紫嫣红时。今年四月天，回了趟阔别多年的故乡。是时，遍野的油桐树花盛开着，山村湮没在馥郁的花海里。“开轩面场圃”，把酒话树花，脑中不时浮现少年时油桐树花绽放的别样画境，故乡油桐树生生灭灭间发生的一切，犹如昨天的故事，跃然心间。

名叫丘崇的村庄是我的故乡，村名来处无考。南国千千万万壮乡瑶寨中，故乡如一片不规则的小小补丁，寂寂无声地嵌贴在峰峦叠嶂的苍茫群山中。全屯有近二百户人，在桂西北大石山区里，算是个大屯子。屯中住户七成是壮族，三成是瑶族。陆姓的壮族居于村东，蓝姓的瑶族居于村西。村东村西相隔一沟渠，新中国成立前互不归属。新中国成立后，政府修了座被村里人喻为“连心桥”的小桥，村东村西连成一片，20 世纪“大集体”时并作一个生产队沿袭至今。自稍懂人事，我眼中的壮瑶群众没什么差别，婚俗互通，沾亲带故，和睦相处。20 世纪 60 年代末，屯里先是在故乡母亲河“达醒河”水源林边的坡地上种了几片被公社革委会赐牌为“民族团结林”的油桐树，随后凝心聚力广泛种植。没几年，远郊近岭，溪岸沟边以及打谷场旁、菜园子边，凡能插针之地都种下了油桐树。

油桐树果子可榨制桐油，且易种易活，生命力强，当年村里人把它视为“摇钱树”。其树花繁茂而绚丽，状似仰天的喇叭，花体多为白色，春来纵情绽放，那花团如白雪飘落，胜过桃李芬芳。每天早上推开家门，只见琼铺玉展，满目缤纷。小时不懂什么叫醉美丹青，也不懂什么是春山如画，但油桐树叶苍翠欲滴的绿和油桐树花纯净淡雅的白交相辉映，像童话中的一幅画深深地烙在我心中。

童年的记忆里，忘不了油桐树花的绚丽娇美，更忘不了油桐树花绽放时家乡田园诗般浓郁的乡情乡韵。满树桐花盛开时，一季农忙开始了。白天，劳作累了的壮瑶群众常在花树下互挤着点上支烟卷，烟烧半截，汗水刚好风干，大家一边续着话头，一边又在地里忙开。傍晚，三三两两的壮瑶群众站在油桐树下等着暮归的牛羊，花树下有欢声笑语，也有感叹流连。离村一里多地的达醒小河边，相距三十多米，分别长着两株葱茏苍翠的老油桐树。我懂事时，还是“文化大革命”期间，禁唱山歌。山里人很少理会这些，花开时节，青年男女即便肚子吃不饱，也抑不住青春涌动，相约黄昏后，借着夜幕，在两株老油桐树的遮掩下偷偷摆开歌台。这边一句：“桐花开在小溪边，就像阿妹站路旁。哥哥远眺望一眼，从此相思意难忘!”那边一句:“桐花芬芳开山边，满树簇簇花飘香。花儿就像幺妹我，见哥心里好亮堂!”由于早有我小叔和小婶——瑶族姑娘秀和她的情郎在花树下以歌传情并恋爱成功的故事，不知何时起，人们把那两株油桐树称为“红媒树”。村中有人请喜酒，常会有人戏谑道：“是不是从‘红媒树’下拐来的?”

家乡盛开的油桐树花是我童年心中最美的图画，是我浓浓乡愁里一份甜美的记忆，更是家乡壮瑶群众和睦相处，亲如一家的见证者。遗憾的是，进入20世纪80年代，市场桐油需求量减少，加上东南亚廉价桐油冲击，桐油价格大幅下跌，树变得不再金贵，家乡漫山油桐树从此交上厄运。那时我国还处在物品短缺的时期，村民尚不富裕，为了多打点粮食多增加点经济收入，大家毫无节制地开荒种田。开始是往长满杂木的坡岭要地，后来又盯上漫山遍野的油桐林，几年过去，达醒河源头的山被理成“秃头”，苍葱翠绿的油桐树也被砍伐殆尽。随着群山葱茏不再，满眼油桐树花不现，也不知何时起，村民突然发现，原来缓流如诗、清澈透亮的达醒河，河水一年比一年混浊，夏季常是泛滥成灾，冬春两季水流则逾来逾小。为了争水溉田，村民们争执不断。

达醒河其实是条小溪流，是家乡群众唯一的水源。水流由东转西，村东陆家享地理之优，先得水利。冬春两季，村东人如不惜细流，任意挥霍，村西群众常常得不到及时供水，误了农时。开始屯里协调得很好，农忙用水时，大家轮换开渠引水，勉勉强强没出什么大问题，但遇到大旱的年头，用水就紧张。私心重的人，事为己利，争着开渠引水，秩序一乱，原来和谐的村民们有了磕磕碰碰，矛盾日积月累，纠纷不断，山村过去多少年来的平和宁静气氛终于被生生打破。

我的堂叔山，只有小学三年级文化，身高不过1.6米，个小话多，飞短流长的事少不了他。他平时很会“省力气”，公事或是红事白事，做工少见人影，开饭时，第一个端碗的准是他。这个让人感到不那么爽的堂叔，一块责任田正好与我的远房老表英靠在一起。那一年旱情很重，一天，本该是轮着英开渠取水溉田，但晚上堂叔山偷偷把渠道水流改进了他的田块。第二天老表英带家人到田边，只见自家田块干涸如昨，而堂叔山的田却水流漫埂，一畴湖波。老表英不免唠叨几句，刚好堂叔山也来到田边，两人顿生龃龉，争执不断。堂叔山便骂开，老表英忍不下气，动了粗，堂叔山人小力弱，被老表英打趴于地，弄个灰头土脸。

向来自私小气的堂叔山忍不下这口气，回家叫上几个兄弟和不明真相的十几个陆姓村民，拿着木棒、镰刀、斧头扑向村西。见到堂叔山气势汹汹、人多势众，老表英和七八个亲属只好闭门落锁，高挂“免战牌”。堂叔山得势，喝骂不绝，见老表英闭门不出，找来火把，扬言要烧老表英的房子。幸好我那有几十年党龄的父亲和村委一名干部及时赶到，好说歹说，才止住了即将发生的一场争斗。

心中憋气的堂叔山自此以后常使一些小动作，老表英和村西瑶族同胞不是田水跑了，就是放着的鸡鸭或死或找不见，村里鸡犬不宁。一些青年闲着无事，也跟着堂叔山一家起哄，而老表英也纠集一批瑶族亲戚，时不时对堂叔山还以颜色。原来一个两人的纠纷，渐渐演化成村东、村西两边的矛盾。

在戾气笼罩中，作为老队长、老党员的父亲和屯里两个退休老师，简直成了“灭火三人组”，今天灭去明处一粒火星，明天暗角却又死灰复燃。其间我也回家几次，给堂叔山和英做了调解，但没有收到预期的效果。时间晃晃悠悠跨进 21 世纪，父亲老迈，堂叔山和英以及部分村民间的矛盾死结仍待解开，我心中和父亲一样着急，想了好久，认为村民间矛盾已久，想一下子化解，不切实际，于是给父亲出了个主意，从解决农田用水的根子抓起。已年近七十的父亲和村党支部书记找到了县民族局，县民族局又汇报了县人民政府，不久，家乡农田水利项目任务下达。不到两年时间，达醒河两岸护坡建成了，旧时灌溉的泥沟和田埂也得以硬化，这样的整治最大限度地节约了用水，村里农田用水的情况得到缓解。

因水埋下的“地雷”被清除，但堂叔山和老表英以及因他们之间瓜葛而纠集进来的两边群众仍然在暗中使气，时有争吵。这时村里来了驻村工作队，推进农村精神文明和生态文明建设。驻村工作队队长是一位有二十多年党龄的老同志，经常从两公里之外的村部到我家和家父聊天，父亲此时已重病在身，非常忧虑地对工作队队长谈了他的担心和烦恼。这时已有两年党龄、刚当上村委副主任的二弟说了一句话，他说：“现在屯里已是青年当家了，只要两族青年互相走近，不瞎起哄，几个老人还能闹起什么风浪?!”青年怎么走近？二弟接着说：“这些小青年爱打球、爱唱歌、爱搞集体活动，应从这些地方抓起。”于是工作队去县里争取来了一笔资金，屯里群众出工出力，在外工作的也捐助一些，筹足工程款建起了一个篮球场和一个乒乓球室，并在没有被砍掉的“红媒树”下硬化了一片场地，建了个小戏台。每逢节日或是有喜庆大事的日子，屯里的“村民自治领导小组”就组织瑶族壮族青年举行篮球、乒乓球、气排球比赛和唱红歌、山歌比赛。“红媒树”下更是热闹异常，跳舞、唱歌在山村渐成常事。

就在村里青年不断走近，竖在他们之间的墙悄然消失时，堂叔山家遭遇横祸，堂婶河边逐鸭不幸溺亡。是时屯里青壮年多在外地打工，山里人，特别是瑶族同胞对溺亡者多害怕忌讳，人们对溺死者的丧事避之唯恐不及。我二弟敏锐地感到这是解开堂叔山和老表英之间矛盾的一个机会，上门叫老表英出来帮助办理亡者丧事。老表英早有与堂叔山和解之意，于是带领在家的亲属参加了堂婶的治丧工作，死者下葬时，缺人抬棺，老表英还加入抬棺行列。老表英做的事，堂叔山看在眼里，嘴里不说什么，但从那以后，再也不对老表英使什么小动作，碰面时虽还没有握手言欢，但点头示意渐成常事。

堂叔山和老表英关系渐趋和缓。父亲作古不到几年，“美丽乡村”建设便如火如荼开展起来。政府给家乡修了水泥路，装了自来水，变换更新了老旧用电线路。在基础设施建设步伐加快的同时，国家还拨了大笔资金进行生态重建，用于退耕还林和生态补偿，二弟组织村民讨论，决定用这些资金种树和育林。在讨论种什么树时，有人说，家乡民族风情浓郁，如果恢复种植油桐树，当山变青水变幽，满山桐花盛开时，这里不就是个活脱脱的世外桃源吗？大家你一言我一语，竞相怀念起当年满山馥郁的油桐树，于是下决心用两三年时间，在过去种过油桐树的坡岭上再次种上速生易发、花开绚丽的油桐树。

屯里采取联户包片、包山头、包管理、包成活的办法种植油桐树。联户分组时，没人愿意与堂叔山分作一组，我二弟把堂叔山和老表英拉进自己组中。自此，堂叔山和老表英近二十多年的隔阂矛盾终彻底化解，两人因种植油桐树又走到了一起。不久，在共同劳动的路上，人们终于听到了他们和好如初的笑声。

一年树谷，十年树木。用不到十年，故乡人新种的油桐树已成林了。走过一段颇不平常的岁月，油桐树花又在家乡的山山岭岭上盛开。那白玉般的琼花，一团团，一簇簇，依然是那么清丽，依然是我童年记忆中的那份清丽娇美。然而历经生活沉浮，走过曲折坎坷，我知道，今天绽放于眼前的繁花，吟叹的已不仅仅是我少年的诗情和感慨。它的盛开，记录和见证的是故乡人前行中的觉悟和反思，是故乡壮瑶民族团结进步，携手走向未来的新故事。

用仁爱架起中非民族友谊桥梁的“壮族使者”

——钟日胜同志先进事迹

◎ 冯 春

钟日胜，1970 年生，壮族，中共党员，临床医学本科学历，现任南宁市第二人民医院麻醉科副主任。先后获“全国援外医疗工作先进个人”、“中国梦·劳动美——最美劳动者”、第三届“南宁市道德模范”、“全国先进工作者”、“全国医德楷模”、“全国岗位学雷锋标兵”等荣誉称号，荣获全国五一劳动奖章并入选中央文明办“中国好人榜”。

时刻把病人当亲人，把奉献当责任的钟日胜两次主动请缨参加援外医疗队，分别到非洲贫困国家尼日尔共和国、科摩罗联盟参加援外医疗工作。援非期间，他和善良的当地人成为很好的朋友，虽然民族不同，语言不通，但是钟日胜通过自己的医术挽救了患者的生命，为维护当地和谐稳定做出了贡献。

不辱使命，在异国他乡救死扶伤

2004 年，34 岁的钟日胜作为第十三批援非医疗队中最年轻的一名医生，远赴尼日尔共和国东部偏远的小镇津德尔。钟日胜被分在津德尔医院，那里医疗设施非常简陋、陈旧，医生寥寥无几，药品严重短缺。尼日尔作为世界上最不发达的国家之一，共有五个主要民族，官方语言为法语。在尼日尔期间，钟日胜自学了法语，将他的医术毫无保留地传授给当地医务人员。他和同事们一共诊治各类门诊病人约 3.6 万人，抢救危重病人 700 多人，施行各类手术 2900 多例。他还与当地人建立了良好的关系，当地人常常邀请他到家里做客，待他如同自家兄弟姐妹一般。2005 年，尼日尔爆发了一场历史上最为严重的饥荒，而饥荒最严重的地区正是津德尔地区，数百万人处于无粮状态，钟日胜和同事们几乎每天都吃发霉的米饭。然而，即便是在如此艰难的环境中，钟日胜和同事们仍然时刻牢记使命，始终在第一线近距离地接触和救助非洲艾滋病患者。时任联合国秘书长安南得知此灾情后，亲自到尼日尔视察，当听说在这么艰苦的地区、这么艰难的时期还有中国医疗队坚持工作后，提出要接见工作在饥荒一线的中国医疗队队员。当安南秘书长和中国医生握手的那一刻，钟日胜为自己的工作感到自豪，为自己是一名中国的医生感到骄傲。由于杰出的贡献，他获得了尼日尔共和国颁发的“优秀医疗专家”荣誉称号。

7 月，钟日胜再次背上行囊，作为中国医疗队队员前往科摩罗联盟工作。在科摩罗首都医院工作期间，钟日胜共开展 1750 例麻醉手术，抢救危重病人 150 例，没有一例事故和差错。他曾运用精湛的技术成功为刚出生 6 天的新生儿的巨大肿瘤切除手术施行麻醉，这是该医院有史以来首次为年龄最小的患者施行麻醉。他因工作出色赢得了当地医务人员和病人的高度赞誉，同时还得到了科摩罗总统伊基利卢・杜瓦尼纳的亲切接见。

胸怀责任，书写援非人生经历

在完成了两次援非工作回国后，钟日胜收获的不仅仅是荣誉，更多的是深刻认识到作为一名医务工作者，在患者最痛苦、最需要帮助的时候应尽的责任和应有的担当，他想将难忘的援非经历以书面形式为大家打开了解中国医生援外工作的大门。2010 年，他完成了 33 万字的纪实文学作品《非洲小城的中国医生》。该书为我国第一部反映援非医疗队员工作和生活的纪实文学作品。在 2011 年中非卫生国际合作会议上，该书作为会议参考书籍赠送给各国与会领导人。2012 年，该书荣获第十届全国少数民族文学创作“骏马奖”，钟日胜成为该届获奖作家中的壮族“独苗”。2016 年 8 月，他再次完成 39 万字的反映援非医疗队大爱无疆、抢救伤员事迹的长篇小说《卢旺达往事》，于 2017 年由人民日报出版社出版发行，获得了业界人士的好评。

德艺双馨，视患者生命健康至上

作为一名麻醉科医生，他希望通过提高自己的技术，减少患者的疼痛感。近年来，他先后获南宁市科学技术进步二等奖 1 项、三等奖 2 项，广西医药卫生适宜技术推广奖三等奖 1 项；在省级、国家级核心期刊上发表了专业学术论文 12 篇。

他所在的医院地处少数民族聚居区，在医院就医的患者大部分是少数民族，有很多少数民族群众因为经济原因延误治疗，在做手术前往往很焦虑。对于患者的心理，钟日胜摸得很透，他与病人聊家常，用温馨的关怀消除患者的疑虑。曾经有一位年过六旬的女性患者患有高血压，在做腰硬联合麻醉过程中很害怕，钟日胜就不断地安慰她，尽量缓解她的紧张情绪。每做一个操作步骤，他都把可能发生的不适感预先跟病人沟通，让病人有思想准备，以免病人过度紧张。一个手术下来，老人高兴地说：“本来以为会疼痛，实际上感到很轻松!”

有时患者会偷偷给他塞红包，也被他婉言谢绝。他常说："其实我只是做了一个普通医生该做的工作。"

在他的影响带动下，医院成立了以钟日胜为模范的"学雷锋爱心小分队"，开展志愿服务。钟日胜带领爱心小分队经常利用业余时间去社区看望孤寡老人，给行动不便的老人体检，解决生活上遇到的困难；他还跟随医院的医疗队到少数民族乡镇为当地的少数民族群众开展心肺复苏、外伤包扎等急救技能及急救知识培训。作为道德模范，他言传身教，通过道德讲堂的方式，给马山县瑶族乡的小学生传播道德知识，传播社会正能量。

27 年的从医路，源于医者的责任感与使命感，援非路上钟日胜驰骋前行，用自己的平凡善举将"能帮就帮，敢做善成"的南宁精神从绿城的邕江河畔跨洋过海传递到贫瘠的非洲大地，不仅架起了中非医疗的友谊桥梁，而且也让民族友谊之花在非洲大地上绽放得更加艳丽。他保持着医者仁爱的情怀，执着坚守，用自己的从医初心践行着"医道至精，仁爱至善"的理念，让健康守护更多的患者，成为加强民族团结、维护社会稳定的践行者、引领者。

出海蛟龙的守护人

——记玉铁高速铁山港养护站站长王定洪

◎ 钟 坚

我荣幸地参加了玉铁岑水高速公路建设管理作家采风活动。采风团的汽车从玉林出发，沿着玉铁高速公路一路走走停停，穿过沙毛岭隧道，走进博白收费站，前往铁山港。于是，我陆续认识了更多的玉铁高速人，听到了许多关于玉铁高速人脚踏实地辛勤劳作的故事。他们是如此的平凡，平凡得如同玉铁高速路上的一沙一石；他们是如此的普通，普通得如同玉铁高速路上的一花一草。在铁山港养护站，我认识了站长王定洪。确保玉铁高速公路的畅、安、舒、美，延长玉铁高速公路的寿命，让这一社会公共交通设施更好地为社会为群众服务，是王定洪的心愿。这个美好的梦想，如同一双有力的翅膀，让王定洪在理想的天空自由地翱翔；这个坚定的信念，是无穷无尽的力量源泉，让王定洪如爬山虎，把根深深地扎在玉铁高速公路的边坡，把青春化作桂东南最便捷出海通道上的一块基石。于细微处看整体，于平凡处见深邃，决定成败的必将是微若沙砾的细节，这是玉铁高速人的成功之道，是他们用汗水和智慧淬砺出脚踏实地、不畏艰难、勇往直前的玉铁高速精神。

——题记

玉铁高速公路北起玉林北流西埌镇，终点位于北海市铁山港区。它由北向南纵贯着桂南的交通线，主线全长 174.46 公里。这是桂东南最便捷的出海通道，它犹如出海蛟龙，游走于桂东南大地美丽的山水间。我心想：呵护驯服好这一出海蛟龙，需要何等彪悍的汉子啊！

在铁山港养护站参观的时候，如果不是陪同采风的养护部黄经理介绍，我无法相信，眼前这位个子不算高，挂着一副高度近视眼镜，皮肤因过分吸收紫外线而变得黝黑的小伙子就是铁山港养护站站长王定洪。的确，就是这位文静中透着几分山野气息的小伙子，率领他的团队，管护着近百公里长的玉铁高速公路。确保玉铁高速公路的畅、安、舒、美，延长玉铁高速公路的寿命，让这一社会公共交通设施更好地为社会为群众服务，是王定洪的心愿。这个美好的梦想，如同一双有力的翅膀，让王定洪在理想的天空自由地翱翔；这个坚定的信念，是无穷的力量源泉，让王定洪如爬山虎，把根深深地扎在玉铁高速公路的边坡，把青春化作桂东南最便捷出海通道上的一块基石。

接管玉铁高速：如同见证女儿出生般激动

2012 年，对王定洪来说是人生新的开始。3 月，他的双胞胎女儿出生，初为人父，他品尝到了天伦之乐。9 月，在妻女父母最需要他时，他选择了到离家有 7 小时路程的铁山港养护部工作。作为一名土木工程专业毕业生，玉铁高速公路是他展翅的天空。

2012 年 12 月，王定洪带领铁山港养护站的全体员工一行四人入住铁山港驻地办公点，进行前期的准备工作。筹备之初的主要任务是做好接管玉铁高速公路运营管理工作。在王定洪的面前横着两个难题：一个是办公大楼还是毛坯房，没水没电，简陋的办公和生活条件严重地限制和影响工作的进展。白天他们进行野外作业，晚上回来还得到 8 公里远的镇上吃饭、洗漱。另一个难题是人员少，严重缺编，需要一个人完成两个人的工作量，而且团队人员新手多，除王定洪以外，其他三名队员都是应届毕业生，缺乏实际工作经验，急需老员工带领引导。在无法对新员工实现一对一指导的情况下，王定洪不得不采取一对多的方式来开展工作，短期内完成养护站各项制度的建立及人员岗前培训等工作。新队员很快就进入角色能独立开展工作，使工作得以全面顺利开展。由于玉铁高速公路接管的时间紧迫，任务艰巨，养护站的各项工作全部实行倒计时排班，采取了“五加二，白加黑”形式进行高强度工作。员工多次对玉铁高速沿线设施及周边环境进行地毯式排查，确保开通初期玉铁高速的安全与畅通。

在历经玉铁高速筹备接管的艰辛后，王定洪不会忘记，2013 年 4 月 9 日玉铁高速公路通车，当第一辆汽车开出铁山港收费站的那一刻，他如同见证自己的宝宝诞生一般，心潮澎湃。绕着铁山港养护站来回踱步时，王定洪脑海想着的除了玉铁高速还是玉铁高速。他的眼睛看着远方，目光所及，除了玉铁高速还是玉铁高速。他驱车到玉铁高速公路上，再逐一查看每一个涵洞、每一座桥梁、每一个边坡，甚至于边坡上刚刚长出新芽的爬山虎……王定洪仿佛英勇善战的将军在即将出征前，再次细细地检阅手下的精兵强将。

转眼间，玉铁高速公路开通至今已两年半，年轻的王定洪把汗水和心血都洒在了这条年轻的高速公路上。王定洪熟悉他所管辖路段的每一条隧道、每一座桥梁、每一个涵洞、每一个边坡、每一段排水沟及沿线的一草一木情况，及时发现问题及时维修。高速路养护要坚持预防性养护原则，及时做好日常养护、路面病害和防撞护栏的维修，确保高速公路畅通美观的安全行车环境。做好养护工作，对于延长高速公路的使用期限，提高高速公路的运营效益具有重要意义。每每踏上通江达海的玉铁高速公路，王定洪的脑海常常会想起令他刻骨铭心的建设者的故事，是他们历经了千辛万难才建成通车大道。他和他的团队每天所做的平凡工作，是去延续建设者们的宏伟事业，是在传承和弘扬不畏艰难和勤劳勇敢的玉铁高速精神。

面对险情：雄鹰般搏击风雨

2014 年 7 月 19 日和 2014 年 9 月 16 日，超强台风“威马逊”“海鸥”先后肆虐玉铁高速北海路段，玉铁高速公路面临着巨大的考验。在台风来临前，铁山港养护站在王定洪的带领下，努力践行公司“使用者优先”的理念，保护司乘人员的安全。王定洪组织站里的员工，对所管辖的全程设施进行了全面排查，消除安全隐患。每当台风强度稍微减弱时，无论雨有多大，天有多黑，路有多滑，人有多累，王定洪都会第一时间带领员工进行路况巡查，清理断裂倒塌的树、清运塌方体、拆除已损坏的标志牌等，消除各种安全隐患，哪里有危急哪里就有他们的身影。9 月 16 日晚上 7 点半，强台风“海鸥”刚过，王定洪和同事们立刻带上标志牌、油锯等进行巡路，清理路障。走在玉铁高速公路上，只见四周漆黑一片，风在呼呼地狂吹，雨在哗啦哗啦地下，队员们披着雨衣，每一阵风吹过，人几乎站立不住。雨衣在风中扬起来，他们仿佛一群在黑夜中搏击风雨的雄鹰。他们全凭着车灯和手电光束进行清理路障作业，当经过 K705＋200 路段时，发现横跨该处的 1 万伏高压电线被台风刮断，其中两根电线断落在公路路肩处，另一根电线离路面只有 3 米多高，可能存在漏电或刮碰过往车辆的危险，十分容易发生二次重大事故。险情就是命令，王定洪立刻向公司领导汇报险情，请求交警和供电局等相关部门协助排除险情。王定洪和队员们顶着台风，冒着倾盆大雨，不畏艰险，立即开展抢险的前期工作，摆放临时标志牌协助交警进行交通管制，直到供电所电工把电线进行安全处理，排除了险情。天亮了，风小了，玉铁高速公路安全畅通了，王定洪和他的队员们才拖着疲惫的身体回到养护站。

面对疑难问题：医生般对症下药

玉铁高速公路刚开通之初，附近村民缺乏安全意识，为了贪图一时方便，不愿意绕道而行，经常破坏沿线铁丝网横跨高速公路，安全隐患非常大。为此，王定洪组织站内人员和路政部门进村入户进行高速公路的安全知识宣传，与村民们开展亲人般的谈心和交流，使交通安全知识家喻户晓，大大提高了村民的安全意识。

遗留缺陷工程的处理，是新营运的高速公路头几年的一项重要工作。遗留缺陷工程大部分是由于建设期与村民未达成协议而遗留下来的未完工的工作，相对而言都是一些棘手的问题。面对这些问题，王定洪组织人员到现场研究问题的根源，并深入群众中了解当地民风民俗，站在村民的立场上思考问题，用心与他们进行沟通，获得村民理解与信任后，再逐步开展工作。他成功处理了许多涉农问题，例如 K644＋490 路段右幅护栏板缺失问题、下担便道积淤、K633＋450 路段左幅塌方等。通过解决这些事情，王定洪深深体会到了“人与人最远和最近的距离都是心与心的沟通”。

在日常的养护管理工作中，王定洪时刻利用专业的理论知识和经验，按照全方位、多层次立体式养护的要求，组织开展工作，精心地对沿线路基、路面、桥涵、交安设施等各分项工程进行全方位、全周期、全季节的预防性养护、及时养护、按需养护。对于设计缺陷等建设期落下的“病根”，王定洪的队员们进行全面清理排查，根据现场实际情况，从根本上进行综合处理。例如K670＋300路段右幅路基沉降的灌浆处理，新村枢纽A匝道路基沉陷、挡墙开裂的深层灌浆及路面加铺处理等问题，王定洪如同医生对待病人一样，采用最优质的设配、最好的治疗方案，以最快的速度从根本上进行医治，祛除顽疾。

面对员工：一起快乐工作，幸福生活

王定洪在工作中因种种原因，偶尔也会生出少许苦闷，特别是想起家人，他心里感到无比的内疚；但是那些不愉快的念头和情绪也只是匆匆过客，他一旦投入工作中，烦恼顿时被抛到九霄云外，感到十分的充实与快乐。王定洪在工作之余经常组织员工们开展各种文体活动，邀请员工家属到海边，进行休闲减压活动。俗话说“团结就是力量”，王定洪通过用心与各位员工进行沟通，用前辈的事迹来感化员工，在铁山港养护站培养了一个团结协作、无私奉献的年轻队伍。2013年10月，司机小李的孩子生病住院急需筹集一大笔医药费，于是几个队员你拿来2000元，他送来5000元，王定洪从工资中掏出8000元，众人拾柴火焰高，终于解决了孩子的住院费用问题。在日常的工作中，队员们是既分工又合作，有重大任务的时候，大家都是主动“五加二，白加黑”地进行工作。在家庭与工作发生矛盾冲突时，队员们都发挥了“舍小家，顾大家”的奉献精神。2013年5月份，正值雨水季节，队员杨杰请假三天回家给孩子办百日宴，因为惦记着工作，仅回去了一个下午，又回到工作岗位上继续和队员们一起奋战。在王定洪的努力下，队员们真切感受到以人为本的管理精神，感受到集体大家庭的幸福生活。

家人的支持是玉铁高速上最坚固的那块基石

一转眼王定洪已经到铁山港养护站工作两年多了，和家人团圆的日子屈指可数。

玉林分公司筹建之初，因为工作需要，王定洪毅然选择到铁山港养护站工作，经常加班加点，平均每月只能腾出一个周末回家。家里的所有琐事都落在了王定洪的妻子小敏一个人身上。上班、下班、买菜做饭、收拾家务、带小孩，小敏像陀螺一样从早转到晚，从年初转到年末。两个孩子白天由奶奶照顾，60多岁的奶奶本来身体就不好，不到两个月身体就吃不消了。于是，王定洪的岳母把一岁大的孙女留给老伴照看，大老远地从陕西过来照顾孩子。但一个月后，岳母旧疾复发需要立即动手术。为了不影响王定洪的工作，同时担心给王定洪带来经济压力，岳母坚持说回老家可以报销医药费，倔强地一个人回了老家动手术。手术期间，王定洪没能回去陪岳母，为了照顾孩子，小敏也没法回去照顾母亲，为母亲煮上一口热汤。至今这件事还是他们心头的痛。王定洪的岳母病倒了，谁来帮忙照顾小孩的难题再次摆在面前，全家人又陷入了困境。在城市请不起月嫂，年迈的岳母只好四处打电话回老家物色人，最终好心的表妹将自己的女儿寄托给婆婆，来帮王定洪带了半年小孩，暂缓燃眉之急。

为了不影响异地工作的老公，体弱的小敏咬紧牙关一个人把家里的重担全部扛了下来，因而不得不隔三岔五请假。虽然领导很体谅，但是工作或多或少还是受到了影响，年底的内聘职称晋升中最终没有小敏的名字。对于这些小敏虽然心里难受，但看到可爱的宝宝健康成长，老公的工作取得成绩，她心中的不快就烟消云散了。

记得宝宝8个月大的时候，不是拉肚子就是发烧，一个月至少得跑3次医院。有一次是晚上11点多，宝宝低烧不退，小敏跟表妹深夜抱着宝宝去医院，急诊排队的小孩很多，周围人家都是父母一起围着宝宝转，看着宝宝发烧难受的样子，小敏心里真不是滋味，想着此刻如果老公能陪伴在身边就好了，但这种想法是奢侈的。等到宝宝看完病已经是凌晨两点多了，回家眯了一会儿，看着宝宝退烧了，小敏收拾安顿好孩子后才拖着疲惫的脚步出门上班去了。宝宝10个多月时，因为没人照顾，只好跟着奶奶回老家住了，一家人不得不分三个地方生活。

为了让王定洪结束疲惫的奔波，每周可以回家吃个团圆饭，小敏毅然辞掉了在柳州的工作，到南宁找了份工作。忽然间日子仿佛回到了刚结婚时的状态，没有房子，不得不住着租来的单间宿舍，没有条件接宝宝到身边来，孩子们只好继续在乡下和奶奶住。

王定洪结婚3年，一直计划着回岳母家走走，岳母一直在电话中叮咛北方冷，最好夏天带孩子们一起到陕西走亲戚。但年复一年，到陕西的事情一直挂在嘴边，却一直耽搁着。小敏带着无限的遗憾只身回家看望父母。看着父母脸上期盼，嘴里却说着没关系的样子，小敏心里真不是滋味。等到返程的时候，母亲亲手做的两双宝宝鞋子，本来说好留给宝宝明年来外婆家走亲戚的时候穿，母亲却偷偷地把鞋子塞进了行李箱。父母心里非常明白，女婿的工作性质不允许他休这么长的假到陕西探亲。

为人父母多么希望能看到自己孩子成长路上的点点滴滴，而王定洪却错过了听宝宝第一次发出“爸爸”“妈妈”的稚嫩声音，错过了看见宝宝长出第一颗牙齿的那一天，错过了宝宝周岁的生日。对于孩子来说，学步时摔倒，很少能看到爸爸鼓励慈祥的笑容，很少有机会在爸爸怀里淘气撒娇。在孩子们的意识中，爸爸就是贴在墙上的婚纱照的样子。王定洪也曾对未来的生活有过种种憧憬：带着宝宝去大草原看碧草蓝天牛羊成群，每周都能去公园里面散步，每晚教宝宝读书认字。想到这些很普通的愿望没能给家人兑现，王定洪心里便万分内疚。他时常对队友感慨，家人对他的爱，对他工作的支持，就是玉铁高速公路上最坚固的那块石头。

傍晚时分，采风团结束了一天的活动返程了。当我们在玉铁高速公路尽情享受“车在路中走，人在画中游”的意境时，我的眼前不断浮现出王定洪和他的队员们在玉铁高速上作业的身影。他们时而弯腰清除路障，时而攀爬边坡，时而钻进涵洞检测。他们把汗水挥洒在高速路上，凭着坚定的信仰和坚强的意志传递着对玉铁高速的执着和忠诚，他们用青春谱写了一曲玉铁养护之歌。

后记

采风活动回来后，我进行录音回放，整理讲话内容时，眼前又浮现出每一位玉铁高速人的身影。短暂的接触，有太多的感人故事我没有来得及细听，有太多优秀的玉铁高速人我没机会认识。但是，所到之处，每一个人，每一个细节，每一个故事都足以触动我的心灵。比如王定洪，由于我采访他的时间比较仓促，我恳请他抽空写点自己在工作中的感想发到我的邮箱。第一周过去了，我的邮箱是空的；第二周过去一半时间了，依然没有收到信件。我想：王定洪实在太忙了，他连多看一眼孩子的时间都没有，怎么有空写工作感想呢？正在我打算放弃这个念头的时候，王定洪打来电话，说材料发到我的邮箱了。我迫不及待打开王定洪发来的邮件，跃入眼帘的第一页，竟是他的妻子亲笔写的对王定洪从事高速养护工作的感言。这些文字，没有丝毫怨言，一字一句朴实无华、真挚感人，这份无限包容的爱情，即使没有玫瑰花和咖啡，也在平淡中散发着迷人的浪漫。在这个寒冷的冬天，我有幸看到了玉铁高速公路这条出海蛟龙给人民带来的福祉，有幸体会到了玉铁高速人及他们家人的酸甜苦辣，有幸感受到玉铁高速团队的温暖和无穷力量。因此，我快乐着他们的快乐，幸福着他们的幸福。

象州上坪村：奏响民族团结之强音

◎ 廖才兴　陈成光

5月1日，雨过天晴，阳光明媚。借着国际劳动节休假的时间，我们从象州县中平镇政府驻地往东，沿着弯弯曲曲的乡村公路驱车6公里，穿过一片片绿油油的蔗地、果园，来到满目青翠的金秀大瑶山脚下。一个小山村120多户人家依山傍水，坐落于绿树翠竹之间。从外观看，这个小山村与周边许许多多的小山村并无两样，但村中的各族居民却在民族团结精神的鼓舞下，数十年如一日情同手足，亲如一家，奏响民族团结之强音。这个小山村就是远近闻名的"全国民族团结进步先进集体"上坪村。

一村跨两县，瑶汉共一家

一个小山村有几个民族杂居，这在广西并不罕见。但一个小山村分别隶属两个县，一座房屋分别住着两县两个民族的人；一所学校分别隶属两个县，由两个县共同来管理，由两个县的老师共同来执教——这样奇特的小山村，在广西乃至全国不说是绝无仅有，也是十分罕见的。象州县与金秀瑶族自治县共同管辖的上坪村就是这样一个独特的小山村：该村在象州县的行政区域隶属象州县中平镇大架村委，而在金秀瑶族自治县的地图中标的却是金秀瑶族自治县大樟乡双化村委上坪村。

上坪村是个移民村。开村人是邝氏先祖，汉族，据说是从今贵港市平南县迁移过来的，已有100多年的历史了。此后，又陆续有文、谢、张、林、覃、郭、何等壮族和汉族人从平南迁来。他们搭棚造屋，毗邻而居；他们开山造地，引水灌田，种植水稻、玉米、花生和木薯等作物，以传统的农耕业为生，经过50多年的繁衍生息，渐成村落。因房屋建于平丘之上，故称上坪村，隶属象州县（当时称象县）。

而村里的瑶族同胞，则是1949年前后陆续从金秀大瑶山上的大河村、河杈村、青山村和黄茆村等瑶族村寨迁移下来的：由于大瑶山山高路陡，交通闭塞，瑶族民众生产困难、生活贫困，年轻力壮者便纷纷下山创业。他们来到生产生活条件较好的上坪村一带，或租种田地，或租塘养鱼。没有房屋，他们便在地头塘边搭棚暂栖。中华人民共和国成立后，社会日趋安定，生产形势日益好转，瑶族同胞们不断延长租期，暂栖也就变成了长住，长住便思居者有其屋。壮、汉族村民亦想瑶族同胞之所想，急瑶族同胞之所急，以村北的一片土地与瑶族同胞的林地相易，换给瑶族同胞做宅基地，欢迎瑶族同胞落户上坪。壮、汉族村民还把田地让出一部分给瑶族同胞耕种，帮助瑶族同胞过上稳定的农耕生活。几个民族的村民比邻而居，共建家园。随着瑶族同胞的不断迁入，瑶族人家迅速增至 20 多户 100 多人。为更好地维护瑶族同胞的民族利益，金秀瑶族自治县便在上坪设村，就近划归大樟乡双化村委管辖。这样，这个原来隶属象州县中平镇大架村委管辖的上坪村便衍生出一个归金秀瑶族自治县大樟乡双化村委管辖的上坪村：两县居民以巷道排水阳沟为界，北面划归金秀瑶族自治县，南面仍属象州县。

1985 年，黄茆村瑶族同胞文金元想落户上坪，奈何无立锥之地；上坪村汉族人氏文毅恒想建新房，苦于没有木料。一日，两人闲谈互诉苦恼之时，突然灵机一动，竟然不谋而合——合伙一块建房。一个供应木料，一个提供宅基地，其余费用一人一半，建起了一座厅堂共同使用、左右两边各有两间房的新屋。两家人同时入住，组建一个隶属不同县份、有不同民族的“联合体家庭”。县界从两家共建的房屋穿堂而过，将整座房屋一分为二。右边汉族村民文毅恒的居所属象州县中平镇大架村委上坪村管辖，门牌号是中平乡（今中平镇）上坪村 44 号。左边瑶胞文金元归金秀瑶族自治县大樟乡双化村委上坪村管辖，门牌号是大樟乡双化村上坪屯 11 号。

至此，县界不但穿村而过，而且穿屋而过。不同县份的两个民族的村民不但同居一村，更共住一屋！但不论是当地群众，还是周边群众，也不论是壮族汉族，还是瑶族同胞，他们都把该村视为一个不可分割的整体，统称上坪村。就这样，在上坪村，筑起了一座民族团结的丰碑。目前，在这个住着 120 来户 570 多人的多民族小山村里，白话、瑶话、壮话、桂柳话都使用，掰着指头粗略一数，村里住有壮、汉、瑶三个民族，共有文、谢、张、林、覃、郭、何、邝八个姓氏。其中，文姓的瑶族同胞约有 30 多户 170 多人，其余的为文姓的汉族人和谢、张、林、覃、郭、何、邝等姓氏的壮族、汉族人。

两县共建校，师生情谊浓

如果说文毅恒和文金元两家同居一屋、和睦共处反映了民族团结手足情深亲如一家的话，那么，上坪小学的建设和教学管理则堪称汉、壮、瑶三个民族团结进步的典型。

上坪小学是 1973 年由象州、金秀两县（自治县）共同投资，上坪村汉、壮、瑶三族群众共同捐资，群策群力共建而成的村级完小教学点。2011 年，广西华佳丝绸有限公司捐资 32 万元建设上坪小学新校舍，为该村汉、壮、瑶各族适龄儿童提供了一个良好的学习活动场所，孩子们在其乐融融的民族团结氛围里健康成长，学校亦因此更名为上坪华佳希望小学。该校曾有教师8名，学生125名。教师队伍中有5名是隶属象州县管理的壮族、汉族教师，3名是隶属金秀瑶族自治县管理的瑶族教师；学生队伍里，110名属于象州县的壮族、汉族学生，15名属于金秀瑶族自治县的瑶族学生。现在，尽管生源不断减少，村级点基本撤并完毕，但象州、金秀两县仍然保存这所体现民族团结一家亲的教学点，由一名象州籍汉族教师和一名金秀籍瑶族教师共同执教该村17名分属象州金秀两县的小学一、二年级学生。原来三至六年级的学生则合并到象州县中平镇的大架村小学继续读书。

平时，虽然两个县份的老师一起上班、备课、开展教学教研活动，但都分别在各自所属的县份领取工资，参加相关的工作会议和学习培训，参加每年的年度考核和各种评优评先活动。老师们为上坪小学一所学校做事，却在不同县份领工资。学生们全无这方面的顾虑，小学毕业升初中，金秀的学生愿意回金秀读书的，就在大樟乡中学或金秀瑶族自治县其他中学读初中；如果不想走远，也可以就近在中平镇中学就读。特别值得一提的是，两县共管的上坪小学常常两头请示工作：需要金秀瑶族自治县方面办理的事宜，写好请示事由事项，盖上“金秀瑶族自治县大樟乡双化村委上坪小学”的大印，上报相关部门办理；需要象州县方面解决的问题，照葫芦画瓢写好请示，改好函头和落款，盖上“象州县中平镇大架村委上坪小学”的公章，报送上级及时协调解决。

平时，两县的教师们共同教学，同舟共济。金秀教师在教学上有不懂的地方就向象州的教师请教，反之亦然。学生有什么困难，无论是瑶族学生还是壮族、汉族学生，两县教师都千方百计、尽其所能地帮助解决。有时金秀教师的工资迟发了，难以为继，象州的教师就从自己的薪水中拿出部分借给金秀的教师解燃眉之急。偶尔，象州教师手头紧张，金秀的教师也毫不犹豫地拿出自己的积蓄借给象州的教师应急。两县的村民都十分爱戴为人师表的老师，逢年过节，常常让自己的孩子捎上腊肉、米饼、粽粑等风味小食送给老师，或摘些新鲜水果、蔬菜送到学校，倘若老师没空，就顺手挂在教师宿舍门边。家长们还不时邀请老师到家里小酌几杯自酿的米酒，拉拉家常。老师们也时常家访，加强家校联系，共商教育良方，还常常利用周末和节假日帮助学生家长干些力所能及的农活作为回报。

民族团结，家校和谐，师生勤奋，有效地提高了这所两县联办共管村级小学的教学质量：1997、1999年，该校两次荣获教育局授予的“普及九年义务教育”乡镇小学毕业班语文、数学测试双达标奖。该校小学一、二年级学生在每年度的统一测试中，均获良好成绩。从这所小学毕业走出去的学生，曾有2人考取广西重点高中柳州地区民族高级中学，5人考取大中专院校，1人在中考中获象州第一名，40多人考取象州县中学和金秀瑶族自治县中学。

三族一家亲，携手奔富路

如今，一晃数十年过去了，一同生活在那座属于不同县份房屋里的汉族村民文毅恒和瑶族村民文金元两家人，不仅没有闹过什么矛盾，日常生产生活中还互通有无、互帮互助，逢年过节也常常一起吃团圆饭，其乐融融。居住在上坪村的两县三族人民也渐渐淡化了县份之分、民族之别，整个村寨处处洋溢着兄弟姐妹般的情谊：文姓的瑶族同胞家里一时短米缺盐，不用多问，只管跨进谢姓张姓何姓的壮、汉族人家里借就是了；象州这边的群众缺少什么劳动工具，这简单，只要走几步就可到邻县的“瑶老同”家里借用；如果村里要办什么公益事，不用多催，象州县这边的群众打个招呼，金秀那边的群众准会跟着这边的群众一起干；每逢象州这边号召推广什么新产品、新技术，瑶族同胞也一定会跟着壮、汉族群众一同学习一同推广，致富路上携手共进。

以下这些，只是众多故事中的几个缩影——

1982年，上坪村壮汉族群众集会通过架杆拉电的决议，汉族队长何廷宪告知瑶族队长文真，征求瑶族同胞的意见。文队长当即表态：“好事，算上我们的一份。”两县干部群众经过商议，达成共识：钱按人头出，劳力按户分派。结果，该村的象州、金秀群众齐上阵，只花了十多天的工夫，壮、汉、瑶三族就把电线杆竖起、电线架上，结束了该村无电的历史。

1991年，象州上坪村队长何廷宪从中平开会回来，召集群众传达上级“要致富，先修路”的精神，象州这边群众说干就干，第二天马上就动工修路。金秀那边群众见了，纷纷扛起锄头铁锹，加入筑路的队伍。这条路，从上坪村口一直延伸至大架村路口，全长3.5公里，后来被称为友谊路，路基由原来的1米多拓宽至4米多，坑坑洼洼的路修得平平整整，有效解决了上坪村和周边村屯群众的行路难问题。

1992年冬，上坪村壮、汉族群众试种甘蔗获得了成功，友谊路的带富功能也得到初步发挥，运甘蔗的汽车开到了村头。瑶族同胞见象州这边的群众忙不过来，纷纷到甘蔗地帮忙。何廷宪因势利导向瑶族同胞宣传种甘蔗的好处，并以“蔗管员”的身份为瑶族同胞统一调蔗种，统一贷款，统一请机耕，还手把手地教瑶族同胞种植甘蔗。到了收砍甘蔗的季节，又统一联系车辆运蔗进厂，为瑶族同胞的甘蔗生产提供一条龙服务，帮助瑶族同胞发展甘蔗生产，带领他们奔向致富路。几年后，不少瑶族同胞与村里的壮、汉族群众一样，通过种植甘蔗建了一栋栋“甘蔗楼”，过上了宽裕的生活。

有一年，金秀上坪村瑶族队长文真眼看象州上坪村壮、汉族群众种植杂交水稻喜获丰收，便登门向汉族队长何廷宪求教。何队长满腔热情，马上把种植杂交水稻的技术全盘托出。第二年开春，何队长又多方奔跑，为瑶族同胞购回谷种，并组织几名种植能手分头给瑶族同胞讲解、示范杂交水稻种植要点，使杂交水稻很快在上坪瑶族村推广开来，为瑶族村民增加了不少收入。

投桃报李，饮水思源。壮、汉族人民热诚相助，瑶族同胞亦以真情回报。有一年，瑶族同胞见上坪群众饮水困难，想到瑶山水源丰富，便有了引水下山造福上坪群众的想法。在尚无机械作业的当时，要办好这事并不简单，除了投工投劳，还需炸药、水泥等。文真队长上下奔波，多方努力，终于获得金秀方面拨款购买的数吨水泥、一批炸药和钢钎铁锤等材料和工具。于是由村里的瑶族同胞牵头，壮、汉族群众齐上阵，前后不到一个月，就完成了长约2公里的渠道，把清清山泉水引下山来，解决了220多亩水田的灌溉问题和全村的人畜饮水困难。

还有一年春天，象州县化肥紧缺，象州这边的群众一时买不到化肥，春耕春播工作难以展开。瑶族队长文真知道后，便悄悄跑到金秀驻象州中平转运站打探消息，发现这里还存有一批化肥。文真想：瑶族群众用是用，汉、壮族群众用也是用，瑶族群众不用，壮、汉族群众不能用岂不白白浪费掉？于是，文真就把本队的化肥悉数购出，再原价转让给本村的象州群众。

十多年前，上坪村持续干旱，没有一次有效降雨，秋种遇到了困难。村民计划开挖一条引水渠引水灌溉，这需要占用瑶族同胞的一些耕地，大家都估计这事难成。谁知，村干部向瑶族乡亲们一说，大家一致赞成。一位瑶族老大爷说："人误地一时，地误人一年。瑶族、汉族、壮族是一家，大家有困难就应该互相帮忙，汉族、壮族兄弟种不上田，我们心不安啊!"

近年来，两县村民还共同出资，修建了自来水塔，安装了卫星电视接收器，把清甜的山泉水引入上坪村的每一家，把清晰的电视信号传送到上坪村的每一户。每逢象州中平镇举办各类种养培训班，象州这边的群众都邀上金秀那边的群众一同前往学习，又一同回村推广普及。在上坪村，不论是留村种稻、种蔗、种果和种桑养蚕，还是外出务工、经商，都成为该村壮、汉、瑶三族群众共同的致富项目，他们往往不分民族、不分你我，你帮助我创业，我帮助你致富，小康路上携手同行，展翅齐飞。这样的佳话，在上坪村随处可闻，可谓是：民族团结一家亲，携手同心奔富路。

民族团结歌，唱响大山窝

广西是我国典型的多民族地区，生活有壮、汉、瑶、苗、侗等 12 个世居民族；此外，还生活有 25 个移居的其他少数民族。民族团结促进民族融合，也促进了经济和社会的繁荣。多年来，广西经济持续快速健康发展，经济实力明显增强，社会日益安定和谐。正如大瑶山土生土长的民族学教授刘玉莲所说："广西几十个民族生活在同一屋檐下，民族团结上演传奇的故事。"

上坪村壮、汉、瑶三个民族用团结一家亲的精神，演绎了一曲曲动人的乐章，催开了一朵朵绚丽的民族团结之花，奏响了一曲曲民族团结的强音，获得了群众的高度赞扬和上级的充分肯定：1990 年，上坪村被国家民族事务委员会授予"全国民族团结进步先进集体"；2006 年，上坪村又被中共广西壮族自治区委员会、广西壮族自治区人民政府授予"全区民族团结进步先进集体"荣誉称号。新华社、《人民日报》、中央电视台、《广西日报》、广西电视台、新华网广西频道、来宾电视台、《来宾日报》等媒体先后对上坪村进行了专题报道。上坪村壮、汉、瑶三族群众共同谱写的民族团结之歌，唱响了大山窝，唱响了全广西，唱响了全中国！上坪村成了远近闻名的民族团结进步先进村。

我们从上坪村乘车返回中平镇政府，回眸远眺，这个居住着 120 多户共 570 多人的多民族小山村，在车后渐渐远去；村中上百栋民居亦渐渐缩小，渐渐融合为一片，后又渐渐融合成一点。这正是广西 12 个世居民族在民族团结的康庄大道上，情同手足，越走越近，亲如一家的缩影。

壮瑶苗汉一家亲　三世同堂乐融融

◎　廖俊清

这个家庭的故事我不得不讲——在广西乃至全国，这个由壮、瑶、苗、汉四个民族组合的家庭的特殊性也许是独一无二的，至少从我目前了解和掌握的资讯来看是这样。

故事一：他们是西林县不同民族通婚“吃螃蟹”的人

1977年腊月的一天深夜12点，一个身着土布瑶衣的青年男子肩挑一担清冽的泉水，在五六个亲友的陪同下，从广西西林县足别瑶族苗族乡南灰村底圩屯队长李正合家出发，高高兴兴地前往底圩屯何玉芳家……

何玉芳家灯火通明，早就摆好了两三桌喜筵。亲友看见中等身材的青年男子挑的水几乎没洒，满意地将他们迎进了门。主客落座，寒暄一番，拾碗举筷，喜气洋洋。虽然没有珍馐佳肴，酒菜只像现在普通百姓的日常饭菜，但是依照1977年的生活水平已然是倾尽所能了。没有花车，没有鞭炮，只有声声祝福、句句叮咛。酒过三巡，羞赧的新娘幸福地背着愉悦的新郎喜入洞房……

这对新婚伉俪，新娘是“欧贵”进家的何玉芳，新郎是挑水入门的赵文明。何玉芳是壮族，足别瑶族苗族乡南灰村底圩屯人；赵文明是瑶族，足别瑶族苗族乡者么村平外屯人。当晚赵文明是按照当地壮族的风俗，先在队长李正合家借宿，过深夜12点后才去到何玉芳家为婿。“欧贵”是壮语音译词，“欧”表示“要”的意思，“贵”表示“女婿”的含义，也就是把男儿“嫁”出去，把女婿招进家。婚礼由女方家操办，不收取任何彩礼。这是驮娘江沿岸的西林县壮族村寨独特的嫁娶婚俗，即“欧贵”婚俗。这种婚俗与中国其他地方的入赘不一样——“欧贵”婚俗中，嫁入女方家的男子，家长对其一视同仁，无论是在家中还是在外，他均受到人们的尊重，享有与本村本族男子同等的地位；而“入赘”的男子很难有这种待遇。

赵文明和何玉芳是在1977年春天建设八务水库时一见钟情的。八务水库是西林县小型水库，位于足别瑶族苗族乡南灰村八务屯边。当时，建设八务水库的人来自四面八方，水库施工现场熙熙攘攘，一派热火朝天的景象。也许是上苍有意安排，抑或是冥冥中有缘分牵引，何玉芳和来自20多公里外的赵文明被编排到同一组劳动。“当时我就对他印象深刻。”何玉芳说。赵文明笑着说：“当时我一眼就看上她了。”两人认识之后，双方的父母既高兴又忧虑。高兴自不必说，忧虑是因为两个年轻人是不同的民族。虽然当时已有不同的民族“打老庚”（不同民族同性之间交友“认亲”或互换礼物的一种传统习俗）的情况，但还没有不同民族通婚的先例。

转眼到了秋天，何玉芳和赵文明在劳动中互相帮助、互相配合，感情日益深厚。当时双方家庭清贫，没有什么金银首饰作为定情物，何玉芳以壮族的头巾、赵文明以瑶族的腰带做信物互赠。何玉芳父母体弱多病，还有个聋哑弟弟，家中急需一个吃苦耐劳的男子“挑大梁”。赵文明正是“挑大梁”的不二人选。于是何玉芳的父母委托本屯副队长马正华为媒人，按照双方风俗来回奔走几次，表示赵文明到何玉芳家是当家做主，当“顶梁柱”的，打消了赵家亲友的顾虑，终于决定以“欧贵”方式择日完婚。

婚后，赵文明和何玉芳“你犁田来我织布”，夫妻恩恩爱爱，日子过得平凡而甜蜜。他们成为西林县不同民族通婚“吃螃蟹”的人。第二年，儿子何朝春出世了，为这个不同少数民族组合的家庭增添了许多幸福。1983年，他们迎来了女儿何秀莲。按照农村的说法，儿子“跟爸”，女儿“跟妈”，赵文明和何玉芳有儿有女，就是“龙凤齐（吉）祥”了，他们幸福满满。

故事二：他在不同民族通婚的道路上使力接棒

2001年盛夏的一天清晨，何朝春到底圩屯后山寻找草药。父亲赵文明自幼爱好瑶医，何朝春在父亲潜移默化的熏陶下也学到了些治刀伤、治肚痛和治感冒的民间偏方。

在经过一片刚刚种植的杉木地时，何朝春遇见一个挑水的苗族姑娘。他见姑娘步履有点艰难，说：“我帮你挑一程吧。”交谈中，何朝春得知这位姑娘叫杨仕珍，是1999年和父母从云南省广南县黑支果乡鼠街村福湾屯到底圩屯给李家开荒造林的。他们在杉苗地里间种旱稻或薏谷，一边护理杉林，一边种养，养殖的是本地土鸡，逢圩日节日卖鸡，到秋收时节卖薏谷，换取生活所需。

这之后，何朝春上山采药越来越频繁。秋后的一天早上，何朝春吃过早饭，又要上山采草药了。父亲赵文明说：“以前你一个月上山采草药两三次，现在怎么一个星期上山两三次呢?”何朝春低下头，不说话。在父亲的再三追问下，何朝春害羞地把他和杨仕珍相识相知相恋的事说了出来。是啊，已经23岁的何朝春怎能不恋爱呢？你瞧，就连山上的野桃果红了，熟透了，也要与大地亲吻。一个个熟透了的野桃果落到大地的怀抱里，含羞躲到深深的草丛里去……赵文明听罢，大为欢喜，决定亲自上山找杨仕珍的父母谈心，好为儿子提亲。

起初杨仕珍的父母不同意，担心女儿跨省嫁到底圩太远，他们回云南后没人照顾女儿，怕女儿受委屈无处诉说求助。赵文明和何玉芳都说："我们一定会把杨仕珍当作亲生女儿看待，嫁过来就是一家人了，我们会好好照顾她的。"经过几番努力之后，杨仕珍的父母终于同意女儿嫁给何朝春。2002 年，何朝春和杨仕珍喜结连理。这个多民族家庭，又添了一个不同民族的成员。何朝春在民族团结的道路上勇敢地接了父母的"接力棒"。2003 年，他们的大女儿何杏梅出生，现就读于西林县那劳初中；2006 年，次女出生；2012 年，儿子出生……

故事三：她在不同民族交流融合中找到爱情

何秀莲 15 岁那年随外出务工的大潮到南宁打工，开始了漫长的打工生涯。

在多年打工生活里，何秀莲见识了形形色色的人，学会与各民族打工者工作相处，她的心智渐渐成熟起来。像许多在打工过程中找到归宿的女孩一样，何秀莲 2005 年被一个帅气的男青年打动了芳心。

这个男青年叫黄李章，汉族，系安徽省人。经过一年的交往，何秀莲觉得黄李章为人诚恳，可以托付终身，她在他那里找到了爱情。2006 年底的时候，何秀莲与黄李章登记结婚了。何玉芳的多民族家庭，加入了一个汉族成员。现在是壮、瑶、苗、汉四个民族一家亲了。2008 年，何秀莲生了一个女儿。

婚后，何秀莲和丈夫黄李章仍长年在外务工，只在春节回家过年，年后正月十五之前又踏上外出务工的征途。

语言交流：汉语搭桥，母语交流

这个集壮、瑶、苗、汉四个民族的多民族家庭，如今已是三世同堂，其乐融融。虽然是跨民族组合，但在相濡以沫的生活中，他们已经找到了共同语言。"开始我们是用汉话交谈。后来她教我壮语，我教他瑶话。现在我们都会讲对方的语言。"赵文明微笑着说。杨仕珍在一旁也说："我老公久不久跟我说苗话，可我和家婆讲壮话多一点，和家公大部分讲汉话。我觉得瑶话好难学。"这个媳妇说完，自己也不好意思地笑了，在座的人都被她逗笑了。

饮食习惯：青菜萝卜，优势互补

从"满汉全席"到"地方小吃"，"舌尖上的中国"一季又一季，而这个由多民族组成的大家庭，早在朝夕相处中习惯了彼此。都说"众口难调"，但这个大家庭却酸甜苦辣搭配随意，来者不拒，大快朵颐，毫不嫌弃。何玉芳说："我们都是农民，经历过穷苦，有什么吃什么，没有什么讲究。不过我觉得老赵包的瑶族大粽粑最好吃。"

赵文明说："我最爱吃媳妇做的苗家辣骨……"

杨仕珍说："我家婆做的壮家猪扣肉很好吃……"

何朝春说："我爱喝我老婆做的苗家羊瘪汤……"

逢年过节的时候，他们各自亮出拿手绝活，"招待"家人，年年如此，乐此不疲。但羊瘪汤不是年年有，只有逢大喜事宰羊时才有食材。辣骨也是腊月杀年猪时才做，其他时候腌制的辣骨味道不比腊月做的香辣悠远。而女儿何秀莲和安徽女婿黄李章过年时才回来一趟，过完年就又奔赴远方了。黄李章做的淮南牛肉汤很好喝，每次回到底圩屯过年都买牛排来做。一家子人团结和睦，津津有味地吃着各色美食，憧憬着来年的更好生活。

服饰穿戴：尊重习俗，保留特色

何朝春说："穿着方面现在大部分都汉化了，汉族服装便于劳作。但我认为穿戴什么服饰都不要紧，只要个人觉得舒服就行。"

的确，现在你随便到许多地区走走，身着本民族服饰的人越来越少了，只在盛大节日或传统民俗活动的时候才能见到少数民族盛装出行。瑶族和苗族妇女在这方面做得较好，她们即使在田间地头劳作时仍穿着本民族服装。何玉芳也坚持穿壮族传统服装，她说："我不像那些年轻姑娘，穿着裙子、衬衣和牛仔裤，我就爱这传统服装，穿起来踏实。"杨仕珍大部分时间也穿戴苗族服饰，显得靓丽而端庄。

这个多民族大家庭早已互相理解，彼此尊重，和睦共处，融为一体，穿什么服装其实不再重要，重要的是他们彼此在乎对方，想着对方，爱着对方，生活过得美满幸福。

产业发展：山上河畔，各做文章

民间有"汉族住街头，壮族住水头，瑶族住箐头，苗族彝族住山头"的民谣。其实，瑶族苗族均是以山为主要居住环境的典型的山地民族。而西林壮语称壮族为"卜东"（意为河边的民族），壮族大多沿河而居。这种居住环境，决定了各民族发展生产和种植作物的不同特点。就西林县而言，一般来说，瑶族苗族喜在山上种植油桐、八角、杉木、薏谷等经济林和经济作物，壮族喜在河畔种植沙塘橘、蜜橘、沃柑、甘蔗等作物，各个民族都在山腰或路坎上种植油茶，还在河里养殖国家地理标志产品西林麻鸭。

赵文明"嫁"给何玉芳后，夫妇俩依托自家的土地资源优势，结合各民族喜好种植的经济作物，在山上发展了油桐、油茶、杉木等经济林，在河边、田里种植沙塘橘、甘蔗等，每年还种些玉米和养殖几头生猪。何朝春、杨仕珍结婚后，劳动力增加，他们又扩大了产业种植规模。目前，这个多民族组合的大家庭种有油桐6亩，油茶、甘蔗各8亩，杉木20亩，沙塘橘4亩，年人均纯收入在3600元以上，日子过得平静而滋润。逢年过节居家团聚的时候，何玉芳和赵文明含饴弄孙，眉开眼笑，一家人幸福安康，成为民族团结友爱的一个典型缩影。

站在足别瑶族苗族乡政府后山山顶俯瞰，底圩屯的后山是一条绵延数公里的大山脊，溯脊而上，在足别乡央龙村安怀屯和威安屯交界处有一座风光旖旎的大山，此山海拔1200多米，四周共有9座小山向其"朝拜"，常年云萦雾绕，当地人称"九龙山"。底圩屯就在九龙山脚下，像个女儿一样乖巧温顺，养育着30多户人家，何玉芳家就在其中。

西林县足别瑶族苗族乡是广西唯一同时以两个民族为主体命名的民族乡，乡境内居住着瑶、苗、壮、汉四个民族，目前不同民族通婚的夫妇有近100对。一直以来，该乡党委、政府以"解放思想、赶超跨越，奋力建设生态富民团结和谐新足别"为目标，大力发展区域经济，统筹推进乡村振兴计划，不断完善民族关系协调机制，巩固和发展平等、团结、互助的社会主义民族关系，使得像何玉芳家那样多个民族和谐共处的家庭如雨后春笋般不断涌现，"民族团结之花"娇艳地盛开在巍峨的九龙山下，芬芳馥郁，香飘四方。

湖广新村传奇

——民族团结进步之花在湖广新村绽放

◎ 黎学良 黄运浩

“我们是祖国的花朵，我们是同吃同住同学习的兄弟姐妹，我们热爱自己的家园……”2018年6月1日，广西贺州市富川瑶族自治县新华乡湖广小学一名姓黄的学生大声朗读着自己的作文，引得大家热烈鼓掌。我们的故事就从这里讲起。

石井坳自然村成了湖广新村

石井坳自然村原是富川瑶族自治县新华乡龙集村下辖的一个自然村，距新华乡政府和湖南江华瑶族自治县涛圩镇政府所在地四五公里。全村有48户，总人口共246人。其中有26户129人属于广西富川瑶族自治县新华乡管辖，剩下的22户117人则属于湖南江华瑶族自治县涛圩镇管辖，村民均为瑶族。他们的籍贯特殊，如：一户程姓人家养了两个儿子，儿子们长大成家，虽然近在咫尺，但大儿子的房屋坐落在广西，小儿了的房屋却坐落在湖南；几个兄弟姐妹一口锅里吃饭，老大是湖南户口，老幺是广西户口；村民去种地，湖南人的一锄头挖到广西那边，广西人割草一刀则割到湖南那边。该村房屋土地交错分布，形成了“一村跨两省”“两省辖一村”的特点。因此该村又被称为“湖广村”。虽然两省区土地房屋交错，但近10多年来，两地村民从来没有为地界闹过纠纷。

湖广村有着一定的历史渊源。200多年前，村民祖先为躲避战乱和匪患，湖南江华涛圩镇小尖山村的程氏家族和广西富川新华乡的莫姓人家迁居于此，共同生活。新中国成立初期实行土地改革时，因该村地处广西与湖南边界，田土跨界相连，两省区政府决定由百姓自主选择户籍所在地。原本同姓同族甚至同父母的兄弟姐妹，有的选择了广西，有的选择了湖南，于是形成了“你中有我，我中有你”“一村跨两省，一屋有两籍”的“同走一条路、同饮一井水、同进一个门、同上一堂课、同耕一块地、同讲一种话”的奇特而又和谐、和睦、和美的人文景观。

因湖广村长期以来干旱缺水，全村耕地面积287亩，其中水田35亩，旱地252亩，形成了地多田少的格局。村民主要靠种植玉米、红薯、花生等低效益的农产品过活，原人均收入不足1000元。除靠天吃饭外，遇到干旱年景，村民饮用水都严重短缺。村民居住条件差，生活非常艰难。过去，两省区村民时常因田地、饮用水或鸡毛蒜皮的事红脸。为解决这一系列问题，中共广西富川瑶族自治县委员会和中共湖南江华瑶族自治县委员会多次协商，决定对这特殊的自然村实施移民建村政策。经多方筹集资金，并争取到港澳特区政府援建农村安居工程项目，两县在离老村不到500米远的一片丘陵地带上规划建设湖广新村，给原有的村民危房补贴和愿意从老村迁居新村的村民建房补贴，并免收报建费用。新村建成后，湖广新村面貌焕然一新，村民形成了团结互助的好风气，就再没有发生邻里纠纷了。无论是婚丧嫁娶、添子祝寿、搬迁建房，还是开山、修路，大事小事，大家总是主动帮助。由于村民们艰苦奋斗，携手并进，共同发展，湖广新村经济得到了稳步增长，2017年人均收入达到8100元，成了名副其实的“湖广新村”。

湖南伢、广西娃入读湖广小学

湖广小学每周都开展作文朗读比赛，故事的开头即是今年六一儿童节作文朗读的一个片段。这个由广西籍和湖南籍师生组成的学校，是为就近解决学龄儿童的入学问题而特设的。过程是这样的：2000年，湖南东关塘村有两位家长找到广西坪珠完小校长义祥才，恳请他让自家的娃娃到广西坪珠完小就读。因为从东关塘村到湖南辖区内最近的小学教学点，至少要走半个小时路程，上到三年级后还要到5公里外的寄宿小学就读，家长们很不放心，因而也造成一些适龄儿童辍学；而走到对面的坪珠完小仅需10分钟，可以一直读到六年级。新建的湖广新村适龄儿童也面临上学的需求。为更好地解决低年级学生就近读书的问题，广西富川瑶族自治县和湖南江华瑶族自治县有关部门又筹资60多万元，于2013年在湖广新村建立教学点，新建了教学楼及学生食堂，硬化篮球场，配齐教学设备。教学点设有学前班和小学一、二年级，目前共有学生42人，其中广西籍的28人，湖南籍的24人。广西、湖南各一名教师，广西籍教师叫程胜四，湖南籍教师叫高庆周。同时还聘请了一名阿姨做饭和搞卫生，孩子们每天中午都能在教学点食堂吃上免费可口的营养午餐。这样一来，两省区当地适龄儿童就能高高兴兴地进入家门口的教学点上学。两地教育部门和社会爱心人士为改善学校环境和提高教学水平，为当地学生创造良好的学习条件进行了不懈的努力。逢年过节，两省区的家长纷纷热情地请老师到家里吃饭，用朴素的方式表达谢意。据了解，近三年来，湖广小学周围10个自然村适龄儿童入学率达100%，无辍学现象发生。

湖广小学的事例，拓宽了广西富川和湖南江华相关领导的工作思路，他们以边界学校为平台，结合瑶族盘王节、六一儿童节、十一国庆节等节假日，在学校间联合开展瑶族文化知识竞赛、盘王故事演讲会、“我心中的瑶乡”手抄小报比赛、“广西湖南一家亲”征文竞赛、瑶族文艺演出等一系列活动，让两地孩子在活动交流中接受民族团结教育。

“两地的孩子们以校园文化建设为载体，围绕‘传承民族优秀传统文化’这一主题，了解了民族内涵，增强民族认同感和自信心，这就是最好的民族团结教育。”富川瑶族自治县新华乡中心小学校长李东海如是说。2010 年以来，他们与湖南边界学校共同举办学习、文化交流活动 100 余次。“你们在这样偏僻的学校任教安心吗?”我们开门见山问了起来。程胜四老师高兴地告诉我们说：“我们在这里教书育人都感到很荣幸，也很幸福。新学校建好后，广西方抢着捐赠课桌椅和校服，湖南方就争着建水泥球场。学校吸引了邻近 4 个村的湖南、广西籍学生来校就读。目前学校有两个年级 40 多名学生。每年六一儿童节，广西、湖南的当地政府和社会一些爱心人士纷纷到湖广小学慰问，并和师生们开展‘手拉手’联谊活动。”

建立省际联合党支部

为进一步加强党的领导，使湖广新村政治、教育、文化、经济、综治等各项事业得到长足发展，居住在湖广新村的 6 名广西、湖南籍党员经双方乡镇党委批准，于 2013 年 8 月 30 日成立首个湘桂省际湖广新村联合党支部。第一届支部书记程胜书，广西人；副书记也姓程，湖南人。现任党支部书记叫程德亮，湖南人；副书记程民金，广西人；支部委员程胜书、程民芳，广西人；另一名支委程得光，湖南人。

联合党支部成立后，这些憨厚、朴实的人想到再苦也不能苦孩子，第一件事就是建设湖广小学。第二件事是修路。他们多次找广西、湖南地方有关部门，争取资金近 30 万元，修建了一条近 1 公里的通村水泥路，一条 800 多米的沙石路。第三件事是找水电部门支持 2 万元，为村里装上深水泵，使家家户户用上自来水，结束了村民要到 2 公里以外的地方挑水喝的历史。

在工作中，联合党支部还摸索出通过“资源联享、产业联兴、稳定联保、村务联议、学习联促”，构建“组织共建、党员共管、队伍共抓、发展共谋”的省际党建工作新格局，破解省际农村及民族地区党建难题。同时，党支部还建立党建合作协议，建立党建联谊会议、信息相互通报制度，定期开展边界党建研讨交流、边界地区护林联防、边界乡镇团拜走访、边界群众节庆联谊等活动，共建基层组织，共解矛盾纠纷，共兴文教事业，共商发展大计，努力打造和谐幸福边界，带领群众积极投入中国特色社会主义建设和民族团结进步创建活动的伟大事业中。联合党支部自建立以来，共开展党员活动 18 次，为双方党员上党课 20 次，开展联谊活动 16 次。2016 年，新华乡被授予“贺州市民族团结进步创建工作先进集体”称号，湘桂省际湖广新村联合党支部书记程德亮被湖南江华瑶族自治县评为优秀共产党员。

现在的湖广新村原是广西富川瑶族自治县新华乡龙集村下辖的一个自然村，在这里我们也说一下一名退伍军人——龙集村党支部书记黄进满。今年 50 出头的黄进满于 1985 年入伍，5 年的部队生活练就了他雷厉风行的工作作风，乐于助人的奉献精神，爱党爱国、顾全大局的优秀品格。他退伍回乡后历任团支部书记，民兵营营长，村民委员会副主任、主任，直至现在的党支部书记。他工作上兢兢业业，凡事都和省际联合党支部领导班子共同研究、商量解决，学习、工作、生活上都能起模范带头作用。黄进满有两个儿子。大儿子黄胜庭 2011 年中专毕业后，放弃了每个月有几千元收入的工作，义无反顾地报名参加中国人民解放军，现还在部队服役。二儿子黄胜府去年高中毕业后，也应征入伍。一个家庭两代人就出了 3 名军人，这一点让人敬佩和感动。因工作出色，黄进满多次被乡、县评为优秀共产党员或先进个人，2014 年被评为“全国民族团结进步先进个人”。

“致富果”创新经济发展

湖广村地处石山坳，由于缺水，全村没有一分稻田，旱地里种的苞谷和花生是村民的全部收入来源。村里的青壮年大多数外出打工。早些年，村子里只有一位广西籍的退休教师在家里安装了唯一的电话，这部电话虽然是私人的，却承担了公用电话的职能。乡亲们有急事打电话，或在外工作的人打电话回来问候家人，这位老师都热情帮助，不仅电话可以打，而且不厌其烦一次次上山下岭通知乡邻接电话。近年来，湖广村所在的两方县、乡政府加大了对村里的对等扶持：投资并组织村民修通了进村公路，投资打井、筑水池，引水入村，让村民喝上了自来水，并开垦出 30 多亩水田；积极引导村民勤劳致富。现在，不仅大多数成年人用上手机，而且家家户户安装了电灯，购买了电视、洗衣机，甚至有些还用上了空调，购买了汽车。这位退休教师对我们说：“我们村还有几户家庭买了小汽车，在以前我连想都不敢想。”

最难忘的是 2008 年，南方一场冰冻灾害，使全村 80％的土墙房屋垮塌。当地政府共同协商，由政府补贴，将湖广村整体搬迁至现在的湖广新村。如今，全村 48 户村民全部住上砖混结构的新楼房。

“双方政府还对我们村开展产业扶贫咧！”龙集村党支部书记黄进满兴致勃勃地领着我们来到村中心。映入我们眼帘的是村东满山遍野挂满桃子的桃树，西边是昂首挂果的脐橙树，南面是碧绿的优质玉米地，北面是退耕还林种下的经济林。一起陪同我们的湖广新村党支部宣传委员程民芳如是说：“到 2020 年，我们湖广新村也将和全国人民一样同步奔向小康社会。”

众所周知，富川特产脐橙肉质脆嫩、清甜汁多、果大美观，是广西的精品水果。每到脐橙上市的季节，广州、南宁、武汉甚至北京、长春的超市和街头小巷的水果摊随处可见“富川脐橙”的醒目招牌。脐橙成为富川百姓眼中的“摇钱果”。而“摇钱果”的甘甜，激发了新村人产业开发和经济交流的强烈愿望。湖广新村的广西籍村民主动联合湖南籍的村民种植脐橙，富川相关部门亦及时派出技术人员深入田间地头进行指导。目前全村 48 户村民种植脐橙 100 多亩，年收入 80 多万元。近年来，市场上桃子俏销，湖广新村的村民顺应市场规律，在山头上种植桃树 300 多亩，仅这一项，全村年增收 120 万元。我们来到村民黄名锦的果园，只见 30 亩地里，油桃、水蜜桃挂满枝头。他粗略地给我们算了一下，今年这些油桃、水蜜桃加上对面山那片三华李，至少能收果 10 多万斤，收入 20 万元。

“同志，过来摘水果尝尝鲜。”刚走出黄名锦的果园，从邻近果园就传来了热情的邀请声。我们顺着声音走过去，见一名 40 多岁的中年男子在采摘油桃。我们了解到该果农名字叫任善期，其妻子右脚有点残疾，他们生育了两个子女。他们以往都是在广东打工，因没文化又不懂技术，挣钱不多也无法照顾家里。早几年他响应政府号召，回乡承包了 10 亩山地种植油桃，这样既能挣钱，也能照顾家里。今年是挂果的第二年，预计能收果 3 万多斤，收入 4 万多元。

回村时我们路过湖广新村联合支部书记程德亮家，碰巧遇到他家人正准备上山放牛。我们到他的牛栏一数，整整 29 头菜牛。程书记很早就开始搞规模养牛，还养猪、种果，他是劳动致富带头人，他的家庭也是民族团结进步的标杆。他是湖南人，他爱人黄兴英是广西人，家庭和睦，其乐融融。

在村里这些经济能人的影响和广西、湖南两省区地方政府的帮助扶持下，湖广新村大多数家庭都兴起了种果、养殖等致富产业，努力实现脱贫摘帽。

该村湖南籍村民程德才 20 多岁时离开家乡，一直在外打拼。20 多年后，事业有成的他回乡看望亲人，也想尽己所能回报家乡。面对家乡日新月异的发展，他触景生情，勾起了孩提时的回忆：“当年父亲和叔叔分家时的旧房子还在，古老的石井还在，孩时的小伙伴都已成家立业，读书时的泥砖教室还在记忆中……”他回神仰望，而今这一切都已时过境迁，村庄早已旧貌换新颜，不免感慨万千。迁建的湖广新村、新建的湖广小学以及村级活动中心、综治中心，让人耳目一新，令他兴奋不已，和睦相处的家乡父老让他倍感欣慰、骄傲。

齐抓共管，社会治安明显好转

广西富川瑶族自治县新华乡位于富川东南面，距县城 24 公里，东面与湖南江华瑶族自治县涛圩、河路口、大石桥三个乡镇接壤，边界线长达 32 公里，是富川与湖南省边界线最长的乡镇。由于历史原因，由边界上的四个乡镇边界林地权属等矛盾纠纷引起的群体性事件时有发生，边界问题成为影响桂湘毗邻四乡镇社会稳定的难题之一。由于特殊的地理位置，省区边界地区常常是矛盾的多发地，纠纷的是非地。特别是近几年来，农村山场土地大幅升值，山场土地权属矛盾纠纷也日益凸显，边界治安形势错综复杂，违法犯罪未能及时打击处置，一时间有些边界地区甚至成了犯罪分子的藏身地。党的十八大以来，广西富川瑶族自治县和湖南江华瑶族自治县公安部门以创建两省区和谐边界为抓手，创新工作举措，全面建立“维护稳定联保、打击犯罪联动、宗族管理联控、边界事务共管、涉边纠纷共调、涉稳信息共享、灾害救援互助、涉稳突发事件应急互援”的湘桂边界综治联勤警务工作模式，携手共建平安和谐边界，促进边界地区经济稳步发展。

第一，组织民警认真排查影响两省区边界和谐的突出矛盾纠纷和突出治安问题。俗话说，边界不稳，百姓难安，为此“和谐边界”被当作关注民生的一件大事来抓。边界多民族交错居住，社情相对复杂，矛盾纠纷时有发生。在长期的工作实践中，边界乡镇派出所所长带领派出所民警和司法所干部坚持定期到边界村寨走访，认真排查有可能影响两省区边界和谐的突出矛盾纠纷和突出治安问题，及时化解矛盾纠纷，避免因纠纷引起群体性事件，真正做到随时疏导、确保实效。他们通过走访调查，排查并化解矛盾纠纷 22 起，有效维护了边界地区的和谐稳定。

第二，建立湘桂边界综治联勤警务工作微信群。大家通过该微信群通报警情，向群众发布防范新措施、便民服务举措。发生的边界矛盾纠纷、治安刑事案件能及时在微信群发布，让大家及时掌握动态。建立微信工作群以来，大家通过微信互通信息情报 35 次，通报警情 20 次，抓获犯罪嫌疑人 1 人。

第三，开展每周一联系、每月一交流、每年一总结的工作互动。两省区乡镇政府、公安派出所、司法所和基层党支部单位、干部通过定期、不定期互访，加强了联络，增进了友谊，加深了感情。大家通过每周一联系、每月一交流，互相通报两省区边界之间发生的矛盾纠纷情况、两地治安态势，交流治安管理经验，分析和研判当前边界存在的主要问题，并对解决两省区边界地区治安问题的方式方法达成共识，落实“属地管辖，双方协作”的各项措施与方案，齐心协力共同维护边界稳定大局。湘桂综治联勤警务工作模式自创建以来，共开展每周一联系活动 120 多次，一起交流 30 次，并对涉及的矛盾纠纷逐项建立档案，真正做到信息互通在第一时间，矛盾化解在萌芽之初，纠纷控制在最小状态。

第四，开展跨区域警务合作，织密边界治安防控网。一旦发生治安刑事案件，在明确管辖范围的前提下，相互协助开展设卡、追捕、调查、取证等工作。双方互通警情 21 次，开展警务合作 13 次，协助调查 30 次，破获刑事案件 16 起，抓获犯罪嫌疑人 5 名。

第五，组织民警和民兵自行或联手加强巡逻防控，形成边界联防网络。双方派出所和村党支部通过组织民警、民兵和治安积极分子成立义务巡逻队，加强各村寨的安全防范，遇到边界地区的村寨过节或者举行重大庆祝活动，则共同开展巡逻防范以打击违法犯罪活动。成立义务巡逻队 4 个，共同巡逻 32 次。如去年 12 月盘王节在两省区交界的盘古庙举行文艺汇演，新华乡派出所民警就从微信群里收到群众举报，称有人在戏台旁边搭帐篷赌博。新华乡派出所一面派出民警迅速核实情况，一面立即与湖南江华河路口镇派出所取得联系。当天上午，湘桂民警同时行动，赶到盘古庙野外赌场，把现场的帐篷、桌子和板凳等一批赌博工具就地捣毁，震慑了参与赌博的违法犯罪嫌疑人。2017 年 4 月以来，新华乡派出所多次接到河路口镇派出所通报，称河路口辖区接连发生多起入室盗窃案。新华乡派出所接到通报后，迅速展开调查走访，很快锁定了犯罪嫌疑人。4 月 10 日晚，新华乡派出所民警发现该犯罪嫌疑人在与湖南江华河路口镇交界的新华乡某某村出现，立即组织民警和巡逻队员会同河路口镇派出所民警对其实施抓捕，但是犯罪嫌疑人凭借熟悉地形的优势跑进山里。湘桂警民经过 4 个多小时的围追堵截，最终抓获躲在湘桂边界山林里涉嫌盗窃的犯罪嫌疑人。

2017 年 8 月，由中央政法委、中央综治委共同主办的“全国第二届平安中国微电影微视频比赛”揭晓，江华瑶族自治县政法委组织制作的微视频《平安，是家》在参赛的 1066

部微视频作品中脱颖而出，被列入十大微视频。

微视频《平安，是家》以独特的视角和纪实的手法，真实反映了平安创建和社会治理创新给湖广新村带来的喜人变化，彰显了同心共建和谐边界、民族团结发展进步的时代主题。

“四个友好”促民族团结进步

湖广新村的两省区村民团结合作，共同发展的经验扩散至邻近村寨并传播到乡镇。近年来，富川瑶族自治县新华乡创新工作机制，在“亲情边界”建设方面下功夫，通过与其毗邻的湖南江华瑶族自治县涛圩、河路口、大石桥等乡镇结“四个友好”（友好乡镇、友好村委、友好家庭、友好村民）乡镇，架起了友谊之桥，为促进乡镇政府、村委、家庭、群众更广阔的交流合作，实现两省区各族人民共同团结进步、共同繁荣发展奠定了基础。

结友好乡镇，加强政府间合作。广西富川瑶族自治县新华乡党委、政府和湖南省江华瑶族自治县涛圩镇党委、政府在共同关注和指导湖广新村联合党支部开展工作的过程中，通过交流、沟通，进一步加深了解和信任。为了使这种友谊和合作长期发展下去，经商议，双方结成友好乡镇，共同举行春节团拜会、年轻干部交流会，开展文化体育交流活动，采用人民调解协作机制等方式多层次、多渠道强化政府间合作，增进双方友谊，共同维护边界团结，促进边界经济发展。此做法还得到了进一步推广。目前，广西富川瑶族自治县新华乡与毗邻的湖南省江华瑶族自治县大石桥乡、河路口镇也结成友好乡镇。据统计，2015 年以来，两省区相毗邻的友好乡镇已举行春节团拜会 8 次，乡镇领导论坛 11 次，年轻干部交流会 15 次，共同处理边界矛盾纠纷 30 多起。

结友好村委，共谋产业发展。湖广新村以联合党支部为工作平台，建立跨省区农村产业合作发展机制，通过毗邻村与村之间制定村规民约、治安联防机制、产业合作机制，组织经济能人相互学习和建立技术、销售等信息共享平台，实现共同致富。目前，已组织村级经济能人学习、交流 30 多次，建立农产品共享销售网点 16 个，已举办边界文体活动 12 次。

结友好家庭，增加亲情来往。村民们本着“远亲不如近邻”的朴实理念，以湘桂通婚家庭为基点，以亲情为纽带，以元旦、春节、赶鸟节、盘王节等节日为契机，以家庭为单位，通过开展山歌会、演唱会、游戏活动等群众喜闻乐见的文娱活动，促进边界居民情感交流，减少摩擦。

结友好村民，增进居民情谊。两省区男村民通过结拜兄弟，姑娘们通过互认姐妹，小孩子通过找同年出生、认亲等形式进行亲情往来，进一步系牢村民之间的感情纽带。

龙田梦

——访巴马瑶族自治县燕洞镇龙田村党总支书记杨顺良

◎ 黄秉战

走向龙田

“靠山吃山，靠水吃水”是人类利用自然资源谋求生存与发展的本能。在“一方水土养一方人”的现实层面，地域环境的差异，造成资源条件不同，所采取的生产方式方法也有别。在“勤劳致富、和谐发展”的时代理念指引下，各行各业均涌现出许许多多可歌可泣的时代楷模和先进事迹。巴马瑶族自治县燕洞镇龙田村党总支书记杨顺良就是这样一个人，他在山多地少资源极其匮乏的客观环境中探索出一条利用独特石山资源加快发展的农村发展道路，极富创造性。

当笔者表明要对杨顺良个人的积极影响和“龙田模式”进行一次专题报道时，这位多次被众多媒体采访报道过的“老演员”在电话里开朗地笑着说：“哎呀，对我个人是没什么好写的了，我只是三千多名普普通通龙田儿女的一员，所有的事情都是大家共同完成的。我们欢迎你这位记者同志来走访做客，指导工作，见证龙田的变化。最好能带来一些建设性的建议，再指引一条发展路子。”听此一言，笔者第一次深感采访有了压力，身为记者除了遵从客观事实之外，哪有为采访对象出谋献策的任务呀！但站在对方的角度想，这是可以理解的。

虽然不是花红柳绿时节，但沿途是一派绿意。公路沿山而上，峰回路转，不时出现“饮用水二级保护区”的警示标志牌，说明龙田山水的生态“绿”有所值。随着山势缓缓升高，远处连绵的群山碧林如浪尽收眼底。不知是出于对采访对象的敬佩还是对龙田人吃苦耐劳精神的崇敬，又或许是某种相同相通的因素与场景使然，笔者不禁想起毛泽东的一句诗词："惊回首，离天三尺三。"虽然夸张，但这里人们的生存条件岂是一个"难"字了得！"山高人为峰"，本是眺望美景心情怡然之时，看到远处零零星星点缀在崇山密林中的村落，笔者却不由得疑惑：这样一个"山高皇帝远"的地方，怎会深藏着一个富裕的小康村？

途中笔者多次与同乘的老乡做些交流，他们普遍对生活的满意度还是比较高的，主要表现在他们认为此地生态良好，又准备开发成旅游养生区，相信未来的日子很有奔头。得知来意，轻车熟路的司机主动介绍说从县城至龙田村是二十多公里，前一半路程是土坡森林区，后一半路程是天坑石林风景区，他们的书记杨顺良家就在终点站附近。

"我们这里的人谁都认识杨书记，他整天各村各屯地跑，是我们巴马的典范。多年前我老表还跟他闹过意见，原因是他带头搞街道拓宽整治和环村道路工程，两项工程分别碰到老表家的房子和玉米地，当时老表经常在大伙面前骂他。呵呵，后来老表还是被他说服了，路通了老表也知道错了。他真的不容易。现在我和老表都是他的好朋友，偶尔有空会在一起喝点小酒呢……总之一句话，没有杨顺良就没有今天的龙田。"司机滔滔不绝，言语中充满了对杨顺良的感恩和敬意。

笔者按司机指引的方向找到了杨顺良的家。不巧，杨书记带两个应征入伍的小青年到镇上报到未归。趁着等待时间，笔者在龙田街上走走看看。今天正好遇到赶集日，街上人流车流闹腾一片，有来自附近村屯的当地人，有来自凤山、田阳等地的生意人，也有来自广东、福建厂商的老板或旅游者。各种店面的老板们忙得欢，生态土货、生鲜干杂、禽鱼肉类都非常丰富，整个市场繁忙而有序。

杨书记赶回来一见面就说："不好意思，让你久等了。本来有孩子的家长送去就可以了，但我有一点'私心'，想多嘱咐他们几句，希望他们在部队这个大熔炉里锻炼成长，听从指挥，争取立功，龙田的父老乡亲等他们退伍时载誉归来；期望他们以后脱下绿军装退伍不褪色，做龙田人民永远的子弟兵，把军事化管理应用到龙田生产实践中来，提高生产力。"他还笑着说："如果年龄没有限制，我也当兵去！"尽管是玩笑话，但他的激情确实感染了我。

龙田的"春天"

20世纪后期，一位老人在中国的南海边画了一个圈，中国盼来了一个生机勃勃的时代，经济特区和沿海开放城市把一首《春天的故事》唱得风生水起，生产建设撼天震地。杨顺良也成为那个时代的热词"打工仔""打工妹"中的一员。当年血气方刚的杨顺良看到开放城市日新月异、各行各业如雨后春笋般蒸蒸日上，目睹当地人的生活水平年年"芝麻开花节节高"，想到家乡一个个山弄里的小村是那么的寂静、贫穷、艰辛、无助……一个个沉重的字眼汇集心头，不是滋味。他意识到一个人外出务工，收入只能在一定程度上缓解一个家庭的困境，再怎么努力也永远改变不了城乡巨大的差距。个人能力的有限、家乡条件的艰苦、地理环境的劣势、政策扶持的短板等因素一个又一个地困挠着而立之年的杨顺良。带着"苦其心志，劳其筋骨”的人生座右铭，在20世纪90年代中后期，杨顺良毅然决然地返回家乡，立志搞一番事业。回来后他做的第一件事就是加入中国共产党，成为村委会成员，希望在党组织的指挥和领导下实现自己的理想和抱负。由于他的超前意识和工作能力在群众中获得认同，龙田人民于2002年把他推上了村支部书记岗位，他接过了建设龙田新村的指挥棒。从那时起，龙田这个山旮旯里的小村庄在酝酿一场震动瑶山的巨变。

因沿海开放城市建设的需要，打工热潮席卷全国，山多地少的龙田儿女有力无处使，每年有近四分之一的人加入外出务工的洪流里。现实是残酷的！在人求工做的年代，一个现实的问题出现了，每年的岁末年初春运期可苦了这些农民兄弟。他们为了拿到一张回家过年和返城务工的车票，年尾年头都十分紧张。大家担心如果错过了工厂招工期，这一年可能就无事可做了。所以往往有人大年初一初二就舍家离子奔赴广东，其中的酸楚对有过务工经历的杨顺良而言，是有“多么痛的领悟”。尽管如此，每年外出务工人员因各种原因拿不到车票无法回家过年的现象还是存在，同样因赶不上招工期造成一年无所事事的也大有人在。“往小的说是个别人的事，往大的讲可是一个社会问题呀！”杨顺良心里急。

回乡后，杨顺良除忙于村务工作，还抽出一定时间指导家人经营特色农产品生意，起早贪黑，不出几年便成为致富能手。但村里还有大量的人每年春运期都还在苦苦重复着“昨天的故事”，他看在眼里急在心里。功夫不负有心人，杨顺良终于有一条比较清晰的思路。他认识到，工厂招工是刚需，农民求工也是刚需，但往往出现“工厂缺人农民无工”的局面，究其原因，无非是信息不对等、衔接不到位，农民工缺少必要的培训，盲目上岗难以胜任，或是对劳务薪资不满等几大因素造成的。找到原因想到办法，很多问题的解决不就是水到渠成的事吗？这一次杨顺良心里有了答案。杨顺良顺着这个认识和思路大胆提出一个“务工经济”的概念，就是以“年初组织村民外出务工，年末集体归来”的专车接送方式，确保“不留下一个闲在家的，不漏下一个苦在外的”，大家都能欢欢喜喜度新年。这一做法受到广大务工者的欢迎，也获得用工单位的认同和支持。有组织有纪律的安排，一来让务工者解决单打独斗找工难返乡难的问题，二来为企业获得稳定的技术工人提供了保障，双方何乐而不为呢？特别是要求务工人员都要接受村部专门的思想纪律、技能培训，强调龙田子女要视企业如家，在工作岗位上要有职业操守、遵守纪律、规范上岗，发挥自己的聪明才智，争当先进，发扬龙田人贡献为荣的精神，获得企业和社会广泛的赞扬和肯定。期望务工者学好技术，掌握管理，有朝一日回乡创业建设家园。“务工经济”模式的推行，解决了龙田大量的剩余劳动力，当时的务工收入在很大程度上改变了很多农户经济困难的局面。

好事传千里！龙田人外出务工有专车接送的消息在巴马传开来，其他乡镇同样在外务工的人羡慕不已。

为了扩大务工面，让更多有劳力的家庭增加收入，杨顺良组织领导班子出谋献策，积极探讨，带队到广东、深圳等地进行考察调研，了解需求，建立了“外出务工经商联络站”，收集企业用工信息，随时给需求双方提供服务。这一举措在巴马所有的村委中开了先例。

大地迎来春天孕育希望，人民恰逢机遇开辟未来！

开弓没有回头箭！接着，杨顺良组织党员干部和村屯致富能手结合龙田村的实际，建立了“农村信息服务站”“商业服务站”“村镇建设协调小组”“平安龙田建设小组”，搭建起了全面建设龙田的组织构架，培养核心建设队伍。龙田村循序渐进，通过开展“把致富能人培养成党员，把党员培养成致富能人；争当示范户，争当优秀共产党员；带头致富，带领群众共同致富”的“双培双争双带”活动，培养了一支有农工商等各类山村实用型人才的队伍。

有了领导机构，有了人才队伍，一幅建设富裕龙田的蓝图徐徐展开。产业结构多元化，市场供求跨区域化，农副产品地理标志化……他们比谁都清楚。深藏在大山里的农副产品随着龙田人的梦想飞出山外，换回一年比一年高的经济效益，这就是龙田的“山岽经济”。尝到甜头的龙田人惊喜地发现，原来被自己视为土货不值钱的特产是“越土越有价值”。考虑到如何做大做强，规模化、市场化应时而生，龙田的“商贸经济”自然形成了。经过几年不断摸索，更新观念，深化实施，复制生产，发扬特色，龙田向世人打出了一个“务工＋山岽＋商贸”经济合力并举的组合拳，这就是广大媒体报道的“龙田模式”，它成功地开创了一条农村发展道路，被各级政府和部门肯定并加以推广。让事实说话吧，龙田村人均年收入在2002年杨顺良上任时是2200多元，2017年发展到人均年收入达6500多元。在杨顺良及其班子的组织带领建设中，龙田村也分别在不同年度获得“全区电教示范村”“全区民主管理示范村”“全国绿色小康村”等荣誉称号；作为“龙田模式”的总设计者和领头人，杨顺良也在不同时期被评为自治区劳动模范和全国劳动模范、自治区十佳党支部书记、自治区党代会代表、自治区优秀党务工作者、河池市平安建设先进个人和全国模范人民调解员等。

这些荣誉的背后有多少付出，大家有目共睹。开杂货店的黄大姐说当年为了拆迁修路，杨顺良“得罪”了一些人，被人咒骂是常有的事，有人还威胁要打他呢。但杨书记总是耐心和他们讲发展、说政策、摆事实，让大家看前景。在短短两个月的时间里，成功拆除违章建筑物87处，修通了13公里村屯道路，村容村貌焕然一新。来赶集的韦先生向笔者说起一件事：在2013年9月的一天，龙田村四队有一村民急急忙忙跑到杨顺良家求助，原来该村民的女儿和女婿因离婚引发矛盾，女儿跑回娘家，女婿带上自制的土炸药包闯进岳父母家，扬言如果不交人，就让全家人一起死。情况危急，杨顺良未等他说完，起身一路小跑直奔现场。当时现场气氛十分紧张，闹事者情绪非常激动，大吼大叫。如果不能劝阻如疯子般的女婿，一旦他情绪失控引爆炸药，后果不堪设想。杨顺良一边疏散现场围观群众，一边设法稳住女婿，勇敢靠近“炸弹”，做他的倾诉对象，耐心倾听他的诉求，再和他讲明私藏危险品等违法行为的后果，慢慢打开他的心结，最后成功地从他手中接过炸药包。韦先生说事后他想想都感到后怕。15年来，经杨顺良调解的各类矛盾纠纷达242件，成功率达97%，解决了60起重大矛盾纠纷和突发性群体事件。采访时，笔者问他为什么有这么大能耐，杨书记的回答如春风化雨：“人心都是肉长的，情到理就通了。”

当笔者问他如何看待获得的荣誉时，这位在其他事情面前雷厉风行、果敢干练的书记突然有几分害羞，颇有受之有愧之感：“成绩是大家的，特别是在街道改造和开辟建设村屯道路中舍小家为大家移房让地的那些群众，他们的功劳将深远地影响龙田的后人。我在此再次感谢他们的付出。如果没有他们的理解和实实在在的支持，龙田街道的窄、脏、乱、差、堵状况是无法得到根本改观的，今天我们也无法做到‘垃圾归点、杂物归堆、污水归沟、畜禽归圈’的规范管理。今天龙田的和谐富裕得益于每一个人的付出，却把功劳记在我个人头上，实在不好意思。我亏欠父老乡亲呀，我这辈子还不起。”

“你千万千万不要写我个人，多写写龙田的全体民众，他们才是最值得赞颂的一个群体，他们才是龙田精神的实践者和代言人。”

……

言语中，杨顺良时刻不忘自己的农民本色。我采访过多位基层干部，像他这样感觉亏欠人民群众的还是头一个。杨顺良谦虚、内敛，低调到“接地气”的地步。好在笔者在采访前先到自治县的县委宣传部获取他的相关资料，要不你想从他口中得知曾经被授予什么荣誉一定很难。

“政府部门和媒体所称的‘龙田模式’和‘龙田精神’你是怎么定位和评价的?”

杨顺良有自己的看法：“所谓的‘龙田模式’并无神秘与玄机，也不是什么固定不变的做法，主要是能从实际出发，顺势而为。向前看，向远看，思想通了路就通了。‘龙田模式’最早主要是组织务工、提供农副产品产销渠道、挖掘本地资源、广泛收集商贸信息这几大块。我们这个模式头几年确实获得明显成效，加快了农村发展步伐。经过十来年发展，今天的模式已不同了，比如说务工潮已不如当年那么热了。一是小规模经济实体大量减产甚至停产了，能发展下来的也多被机械化、智能化作业所取代，不需要那么多人力了。二是新一代成长起来的龙田青年也陆续回家自主创业了，所以专车接送方式已成为过去式。再次，关于农副产品这一块，本来我们就山多地少产量有限，能向外提供的品种和数量不多。现在借着我们多年来积累的品牌影响力向规模化发展才是‘龙田模式’持续发展的道路，这一步我们正在走。现在龙田引进资金建有龙骨花加工企业 2 个、榨油厂 2 个，种植龙骨花面积 1500 亩、紫淮山 205 亩、桑葚果 400 亩、香菇 300 亩和蚕叶 200 多亩，与专业化公司达成‘公司＋基地＋合作社（农户）’的产销共同体发展模式，发动农户养猪养鸡成为公司的‘股东’。目前，已建成 3 个大型养猪场和 50 个养鸡棚，计划年出栏肉猪近万头、鸡 20 万羽。这就是‘龙田模式’在发展过程中的升级版，换句话说‘龙田模式’是动态的、生态的、与时俱进的。再者，所谓的‘龙田精神’也是因时而变，过去是开山毁林造地建房修路，现在是封山育林保护生态和谐发展。也许我总结不全面不准确，但天道酬勤、迎难而上、锐意进取是‘龙田精神’的核心本质。”

出于对客观真相的求证，当笔者向杨顺良追问目前还有多少贫困户时，这位人过中年的汉子突然神情凝重，他说还有 69 户加返贫 1 户合计 70 户共 200 余人尚未脱贫，这个数字还像一座大山一样压在他心头。笔者感同身受。他同时也表示随着产业结构的多元化和分工的细化，人人有工作户户有事做一定会实现，全面脱贫的日子不会遥远。我们相信捍卫“富裕村”荣誉的龙田人一定会迎来那个“春天”!

山村一夜

午后，随着赶集的人们慢慢散去，街道两边的树影把阳光渐渐拉长，倦鸟归巢，白天喧闹的街市迎来相对清静的黄昏。时有私家车进出来往，宣告着山村的人们有车有房的富裕。

入夜的龙田街犹如大城市的一角，路灯一字排开伸向远山，联排的商铺灯明如昼，喜迎客来。忙碌了一天的杨顺良以“农家特酿”（农家酒）邀请笔者留下来共饮几杯。同桌的还有村委的两名干部和三个街坊邻居，加上笔者和嫂夫人，刚好围成“八仙过海”各食所爱。原想吃饭是品味美食和无拘无束的闲聊时刻，哪想席间他们交谈的不是街上还有哪里有卫生死角被遗漏了，环村道路某农户地里出现一台挖掘机可能有违规开采石头的迹象了，就是李家张家经过思想动员也决定加入“公司＋农户”养殖模式了……有喜有忧，从入席到散场，“品味美食”的话题不占多少份额。

这哪是吃饭呀，明显是在工作状态。

嫂夫人告诉我：“我们家老杨一贯这样，只要有人在一起吃饭，总谈工作这些事，有的人都不愿意跟他一起吃饭了。反正我早就习惯了。”她还说现在家里一切习惯都慢慢随着他改变了：以前她和孩子看电视不是看连续剧就是综艺节目，可杨书记一拿起遥控器就当“台长”强行换台，几个必看节目如《新闻联播》《焦点访谈》《今日说法》《社会经纬》总不想错过，要么就是中央电视台第 7 频道的节目，反正不是法治类的就是社会热点和种养知识类的。

“用他的话说不是在看电视，是在学习！没办法，跟着跟着，现在我和孩子也慢慢喜欢这些节目了。”嫂子的话多少有些怨气，但脸上洋溢的笑容向我们证明她内心的幸福感。

最后大家在杨书记“兄弟们，酒足饭饱任务重，早点回去休息，明天还要干活”的逐客令中各自回家去了。杨书记也叫上笔者跟随出门，直奔离家百米开外的村委会办公室。他一落座就说“你随意翻翻指导指导，我忙一下”，便拿起资料旁若无人地伏案阅读。笔者知趣地走到走廊，安静地四处看看。此时的龙田街已是夜深人静，只有路灯在摇曳的枝叶间坚守一份安宁，远处山峦在朦胧的月光下起起伏伏，如流动的音符，似乎要把这个地方发生的一切传向远方。

石林之歌

世界著名的“长寿之乡”巴马瑶族自治县是广西长寿探秘旅游的主线路和目的地，近几年该县如火如荼的旅游开发热潮有增无减，善于抓住机遇谋求发展的龙田人不愿错过这一良机，已做了积极的准备。龙田村距县城 24 公里，距镇政府 12 公里，具有一小时旅游黄金定律之优势。境内四处崇山峻岭，天然石林丛生，天坑群内森林“保持原始”，这些昔日被定为阻碍农村发展的“劣势”条件是可以通过旅游开发变成优势资源的。如何利用自己的石山资源和生态农业资源将龙田村并入“大巴马旅游圈”，是摆在杨顺良村委班子面前的首要任务。早在 2015 年，自治县政府部门就委托广西旅游规划设计院根据龙田村旅游资源分布特点、地形空间与生态环境条件，对龙田石林、好龙天坑景区做出总体规划设计，目前项目已完成征地工作，计划投资 2.1 亿元人民币，开发已是铁板钉钉的事，只待开工的炮声震响。根据规划设计，将来龙田会成为集石林景观、天坑景观、特色农业景观、养生度假目的地及“龙田精神”人文景观于一体的国际养生祈福旅游地质公园、广西农业旅游示范区和广西乡村旅游示范点。想到未来，杨顺良和每一个龙田人一样兴奋不已。

杨顺良感叹道：“我们多年对天然石林的严禁开采，对天坑原始植被的保护，终于等到了今天的全面开发。”他打趣说：“龙田土地上的一根根指向天际的石柱子一定会笑迎客来，不是有一首歌说‘精美的石头会唱歌’吗!”

一头是石头会唱歌，一头是河水在歌唱，靠山山给力，靠水水有情！从龙田村往燕洞镇政府方向，一条名叫灵岐河的河流“山不转水转”，“哗哗哗”一路欢歌，沿岸不是绿树郁郁葱葱，就是五彩田园。灵岐河景区也是自治县政府将重点开发建设的旅游项目，计划投资也超过一个亿，虽然尚属开发前期，道路设施及其他基础硬件服务都有待建设和完善，但已有三三两两慕名而来的游人到这里寄情山水、漂流探险了。经常来往城镇办事的杨顺良每每看到这种场景就“野心”澎湃——龙田村身处石林景区和灵岐河景区腹地，一定要做好中间纽带服务工作，用他的话说就是：“我们龙田人一定会管好山、管好水，对得起这片土地的赐福，让游客朋友宾至如归!”

……

两天的采访接触，笔者交到这个身材中等、肤色如铜、额头高亮的朋友，龙田山水间的一草一木、一山一石都能感受到他的温度。从他担负重任的身上，我们看到一个山村更美好的未来！他经历的和准备经历的事情，所担当和承载的“龙田梦”，不是一篇文章就能够完整表述和引申的……

笔者在杨书记“欢迎再来，下次多带朋友来”的挥手作别中驶离了龙田村。车子渐行渐远，山高水长，路边天然石林的一根根石柱已经相约了一万年——“原地立定”迎送每一个路人；回头远望，夕阳下的龙田村白墙红瓦，余霞成绮，照耀着我的归途！

奋斗者荣光

◎ 青 山

一个人，从穷荒僻野的畎亩小民成为家财万贯的豪门大富，从富甲一方的资藉豪富变成散尽千金的扶贫楷模，他的人生是一部跌宕起伏的个人奋斗史，更是他带领山区群众攻坚脱贫的群英史。这部历史，清晰地记录着石漠化山区的过去、现在和未来。这个人，就是荣获“中国农村新闻人物”奖的弄拉旅游专业合作社理事长、党支部书记李荣光。

从山里奋斗出来的富翁

李荣光于1957年出生在地瘠民贫的弄拉屯。该屯地处马山县东部，位于海拔600多米的高寒石山地区，全屯22户人家散居在蓝靛堂、弄团、上弄拉和下弄拉四个片区十多座石头山里。全屯耕地面积仅为58亩，自然条件极其严酷，素来“地无三尺平，山无三寸泥”。多年来，弄拉人依靠在贫瘠的山地上种植几亩玉米，采伐贱卖山上林木及野生药材贴补家用，生活极为艰苦。

和弄拉屯的其他村民一样，李荣光一家累世以农为业，五兄妹自记事起，便要与父母到山间地头劳作。20岁出头的李荣光继承了父母吃苦耐劳的韧劲，也有着敢闯敢拼的狠劲，通过种植苦丁茶苗，他赚到了人生“第一桶金”。但他心里明白，深山寥落，仅靠在山上见缝插针地种植农作物，实难摆脱贫困的命运。谋生不易，要闯出一片新天地，须施为撼地摇天手，方能改天换地。

20世纪70年代末，年轻有为的李荣光被推选为弄拉屯屯长。看着零碎的“人造地”上种着的低矮的玉米和瘦小的甘蔗，他觉得这种“向山要地”的方法治标不治本，一种改变家乡现状的使命感在他的心里油然而生，他开始探索弄拉发展的新方向、新路径。

李荣光想到的第一条路子，就是因地制宜，靠山吃山——种经济林和果树，发展山区经济。但彼时生态恶化的弄拉，成片裸露的山石已无法为植被供给养分，石漠化成了山民脱贫高不可越的门槛。

这不是李荣光第一次吃到生态恶化的苦果，少不更事的李荣光也曾因违犯村规民约破坏生态而遭到严惩。他回忆："1977 年，我高中毕业回来，有一次上山捡干柴偷偷砍了两棵小树，被护林员发现，当天回来马上被罚扣 200 工分。当时一个劳动力一天才 10 工分，我等于 20 天'白打工'。"通过这次教训，李荣光深深地认识到保护山林就是保护自己的家园，从此，他决定参加护林小组，努力成为护林骨干。

意识到生态恶化的严重后果，李荣光开始带领村民封山育林，保护植被。对不理解、不信任他的个别村民，他除了苦口婆心进行耐心说服之外，还亲自带领他们外出实地参观考察别人靠山致富的做法，希望乡亲们自愿、主动地走到封山育林、栽竹种果、移植中草药，从而发展山区特色经济的致富路子上来。

李荣光率先提出了生态重建的新思路，牵头制定了弄拉屯新的村规民约：生活垃圾集中处理；景区植被由全屯群众养护；每年春季，16 岁以上的村民须上山栽种 10 棵树；每户每个劳动力每年要种 10 蔸竹子……

通过经年累月的摸索与探寻，李荣光带领乡亲们发展出一条"山顶林，山腰竹，山脚药、果，地上粮，低洼桑"的"弄拉模式"。过去"大旱之年有旱灾，暴雨之后有水灾"的弄拉发生了深刻的变化，逐步形成了山林茂密、翠竹摇曳、流水潺潺的良好生态环境。

20 世纪 80 年代末 90 年代初，改革开放的春风吹进了弄拉，不甘贫穷的李荣光萌生了走出大山搏一搏的念头。30 岁出头的他，先是到古零村承包耕地，种植龙眼。数年后龙眼大获丰收，李荣光又靠着种植龙眼带来的收入，投资开采矿石，兴办矿粉厂。种龙眼、开矿厂，李荣光都获得了成功，当时开办的龙眼果场、滑石矿场每年可给李荣光带来 300 万元以上的收入。

随后，李荣光紧跟政策和市场需求，前往城里从事运输、建筑、房地产等行业，凡是赚钱的活路都有他的份，十里八乡的新项目都瞒不过他。照他的话说就是"穷则思变，不要放过每一个成功致富的机会"。

千淘万漉虽辛苦，吹尽狂沙始到金。成功总是垂青那些有梦，并为之拼搏的人。经过 30 多年沉浮颠沛的辛苦打拼，李荣光"揽活"经营的资本越来越雄厚，集聚了千万的财富，山野莽汉一举成为当地有名的富豪，李家也从畎亩山民变成了富甲一方的豪门商贾。

从大富翁奋斗成扶贫楷模

"改革开放后，国家鼓励一部分人先富起来，但是富起来的人不能只顾自己啊。我一个人有钱不算什么本事，一家富不叫富，带动大家一起富裕才是真正的干事业，乡亲们的生活都好了才叫富!"凡人处世，总难逃名缰利锁。但是，先富起来的李荣光却坦荡无私、淡泊名利，胸怀家乡富裕梦的他萌生了回乡带领乡亲们脱贫致富的念头。怀揣这样的情志，人到中年的李荣光开始谋划弄拉新的发展蓝图。

小康不小康，关键看老乡。从2008年开始，李荣光重返弄拉“埋没”于深山。他深知，彼时的“山顶林，山腰竹，山脚药、果，地上粮，低洼桑”是初级的靠山吃山，弄拉人靠此拔穷根尚可，却难致富。如何在不破坏生态环境的前提下，依靠当地的资源创造更高的经济效益，这才是让弄拉人致富的终南捷径。

李荣光深知仅靠一己之力，要做惠村惠民的“大事儿”并不容易。然而这次站在抉择的路口，他和以往一样，不为外撼，不以物移，奋勇向前。

在外闯荡多年，头脑活络的李荣光，看到了“村民都往城里去，而城里人都往农村跑”的形势，深谙中国旅游业发展的趋势，更瞄准了这项产业，因为中国人正在富起来，中国的旅游业正在火起来。旅游业是无烟工业，是符合中央提出的科学发展观的要求的，是可持续发展的朝阳产业。经过深思熟虑，李荣光开始谋划一条新的致富路。

他提出把弄拉建设成为生态旅游休闲的好去处，不仅能让乡亲们永久地“靠山吃山”，更能改善石漠化山区的恶劣环境。

“弄拉屯29座山峰合围成12个弄场，风光秀丽，有药用植物200多种、野生动物十几种；弄拉植被丰富，森林覆盖率高，是个天然大氧吧；弄拉气候宜人，夏季日平均温度在23℃—24℃之间，是避暑的好去处；弄拉离县城20多公里，离首府南宁约100公里，交通便利。发展休闲旅游，弄拉屯占尽天时地利。”李荣光对弄拉的优势了然于胸。

多地考察之后，李荣光决定在弄拉成立一个专业的生态旅游合作社，让村民以山地入股。他首先发动屯里的党员，党员们积极响应，把自家的牛羊卖了，决定要跟着李荣光大干一场。

“靠山吃山，贫瘠大山养不活我们，我们何不换个思路搞生态旅游呢?”李荣光对村民们说，“年轻人外出打工，各家剩下老小，仅仅依靠石缝中稀薄的几分地，这样一代传一代何时才能翻身?”李荣光坚信，让山里的生态资源发挥最大的功用，这才是真正的发展之道，而发展才是彻底甩掉贫困帽子的好办法。

说干就干，凭着一股子闯劲，李荣光动员弄拉的群众，自愿以耕地、山林承包经营权入股，开始组建弄拉旅游专业合作社。刚开始时，村民们认为李荣光发展生态旅游的想法是大笑话，认为一个山窝窝折腾不出啥生态旅游，对李荣光的提议，反应不冷不热。为此，李荣光和几个老党员专门组织召集村民开会，做思想工作。村民不来开会，李荣光和几个党员就挨家挨户串门子，给村民们讲绿色生态旅游的好处，制定出具体的方案，给他们算利益账。

“刚开始认为这路行不通，但跟随李荣光到外地参观、学习发达地区如何挖掘生态资源发展旅游业后，我的思想转变了，从反对转为支持。”村民李华安说道。他就是在李荣光的带动下，积极参与到合作社中，并成为合作社生产队队长的。

在李荣光和屯里几名党员的努力下，相继有23户村民入社，并以土地承包经营权和林地量化入股，参与合作社经营。“让资源变资产，资金变股金，农民变股东。”2008年12月1日，弄拉屯以“公司＋农户”的模式，成立了广西第一个由农民自发组织的旅游合作社——弄拉旅游专业合作社，李荣光任理事长、党支部书记。李荣光还自筹资金千余万元，扩建进屯公路、平整土地、完善设施，并提出打造弄拉生态旅游景区的设想。届时，村里生产的土特产都将成为旅游产品，旅游业所得的收益60%分红给村民。在李荣光的带领下，合作社又自筹近两千万元，建设了普陀寺、弄拉旅游服务中心、宾馆等旅游景点及配套设施，弄拉生态旅游景区初现规模。这年开始，弄拉旅游建设驶上了快车道。

为践行生态重建，从2008年开始，李荣光每年自掏腰包拿出10万元分给各农户，作为护理山林保护生态的专用经费。他还花重金购入罗汉松、黄花梨、红豆杉等名贵树苗，为弄拉子孙种下“黄金树”。为了保护山里的野生动物，李荣光买回了几十只被捕的山蛇、野狸和猴子，并将它们放归山林。

面对旁人“钱多人傻”的议论，他总是不以为意地笑笑，因为他是情系大山，甘做美丽弄拉的“追梦人”。“我有一个梦想，就是让弄拉人过上现代生活的同时，享受青山绿水之美、安居乐业之福，让大家记住家乡的味道。”李荣光说。

“从2010年起，我们就收获了合作社的经营分红，并且逐年递增。现在每天在景区做维护建设还有100元的收入，山窝窝变成了金窝窝。”村民苏柳艳说，从最初的犹豫不决到如今安心跟着干，全因李荣光说得出做得到，对大伙的承诺全部兑现了。

经过几年的精心经营，弄拉旅游专业合作社逐渐形成规模和效应，陆续建设了普陀寺、石漠化展示馆等十多个景点，游客接待量持续增长。弄拉旅游的快速发展，更为村屯群众解决了就业问题。

“授人以渔”的“造血式脱贫”解决弄拉村民的后顾之忧后，李荣光自掏腰包在古零镇购地建房，重建弄拉新村，对弄拉实施了整村搬迁，将景观和空间留给游客，让弄拉群众安居乐业、幸福生活。

弄拉通过保护山林，改变了石漠化的环境，从而实现了弄拉绿水青山的荣光复兴。伴随着生态环境的彻底改善，弄拉人对家乡的信心和未来的期盼更加强烈。与此同时，李荣光把弄拉带上了致富之路。

2010年，李荣光的事迹经全国各大媒体报道后引起了关注。时任自治区党委书记郭声琨到弄拉调研时，将李荣光等人的做法总结为石漠化治理和生态保护的典范，并称之为“弄拉模式”。

李荣光坚持一如既往带领群众脱贫致富的行动，得到了各级党委和政府的大力支持和帮助，他得到的荣誉也不胜枚举：1991年9月，原南宁地区行署授予弄拉屯地区级文明村称号；1997年6月，广西壮族自治区工商联和广西壮族自治区光彩事业促进会分别授予他“区工商系统年度先进个人”和“光彩事业先进个人”光荣称号；2010年，他被马山县委授予“先锋耀马山”和“感动马山时代先锋”光荣称号；2011年，他被中央电视台等单位推举为年度“三农人物”候选人，被《农民日报》等评为年度“中国农村新闻人物”，获开拓创新奖，弄拉旅游专业合作社入选《中国农业年鉴》；2012年，弄拉党支部被中组部评为全国创优争先活动先进党支部，李荣光成为在表彰会上做经验介绍的六个支部书记之一；2014年，他被评为第三届南宁市道德模范、首届马山县优秀人才。

奋斗是奋斗者的信仰

山中何所有，岭上多白云。

如今，125 人的弄拉屯，拥有果林 650 多亩、药材 500 多亩、用材林 790 多亩、中药材 200 多种，森林覆盖率达 73%。弄拉屯先后被评为南宁文明屯、自治区科普文明屯、国家级药材自然保护区和国家级生态自然保护区、国家科技支撑计划生态重建示范区、弄拉岩溶动力学监测站、弄拉岩溶生态教学科研基地。新华社和《农民日报》等国家级重要媒体将弄拉屯作为长期基层联系点。

目之所及，层林尽染、鸟语蝉鸣的弄拉山峦，重新覆盖了茂密的森林，树木长得葱葱茏茏，把山顶封得严严实实；弄拉的山腰，长满了亭亭玉立的竹子，好像一片绿色的海洋；弄拉的山脚，瓜果、药材飘香，平地里禾苗茁壮成长，洼地里桑田碧绿如油，每个山窝窝都长满了千草百药。其中，金银花一枝独秀。每到初夏五月，满山脚都是金光灿灿、银光闪闪的金银花，真好像撒在地上的金银珠宝。此情此景，你一定不会想到葱葱郁郁、林木繁盛、满目奇峰的弄拉大山，曾经也是山石裸露、寸草难生。

而“醉美赛道”“荒山奇迹”更是声名远播，弄拉景区于 2017 年入选全国优秀旅游项目，当地人均可支配收入上升到 19260 元。山还是那座山，但乡亲们在跟着李荣光“移穷山，拔穷根”的历程中深刻领悟到了一条真理：绿水青山就是金山银山。“谁要是敢乱砍树、乱倒垃圾，谁就是‘弄拉公敌’”，这已成为弄拉人的金科玉律。

一个人如果想要获得成功，首先要懂得踏踏实实、一步一步地走过来。改革开放初期，李荣光从时代的夹缝中，从石头缝里的弄拉走了出来，靠着诚实劳动努力拼搏攒下了厚实的家底。20 世纪 90 年代初，李荣光的年收入就超过 300 万元，有房有车。“那些年我一直在考虑，像弄拉这样山高路险、缺水缺地的山旮旯，怎么才能富起来。”致富不忘本的李荣光曾想过很多路子，最终确定了与保护生态并行不悖的方式，即发展旅游。

家人不支持——懂市场的女儿说，弄拉底子太薄，发展旅游投入多、收效慢，远不如做房地产。

弄拉部分村民也不支持——“这破地方哪会有人来旅游?”“白给钱搞开发，有这种好事?”

面对质疑，李荣光拿出了愚公的劲头：出资鼓励大家种树，种一棵树给 5 元，次年仍然存活再加钱；屯里不许养家畜，他每年拿出 10 万元补贴给村民；合作社收入四六分成，首期投入就超过千万的李荣光只拿四成。

至于“投入多，收效慢”，李荣光早就料到了：“我们这一代收不回来，就留给村里的下一代、下几代，‘子子孙孙无穷匮也，而山不加增，何苦而不平’?”

“咬定青山不放松，立根原在破岩中。”六十余载苍莽岁月走过，从人海挣扎的追梦人到扶贫攻坚的领路人，再到生态家园的筑梦人，李荣光初心笃定，始终情系大山，怀揣对弄拉乡朋的牵挂，手持开天辟地斧，矢志弥坚把穷荒僻野的弄拉开辟成山青林绿的生态乐园。

行百里者半九十，李荣光也是如此。他是个非常理智和冷静的人，看着眼前峰峦叠嶂、烟云缥缈、亘古耸立的弄拉群山，他知道，这只是完成了万里长征第一步。目前，弄拉旅游知名度有限，如何深入挖掘打造弄拉的生态旅游品牌，并将其推上全国乃至世界舞台，同时让弄拉人彻底拔穷根，携手奔小康，共同实现“弄拉梦”，这才是他的终极奋斗目标。

给河山抹一笔色彩

◎ 羊 狼

在广西天峨县，有一座名叫向阳的古镇。从二十世纪六十年代开始，一批批外来人到古镇创业谋生。他们无私奉献，为龙滩水电站工程以及地方发展和环境保护做出了积极贡献。然而，古镇只是美丽广西的一个缩影，每个地方都有那些远离故乡的外来人，他们把青春和热血抛洒在艰苦创业的地方，薪火相传、不遗余力地打造美丽广西。谨以此文献给那些为美丽广西做出贡献的外来人。

——题记

落日金晖透过玻璃窗爬上三人的脸庞。

透过他们被苦难揉浊的双眼，岁月与记忆在咔哒咔哒的火车轮子滚动声中飞跃，奔向一望无际麦浪翻腾的原野。暮色苍苍的容颜，泛着铜色的光芒，月亮的光华渗进发丝，在重拾记忆的季节，悄无声息地洒落，覆盖在头上，他们早已两鬓斑白。

终于聚齐了，在火车上。

朝着家乡的土地，心里惦念着一个美丽的南方女子。

河流，女子的明眸在流动；青山，女子娇柔的身姿在舒展；还有那随风舞动的轻纱薄雾，洗涤艰辛与疲劳。这个女子，他们共同的恋人，为了她，他们付出的心血，流成红色的河流，他们勤劳的足迹，是献给她最动人的亲吻。他们把青春和生命换成了赌注， 辈子陷入对她的深深依恋中。

远在北国，心系南方。回家的路途如此漫长，漫长得像刻骨铭心的忧伤的记忆。

融入，是疼痛的历程。他们记忆里的悲伤，凝聚在另外一个人身上——他叫老鹰。

这次，他缺席了，在那空荡荡的位子上。

一

人流，奔跑着涌向列车。

“从窗户进!”

这仿佛就是命令，母亲双手扣死火车窗沿，努力阻挡奔涌的人流。很显然，一个巨大的包袱撞上了母亲的腰间，母亲的一只手被撞脱，另一只手仍旧死死地扣在窗沿上。父亲那青筋暴露的双手，抓住母亲的双脚，用力上托。母亲，像一只娇小的白鹤，从窗户飞进了车里。

一个包，两个包，母亲接住从窗外飞来的行李，然后去拉父亲那双粗壮的手臂。好不容易从车窗里挤进来的父亲说道：“麻烦挪挪，谢谢!”

列车，启动。像孩子离开母体，家乡的土地正在一点点远离。

一棵白杨树飞过，又一棵白杨树飞过，直到模糊成一片，只有火车，永恒地发出咔哒咔哒的声响。田野、村庄，一望无际；河流、炊烟，飘向远方。家乡的影像，镌刻入父亲的记忆；家乡的味道，被列车的移动带向记忆的深渊。

有的逝去，有的到来，一望无际的大平原，都在父亲的眼眸里。

父亲把母亲拥在怀里，赶车的心跳，连同新的希望，都随着火车的节奏，咔哒、咔哒……

三天三夜，期盼中漫长的时间，在日月星辰、雾雨晴天中逝去，丘陵、高坡、大山，父亲走进了生命中的第二故乡。

“还剩多少?”

“五十。”

父亲说完，把身上仅有的五十元塞给母亲，叮嘱她到古镇后去找舅舅，母亲点点头。父亲把母亲送上一辆军绿色的大卡车。卡车开走时，母亲从车舱口两扇绿色的篷布间探出头来，眼睛是满满的孤独。

父亲的手停在半空中好久，直至车子消失在视野中。

在金城江分的手，父亲去了环江修铁路，母亲去了我的家乡向阳古镇插队，不知道那是不是知识分子上山下乡。

钢钎、铁锹、羊角锤，簸箕、推车、肩头带。铁锤撞击着钢钎，羊角锤尖深深嵌入石缝中，一曲“逢山开路，遇水搭桥”的战歌，在叮叮当当的交响乐中唱响。作为一名共产党员，父亲捡着最苦、最累、最危险的活干，铺沙路、安铁轨、点炸药，隆隆的炮声震彻山谷。钢钎击打着岩石，闪闪的火星，照亮祖国的希望，点燃民族自强的精神。

没有战鼓的战场，却一路高歌猛进。黑色的铁路跟着战旗穿隧道、越峡谷，在山岭间穿越，在悬崖上飞翔。我的父亲和他的战友用一双钢铁般的手，硬生生拨出一条广西通往贵州的铁路。

夜色沉寂，时明时暗的灯火在山间闪烁，虫子的鸣叫带着黑夜的孤独爬上每个人的心间。在空地上，父亲和他的战友们围坐一圈。中间，没有篝火，只有一个小锅，锅里是半锅糯米饭。

“谁要能一口气吃完，明天再奖励一锅!”

当营长说话时，大家发出愉快的笑声并鼓掌。

五分钟过去，十分钟过去，始终没有人站出来。父亲终于站了起来，走向那口锅。

“路都修了，还怕这软饭?”父亲一口气吃了那锅饭。父亲当了排长。从此，他仿佛周身有着使不完的力气，事事带头抢着干。

岁月，拉长了思念的影子。父亲收到了母亲的来信，他流泪了。

母亲在古镇上生活极为艰难。插队后，不知道插秧要弓着腰，站在田里插，她却拿着小凳子要坐在田里插秧，引来妇女们的哄笑，一天下来歪歪扭扭插不了一分地，气得队长大喊：“扣工分，扣工分!”

母亲哭了，在字里行间流着悲伤的眼泪。一枚小小的邮票，将母亲所有的倾诉邮给了父亲，也邮给了他无尽的思念与期盼。父亲也哭了，他的承诺和担当，在现实面前软弱而无力，无奈像个巨大的包袱，压得他喘不过气来。

深夜，父亲削铅笔的手在颤抖。他把安慰浓缩成几行简易的文字，托人投进绿邮箱。

日子在艰难中蠕动，爬在父亲母亲备受煎熬的思念上，爬在每一根脆弱的神经上，像揭开伤疤的疼痛，一点，一点……

后来，父亲来到母亲的身边。母亲丢下禾苗，来不及扯掉那条贪婪的蚂蟥，急匆匆奔向父亲。

煤油灯苗，摇曳，跳动。父亲、母亲、一碗热气腾腾的素菜饺子。

橘色的灯火映照着他们的脸庞，他们更年轻了。

有时候，年轻是一种气氛，毫无障碍的交流，轻松而愉快。父亲母亲就是这样，他们用目光交流，在柔和的橘色灯光下。

母亲把饺子推给父亲说：“吃吧!”

父亲把饺子推回来：“你吃!”

父亲母亲的眼眸里，晶莹闪烁。

修完铁路后，父亲在古镇上当起了民间兽医。

那时瘟疫流行，农家养的猪一批批死掉，损失惨重。父亲急了，可是没有兽医专业知识，怎么办?从那时起，我家的灯总是深夜熄灭，鸡鸣亮起。

隔着蚊帐，我能听到煤油灯嗞嗞的声音，凳子偶尔发出咯吱的响声，烟嘴也时而响起轻微的吧吧声。

翻书，那是一本发黄的兽医药理知识书。钢笔，在纸上跳着轻盈的舞蹈，而父亲却专注地看着那些翩翩起舞的文字，直至晨曦中东方泛起鱼肚白。

父亲终于有了一次外出学习的机会，他以第一名的成绩考上了洛东农校（现河池农校的前身），进修三个月。从此，他成了兽医战线上真正的战士。

父亲对自己的工作毫无怨言，随叫随到。他那永远改不了的耿直、急躁的性格，仿佛是当年修筑铁路时造就的。

一天中午，父亲正在吃午饭。这时，一个老农跌跌撞撞地闯进来。

“老杨，快帮我家猪看看！”

噌！父亲立马起身，提上挎包出门去。

母亲喊了一声：“吃完饭再去吧。”没有回应，父亲早就走远。

父亲似乎已经把兽医工作当作了天职。二十世纪九十年代，上级规定，出诊可以收出诊费，以解决兽医工作人员工资低的问题。可是，父亲从来没收过群众一分出诊费，甚至还把药钱贴了进去，一辈子都这样。

有的人背地里嘲笑父亲，让母亲听到了。

母亲回到家，和父亲大吵了一场。那天，母亲哭了，哭得很伤心。母亲的情绪像泄了闸的洪水朝父亲奔去。

“见不见，见不见，人家全当你是傻子。出诊不收费，人家背地里嘲笑你咧，北方佬，北方佬，北方佬就是笨！活该！”说着说着，母亲的眼泪随着话语狂奔。

“你看看现在的家像个什么样？要什么没什么，穷得叮当响。我去做生意，还不是为了补贴家用，供仔读书？你倒好，讲我是‘资本主义’，不让我去。这下好了，上级同意收出诊费，你不但不收，还发什么同情心，回来自己贴钱，这个家怎么过啊？”

听着母亲的话，父亲也急了，“噌”地站了起来，甩出一嗓子：“我是党员！”

“党员就该挨饿挨穷？”母亲打着哭腔抢白道。

父亲没有回答，只闷闷地抽着烟。空气凝固得厉害，烟袅袅升起，在半空中弥散开来。

突然，父亲脸色煞白，豆大的汗珠密密地从他额头上渗出来，他一手捂着肚子，慢慢蹲在地上。母亲被父亲这突如其来的状态吓得不知所措，眼泪瞬间停止了流动，跑过来拉起父亲。

母亲捋了捋掉落在额头上的头发，喊道：“快，快去叫你包叔叔！”

那天，我们谁也没吃饭，父亲躺在医院里打着点滴，我的肚子咕咕地叫唤。

父亲的老胃病最严重的时候吐过血，而他所能做的，就是一边吃药，一边进村入屯打疫苗，给禽畜看病。

父亲，干了一辈子工作，成了技术能手。法庭判决牛马等牲畜归属的时候，常常请父亲出山。他为法庭提供了准确的牲口年龄和特征，每次都那么准确，为法庭判决提供了科学的依据。

富裕了的农家，在瓜果成熟的季节，总不忘记捎上一些给父亲尝尝鲜，父亲总是推托，来人总是很生气地说：“不收以后不来了。”把瓜果丢下就走，还回头笑笑。

一天夜里，我家的门砰砰响起，来人气喘吁吁地说：“杨叔，麻烦你走一趟，我爸快不行了，他要见你！”

等父亲赶到距离家几十里远的牛场村时，病者的笑容瞬间从眼睛滑向嘴角，凝固在惨白的脸庞。

原来，十多年前，父亲给他家出诊时，贴了十五元的医药费，而他至死也记在心上。

我的父亲，满眼泪花！

二

从遥远的地方来，金龙操着浓重的黑龙江口音。一米八的大高个，身材略微胖，性格豪爽，声如洪钟，是父亲的挚友。

金龙是他父亲给起的名字，名字带着美丽的梦想和愿望。龙滩，龙滩，老一辈人的梦想，他继承了父亲的遗志，随部队勘探龙滩。

滔滔不息的河流，仿佛是与父亲临别时奔涌的泪花。河风梳理着岁月浸染的头发，浪花翻腾时光的影子，金龙坐在巨石上追溯远去的记忆：他父亲倒在他怀里时，一只手慢慢举起，仿佛看到了什么，又似乎想要说着什么。

父亲看到了熟悉的影像在眼前飞过。那一幕，他意气风发地在龙滩旧址旁，他是那么年轻，白衬衣，绿军裤。他志在必得，在战场上，打一场愉快的重大工程建设的战役，他是多么自豪。那一幕，秋月明晃晃地照耀着龙滩，他牵着妻子的手，漫步在河滩上，他停下来抚摸着妻子微微隆起的肚子，说："这里是龙滩，以后他就叫金龙。一个伟大的工程，是需要几代人前仆后继才能完成的。"那一幕，他看不清楚，仿佛在云里雾中行走，找不着路，他的悲伤在龙滩大峡谷里飞翔，眼看着梦想化成天空金色的落日，只是黄昏已近，他能怎样呢？

父亲老去，像尚未燃尽的柴火，冰冷的身体，在回光返照的那一刻，化成一根木炭，点燃孩子的梦想。

金龙紧紧地握着父亲的手，将耳朵轻轻地贴在父亲的嘴边，忍着热泪，倾听父亲艰难吃力挤出的遗言。

"我去当兵！"金龙说出这话时，泪水早已从他的脸庞滑落，迅速地滑落。

父亲笑了，笑得那么从容，仿佛战争胜利，看到不倒的旌旗在落日的余晖中猎猎飞扬。父亲轻轻地合上眼，金龙泣不成声。第二年，他参了军。

金龙找到父亲的老首长，老首长含着热泪，举起酒杯遥祭战友，为金龙进入水电勘察部队搭桥铺路。1983 年，金龙作为一名勘测员，随军勘探龙滩。

夕阳下，金龙瞄准了仪器。他举起的大拇指，与一只眼睛保持同一水平。这只大拇指，是父亲的遗志，是时刻准备着出发的誓言，是青春和热血铸就的担当。

"从这里开始！"

他的数据科学而准确，部队行动迅速，他们从地面开始向红水河底开挖一条隧道。

在隧道里穿行，金龙听到河水翻滚的声音，仿佛桀骜的苍龙在嗷啸。在幽邃的地道下，阴冷的水滴打在每个战士的身上，滴落在泥水里，可这里热火朝天。征服龙滩，用战士们的热血和激情！如今，很少有人知道，龙滩水电工程，曾经有一条隧道，从河的这头穿过汹涌的红水河底部到达河的另一头。这条隧道，为龙滩水电站地质勘测做出了不可磨灭的贡献。

然而，要建造这么一座伟大的工程，谈何容易。水电部队的官兵来了走，走了来。用誓言和生命坚守一线的金龙，从大小伙熬成了两鬓斑白的老人。

如今，雄伟的龙滩水电站拔地而起，高峡出平湖的壮丽景观，让他热泪纵横。

往事如烟，思绪飞扬。乘着风的翅膀搜寻，那些苦中有乐的往事飘过历史的天空，在眼前飞扬。

“龙叔，你是怎么跟我爸认识的?”我转过头看他时，他正目不转睛地看着滔滔不息的河水，以及一艘嘟嘟远去的机动船。

一丝笑容飞过他的脸庞，仿佛穿越时空隧道，重新踏入年轻时代。他看起来很愉悦。

“在老向阳认识的。都是北方人，首先找的他。”金龙说着，扭过头来看我，很快又扭过头去，描述起来。

“你爸人好，还给我介绍了对象。”

我知道他说的对象是谁。那时，龙滩沉寂了，迟迟没有上马修建，结束了金龙和他那一代人的龙滩梦。耗费了青春和梦想，实现不了父亲的遗志，金龙郁郁寡欢。直到遇到了我父亲，孤单的金龙似乎找到了亲兄弟，生活的希望重新点燃。

此后，金龙成了我家的常客，虽然不富裕，第一次见面时，我父亲还是把家里正在下蛋的鸡杀了。

那天夜里，煤油灯发出暗淡而温馨的光芒。一盘菜，一壶酒，他们畅谈了很久。后来，父亲给金龙介绍了对象，对方家境不错，也是外来人。他们一见倾心，金龙就把户口转到了古镇，结婚，生子。

没有工作，又要生活，金龙尝试着做生意。经常出门在外，金龙渐渐地与父亲的来往少了，可父亲依旧挂念着他。

就在他搬到县城居住后，父亲每次进城，总要去看看他的兄弟，金龙。

日子飞逝，金龙的生意越做越大，办起了机制炭加工厂。

每天，金龙的工厂，浓烟滚滚在山间飞舞，仿佛乌云压境，空气中飘浮的颗粒物染黑了树木，一些树木开始枯萎。可是金龙，发了疯似的，加大生产，附近的居民怨声载道。

很快，我接到了投诉电话。作为环境监察员，我到了现场。可是面对一个和父亲相交多年的挚友，我的叔父辈，我该怎么办?

当我看到他时，彼此都很尴尬。

机器在响，工人在忙碌，被炭灰染黑的脸庞，只留下两颗晶莹的眼珠和一排洁白的牙齿。

金龙哭丧着脸，述说生产的艰难：遇到了经济危机，产品价格上不来，经济状况每况愈下，等等。

我一直不敢正视他，手中的笔似乎在微微颤抖。但我不得不写，每一个字，都是对他无情的控诉。

当我合上监察记录，抬起头看了金龙一眼，他面无表情，而我却涨红了脸。

“龙叔，晚上一起吃晚饭吧。”我说完便匆匆离开，丢下他一人在空地上伫立。

金龙如约而至，父亲也早早等候。两兄弟见面，一扫满面愁云。那天晚上，我们都喝了一些酒，父亲只字不提工厂污染的事，而是来到河边，坐在河堤上。

清凉的河风徐徐舔着脸庞，河流沉闷的声音飘散在空中。他们并排坐着，抽着烟，两点火光在空中时隐时现，明灭不定。我就在他们后面。

“金龙，你对红水河的热爱从未改变啊，就连房屋都起在红水河边。”父亲说。

“是啊。”金龙回答。

“天峨的山水有灵，是因为没有污染。我们从遥远的地方来，生活在这里，死了，也不能玷污这片土地啊。”

“大哥，我知道您的意思。”

那天晚上，他们聊得很久，毫无障碍。父亲对我说：“你金龙叔是个识大体的人，他不会为难你的，好好工作。”

第二天，工厂开始停产整顿，他送我走出厂门时，我看到阳光满满地爬在他那有些斑白的发丝上、长了几条水波般皱纹的额头上、厚实宽大的肩膀上。渐渐地，金龙在日光中成了剪影，贴在了山水间，也贴在了我心上。

有一天，我和金龙在街上偶遇，闲聊中他说：“我想好了，我要生产竹木制品，环保、原生态、无污染。”说完，金龙笑了。

三

红水河两岸青山舞动，高耸入云，湛蓝的天空，游走着一丝白云。打渔郎（一种鸟，靠捕捉小鱼为生）箭般在河面上掠过，躲过翻腾的浪花，叼起小鱼，在空中划着优美的弧线，然后停在树干上。火红的木棉花，热烈绽放，倾听着远方渔妹子悠长的歌声：

红河哟，
三千里，
哥想妹妹，挂云里。
红河哟，
远远去，
妹想哥哥，在水里。
妹想哥哥，在水里。

歌声飘在峡谷间，鸟儿陶醉在山林里。风儿，匍匐在树叶上，却惊动了吱呀吱呀歌唱的知了。歌声飘在石滩上，浪花拍打在石缝间，像用埙吹奏深沉悠远的伴奏。歌声惊动了乡间小路，包医生停下来，透过树叶间的缝隙，远眺红水河。

在小路上，歌声透过密密匝匝的树丛，沿着弯弯曲曲的羊肠小道朝包医生飘来。近了，近了。

两条粗大黑亮的辫子，精致美丽的壮家衣裳，玲珑小巧的曼妙身材，面容清秀，两汪泉眼，鼻梁高挺，这是红水河畔的好女儿。她看到了包医生，停住了歌唱，瞬间木棉花染红了小脸。

他们相视，莞尔一笑，擦肩而过。包医生白净的脸庞露出甜蜜的笑容。

她走在前面，他走在后面。

“阿妹，纳福堡怎么走?”

“去干吗?”阿妹反问。

“去给人看病。”

“你就是包医生?”

“你怎么知道的?”

“当然知道!”阿妹扭过头笑一笑，包医生也笑了。

那以后，纳福堡的群众都乐意叫包医生看病，大病小病都叫他。包医生每叫必到，全心全意。

阿妹看在眼里，喜在心上。

一天，族人宴请包医生，杀鸡宰猪盛情款待。阿妹喜出望外，早早守候在包医生的身旁。

饭没了添饭，酒没了斟酒，叫她坐下吃饭，也不吃，故作从容的面容下难掩羞涩的神情。

阿哥瞥见阿妹，便洞穿了她的心事，举起大杯来邀包医生。农家醇香的玉米酒，香味绕梁三日而不绝。屋外和风细雨，给红水河的涛声伴奏，演绎着浓烈的乡情。

包医生和阿哥扳着肩膀回家，迷迷糊糊躺下。树叶、泥土的芬芳从纱窗口钻进来，蹑手蹑脚抚摸着包医生的皮肤和神经，他鼾声正浓。

第二天清晨，鸟儿正在歌唱，雨早就停息，清新的空气唤醒了包医生。阿妹早早来到包医生床前，打好了洗脸水，煮好了醒酒汤。包医生连声道谢，下床穿鞋时，才发现一双绣着鸳鸯的鞋垫。

“好漂亮啊，你绣的?”

包医生盯着阿妹时，朝霞的霞光正从窗户跳进来，舔着阿妹的脸颊，一抹红云在阿妹羞涩的脸上飞扬。

月光，在悠然远去的红水河上跳动，像一只不安分的手撩动阿妹的芳心。故乡的方竹，低头看着月光下的影子，怎么也猜不透两个偎依的身影。

阿爸阿妈订好了火炮酒（壮族举办婚礼的一种形式，亲戚朋友庆贺的方式是燃放鞭炮）。他们结婚那天，四邻乡亲都来庆贺。你放“母鸡带崽”（鞭炮的一种），我放轰大雷；你放“大地红”，我就放礼花。鞭炮声声震天响，峡谷幽深，却怎么也装不下这热烈的鞭炮声。鞭炮声越千山，飞翔在大地上空。

婚后，包医生转业了，他带着阿妹到古镇谋生，并拜访了父亲。

此后的日子里，包医生开起了小药材铺，经营着他们的美丽生活。然而，自主谋生谈何容易？那时，向阳古镇是一个藏龙卧虎之地，在知青上山下乡时，从北京、上海、天津等地来了一批医生，他们个个身怀绝技。父亲回忆说，就是他们，在这个偏僻的古镇上，实施了当时整个广西的第一例颅脑手术。

然而父亲也不忍心看着这个新来的包医生就这样在古镇上艰难生活，就借着下乡出诊的机会，逢人便言说包医生的医术高明，主要有两个事例：

一次，我发烧，消瘦，闻不了油腥味。包医生看了后，出了个方子，三天后便好了。后来，我才知道那叫肝炎，很难医治的一种病。

还有一次，有个少年满脸长满了痘痘，医院给他开出一百多块钱的药，依旧没有什么效果。后来他找包医生，包医生说这不是青春痘，是炎症，随后给少年开了一支五角钱的氯霉素软膏，用来擦拭。一个星期后，我们再次碰到那个少年时，他已然变了一个人，脸庞不但恢复了光滑，更没留下痘印和黑斑。从那时起，父亲更是打心底里佩服包医生，觉得和一百元相比，五角钱分量更重，它满载着包医生高尚的医德和为人民服务的能量。

父亲不遗余力地为包医生做宣传，越来越多的人去找包医生看病。他也凭着高超的医术和勤劳，全心全意地为古镇及四周乡村里的群众服务。渐渐地，他发了家，办起了个人诊所和药店。

繁忙是掩盖人性变迁的最佳借口，有好长时间，包医生没来找父亲了。父亲就主动往包医生的诊所跑。然而，包医生确实很忙，父亲每次总是聊几句就走。

母亲向父亲言说："不要再往包医生诊所里跑，你没看出来他讨厌你吗？你说了什么让他不高兴的话？"

"没说什么啊，就劝了他几句。"父亲回答母亲时有些遮掩。

母亲说："劝几句，恐怕你挡住了人家的路了。多管闲事，瞎操什么心啊！"

虽然，见面时，父亲和包医生都彼此打招呼，但是场面尴尬。

包医生的路越走越远，父亲看在眼里，急在心里，但他不再劝说包医生。"事实会证明一切。"父亲说。

渐渐地，越来越多的人发现包医生的诊所不对劲，收费贵，以往小感冒一剂药就好，现在一个星期也不好。

终于有一天，父亲再也忍不住了，去劝说包医生，然而他根本没把父亲的话放在心上。

父亲没再说什么，只闷闷地抽着烟，他不相信包医生是个不讲道德情谊之人，只觉得他是一时糊涂。父亲依然往他的诊所里跑，虽然总有些尴尬，但父亲总是装出一副轻松自在的样子，仿佛什么事情也没有发生。

直到有一次，父亲又去找包医生，包医生就让聘请的人员对父亲说他不在，然而，父亲还是发现了包医生的影子。父亲没再说什么，也没再去找过他。

后来，包医生的门面渐渐冷清，父亲再次出现在他的面前。

"看来，你在这镇子上待不下去了，你还是走吧，到别的地方去，用你的积蓄重新开个诊所，但是别走老路子。"

父亲说完，走了。

后来，包医生的门面重新火了起来。在我读高中的时候，他还专程来看我，见到父亲，他满面笑容地打招呼。父亲说，包医生回来了。

去年某一天，包医生开车去金城江给个病人看病，半路出了车祸，人没伤着，但他扔下车子，自个搭乘中途路过的巴士，赶去给病人看病。

那天，天空很蓝，很纯净！

四

“一、二、三，上！”

当一只蚂蚁举着比自己大几倍的食物在路上飞奔时，老鹰被一张土布覆盖在矮小的身上，大袋笨重的货物压在肩头，他佝偻着身躯，快速走动。

“老鹰！”当父亲叫他时，他从笨重的货袋下探出头来，眼睛圆圆，鹰钩鼻子，小圆脸，活脱脱一个猫头鹰形象。

“正忙着，正忙着！”

老鹰说完继续干着搬运货物的活。

老鹰是个农民，虽说个子矮小，但气力大，经常干搬运货物的活，以此补贴家用。

老鹰说话快，口音浓重，没多少人能听懂，因此，老鹰和北方人交往得多，他也叫我父亲为大哥。

老鹰很快认识了古镇西南面的一个女孩，最后他们成了夫妻。

闲暇时，老鹰会坐在街头的案板上与人闲聊：

“老鹰，你说话我们都听不懂，你跟你老婆是怎么说话的？”当有人提出这个问题时，大家都哈哈大笑起来。

这时候，老鹰也就装糊涂，大声说：“听不懂，听不懂。”

变色龙善于用颜色伪装自己，而老鹰则善于用语言伪装自己。他敏锐的鹰钩鼻下，总会擂出让人惊讶的事情来。

老鹰生性多疑，练就了一身说谎的能力，只要他一张嘴，没一句让人信得过的话。

由于是外地人，许多人都对老鹰的身世很感兴趣。只见他摆出一个架势来，大拇指一翘，操着让人半懂不懂的普通话说：“我可是满族，正黄旗，清朝皇帝都是我的亲戚。”

他在说这话的时候，十分认真，让人们都相信这是真事。但细心的人也会多问一句：“既然跟皇帝是亲戚，怎么还跑这么远到我们这个偏僻的地方来？”

老鹰就支支吾吾，让人们本来就听不大懂的普通话更加含糊不清，也就跳过了。

老鹰每次跟人家借钱、借米、借油盐，总是信誓旦旦地保证按时归还。起初，大家看他勤劳，又会搬运货物赚钱，也就信了他。然而，他的誓言总是迟迟没有兑现。人们实在忍不住了，见着他就问什么时候归还，他总是回答“马上马上”。拖得时间久了，一些人不免讲起讽刺的话来。此后，老鹰见着他们总是躲着走，就是不跟他们碰面。

古镇上的人不再相信老鹰的话，都暗地里说他是大骗子。虽然如此，我父亲，作为他口头上的大哥，依然关照着他。

一天，老鹰急匆匆跑到我家来找我父亲。

“大哥，大哥，我老婆生孩子了！我当父亲了!”

他一说这话的时候，我母亲就警觉起来，担心他又搞出什么花样来。

“恭喜你啦，老弟!”父亲向母亲使了个眼色，笑着看了看老鹰。

“但是……”

“没钱?”母亲抢着说道，“早知道你会这手。”

“是，没钱，出不了院啊。大哥大嫂，你们帮帮我吧，我就借四十块钱。”说着老鹰挤出了几滴眼泪。

父亲还是决定帮助他，于是瞒着母亲，和老鹰一同到医院交清了费用。老鹰感激涕零，一把眼泪一把鼻涕，拉着父亲的手说：“大哥，谢谢你！我一定尽快还你，我讲话是守信用的。”

父亲并没有把他的话记在心上，直至老鹰牺牲，那四十元也没还上。

那是在老鹰当上了银行保安不久。

那天夜里，一小片乌云悄悄遮住躺在山巅上的弯月，小城的夜晚有些寒冷。老鹰似乎已经感觉到蟋蟀在蹑手蹑脚地走动。有点风，凉飕飕地，冷不丁地舔着夜行人的后脑勺，让人瞬间暴起鸡皮疙瘩。

老鹰裹好衣裳，打着手电，开始巡夜。

突然两个黑影闯入他的视线，很快，在电筒光的照射下迅速逃离。老鹰紧追不舍，边追边喊，眼看就要追上，突然两个黑影转身朝着老鹰奔来。说时迟，那时快，老鹰瞬间倒地，可他死死拽住了一个黑影的腿，直至四周的群众赶来。

那天，老鹰中了几刀，在送往医院的路上，他一直在说：“我当过兵，我当过兵!”

此前，他在人们的面前总说他当过兵，然而人们总是不大相信。现在，人们相信了。

五

火车，依旧在开着，父亲、金龙、包医生，他们看着空荡荡的位子，没有说话。

包医生拿出四个苹果，一个放在空荡荡的位子上。苹果来回滚动，仿佛有人在玩弄。

父亲扫视着兄弟们的脸庞，一切都在远去的恩怨中消散。

谁不曾年轻过？谁不曾奉献过？二十世纪六十年代涌进古镇的外来人，约占全镇百分之八十的人口，他们都曾年轻过，都曾奉献过。

如今，古镇上，五十岁以上的，他们操着各种不同口音的话相互问候，五十岁以下的呢，已顺利转化成名副其实的向阳人，因为他们都操着正宗的向阳口音，也就是清朝时期的凌云官话。

但是，无论乡音如何改变，唯一不变的是，他们把所有的一切都奉献给了他们的第二故乡——美丽广西!

为了瑶族人民同步奔向小康
——记富川瑶族自治县三位驻村第一书记

◎ 黎学良　李俊玲　邓黄玉

选派到村任“第一书记”是中央农村工作会议、全国组织部长会议安排的一项重要工作，是深入贯彻“大抓基层”“推动基层建设全面进步、全面过硬”重要指示精神的有力举措，也是贯彻落实“四个全面”战略布局，开展“三严三实”专题教育和培养锻炼干部的有效途径。同时，选派“第一书记”也是统筹城乡资源，推动农村经济社会快速健康发展，到2020年全面实现小康社会的重要举措。

广西从派出第一位第一书记至今，已有成千上万政治素质好、身体健康、敢于负责担当、组织协调能力强、热爱农村工作、喜欢为群众办实事做好事的年轻党员到农村担任第一书记。他们在农村一线带领干部群众奋力拼搏，为发展广西社会经济、促进民族团结进步、帮助群众脱贫致富奔小康做出应有的贡献。本文讲述的是派驻贺州市富川瑶族自治县担任第一书记的夏苏荣、黄诚、杨林峰带领群众脱贫致富的故事。

夏苏荣：开辟跨省旅游致富路

2015年7月，刚从武汉大学毕业的经济学博士夏苏荣，以广西定向选调生的身份进入自治区地方税务局工作；10月，奔赴贺州市富川瑶族自治县朝东镇岔山村担任贫困村党组织第一书记，开始了他带领贫困户利用潇贺古道开辟跨省旅游的脱贫致富历程。

岔山村与湖南省江永县山水相连，虽然这里青山秀丽绿水长流，但村民还是过着喝的是苦井水、点的是煤油灯、走的是烂泥道、吃的多数是玉米和红薯的贫困日子。为群众脱贫致富绞尽脑汁的夏苏荣站在村头，望着远处通往湖南的潇贺古道，猛然产生了利用潇贺古道开辟跨省旅游项目，带领群众脱贫致富的念头，并付诸行动。他首先从完善基础设施、破除发展瓶颈入手。两年来，夏苏荣从后盾单位和其他部门争取项目资金900多万元，配合当地政府强力推进岔山村基础设施建设，通自来水、装太阳能路灯、铺设水泥路、修缮排洪渠、改造排污道、修建篮球场、装健身设施……岔山村面貌焕然一新。然后动员和带领群众保护和维修潇贺古道必经的岔山街古民居，同时修复古戏台、古客栈、古城墙和风雨桥，新建停车场、旅游公厕和登山步道，在古道上打造知青馆、打铁铺和文史博物馆，实施环境整治和村屯绿化、美化工程，使岔山村基础服务和旅游设施日趋完善，重新焕发出了古道光彩，四方游客慕名而来。在此基础上，夏苏荣注重引导农户，尤其是贫困户发展餐饮美食，如杨志玉、杨毓南和杨如朋等14户贫困户就在他的帮扶下开设了油茶店、农家乐、小卖部和米酒店等。同时，借助互联网，他不断推介宣传岔山村的土特产，如梭子粑粑、油茶、腐竹、酸姜、泡菜和竹笋等。尤其是梭子粑粑和油茶，已成为岔山村标志性美食，登上了中央电视台第10套《味道》栏目，跻身贺州市十大金牌小吃。2017年国庆期间，岔山村游客量突破4万，开油茶店、农家乐的农户户均增收超万元。

旅游发展起来了，农业也要转型升级谋发展。经过深思熟虑，夏苏荣一方面鼓励和帮助村支书、村主任带领30多户农户一起成立荣茂果蔬种植专业合作社，种植可供游客去田间地头采摘的果蔬，如黄金瓜、草莓、香芋、南瓜和皇冠大白菜等，让农户获取劳务收入和利润分红；另一方面引导致富能人何凡荣创新农业发展模式，带领12户贫困户以“玉米秆＋养牛＋牛粪＋种蘑菇”的模式，发展循环农业，户均分红2500元以上，以“赏荷花＋摘莲子＋捞河鲜”的模式，在村口种植20亩荷花，养殖禾花鱼、泥鳅和田螺等，打造生态观光农业示范点，取得良好的致富成效。2016年以来，岔山村有65户289人脱贫，贫困发生率由40.6％下降至10.6％，不少贫困户自己开店创业，大步向前奔小康。

黄诚：发展特色产业摘穷帽

黄诚是2015年富川瑶族自治县政协派驻葛坡镇深坡村的第一书记。两年来，黄诚坚持在统筹协调上下功夫，在狠抓落实上见成效，创新实施“一村一策”精准产业扶贫，探索农旅结合、古村落保护与产业开发并进的脱贫之路，打造古村旅游与生态农业观光游相结合的扶贫旅游产业新亮点。2016年，深坡村认定脱贫112户449人，实现了整村“脱贫摘帽出列”，贫困发生率控制在1.07％。

黄诚从担任深坡村第一书记的第一天开始，便拿起铺盖和生活用品搬到村部楼住下，全身心地投入脱贫攻坚工作中。他用了三个星期对村里的120户贫困户、10户五保户、6户困难党员户进行走访调查，对村内的自然资源、产业现状、贫困状况、致贫原因等进行全面梳理，编制脱贫规划，探索出一条个性化产业脱贫之路。他决定采取“公司＋合作社＋基地＋贫困户”的模式，按照贺州正丰现代农业股份有限公司统一供苗、统一配送农资、统一管理、统一保底回收的标准进行管理，大力推广“禾谷类—豆科类—叶菜类”立体化生态型耕作循环模式，建立600亩有机蔬菜种植示范基地。黄诚带动深坡村116户贫困户及周边村群众种植娃娃菜、尖尾芋、卷筒青、芥菜、莴笋等市场畅销品种，产品远销粤、港、澳地区，实现年产蔬菜1300万公斤、年产值1400多万元，贫困户增收超万元、从业人员务工收入增加1000元以上。为了让村民早日脱贫，黄诚以历史文化为主线，以瑶族民俗风情文化为特色，抢抓打造全域旅游新格局的大好时机，两年来共整合扶贫资金2000多万元，以“以旧修旧、修旧如旧”的原则进行古村风貌改造，修复了潇贺古道和汲古书屋、恕堂书屋、古戏台、蒋氏宗祠等古建筑，打造了千亩油菜花观光基地，建造了观鹭楼、清心亭、爱莲池、“年轮回忆”、观光步道、旅游栈道等一批观光旅游基础设施。同时，成立了深坡村村民合作社、响铃铛种养专业合作社和鑫通果蔬专业合作社，吸纳了53户贫困户加入。

此外，黄诚还围绕群众反映强烈的基础设施建设方面的热点难点问题，跑项目、争资金。两年来，他争取资金1000多万元，包括“一事一议”项目资金150万；累计硬化村内巷道8公里，新修生产路9公里，新铺河岸石板路1.6公里；铺设输水管道、微滴灌带等，新建篮球场、儿童家园、一级旅游公厕等基础设施；帮助符合条件的11户贫困户争取危房改造补助资金27.8万元；建设了深坡村松树园扶贫生态移民工程，帮助35户贫困户入住新居，有效改善了村民的生产生活条件。

杨林峰：爱心助农促增收

杨林峰是自治区地税局派驻富川瑶族自治县石家乡黄竹村的第一书记。在第一次陪同乡党委书记邓寿恩进村查看项目建设时，一位60多岁的大叔，背着锄头从地里回来，远远地叫住了他，用还带着泥的手从口袋里摸出两个橘子：“来，杨书记尝尝鲜，刚熟的。”说着硬是把橘子塞到他手上。拿着这青中带黄的橘子，他感到一股暖流涌上心头，因为这是村民对自己的信任、尊重和认可啊，自己有什么理由不想方设法带领那么朴实、勤劳、善良的村民脱贫致富？

杨林峰首先从关爱群众入手：一是配合乡党委在黄竹村建立了富川瑶族自治县贫困村第一个“雷锋超市”，贫困户可以无偿登记领取社会捐助的一些生活必需用品，让贫困户确实感受到社会对他们的帮助和关爱。二是在六一儿童节当日，举办地税系统关爱贫困村儿童的游园活动，使贫困村儿童和全国广大儿童一样感受到节日的快乐。三是组织邀请了来自广西医科大学的专家2人，县医院内科、外科、五官科、儿科、妇产科的专家35人为黄竹村村民义诊。黄竹村村民（包括老、弱、病、残、孕）共325人参加义诊活动。四是在七一建党节期间，开展走访慰问活动，为贫困党员购买米、面、油等慰问物品，并组织全体党员召开座谈会；开展组织生活，让党员不忘初心，重走烈士路，重温入党誓词。五是在八一建军节以党组织的名义邀请退伍军人召开座谈会，慰问军烈属。他还组织力量忙“输血”，促“造血”，抓好精准扶贫的工作：第一步是实施帮扶项目，免费发放黑美人西瓜种植苗130亩，价值7500元，惠及贫困户31户。第二步是预防柑橘黄龙病，确保柑橘橙主打产业稳步增收，免费发放价值6万元的农药，惠及柑橘橙树1325亩，156户种植户。第三步是通过

“合作社＋基地＋农户”的方式开展林下养殖，购买种苗 9 万元、饲料 7 万元，确保报名养殖的贫困户每户得到鸡苗 100 羽、饲料 3 包，惠及 84 户贫困户。第四步是秋、冬季蔬菜种植 300 亩，通过自治区地税局肥料帮扶 11 万元、土地开发服务及种苗帮扶 4.9 万元，惠及 37 户贫困户，全村基本实现产业扶贫全覆盖。2017 年，黄竹村全村收入达到 1300 万元，人均收入达到 6850 元，比上年增加 2000 元。

此外，杨林峰还多方奔走，在争取到自治区地税局帮扶项目资金 50 万元的同时，积极争取多部门扶持，筹资 3100 多万元用于基础设施建设和扶贫产业开发项目建设。最近，黄竹村荣获“市级生态休闲文明村”和“自治区新型社区建设试点示范社区”荣誉称号。

夏苏荣、黄诚、杨林峰三位第一书记平凡而又伟大的故事，折射出广西成千上万派驻八桂大地的第一书记的精神风貌。他们以实际行动和不凡的工作业绩，为广西壮族自治区成立六十周年庆典，为广西各民族人民同步奔小康增添光彩。

象州壮欢[①]火到俄罗斯

◎ 廖才兴

中俄关系最友好，六十九年共建交；捍卫和平保稳定，树大根深不动摇。

中俄双方互尊重，友好往来情义浓；交流活动常开展，文化事业更繁荣。

——题记

2018年9月13日，在友好邻邦俄罗斯美丽的海滨城市符拉迪沃斯托克（海参崴）城市剧场里，传出一阵阵旋律优美动听的象州壮欢山歌和经久不息的热烈掌声。那是广西象州县马坪壮欢研究学会组织的壮欢演唱团受邀登台演唱象州壮欢产生的良好响应。

象州（马坪）壮欢

“广西歌海宽无边，全靠三姐把歌传；歌手一代传一代，一直传唱千万年。”

“三姐曾来象江边，亲口来把山歌传；象州歌手学得好，一直传唱到今天。”

广西素有“歌海”之誉，“歌仙”刘三姐是广西壮族山歌传唱者的典型代表。在华夏大地，只要提起刘三姐，大家自然而然会联想到广西，只要提起广西，大家自然而然会联想到刘三姐。象州则是广西歌海中的一个海湾，其中最具代表性的就是象州（马坪）壮欢。

象州（马坪）壮欢被称为“欢和歌”，从体裁上分为组歌、排歌、散歌、勒脚欢、叙事歌和信歌等。从内容上分为历史古歌、故事传说歌、情歌、谜语歌、盘歌、婚嫁礼仪歌、祝寿歌、生产劳动歌、农耕知识歌、时政歌等。象州（马坪）壮欢十分讲究平仄押韵，韵律似行云流水，抑扬顿挫，跌宕起伏，歌声朗朗上口，娓娓动听。

象州（马坪）壮欢分为对唱、联唱、独唱等。每逢歌圩、歌会、歌赛，对歌双方即兴创作、临场发挥、你唱我和、出口成歌，用词诙谐生动，出歌迅速犀利，常常让听者捧腹大笑。其中，对唱是象州（马坪）壮欢中最常用且最具特色的一种演唱形式，又称为对歌、赛

①欢：壮语，歌的意思。

歌、打擂台，具有强烈的对抗性、竞赛性、趣味性和极高的观赏性。作为民间口头文学的象州（马坪）壮欢，具有极高的文学价值。

在象州县城乡村，壮欢有着广泛的群众基础，每逢节日、婚礼、庙会、寿诞、进新房等喜庆之日，人们都要唱壮欢。平日，无论是在县城的文化广场、桥头公园，还是在乡镇圩场、田间地头、街头巷尾，都能听到悠扬动听的壮欢。唱壮欢，不仅是象州人民群众喜爱的一种休闲娱乐方式，而且已经成为广大干部群众学习宣传党的路线方针政策的有效途径。壮欢已发展成象州人民在民俗文化活动以及日常生活中最重要的组成部分。

象州（马坪）壮欢的主要发源地和传承地是马坪镇。2005 年以来，马坪镇党委、政府非常重视壮欢的传承和发展，经常支持举办内容丰富多彩的壮欢山歌会、山歌赛，多次邀请广西师范大学教授、广西壮欢山歌总会的专家到马坪调研、培训壮欢山歌歌手，打造象州（马坪）壮欢文化品牌。2010 年象州壮欢被列入广西非物质文化遗产名录，2011、2012 年广西电视台记者两次深入马坪镇采录象州（马坪）壮欢节目并在广西电视台播放。2013 年，马坪镇被广西群众艺术馆、广西壮欢山歌总会授予“广西壮欢之乡”荣誉称号。目前，马坪镇正群策群力申创“中国壮欢之乡”品牌。

壮欢歌王廖引帮

“马坪老板廖引帮，赞助歌会真大方；壮欢山歌得发展，老廖功劳不能忘。”

“象州马坪壮欢乡，年年赛歌美名扬；群羊长大叫咩咩，领头要数廖引帮。”

这是象州马坪群众用山歌对廖引帮支持打造马坪壮欢山歌品牌的中肯评价。

从“文化大革命”开始至 2005 年，由于缺乏有效的组织以及缺少赛歌的歌书、经费和场地，象州（马坪）壮欢一直呈衰落趋势，会唱壮欢的歌手从原先的数千人锐减至不足 100 人，壮欢濒临失传。为更好地传承和弘扬马坪壮欢，从 2005 年春节开始至今，连续 13 年，创业有成的马坪人士廖引帮每年都带头出资 3000 至 4000 元，并采用政府出一点、社会集一点的方式，集资 2 万至 3 万元，每年组织一届马坪壮欢邀请赛和“骏马杯”篮球邀请赛。从 2006 年重阳节至今，连续 12 年，廖引帮每年都带头捐资 2000 至 3000 元，发动村里经济能人和在外工作、经商的村民一同捐资，筹资 2 万元左右，在马坪镇东岸村委木堂村举办重阳节敬老活动。连续两天两夜，摆上百家宴，请来壮欢歌手歌王举办歌会，为 60 岁以上老人祝福。全村上下其乐融融，其热闹程度不亚于县城里的春节。

同时，在每年的农历正月初九、三月三，以及五一劳动节、中秋节、重阳节、国庆节等节庆日，廖引帮都带头发动马坪籍老板、地方政府和有关单位一道支持壮欢的传承和发展。他还亲自筹集资金、选择场地、布置歌台、发布广告举办壮欢山歌会和壮欢山歌赛，邀请柳州、河池、百色、桂林、玉林、南宁等地的歌手、歌王和评委来参加，为马坪壮欢的传承和发展立下汗马功劳。此外，为更好地举办壮欢山歌会和山歌赛，廖引帮还独自出资 1 万多元，购置一套音响，免费为歌会、歌赛服务。

“古时传歌靠口头，十句传来九句丢；如今传歌靠歌本（碟），子孙万代得保留。”为更好地传承和弘扬马坪壮欢，2007 年，廖引帮的小儿子举办婚礼时，廖引帮还带头采用马坪壮族传统婚礼，用牛车接新娘，请来歌手、歌王唱送亲歌、接亲歌、拦门歌、敬茶歌、敬酒歌等壮欢，引来众多摄影师摄影和媒体记者报道，有效提高了马坪壮欢的影响力。2008 年以来，廖引帮还出资 2 万多元，收集民间壮欢唱本 25 本共 2 万多首山歌，先后资助《2014 年全区歌王赛壮欢山歌》（专刊）和《象州壮欢山歌》等书刊的编辑出版。2011－2013 年，廖引帮主动协助广西电视台到马坪进行壮欢的采访活动，积极组织歌手参与现场节目录制，支持家乡马坪镇申创“广西壮欢之乡”，有效提升了象州（马坪）壮欢的知名度、美誉度和影响力。他的举动也充分体现了他作为政协委员的责任、担当和风采。

在马坪，每次举办壮欢山歌会、山歌赛，廖引帮都自掏腰包，请摄像师全程摄像并刻录成光盘，分送给有关部门和文艺爱好者。几年来，他一共录制壮欢山歌会和山歌赛 30 多次，复制光盘 2 万多张，为马坪壮欢的传承和发展做出了积极的贡献。如今，马坪壮欢山歌手已由 2005 年的不足 100 人发展到 2500 多人，马坪壮欢山歌队已由 2005 年的不足 10 支发展到 20 多支，遍布马坪镇 11 个村委，而且形成了逢圩日必唱、逢节日必赛的良好氛围。

如今，在象州及周边县（市、区），只要提起壮欢，人们就会联想到马坪；只要提起马坪，人们就会联想到壮欢。壮欢成了马坪一张响当当的名片，成了马坪的代名词。廖引帮也因多年倾力支持壮欢的传承和弘扬，获得当地群众和各界人士的好评，先后当选象州县和来宾市山歌协会理事、2006－2009 年度来宾市劳动模范、政协象州县第八和第九届委员、广西象州马坪壮欢研究学会会长、来宾市民间文艺家协会理事、马坪镇新乡贤、广西山歌学会副会长，先后获广西壮欢山歌总会和广西群众艺术馆授予的“广西荣誉壮欢歌王”“广西荣誉歌王”称号，并被广西文联授予“广西文艺志愿者优秀个人”称号。

广西象州马坪壮欢研究学会

“山歌队伍雄又强，出了几多山歌王；高山打鼓传声远，象州壮欢美名扬。”

“引帮老板是歌迷，好比蜜蜂恋花枝；组建壮欢研究会，筹谋发展一盘棋。”

为更好地传承和弘扬象州（马坪）壮欢，2013 年，廖引帮牵头成立广西象州马坪壮欢研究学会，并当选学会会长。当时，登记注册的会员有 360 多人，其中广西歌王 20 名、广西壮欢山歌王 10 名，分散在各乡镇、村屯的民间歌手数以千计，爱好壮欢的民众有数万人。研究学会以高度的文化自信和文化自觉，立足马坪，辐射象州及其周边地区，致力传承和弘扬壮欢，打响马坪壮欢、象州壮欢乃至广西壮欢品牌，提升文化软实力，助力地方发展繁荣。

此外，研究学会会长廖引帮还于 2014 年注册成立了广西壮欢之乡山歌 QQ 群，目前入群歌手已达 800 多人，群友遍布广西各地以及湖南、贵州等省。他们通过 QQ 群唱歌、对歌，跨县、跨市、跨省（自治区）宣传和交流壮欢，实现了壮欢的即时实时无障碍交流，有力地助推象州（马坪）壮欢走出象州、走出广西、走向世界，助力提高象州（马坪）壮欢的影响力、知名度和美誉度。

据不完全统计，研究学会自成立以来，已组织举办壮欢培训班15期，培训歌手420多人次；组织壮欢山歌会、山歌赛30多次，参会、参赛歌手360多人次，受益观众15000多人次，开展壮欢进校园、进社区活动20多次，受益师生群众17000多人次，有效传承和弘扬了壮欢。同时，研究学会还组织歌手歌王去柳州、河池、百色、桂林、玉林、南宁等市，以及湖南、贵州、香港等地区演唱或参加歌赛30多次，有效促进了壮欢的学习和交流，较大地提高了象州（马坪）壮欢的知名度和美誉度，擦亮“广西壮欢之乡”品牌。其中，影响力最大的当数2018年9月13日，研究学会组团赴俄罗斯符拉迪沃斯托克参加“2018年走进俄罗斯庆祝中俄建交69周年国际交流汇演活动”。

象州壮欢火到俄罗斯

“同个地球同个天，中俄友谊记心间；齐唱和平与发展，中俄文化传千秋。”

“出国唱欢笑开颜，中俄友谊代代传；同登友邦大舞台，壮欢山歌唱万年。”

中俄建交半个多世纪以来，两国关系走过了不平凡的历程，经历友好结盟、关系恶化、睦邻友好和战略协作伙伴几个阶段的发展变化，经受住了历史的考验，顺应了时代的潮流。两国建交造福了两国和世界人民，为邻国间、大国间、新兴经济体间和谐共处、合作共赢树立了光辉典范。

随着共建“一带一路”倡议的深入推进，以及中国与“一带一路”沿线各国务实合作的全面发展和深入发展，在2018年中俄建交69周年之际，为进一步促进中俄两国文化交流，受俄罗斯联邦民族文化艺术团、中华文化艺术促进联合会和“中华情·夕阳红”全国文艺汇演组委会的邀请，广西象州马坪壮欢研究学会会长廖引帮带领广西象州马坪壮欢演唱团，于9月9日启程赴俄罗斯符拉迪沃斯托克，参加9月13日“2018年走进俄罗斯庆祝中俄建交69周年国际交流汇演活动”。这次交流活动拉开了象州（马坪）壮欢走向世界舞台的序幕，让世界更好地了解象州，更好地了解广西，更好地了解中国。

2018年7月接到邀请函后，学会会长廖引帮自任团长，并立即着手组建演唱团和编撰壮欢。经过一周的沟通联系，最终选定14名壮欢歌手组建演唱团，其中象州县马坪镇8人、河池市金城江区5人、贵州都匀市1人，年纪最大的70多岁，最年轻的40多岁，14名歌手中广西歌王有4人。同时，组织歌手、歌王根据共建“一带一路”倡议精神、中俄友好交往和壮欢元素编撰山歌。历经20多天的反复推敲和修改，最终确定以名为《中俄文化共交流》的八首壮欢参加交流汇演。由于没有时间也没有条件集中排练，廖引帮便创建赴俄罗斯演唱团微信群，组织歌手歌王通过微信群排练，各自熟悉歌词、歌谱、歌调。直到9月11日，他们才有机会在途中进行第一次集中排练，9月12日抵达俄罗斯符拉迪沃斯托克城后，当晚再次进行排练。

按照惯例，邀请方只提供演出当地的食宿费用，其他费用由各参演单位自理。广西象州马坪壮欢研究学会是民间文艺团体，其演唱团又是临时组建的，参演人员从各地汇集而来，却没有一人要求报销差旅费。为跨国打响壮欢品牌，在廖引帮的倡议下，演唱团一行人自掏腰包，各自负责自己的往返机票钱，带上自编、自导、自演的壮欢节目，一路高高兴兴唱着壮欢前往俄罗斯参加交流汇演活动。

此次交流汇演活动共有24个节目，象州（马坪）壮欢《中俄文化共交流》作为压轴节目演出。当演唱壮欢的歌手们身着亮丽的壮族特色服装登场时，全场一片欢呼。演出中，歌手以广西壮欢曲调、刘三姐壮欢曲调和桂柳壮欢曲调串联演唱了三段共八首壮欢，旋律优美的壮欢获得全场阵阵热烈掌声和欢呼声。一些俄罗斯观众通过翻译向演员们表示，第一次听到多种壮欢演唱，觉得耳目一新、心情舒畅，非常感谢中国广西歌手给他们送来优美动听的壮欢。表演结束后，不少观众还特意跑来和歌手们合影留念。

最终经过评委的评选，广西象州马坪壮欢演唱团参演的壮欢《中俄文化共交流》获“2018年走进俄罗斯庆祝中俄建交69周年国际交流汇演活动”铜奖，廖引帮团长因组织有方，荣获个人组织金奖。

附：壮欢《中俄文化共交流》歌词

一

高山打鼓传九州，中俄文化共交流；广西壮欢研究会，有幸同台亮歌喉。

二

月亮也走云也走，向往光明盼自由；自古艺术无国界，中俄文化传千秋。

三

中俄关系最友好，六十九年共建交；捍卫和平保稳定，树大根深不动摇。

四

中俄友谊传天下，民声桥梁民声搭；清清白白心相印，同唱一曲茉莉花。

五

中俄双方互尊重，友好往来情义浓；交流活动常开展，文化事业更繁荣。

六

共个地球共个天，好花开在好花园；民族文化共发展，朵朵当阳朵朵鲜。

七

感谢联邦艺术团，邀我俄国来参观；秀美山川看不够，拍满手机装不完。

八

俄国文化精品多，装满背篓装满箩；好歌我要背回去，壮锦留在莫斯科。

壮乡木棉红

◎ 蒙广盛

弹指一瞬
她从幸福云端坠落冷深渊
几度春秋
她从过门新娘变成
膝下亲人
侍奉二老
甘苦化作一片丹心
倾心敬业
热血练就保险能人
管理多面手
中国好儿媳
——题记

有人说，她像一朵盛开在壮乡的木棉花，红得如火又似血，不畏风雨，临风怒放。

她四年如一日，用柔弱坚强的双肩，撑起一个即将坍塌的家，让瘫痪多病的公公婆婆看到希望。她孝老爱亲的故事，就像刘三姐的山歌，感动广西，感动全国。她，就是中国人寿平果支公司客户服务中心经理麻莉红，一个普普通通的壮族姑娘。

“你起来，你起来啊……你说带我去看高原蓝的……怎么说话不算数啊……你起来啊……呜呜呜……”麻莉红难抑悲伤，趴在丈夫的遗体上放声痛哭。她结婚仅 17 天就承受了从大喜到大悲的巨变。

麻莉红原本有一个幸福美满的家庭。2011 年 5 月，经人介绍，她在县城遇到了和自己情投意合的白马王子——韦俊。他儒雅的气质、阳光的形象一下就吸引了麻莉红；而他也曾告诉麻莉红，她就是他寻找和最喜欢的那种女孩。很快，他们双双坠入爱河，一起说笑话，一起看电影，一起憧憬未来。但麻莉红的父母了解到男方家并不富裕，父亲又瘫痪在床，母亲身体也不好的情况后，多次劝女儿慎重考虑。当时麻莉红想：只要两人真心相爱，这些困难又算得了什么？那时的麻莉红，心里被爱情的甜蜜装得满满的。

2012 年 12 月 18 日是麻莉红结婚的喜庆日子，也是麻莉红终生难忘的日子，更是麻莉红 20 多年人生的一个转折。婚后，爱人不仅对麻莉红疼爱有加，而且还计划来年带麻莉红去她最向往的西藏去看高原蓝……那时候的麻莉红，觉得自己就是这个世界上最幸福的女人。

建立家庭后，幸福的生活刚刚开始，对未来的幸福规划还没来得及细想，而人生却如风云变幻莫测，谁都未曾想到，厄运竟悄悄降临到麻莉红头上。

结婚后的第 7 天，麻莉红清楚地记得，那天天气特别好，蓝天白云，阳光灿烂，但丈夫起床后脸色却很难看，咳嗽越来越严重，呕吐时还伴有血丝。麻莉红心疼地责怪他，是不是这段时间又忙工作又筹办婚礼，太辛苦了，身体吃不消。于是，麻莉红逼着他去医院检查。3 天后，爱人一大早便去了单位，麻莉红上班途中顺路去医院拿体检报告单。

当天，主治医生看到麻莉红走进门诊部，问麻莉红是不是病人家属，麻莉红微笑地点点头，心跳却加快，呼吸急促，一种不祥的预感压住心头。她两眼木木地瞪着、等着。医生把麻莉红带到办公室，面色凝重地对麻莉红说：“你爱人确诊为‘食道癌’，病情已到中晚期，治愈率很低，你早做准备吧……”

癌？新婚刚 10 天的丈夫患食道癌？麻莉红神情恍惚地听完医生的叙述，顿时觉得天旋地转，一个人呆住了，脑子一片空白。她不相信命运，可这时她多么希望这一切只是一个梦、一次误诊。麻莉红心头一阵阵绞痛，却又拼命地忍着，可怎么也忍不住夺眶而出的泪水，终于禁不住悲伤，趴在医生的办公桌上嚎啕大哭起来……

对于未来的生活，麻莉红害怕想下去，但要想的欲望又无时无刻不袭上心头。自己才 20 多岁，生活才刚刚开始，今后陪伴自己的将是怎样的路？麻莉红做梦都想和大家一样有一个美满幸福的家庭，可现在，两人刚结婚，爱人就患了不治之症……

麻莉红不知道自己怎么回的家。当她擦干眼泪后，却又不得不面对这个现实。很多好朋友都劝麻莉红尽快离开这个家，但麻莉红却含着泪说：“这个时候你让我怎么走啊？……不行！我要给他治病，哪怕只有一丝希望我也不能放弃他。他的命就是我的命！”

由于爱人的病情发展迅速，不到 1 个月时间，病痛已经将他折磨得几乎崩溃，生活不能自理，手脚关节全部变形，甚至连走路都无法像正常人那样。

麻莉红到处寻医问药，并陪爱人到南宁市一家大医院做手术。当天的手术从 8:30 一直做到 18:00，共割了三个部位：一个是喉部，一个是胸口，一个是背部。麻莉红一直在手术室外等候，不吃不喝，心情焦虑。当爱人从手术室被推出来时，全身已插满管子，双眼紧闭着，但眼角却流下一行泪水……

看到这一幕，麻莉红快崩溃了，她不知道自己该怎么办才好，一个人愣愣地站在医院的走廊上发呆。爱人虽然做了手术，但并没有抑制住病情的恶化。化疗期间，他无法进食，无法说话，有时候深更半夜自己偷偷爬起来吐血，又悄悄把垃圾袋包好缚紧，让护士拿到室外的垃圾桶扔，从不给麻莉红看见。有时候爱人的情绪特别反常，故意找茬把麻莉红送来的饭菜打翻在地，甚至用枕头、鞋子、药瓶往麻莉红身上扔，责怪麻莉红对自己照顾不周，要和麻莉红离婚，要把麻莉红赶走，过后又紧紧地拉着麻莉红的手，眼含泪水，想说些什么，却一个字也说不出来……

爱人病倒后，麻莉红请假天天陪在爱人身边照顾他，任他怎么骂怎么赶都不生气，还到处寻医问药，哪怕只有万分之一的希望也要想尽办法给他治疗。然而，由于是癌症晚期，2013年1月5日，爱人把麻莉红叫到病床边，流着泪摸着她的脸断断续续地说："我走了，我的——父母——就——托付——给你了……"说完，手从麻莉红的脸上滑落下来……

麻莉红难抑悲痛，趴在丈夫的遗体上恸哭："你起来，你起来啊……你说带我去看高原蓝的……怎么说话不算数啊……你起来啊……呜呜呜……"

当天，麻莉红的爱人因病情恶化，丢下瘫痪的父亲、年迈多病的母亲和心爱的妻子永远离开了人世。而这一天，离他们结婚的日子仅仅相隔17天！在短短的17天时间里，麻莉红的爱人就这样满含不舍地离开了这个世界，而麻莉红更是承受了从大喜到大悲的打击。

"你走，我们家不需要你。我儿子不在了，你为什么还要待在我家里？你走啊！现在就走……"婆婆把饭菜推翻在地，指着麻莉红说。

属于麻莉红的苦日子才刚刚开始。

处理完丈夫的后事不久，妈妈就让麻莉红回了趟家。父母开始试探麻莉红对未来的打算，见女儿不开窍，便提醒她："你还年轻，该为自己早做打算。"曾经无话不谈的好闺蜜也来开导麻莉红："你不要待在那个家了，你待在那里会孤独死的，你这辈子永远都走不出来。"有的人甚至给她出主意："趁现在刚过门也没孩子，赶紧重新找个人嫁了。"

是啊，麻莉红才28岁，还年轻，人生还有很长的路要走，难道就这样天天守着丈夫的照片过一辈子吗？麻莉红犹豫了，动摇了。正好有个亲戚给麻莉红介绍了一个男朋友，条件很好，父母也多次催她去相亲。

麻莉红决定离开这个家。她回到家里收拾行李，中风的公公躺在床上痛苦呻吟，婆婆正端着一盆热水给他擦背。见麻莉红在房间收拾衣服，婆婆看了一眼，什么也没说，换了一盆水，开始自己洗脸，一次又一次地洗，哗哗的水声在麻莉红心里击打着。麻莉红提着行李箱站在门口，看了看婆婆，又看了看公公，眼泪"刷刷刷"就掉了下来……

麻莉红懂得，她这一走，对几乎瘫痪的公公和体弱多病的婆婆意味着什么。她说，丈夫是家里唯一的男子，我这一走，这个家就塌了。麻莉红想起了丈夫临终前那满含泪水的双眼，还有嘱托她的话。麻莉红说，爱的意义不仅是两人彼此相爱，还应当爱对方的一切。即使他不在了，但生他养他的父母还在，既然入了他们家的门，就永远是他们韦家的媳妇。

看到两位老人这样消沉下去，麻莉红心里很难过。采访中，她含着泪向我们叙述自己的感受："谁不眷恋人生？谁没有儿女之情？年迈的公公婆婆把孩子拉扯成人不容易。如今，正当他们年老多病需要人照顾的时候，儿子却不在了，我作为儿媳，有什么理由也消沉下去呢？难道爱人不在了，我就倒下了？不，不能，绝不能！我虽然失去了心爱的人，但公公婆婆还需要我照顾。”麻莉红还说：“老人是必须赡养的，我不可能因为爱人不在了，就丢下这两个老人不管，我也做不到。”

麻莉红站在门口想了很久，最后又含着泪把行李拿了回去……

早上，麻莉红基本都是6:30起床，做好早餐、熬好药等两位老人起床了端给他们，然后才出门上班。一天晚上，当麻莉红从公司加完班匆匆赶回家里，一刻未停地煮好饭菜送到公公婆婆面前时，婆婆却一下子把饭菜推翻在地，指着麻莉红说：“你走，我们家不需要你。我儿子不在了，你为什么还要待在我家里？你走啊！现在就走……”看着满地迸裂四散的瓷片，麻莉红心如刀绞，她没想到，自己精心照顾着的两位老人会如此待自己。麻莉红哭着跑回房间，捡好行李就冲出家门……

华灯初上，街道上的人们行色匆匆，麻莉红却不知道自己该往哪里去。采访中，麻莉红掩面哭诉：“我当时心里很沮丧，不止一次地问自己，我的家呢，我的家在哪……当我冷静下来的时候，才感悟到，这里就是我的家啊。虽然我的爱人不在了，但爱人的父母还在。我爱他，就要代替他行孝尽孝，尽自己最大努力照顾好老人，不能受了点委屈就想走……”

当麻莉红返回家里，婆婆正坐在沙发上拿着儿子的照片，呆呆地看着，眼角的两行泪水在灯光的照射下晶晶发亮。见到麻莉红回来，婆婆吃了一惊，又忍不住哭着说：“闺女啊，你也就刚刚过门十几天，怎么就不愿走啊?！我们都是半死的人了，你不要管我们了，赶紧找个好人家嫁了吧……”婆婆一边说一边擦眼泪。麻莉红“扑通”一声跪趴在婆婆的膝上痛哭起来：“我怎么能丢下你们不管呢？把我当成你们的女儿吧，妈——”

虽然，麻莉红艰难地维系着这个家，但那段时间，还是有一些闲言碎语时不时刺激着麻莉红本就敏感而脆弱的神经。一天傍晚，麻莉红匆匆忙忙从菜市场拎着菜奔回家，听到几个邻居正聊着什么，麻莉红隐隐约约听到一个人说：“你说这女人多傻啊，不到30岁的人在这儿守着寡，这日子哪天是个头啊！”另一个人则接上话说：“你知道啥呀，这两个老的还能活几天？留下的财产不就全是她的了？人家这才是聪明哩！”旁边又一个人赶紧附和着：“是啊是啊，这两个老的没几天活头喽，早晚会被她折磨死不可。”闲聊的人见麻莉红从身边经过，赶紧低头岔开话题。麻莉红强忍住心中的怒火，可不争气的眼泪还是“簌簌”地夺眶而出。

回到家里，麻莉红顾不上做晚饭，一个人坐在家门口，呆呆地望着远处忽明忽暗的夜景哭了很久很久，也想了很多很多。最后还是狠狠地擦干眼泪咬咬牙，再一次下定决心：不论街上多少流言蜚语，也不能丢下公公婆婆不管不问！

“感谢老天爷呀，这辈子给我们送来了这么好的儿媳妇。没有莉红的照顾，我们恐怕活不到今天了。”婆婆喃喃自语，却又转过身去偷偷抹眼泪。

爱人走后，麻莉红感到肩上的担子更重了。她要承担起照顾两位老人的责任，尽一个媳妇的微薄之力。麻莉红觉得，孝敬老人，能为他们做点事，解点难，就是自己生活中的幸福。

然而祸不单行，更大的不幸再次向麻莉红袭来。爱人去世不到半年，悲伤过度的公公婆婆受不了老年丧子的打击，整天以泪洗面，茶饭不思。公公常常一个人呆呆地坐在沙发上，愁容满面，陷入痛苦沉思。不久，本身就患有糖尿病和中风等病症的公公病情进一步恶化，走路需要人扶，吃饭需要人喂，还先后两次到医院进行心血管支架搭桥手术。婆婆也承受不了家庭变故的打击，思想负担太重，加上思儿心切，精神萎靡，以至于一天不见到儿子的照片，就魂不守舍，身体一天比一天虚弱，不到一个月就病倒了，患上了可怕的脑萎缩，整个人虽然思维清醒，但身体极度虚弱卧床不起，有时吃喝拉撒全然不知。此外，婆婆还患有严重的风湿性关节炎，天气变化就疼痛难忍。那些日子，麻莉红一连几个晚上都不能入睡。

麻莉红不知道那个时候是怎么熬过来的。一方面她是客户服务中心的经理，需要处理繁杂细致的工作，每一流程和环节都必须确保质量和时效；另一方面，她又要照顾两个卧病在床生活不能自理的老人。同事心疼她，又劝她早点离开："这不是你一个新婚 17 天的女人所该承受的，走吧。"麻莉红说："我没有办法离开，我也离不开，我不能离开。我离开了这两个老人怎么办?"

邻居看到麻莉红这个不幸的家庭，也无不感到痛惜："这个家，老的老，病的病，以后的日子怎么过呀?"那几天，麻莉红整个人就像失了魂似的，情绪低落。家里的顶梁柱走了，留下 70 多岁因脑中风瘫痪又说不了话的公公和 60 多岁年迈多病的婆婆需要照顾，一个家就像天塌下来一样。麻莉红整天吃不下，整夜整夜睡不着。为了不让公公婆婆更加伤心，麻莉红经常一个人躲到厕所里偷偷哭，默默流眼泪，但过后，又强装笑脸细心照顾公公婆婆。为了便于随时照顾两位老人，麻莉红把床铺搬到婆婆房间和他们住到一起，从生活的点滴小事照顾他们，不让老人稍感不便。

一天夜里，屋外下着大雨，雷电交加，当时婆婆的病情突然加重，疼痛难忍，时而在床上翻滚，时而痛苦呻吟。听到婆婆的呻吟声，麻莉红赶紧披衣起床来到婆婆床前，一量体温，高烧达到 40℃。麻莉红二话没说，立即背起婆婆，披上雨衣，冲进雨幕。好不容易拦到一辆三轮车，她一边安慰着婆婆不要着急有她在，一面催促哀求着三轮车师傅快点快点再快点。赶到平果县人民医院，挂号、检查、取药、打点滴治疗，好不容易才把婆婆的病情控制了下来，而麻莉红一个人却在医院病床边伺候婆婆整整一夜。第二天，当麻莉红端来药和水劝婆婆服下时，病情还没稳定的婆婆一挥手就把药和水打翻在地。麻莉红心里很不是滋味，但她理解老人的心情，只能又重新端来药和水给婆婆服下。婆婆心疼地拉着麻莉红的手，嚅嗫着，一句话也说不出来，眼泪只是"簌簌"地往下流……

为了给公公婆婆治病，麻莉红开始四处打听哪里有好医院好医生。当她得知南宁有一家医院有位主治医生很擅长治疗公公婆婆的病时，麻莉红立即哄着公公婆婆坐车赶到 100 多公里外的南宁某医院挂了这个专家的号，每年还专门陪公公婆婆到这家医院治疗一次。每天工作回家，无论多晚，麻莉红做的第一件事就是点火熬药，然后洗衣、做饭、打扫卫生，甚至为公公婆婆洗头、擦澡、按摩，几乎每天都是累得筋疲力尽，浑身像散了架似的。久而久之，麻莉红也患上了腰椎间盘突出，有时疼痛难忍。但身体的痛自己还能挺着，经济上的捉襟见肘才让麻莉红更艰难。常年的医药费很快花光了她所有积蓄，麻莉红不得不悄悄变卖结婚时购买的首饰，后来又不得不伸手向亲朋好友借钱，一年下来就欠了2万多元的债。生活虽然艰难，但麻莉红却深切感受到和睦家庭给她带来的温暖。

医生告诉麻莉红，公公婆婆的病一方面要治疗，一方面还要保持愉悦的心情。于是，麻莉红就主动承担起义务护理的任务。公公常年卧床容易生褥疮，麻莉红就专门买来一张按摩床，定期为公公按摩、翻身，有时一按就是一两个小时，胳膊累得都抬不起来。公公脑中风说不了话，麻莉红就打手势与他沟通。婆婆胃不好，吃饭吞咽困难，更不能吃油腻的饭菜，麻莉红就专门给她单独煮，一勺一勺喂，吃一碗饭，喝一杯水，吃一顿饭常常需要近一个小时，麻莉红总是不厌其烦，不急不怨。

麻莉红知道“乐观益寿，运动延年”，公公婆婆的病，药物治疗不可少，但精神安慰更重要。为此，麻莉红每天都坚持尽可能多地待在家里陪伴公公婆婆。晚饭后，麻莉红除了多抽时间和他们唠家常，还经常陪他们到周边的公园和马路边散步。

南方大石山区湿气大，回南天墙壁都要流水，被子衣服很容易受潮发霉。由于公公婆婆常年卧病在床，怕老人久卧生褥疮，麻莉红经常用温水给老人擦澡，帮助他们翻身。遇到好天气，麻莉红就把全家的被褥全部拆洗一遍、晒干、叠好。公公病痛难忍，经常痛苦呻吟，麻莉红就按时给他服药，扶他到门口晒太阳。老人的日常护理虽然累得麻莉红腰酸背痛，按摩的手都肿了，但麻莉红心里却很敞亮，觉得尽到了儿媳的一份责任。

为了解除老人的孤独伤感之情，麻莉红把全部感情倾注到他们身上。公公婆婆由于想念儿子或被病痛折磨，有时心情比较烦躁。遇到这种情况，麻莉红边为他们治疗，边主动同他们聊天唠家常，说些开心的话题，做些力所能及的事，安抚他们的情绪。有一次，麻莉红给公公倒水，他不喝，给他吃药，他不吃。看到他焦躁不安，麻莉红心里很着急，她知道他又想儿子了。麻莉红说：“爸，我永远做你的媳妇，你的女儿好不好？”公公竖起大拇指直对麻莉红笑。

在麻莉红的精心照料下，公公婆婆的病情稳定，病情还有了明显好转。婆婆很快恢复了以往的精神，而卧床多年的公公也慢慢好了起来，后来竟然可以试探着下床走路，再后来还能走出家门找邻居聊天。看到老人脸上渐渐出现的笑容，麻莉红觉得一切的付出都是值得的。

人是有感情的，特别是老年人，他们不仅需要生活上的照顾，也需要精神上的安慰。麻莉红只为他们做了力所能及的事，他们却把麻莉红当成了自己的大恩人。婆婆常常喃喃自语：“感谢老天爷呀，这辈子给我们送来了这么好的儿媳妇……”

照顾公公婆婆的日日夜夜，麻莉红心力交瘁，体重已不到100斤，日子苦得真的有点撑不住了。公公眼看着麻莉红一天天瘦下去，嘴上说不出话，心里却十分难过，眼泪像断了线的珠子顺着脸颊流下来。婆婆忍不住心疼地抱着麻莉红痛哭起来：“儿媳啊，这个家让你受苦了，你把我们俩送去福利院吧。”说完，就转过身去抹眼泪。

麻莉红感到一种令人心悸的痛，但有什么办法呢？福利院并不是他们向往的归宿。公公听后也慌了神，可也想不出更好的办法，只好瘫坐在沙发上默默拭泪。麻莉红听后笑着对公公婆婆说："你们安心在家里养病吧，我不仅是你们的媳妇，也是你们的女儿，只要我麻莉红在，我们就是一个完整的家。"

每个人都追求幸福，都希望有一个幸福的家庭。麻莉红的家，虽然经历诸多不幸，但始终不乏幸福的内涵。冬去春来，花开花落，转眼间，四年多过去了，麻莉红就是这样不离不弃精心照顾着两位老人。虽然婆婆头脑清醒时能简单自理，但公公病情严重，生活基本不能自理，洗脸、刷牙、吃饭、穿衣、洗澡都要别人照顾。可老人生活愉快，心情舒畅，性格开朗，他们一家人的感情也越来越深，每天麻莉红下班回到家，公公就主动帮开门、提包。

2016年以来，乐观的公公身体奇迹般的有了一些康复。他可以自己出去散步了，有时还到老人活动中心看老伙伴们下象棋。他们一家人经常坐在一起看电视，总有说不完的话。婆婆常常对麻莉红说："莉红啊，没有你的照顾，我们恐怕活不到今天了。"

"我只是略尽了一个儿媳、一个女儿和一名基层员工的责任，是微不足道的。作为一个儿媳，既然已经跨进这个家的大门，就应该有一份责任，主动去承担，宁肯自己多累点，也要让老人感到生活的美好。"麻莉红感慨道。

2011年3月，鉴于麻莉红的工作表现和管理能力，公司决定让麻莉红担任平果支公司客户服务中心经理。当时，麻莉红想了很多：担任这个职务，思想压力是很大的，因为管理工作涉及面广，有的工作自己还未接触过，又没有现成的经验可供借鉴。加上如果挑起这份责任，自己就没有更多的时间照顾公公婆婆了。但想到公司对自己多年的培养，各级领导和同事们对自己的支持和信任，麻莉红豁出去了："困难再多，难度再大也要闯一闯！"

为了把工作推上一个新台阶，更多地服务客户，麻莉红不断强化柜面日常基础工作，通过让员工学习业务技能，提高服务意识，不断适应公司深化体制改革发展需要，内强素质，外树形象。还通过晨夕例会开展各项制度的学习，采用"询问式"等方式组织实地演练，提高柜台员工综合素质。

公司员工普遍比较年轻，绝大部分是高等院校毕业的。这些员工文化基础好，工作热情高，但由于缺少实践锻炼，经验和工作办法少一些。针对这一情况，麻莉红就躬身力行，手把手教，既要"面对面"，更要"肩并肩"。为打造一支有凝聚力和战斗力的团队，麻莉红把"无情的管理和有情的操作"结合起来，以"团队就是我的家"来要求员工，通过一对一的传帮带，营造出相互学习的氛围。

客服前台工作千头万绪，琐碎繁杂，特别是执行"一站式"服务以后，提升员工的综合技能更是重中之重。要做好前台工作，不单要用体力，还要用脑力。目前，公司仅主要险种的条款就有上百个，有的条款和规定都要熟悉、弄懂，许多内容还要背下来。麻莉红每天早起一小时，晚睡一小时，硬是把一些主要内容背得滚瓜烂熟。特别是每年"开门红"或年终业务冲刺，麻莉红必须班班跟着，天天守在前台服务。

令麻莉红最难忘的，是2015年"开门红"的一个周末，当时即将下班，一位客户领着4岁的女儿匆匆赶到前台办理业务。经过核保，麻莉红发现她提交的资料不全，缺少一份单位证明，客户很着急。麻莉红立即安排人员骑上电动车到县城20多公里外的单位出具证明。

直到晚上9点多钟才把证明拿回来。麻莉红立即通过绿色通道，特事特办。当麻莉红为客户办完业务出单时，已是晚上11点钟，又累又饿。这时，小姑娘看到麻莉红疲惫的样子，从小书包里拿出一包饼干，双手举到柜台前，奶声奶气地对麻莉红说："阿姨，这包饼干送给你的。"麻莉红眼泪止不住"刷"地流了下来……

工作上的付出得到客户的理解，生活上的奉献也得到了亲人的回报。一天晚上，麻莉红处理一起比较棘手的客户纠纷，9点多才回到家。打开门，看见桌子上摆满了早已没有热气的饭菜，两位老人则一边看着电视一边焦急地等待着。麻莉红看到这一情况，责备说："怎么还不吃饭呀！这都几点了。"婆婆笑嘻嘻地说："你爸呀非要等你回来才一起吃。这不，我都热了几次了，他还是这么坚持着。"一瞬间，麻莉红泪眼蒙胧。这一天，一家三口有说有笑吃了一顿晚饭。吃什么不重要，对麻莉红来说，每一口都是美味佳肴。曾经冷嘲热讽的一些邻居，看着容光焕发的婆婆和病情好转的公公，也不禁羡慕起来，不止一次地夸婆婆不知是哪辈子修来的福，找到这么个打都打不走的孝顺媳妇。而每逢这时，婆婆的脸上都乐开了花。

知道麻莉红工作比较忙，公公婆婆都尽可能地减轻儿媳的家庭负担，有时公公病情稳定，婆婆还会煲一壶汤悄悄送到公司来给麻莉红。而麻莉红也将更多的时间和精力投入工作当中，不仅做好对外的客户服务工作，对内也做好业务支持，协调好与渠道之间的关系，促进业务的健康合规发展。近年来，麻莉红所负责的客服前台已妥善处理客户各类纠纷事件120多起，无一例因处理不当引发个体或群体性事件，客户满意度达98%以上，并始终保持"零投诉"纪录。

生活的实践使麻莉红认识到：一个合格的客户服务经理，只有把个人的前途同公司的发展联系起来，把自己的理想同公司的事业融合起来，把人生追求同本职工作结合起来，发挥自己的聪明才智，才能在事业上有所作为。

然而，紧张的工作、过度的劳累，使麻莉红经常感到心跳异常和偏头痛，严重时，她就吃一两片随身携带的药，坚持工作。2014年4月11日，当时麻莉红正在公司和大家一起开晨会，突然感到腰椎疼得厉害，同事们急忙跑到药店买来止痛药。麻莉红以为可能是由于太劳累的原因撑一撑就过去了，但是，仅过了10分钟，就痛得支持不住。几名同事立即将麻莉红送到医院。医生诊断，患的是肾绞痛，需要住院治疗，但麻莉红想到：如果自己住院了，家里的公公婆婆怎么办？公司的工作怎么办？许多客户闻讯后，纷纷到公司探望或打电话问候，有的客户还托人送来花篮、水果和营养品，大家都劝麻莉红注意休息，不要太拼命。

2013年12月，当麻莉红组织客户服务中心员工投入紧张的工作，迎接全区系统柜面业务年度考核的时候，麻莉红公公的老毛病又犯了，手脚动不了，吃饭要人喂，麻莉红每天还要给他按摩一个小时以上。婆婆也瘦了很多，麻莉红知道婆婆不想拖累她，硬是撑着自己的病体，在家既照顾自己，又照顾公公。

一天，婆婆突然跑到单位告诉麻莉红说公公病重了，现在躺在床上起不来。麻莉红急忙赶回家里一看，公公面容憔悴，正躺在床上痛苦呻吟。原来公公旧病复发，心脏也很不好。麻莉红深知这种病的后果，立即送他到县医院住院治疗。一个星期后，公公回来了，病情虽有所好转，但精神反而更差了。麻莉红一打听，才知道公公的病情虽重，但精神负担更重，一听说要送他住院，心情就紧张，导致心动过速，几次出现虚脱。为慎重起见，医生建议他到南宁市一家大医院治疗，这样一来，公公的心情就更沉重了。俗话说："朽木烟多，病人疑多。"公公是舍不得离开温暖的家。

为了让麻莉红安心迎考，争取更多时间，婆婆每天都要到单位给麻莉红送午饭。一天，麻莉红看见婆婆坐在一边，用手按住胸口不停地咳嗽，就问："妈，你怎么了?"她笑笑说："喝水呛着了。"麻莉红对婆婆说："眼下考核太忙了，等我忙完了，再陪你到医院看看病。"婆婆说："你干你的正事，妈见到你的面就行了。"

就这样，由于婆婆帮麻莉红分忧，麻莉红和中心员工也没有辜负大家的期望，团队在2013年度考核中排名第一，荣获百色分公司柜面服务技能大赛团队第三名，麻莉红个人也被评为广西分公司优秀柜面经理。后来麻莉红才知道，当时，婆婆的肺结核病犯了，她到单位来，原想让麻莉红带她到医院看看病的，她看麻莉红忙成这样，临走也没提这件事。直到今天，当麻莉红想起这件事，心里还很不是滋味。

生活是不容易的，也许视事业和亲情如生命的麻莉红经历了太多的磨难。进入公司9年多来，麻莉红把压力变为动力，既无白天黑夜之分，也无8小时内外之别，一年四季几乎没有星期天和节假日，每天早出晚归，一日三餐温饱不调，经常带病上班，公司同事都非常关心她，很多客户都把麻莉红当作自己的亲人一样对待。一次，麻莉红感到身体不适要到医院看病，当时已是晚上10点多，员工韦爱月和客户李艳精得知后，主动赶来陪麻莉红到医院就诊。

麻莉红用自强不息的精神和对社会对家庭的博爱之心谱写了人生绚丽的篇章。如今，中国人寿平果支公司客户服务中心在麻莉红的带领下，团队有了较强的凝聚力和协作精神，整个团队自觉学习、积极向上、团结协作的氛围浓厚，是百色分公司辖区实现柜面人员流失率为零且上岗持证率100%的柜面。她带领的团队多次在百色分公司月度考核中荣获"月度先进柜面"，荣获2013年度百色分公司柜面竞赛活动优胜单位，在2013年度考核中排名第一，在2013年度百色分公司柜面服务技能大赛中获得第三名。麻莉红个人也多次被广西分公司评为优秀柜面经理，授予"巾帼标兵"荣誉称号；多次被平果支公司评为优秀员工；被广西保险行业誉为"最美壮乡保险人"；荣获全国系统2015年度"感动国寿十大人物"和2016年度"百朵金花"荣誉称号。

有人说，麻莉红的人生就是一部苦难史；也有人说，麻莉红太傻太不懂得为自己着想。但麻莉红却始终感到，每个人的内心深处都有自己的真善美。虽然，在人生的十字路口，她选择的是"逆向行驶"，但是，她始终遵从的是敬业、友善的核心价值观，信奉的是中华民族孝老爱亲的传统美德。采访中，麻莉红感慨："作为一个儿媳，既然已经跨进这个家的大门，就应该有一份责任，主动去承担，宁肯自己多累点，也要让老人感到生活的美好。"

照顾老人是麻莉红应尽的义务，做好客户服务工作是麻莉红义不容辞的责任。回顾这几年走过的路程，麻莉红说：“我只是略尽了一个儿媳、一个女儿和一名基层员工的责任，是微不足道的。生活给了我更多的是磨炼，是担当。”麻莉红深知，在今后的路途中，她还会遇到更多困难，面临更大挑战，但她矢志不渝、无怨无悔。